비트겐슈타인 새로 읽기

A New Reading of Wittgenstein

by Lee, Seung-Chong

ACANET, PAJU KOREA 2022.

대우학술총서
638

비트겐슈타인 새로 읽기

자연주의적 해석

이승종 지음

아카넷

추천의 말

이승종 교수는 사람의 얼굴을 한 자연주의라는 관점에서 비트겐슈타인을 2인칭적 자연, 실천으로서의 철학, 수학의 인류학 등 독자의 사유를 촉발하는 다양한 개념을 통해 해명한다. 본서는 비트겐슈타인의 『철학적 탐구』에 대한 이 교수의 번역이 폭넓고 탄탄한 연구, 그리고 동료 학자들과의 대화와 토론을 바탕으로 이루어졌음을 보여준다. 이 교수의 번역서와 본 연구서는 비트겐슈타인 연구의 새로운 지평을 열 뿐 아니라, 그의 철학 이해를 위한 탁월한 안내자가 될 것이다.

— 남경희 (이화여자대학교 철학과 명예교수)

이 책은 21세기 현대 분석철학의 폭넓은 지평을 배경으로 새롭게 풀어낸 비트겐슈타인 해석의 걸작이다. 탁월한 논의 전개와 미문(美文)이 어우러져 우리 학계에 또 하나의 학문적 모범을 선사한다. 철학에 대한 이승종 교수의 열정과 보람이 이 한 권에 오롯이 담겨 있다.

— 이윤일 (가톨릭관동대학교 VERUM 교양대 교수)

이승종 교수의 확신은 철학이 무엇이든 간에 그 출발점과 그 종착점이 하나로 같다는 것이다. 그는 저 하나로 같음을 귀결할 열쇠를 우리의 자연사(natural history)에서 찾는다. 우리의 자연사는 자연학, 사회학, 심리학, 생물학, 인류학의 시선 바깥에 있지만 지도에 아직 없는 저 영지를 우리가 탐사해 소유하는 어느 날, 앞서 열거한 분과들이 저마다 제자리를 찾아 바야흐로 사람을 살리는 유익한 학문으로 거듭날 일이다.

— 한대석 (충남대 철학과 교수)

책머리에

『논리-철학논고』(이하 『논고』로 줄여 부른다)나 『철학적 탐구』(이하 『탐구』로 줄여 부른다)와 같은 루트비히 비트겐슈타인(Ludwig Wittgenstein) 의 저술들은 20세기 영미 분석철학의 대표작으로 평가받고 있을 뿐 아니라, 2,500년의 역사를 지닌 서양 철학에서 이미 고전의 반열에 올라 있기도 하다. 그의 영향력은 철학의 영역을 넘어서 문학이나 종교학과 같은 인문과학뿐 아니라, 정치학이나 인류학과 같은 사회과학, 심지어 과학사나 간호학 등과 같은 자연과학, 응용 학문에 이르기까지 아주 광범위하게 미치고 있다. 그의 저술들이 서양 철학의 고전으로 꼽히는 까닭은 철학에 대한 새로운 이해, 철학함의 스타일과 방법의 독창성에서 찾을 수 있다. 아울러 그가 학문의 제반 영역에서 그처럼 너른 영향력을 행사하고 있는 까닭은 그가 다루고 있는 화두들 ― 예컨대 언어의 의미, 이해, 규칙 따르기, 측면 보기 등등 ― 이 사람의 삶에서 아주 원초적인 지평에 놓여 있는 보편적인 것이기 때문이다.

고전은 시대마다 세대의 변화에 맞추어 새로이 번역되고 재해석되어야 한다. 시간이 지나면서 기존의 번역이나 해석이 낡아 마모되어서만은 아니다. 고전의 생명은 그것이 부단한 재해석을 산출한다는 점에 있다. 새 번역이 새로운 해석을 낳는 경우도 있지만 그 역 또한 성립한다. 1974년 코코란(John Corcoran)과 스마일리(Timothy Smiley)는 서로 독자적인 방식으로 아리스토텔레스의 논리학을 자연연역체계로 해석하는 획기적인 논문을 발표하였고, 이들 연구의 영향으로 말미암아 1989년 로빈 스미스(Robin Smith)가 아리스토텔레스의 『분석론 전서』를 새로이 번역하기에 이른다. 스미스의 번역은 코코란과 스마일리의 관점에서 읽었을 때 아리스토텔레스의 작품이 얼마나 달리 보이는지를 잘 반영하고 있다.

내가 시도하는 비트겐슈타인 해석은 『분석론 전서』에 대한 코코란과 스마일리의 해석, 그리고 이를 반영한 스미스의 번역을 모델로 삼는다. 나는 비트겐슈타인의 『탐구』에 대한 새로운 연구를 반영한 연구번역서를 2016년에 출간한 바 있다. 『탐구』에 대해서 나는 사람의 얼굴을 한 자연주의라는 해석 틀을 가다듬어 왔다. 그 골자는 비트겐슈타인의 핵심 개념이기도 한 사람의 삶의 형식과 자연사(自然史)가 각각 형식과 내용 면에서 사람의 언어사용의 최종적 의미 지평을 이룬다는 것이다. 사용을 통해 드러나는 언어의 의미를 사람의 자연사의 원초적 사실로 이해하는 자연주의적 해석은 『탐구』를 분석철학, 특히 일상 언어 철학의 관점에서 독해한 기존의 통념을 넘어선다.

나의 해석에 의하면 비트겐슈타인은 분석철학자라기보다 현상학자에 더 가깝다. 그는 미리 주어진 어떤 논리학의 기법을 가지고 언어를 분석하기보다는, 언어사용의 전개 과정을 기술(記述)함으로써 언어의 의미가 우리 삶의 문맥에서 어떻게 현상하는지를 보여주고 있기 때문이다. 비트겐슈타인이 『대타자본(*The Big Typescript*)』에서 자신의 철학을 현상학으로 규정하고 있다는 사실이 이러한 해석의 타당성을 뒷받침해주는 중요한 근거이다. 그의 현상학은 의식에 대한 후설(Edmund Husserl)의 현상학과 그 이념과 스타일에서 뚜렷이 구별되는 독특한 종류의 현상학이다.

비트겐슈타인의 『탐구』에 대한 해석상의 차이가 실제의 텍스트 번역에 눈에 띌 만한 큰 차이를 초래하는 것은 아니다. 말러(Gustav Mahler)의 교향곡 2번의 경우에도 카플란(Gilbert Kaplan)의 연구로 악보의 500여 군데가 바로잡혔다지만, 그가 지휘한 연주 음반에서 기존의 말러 2번과의 차이점을 식별하기란 쉬운 일이 아니다. 그러나 미세하나마 차이는 있다. 내가 출간한 『탐구』의 새 번역의 경우도 마찬가지이다. 새 번역은 다음의 세 가지 점에서 1994년에 첫 출간된 이영철 교수의 번역과 차이가 있다.

첫째, 기존의 번역에 비해 확고하고 뚜렷한 해석의 관점을 가지고 번역을 진행했다. 이는 해석을 앞세워 번역을 견강부회했다는 것이 아니라, 오히려 분명한 해석의 관점이 그렇지 않으면 애매하게 넘어갔을 적지 않은 구절에 대한 번역을 더 정확하게 했다는 뜻이다. 본문의 번역에 반영된 나의 해석을 본문의 이해를 돕기 위해 마련한 역주와 해제에서 더 구체적으로 부연하였다.

둘째, 기존의 번역에 비해 가독성에 심혈을 기울였다. 기존의 번역은 거의 전적으로 직역에 의존함으로써 번역의 정확성을 확보하려고 했다. 나는 정확성을 훼손하지 않는 범위에서 가독성을 정확성과 양립시키는 의역을 부분적으로 시도했다. 해커(P. M. S. Hacker)와 슐테(Joachim Schulte)에 의해 교정된 앤스콤(G. E. M. Anscombe)의 영역본은 정확성과 가독성을 모두 성취한 탁월한 경우이다. 앤스콤, 해커, 슐테는 영어의 결을 잘 살려 비트겐슈타인의 건조하고 딱딱한 『탐구』를 영어권 독자에게도 잘 읽히는 친근한 텍스트로 되살려 놓았다. 나는 독일어 원전의 의미를 벗어나지 않는 범위 내에서 이들이 이루어낸 성취를 우리말을 가지고 우리 식으로 재현해보고자 했다.

셋째, 『탐구』에 대한 최근의 연구 성과를 새 번역에 십분 반영하였다. 그동안 『탐구』에 대한 연구는 괄목할 만한 성장을 거듭해왔다. 그 중에서도 가장 주목할 만한 것은 『탐구』 1부에 대한 베이커(Gordon Baker)와 해커의 방대한 주석서가 총 4권으로 완간을 보았고, 『탐구』 2부에 대한 멀홀(Stephen Mulhall)의 빼어난 연구서 *On Being in the World*가 출간되었으며, 비트겐슈타인 철학의 중심 개념을 총정리한 글록(Hans-Johann Glock)의 *A Wittgenstein Dictionary*가 출간되었다는 점이다. 나는 이러한 연구 성과를 바탕으로 문맥의 이해를 더 완전하고 풍성하게 제고하여 비트겐슈타인의 언어와 사유를 적확한 우리의 개념으로 정교하게 옮겨내려고 노력했다.

나는 『탐구』에 대한 연구번역서를 준비하면서 그와 병행하여 비트겐슈타인에 대한 새로운 연구서를 구상했다. 『탐구』를 번역하면서 원문에는 없는 1,440여 개의 역주를 추가하고 해제를 덧붙였는데, 역주와 해제에 다 담을 수 없었던 나의 해석을 별도의 지면에 축약 없이 전개하고자 하는 목적으로 이번 연구서를 집필하게 되었다. 나는 1994년에 가버(Newton Garver) 교수와 공저로 *Derrida and Wittgenstein*을 출간했고, 1998년에 이를 우리말로 번역한 『데리다와 비트겐슈타인』을 출간했으며, 2002년에 『비트겐슈타인이 살아 있다면: 논리철학적 탐구』를 출간한 바 있지만, 그 후 오랜 세월 동안 이 연구서들과는 내용을 달리하는 새로운 후속작을 담금질해왔다. 이번 책을 준비하면서 번역에 관해 앞서 언급한 세 가지 사항을 해석에서도 원칙으로 삼았다.

이 책에서 전개하는 자연주의적 해석에 대해 다음과 같은 질문이 있을 수 있다. 비트겐슈타인에 대한 자연주의적 해석은 그 자체로는 새로울 게 못 된다. 가버의 *This Complicated Form of Life*와 같은 연구서에서부터 카힐(Kevin Cahill)과 롤리(Thomas Raleigh)가 최근에 편집해 출간한 *Wittgenstein and Naturalism*과 같은 논문집에 이르기까지 저 해석에 대한 철학계의 관심은 점증하는 추세이다. (1)비트겐슈타인에 대한 자연주의적 해석의 대표자인 가버에게 사사했고 그와 같이 책을 쓰기도 한 나는 그의 해석을 답습하고 있는 것이 아닌가? (2)기존의 자연주의적 해석에 비해 나의 자연주의적 해석은 어떤 점이 새로운가?

이에 대한 나의 대답은 다음과 같다. (1)비트겐슈타인에 대한 자연주의적 해석에도 여러 종류가 있다. 자연주의라는 용어 자체에 대한 합의된 정의가 없는 데다 자연주의가 확정된 형태를 갖춘 이론이 아니기 때문이다. (페어스(David Pears)는 비트겐슈타인의 자연주의가 이론에 반대하는 그의 태도에서 비롯된다고 본다(Pears 1995, 411쪽).) 가버의 초월적 자연주의도 비트겐슈타인에 대한 여러 종류의 자연주의적 해석 중 하나이다. 나는 가버의 비트겐슈타인 해석에 빚진 바가 크지만, 그가 주장한 초월적 자연주의는 나의 대안인 사람의 얼굴을 한 자연주의로 수정되어야 한다고 본다. 가버의 초월적 자연주의에 대한 나의 비판은 이 책의 3장에서, 내가 주장하는 사람의 얼굴을 한 자연주의는 1장과 2장에서 집중 거론된다.

(2)사람의 얼굴을 한 자연주의는 비트겐슈타인이 사람과 연관된 자연적 현상을 주목하고 있음을 강조한다. 이는 사람에 대한 자연과학적 접근보다는 자연사적 접근에 더 가깝다. 그렇다고 자연사적 탐구 자체가 비트겐슈타인 철학의 핵심인 것은 아니다. 그는 사람의 자연사를 철학의 문제를 해소하는 데 중요한 참조사항으로 활용하고 있다. 그중에서도 특히 언어사용에 초점을 맞춘다. 사람이 언어를 사용한다는 자연사적 사실이 비트겐슈타인에게는 철학적 문제의 해소에 가장 중요한 참조사항인 셈이다. 그는 언어의 의미를 쓰임의 관점에서 해명했다. 언어의 쓰임은 소통과 이해의 행위를 동반하며 객관적 3인칭이던 자연과 타자는 이 과정에서 2인칭으로 다가와 1인칭인 나와 엮이게 된다. 사람의 자연적 현상을 통찰(通察)[1]하고 기술(記述)함과 함께 언어사용을 매개로 한 2인칭적 소통 행위의 문맥 속에서 파악하는 것이 이 책이 표방하는 사람의 얼굴을 한 자연주의가 새로이 부각시키고자 하는 비트겐슈타인 철학의 핵심이다.

비트겐슈타인의 철학을 조망하는 연구서는 이미 차고 넘친다. 나는 이 책을 준비하면서 기존의 연구서와 그 체재에서부터 차별을 기하고자 하였다. 이 책은 비트겐슈타인 철학의 모든 주제를 망라한 완정(完整)한 해석을 지향하지는 않는다. 그의 생애를 포함해 여기서 다루지 않은 주제들에 대해서는 다른 책을 준비하고 있다.

전통적 의미의 논문이나 책을 서술의 형식으로 선택하지 않았을 뿐더러 자신의 사유를 그러한 틀에 얽매어놓는 것을 거부했던 비트

---

1   통찰(übersehen)은 비트겐슈타인 철학에서 중요한 위상에 놓여 있는 개념이다. 이에 대해서는 이 책 5장에서 상론할 것이다.

겐슈타인의 스타일을 감안해서, 이 책에서는 그에 대한 해석이라는 일률적 방식을 고집하기보다 이를 다른 학자들과의 지상 논쟁(2장 5절, 3장 4절, 5장, 11장)과 토론(IV부)에 부쳐보기도 하고, 재구성(4장)이나 응용(7, 8장)을 시도하는 등 다양한 방식을 취해보았다. 비트겐슈타인의 텍스트를 다각도에서 조명하려다 보니 간혹 같은 구절이 서로 다른 문맥에서 중복 인용되기도 함을 밝혀둔다.

원고에 대한 귀중한 논평의 수록을 허락해주신 하상필 교수님(인제대), 이희열 교수님(울산과학기술원), 김영건 교수님(서강대)께 머리 숙여 감사드린다. 값진 추천의 글로 책을 빛내주신 남경희 교수님(이화여대), 이윤일 교수님(가톨릭관동대), 한대석 교수님(충남대), 책 원고를 읽고 중요한 지적을 해주신 익명의 심사위원님, 홍진기 교수님(가톨릭관동대), 윤유석 씨(연세대), 연구 및 출판을 지원해준 대우재단에도 깊은 감사의 마음을 전한다.

이 책의 수익금은 우리의 도움이 필요한 곳에 모두 기부할 것을 약속 드린다.

2022년 가을
이승종

책의 얼개

이 책의 I부는 비트겐슈타인의 철학에 대한 자연주의적 해석의 기틀을 잡아보는 것으로 시작한다. 철학에서 이론을 배제하는 그에게 어떤 주의를 부여하는 것은 적절하지 못하다는 반론이 있을 수 있다. 그러나 이론의 배제가 입장의 배제를 함축하는 것은 아니다. 철학자 비트겐슈타인에게도 이론은 아니더라도 어떤 입장이라고 할 만한 것이 당연히 있으며, 그것에 걸맞은 이름이 사람의 얼굴을 한 자연주의라는 것이 나의 해석이다. 비트겐슈타인은 사람의 얼굴을 한 자연주의를 이론이나 강령의 형태로 다듬어내지 않았다. 사람의 얼굴을 한 자연주의라는 용어를 사용하지도 않았다. 그러나 그가 다루고 있는 철학적 주제들이 사람의 자연사, 자연사적 사실들, 사람의 자연스러운 반응 등에 의거해 해명되고는 한다는 점에서 사람의 얼굴을 한 자연주의는 그에 대한 해석으로서 충분히 설득력을 가질 만하다 (Snowdon 2018).

1장 '자연주의와 해체주의'에서는 비트겐슈타인의 철학에 얽혀 있는 자연주의와 해체주의라는 두 갈래 흐름을 찾아낸다. 나는 그가 언어의 무제약적 사용에 제한을 가하지만 언어의 자연적 한계를 정함과 동시에 근본적 동일성으로 방향 잡힌 개념의 일의적인 기능을 해체하고, 개념과 체계가 배제한 실천적 언어의 세계를 열어 밝힌다는 점에 주목한다. 언어의 쓰임을 구체적으로 보여주려는 비트겐슈타인의 작업은 전통 철학과 같은 '이론'이 아니라 '실천'이며, 이 실천으로서의 철학에 자연주의와 해체주의가 함께 용해되어 있음을 해명한다.

2장 '사람의 얼굴을 한 자연주의'에서는 사람의 삶의 형식에서 보았을 때 자연의 일반적 사실들에 얽혀 있는 사람의 행위가 비트겐슈타인이 추구하는 확실성의 최종 지평이 됨을 살핀다. 여기서의 자연은 사람과 독립해 자연과학의 대상이 되는 3인칭적 자연이 아니라 사람의 언어게임에 연관된, 즉 사람의 얼굴을 한 2인칭적 자연이다. 이처럼 비트겐슈타인의 자연주의는 사람의 얼굴을 한 자연주의임을 규명한다.

1장과 2장이 비트겐슈타인 철학에 대한 자연주의적 해석의 총론에 해당한다면, 3, 4, 5장은 이 해석의 각론에 해당하며 저 해석의 함축을 더욱 풍성히 풀어내는 역할을 담당한다.

3장 '삶의 형식'에서는 비트겐슈타인의 삶의 형식 개념에 관한 기존의 해석을 다섯 개의 유형으로 정리하여 고찰한 다음, 이 해석의 문제점과 한계를 극복할 수 있는 대안적 해석으로 자연주의적 해석을 모색한다. 비트겐슈타인은 사람의 자연사 지평에서 펼쳐지는 '이 복잡한 삶의 형식'의 파노라마를 전개되는 그대로 통찰(通察)하고 이를 하나하나 꼼꼼히 기술하고자 했다. 나는 그의 이러한 작업이 사람을 초월한 3인칭의 객관적 관점이 아니라, 사람의 2인칭적 관점에서 이루어졌음을 부각한다. 그 과정에서 가버의 초월적 자연주의와의 차별성을 확보한다.

4장 '종교철학'에서는 비트겐슈타인의 종교관을 자연주의적 관점에서 해석한다. 그 관점에서 볼 때 신은 세계에 존재하는 수많은 존재자에 부가되는 하나의 특수한 존재자가 아니다. 신을 믿는다는 것은 사실적, 혹은 초사실적 존재 영역을 확장하는 것이 아니라, 사람의 자연사에 대한 이해 양식을 변경하는 것이다. 신을 믿는다는 것은 세계의 안, 혹은 밖에서 어떤 새로운 존재자를 발견하는 것이 아니라, 세계를 본래적으로 있는 그대로 바라봄을 뜻한다. 그것은 유한하고 가변적인 사람의 삶과 세계를 신의 영원성에 의존해서 한계 지어진 하나의 전체로서 총체적으로 통찰(通察)함을 뜻한다.

5장 '토대와 자연사 논쟁'에서는 비트겐슈타인의 토대와 자연사 개념을 둘러싼 학술논쟁에 개입한다. 나는 샤인(Ralph Shain), 하상필, 김영건 교수 등의 비트겐슈타인 해석에 맞서 비트겐슈타인에서 토대는 고정된 형이상학적인 본질이나 자기 명증성을 지닌 인식론적 증거가 아니라, 우리의 행위에 의해 지속적으로 확인되고 관철되는 자연사적 사실임을 『탐구』의 주요 구절들을 순서대로 독해함으로써 논증한다. 아울러 보론(補論)에서 비트겐슈타인의 통찰(通察) 개념에 대한 베이커와 해커 사이의 이견을 하 교수와 나 사이의 이견에 견주어 비트겐슈타인 철학의 바른 이해를 도모한다.

II부에서는 자연주의적 해석을 비트겐슈타인의 세부 주제에 적용시켜봄으로써 저 해석을 확장하고 검증하는 역할을 수행하게 된다. 철학을 질병으로 보거나 모든 것을 있는 그대로 두는 것으로 간주하는 그에 대해 이러한 작업의 수행이 타당한지를 의심하는 반론이 있을 수 있다. 그렇다고 해서 비트겐슈타인이 침묵으로 일관하면서 아무런 일도 하지 않은 것은 아니다. 질병으로부터 회복하려면, 그리고 헝클어진 것을 원상태로 되돌리려면 투병과 같은 노력과 아울러 주어진 사태에 대한 지혜로운 통찰(通察)이 필요한데 이것이 그가 지향하는 철학이다. 그 과정에서 그 스스로는 부정했던 비트겐슈타인 특유의 창의성과 새로움이 번득이고 있다. 우리는 그가 이루어낸 이러한 성취를 계승하고자 하는 것이다.

6장 '수학의 인류학'에서는 비트겐슈타인의 수학철학에 대한 더밋(Michael Dummett)과 스트라우드(Barry Stroud)의 해석을 비판하고, 수학을 인류학적 현상이라고 본 비트겐슈타인의 언명에 주목해 수학의 인류학이라는 새로운 시각을 모색한다. 수학의 인류학은 대안적 수학의 이해 가능성 문제가 상상에 의해 고안된 물리적, 인류학적 배경을 전제로 하는, 우리와는 다른 삶의 형식과 자연사의 문제와 맞물려 논의되어야 함을 시사한다. 예컨대 디지털적 분절이 전혀 없는 아날로그적 액체 세계에 거주하는 액체적 삶의 형식을 지닌 지적 존재자의 수학은 우리의 수학과 다를 것이다.

7장 '수학철학의 주제들'에서는 6장에서 살핀 비트겐슈타인의 수학철학을 개별 주제에 독립적으로 적용하는 작업을 수행한다. 증명, 집합, 논리주의 등의 주제를 논의하고 수학이 문법인지를 살피며, 비트겐슈타인과 괴델(Kurt Gödel)의 텍스트에 근거해 괴델/비트겐슈타인 논쟁을 비판적으로 재현해본다. 이 과정에서 통찰(通察) 개념으로부터 착안(着眼)과 착상(着想)의 개념이 다듬어져 나오고, 수학을 활동으로 보는 비트겐슈타인의 수학관이 구체성을 얻게 된다. 『비트겐슈타인이 살아 있다면』에서 깊게 다루지 않았던 괴델과 비트겐슈타인의 대립각을 텍스트에 대한 강독을 통해 선명하게 입체적으로 부각하기도 한다.

8장 '해석과 언어게임'에서는 언어게임에 기반한 비트겐슈타인의 언어철학을 해석에 기반한 콰인(Willard van Orman Quine), 퍼트남(Hilary Putnam), 데이빗슨(Donald Davidson), 굿만(Nelson Goodman), 크립키(Saul Kripke) 등 미국의 분석철학자들의 시각과 비판적으로 대비시켜본다. 비트겐슈타인 철학에서 이들의 철학을 넘어설 수 있는 계기를 찾아내 비트겐슈타인 철학의 현재성과 탁월성을 가늠해보려는 것이다. 나는 그것을 언어게임에 드리워진 이해의 양식에서 짚어낸다. 너무 일찍 고전의 반열에 오른 까닭에 비트겐슈타인은 후대 영미철학의 흐름과는 유리된 채 고전으로서만 연구된 감이 있는데, 이러한 시도를 통해 지금까지의 비트겐슈타인 연구 경향의 방향을 전환해볼 필요가 있다고 생각한다.

"물은 H$_2$O이고 H$_2$O가 아니다"와 같이 한 문장과 그 문장에 대한 부정이 '그리고(and)'라는 연결사로 엮인 문장을 모순이라 한다. 학자들은 모순을 지적 자살행위, 암, 컴퓨터 바이러스, 혹은 버그와 같은 것으로 간주한다. 논적을 논파하는 지름길로 그가 한 말에서 모순을 들춰내는 일만 한 게 없을 정도이다. 이론에서도 모순이 발견되면 그 이론에는 위험 신호가 커지고, 모순이 해결되지 않으면 파산선고가 내려진다. 그러나 다음에서 보듯이 비트겐슈타인은 모순에 대해 이러한 통념과는 전혀 다른 생각을 갖고 있었다.

> 수학적 또는 논리–수학적 발견을 통해 모순을 해결하는 것은 철학의 일이 아니다. 오히려 우리를 괴롭히는 수학의 상태, 모순이 해결되기 **이전의** 상태를 우리가 통찰(通察)할 수 있게 하는 것이 철학의 일이다. (PI, §125)

모순이 해결되기 이전의 상태란 무엇을 말하는가? 모순에 봉착했을 때 우리는 혼란에 빠져 "어떻게 해야 할지 모르겠다"라고 고백한다. 그런데 이것이 바로 철학의 문제가 지니는 형식이라는 것이 비트겐슈타인의 진단이다(PI, §125, §153). 철학의 문제는 우리를 길이 보이지 않는 막다른 지점에 세운다. 그가 보기에 이 상황이 나쁜 것은 아니라는 것이다. 즉 모순 그 자체가 우리에게 해를 끼치는 것은 아니다. 이 점이 1939년 케임브리지 대학 강의실에서 있었던 비트겐슈타인과 튜링(Alan Turing) 사이의 논쟁의 핵심이었다(LFM).

튜링은 모순으로 말미암아 해로운 결과가 일어날 수 있다고 보았다. 모순으로부터는 어떠한 것도 이끌어낼 수 있으므로 모순된 연산체계로 지은 다리는 무너질 수 있다는 것이다. 여기서 튜링은 모순에 대한 학계의 통념을 대변하고 있다. 반면 비트겐슈타인은 모순으로부터 어떠한 것도 이끌어낼 수 있다고 볼 필요가 없으며, 다리가 무너지는 물리적 현상이 모순된 연산체계 때문일 수는 없다고 응수한다.

모순으로부터 어떠한 것도 이끌어낼 수 있다는 생각은 모순을 막다른 지점으로만 보는 것이 아니라 그 뒤에 무한히 많은 길이 허용된다고 보는 것이다. 모순이라는 막막한 지점에서 그런 결정을 내릴 수도 있지만 다른 결정도 가능하다. 그보다 더 중요한 것은 모순이 막다른 지점임을 정확히 깨닫는 것이다. 철학은 막다른 지점에서 피어난 사유의 결실이다.

『비트겐슈타인이 살아 있다면』에서 나는 모순을 주제로 비트겐슈타인의 논리철학을 나름대로 해석해보았다. 책이 나온 뒤 이에 대한 여러 비판적 서평과 논의가 있었는데, 그에 대한 답론과 보완이 될 만한 글들을 준비해왔다. 이제 그것들을 추려 이 책에서 III부의 세장으로 선보인다. 서양의 저명 철학 학술지에는 학술서에 대한 심포지엄 코너가 있어 저자가 자신의 학술서를 요약하고, 학자들의 서평 논문들에 이어서 저자가 이에 답변한다.[2] 나는 이에 착안해 9장 '모순론'에서『비트겐슈타인이 살아 있다면』의 주요 쟁점들을 후속 논의를 위한 발제문 형태로 새로이 정리해보았다.[3]

10장 '모순과 타당성'에서는 비트겐슈타인이 모순에서는 어떠한 명제도 따라 나올 수 없다는 생각을 아주 일찍부터 가지고 있었음에 주목한다. 그리고 모순에 대한 비트겐슈타인의 언명에서 논증에 대한 그 나름의 타당성 기준이 될 만한 것을 찾아내어 이를 널리 알려진 타르스키(Alfred Tarski)의 기준과 비교해본다. 나는 논증의 타당성에 대해 비트겐슈타인이 한편으로는 타르스키와는 다른 '기준'을 가지고 있었음에도 다른 한편으로는 논증의 타당성과 부당성을 가리는 표준적 '방법'을 수용했으며, 비트겐슈타인에게 저 '방법'의 수용은 자신의 '기준'과 상충하는 것이 아니었음을 입증해본다.

11장 '모순 논쟁'에서는『비트겐슈타인이 살아 있다면』에 대한 박정일, 이희열 교수의 비판과 나의 답론을 선보인다. 박정일 교수는 1929년의 비트겐슈타인의 논문에서 "A는 파란색이다"와 같은 명제가 요소명제라는 나의 견해에 대해 "수들이 요소명제들의 형식에 들어가야 한다"라는 비트겐슈타인의 말을 인용하면서 "A는 파란색이다"와 같은 명제에서는 **어디에** 수가 들어가 있느냐고 반문한다. 비트겐슈타인은 "A는 파란색이다"를 "B P T"로 기호화한다. 여기서 B는 파

---

2 *Philosophical Studies*, *Philosophy and Phenomenological Research*, *Analysis*, *Analytic Philosophy*, *Philosophical Explorations* 등이 이러한 체제를 유지하고 있다.
3 이 책에 수록되지 않은 다음의 논문도 후속 논의의 연장선에 있다. 이승종(2020a).

란색을, P와 T는 각각 장소와 시간을 지칭한다. 나는 수가 P와 T에 들어가 있음을 보인다.

이희열 교수는 『논고』가 "A는 빨간색이다"(p)와 "A는 파란색이다"(q)가 모두 참일 수 있는 경우를 허용하고 있다는 점에서 결함이 있다는 나의 주장은 사실이 아니라고 비판한다. 그러나 비트겐슈타인은 1929년의 논문에서 『논고』의 논리학이 색깔 문장의 배제 관계를 제대로 해명하지 못하고 있는 결함이 있음을 스스로 인정하고 있다.

끝으로 IV부에서는 이 책의 몇몇 장에 대한 초고를 학술 모임에서 발표해 주고받은 논평, 답론, 토론을 주제별로 범주화해서 실었다. 그 내용은 칸트와 비트겐슈타인, 의미와 진리, 삶과 자연 등 이 책의 중심주제들을 망라하고 있는데, 독자들은 논평과 답론, 토론을 통해 동시대 학자들과의 학술 교류 현황을 직접 느낄 수 있을 것이다. 이를 통해 이 책의 논지가 더욱 명료해지고, 논의가 깊이를 확보하며, 시각이 입체성을 얻게 되기를 바란다.

이 책은 순서대로 읽을 수도 있지만 각 장에 대한 IV부의 토론을 함께 읽어나가는 방식도 가능할 것이다. 내용이 연관되는 장들을 괄호로 묶어 논의의 흐름을 알고리듬화하면 다음과 같은 순서가 된다.

(1장 → 2장 → 12장 → 13장) → (3장 → 14장) → 4장 → 5장 → (6장 → 15장) → 7장 → 8장 → 9장 → 10장 → 11장

차례

I부 자연주의

III부 모순

IV부 토론

I부   자연주의

1장
자연주의와 해체주의

 언어철학은 다음과 같은 문제에 관해 견해를 달리하는 두 진영으로 분화되는 양상을 보이고 있다. 첫째, 회의나 정당화가 더 이상 불가능한 확실성이 존립하는가? 둘째, 언어의 영역에서 확정적 구분은 존립할 수 있는가? 자연주의는 이 질문들에 대해 긍정의 입장을 취한다. 해체주의는 같은 질문들에 대해 부정의 입장을 취한다. 우리는 양 진영이 대립을 해소, 극복할 수 있다고 본다. 그 계기는 후기 비트겐슈타인의 재발견에서 마련된다.

 우리는 분석철학과 직접 연관을 맺지 않은 언어철학자들도 위의 두 관점과 연관하여 정리할 수 있다고 본다. 이를테면 하이데거는 자연주의자로, 데리다는 해체주의자로 분류할 수 있다고 본다. 아울러 일반적으로 자연주의자나 해체주의자로 불리지 않는 언어철학자들도 위의 두 관점에 포섭되는 것으로 본다. 가령 분석철학의 진영에 속하는 사람들 중에서도 비트겐슈타인은 자연주의자로, 콰인이나 데이빗슨은 해체주의자로 분류할 수 있다고 본다. 또한 우리는 이 구분을 반드시 현대의 언어철학에 국한해서만 적용할 필요는 없다고 본다. 자연주의니 해체주의니 하는 구분은 어떤 특정 시기의 특정 철학 사조를 지칭하는 것이 아니라, 철학사의 다양한 계기들에 적용할 수 있는 두 가지 철학적 관점으로 보는 것이 바람직하다고 생각한다.

1. 자연주의와 해체주의

자연주의는 철학에 출발점이 있다는 사실을 의심하지 않는다. 그 출발점은 근대 인식론자들이 말하는 감각 경험이나 의심할 수 없는 사유의 규칙과 같은 것이 아니다. 그보다는 사람을 제약하는 자연사(自然史)의 아주 일반적인 사실과 삶의 형식이 자연주의에서의 출발점이다. 자연주의는 그러한 제약 조건들을 이론적으로 설명하기보다 있는 그대로 기술하는 것을 철학의 목표로 삼는다. 그러나 과연 어떠한 것이 자연적인 것이고, 어떠한 것이 자연적이지 않은 것인가? 그 가름의 기준은 무엇인가? 해체주의는 이러한 문제를 제기하고 나선다. 해체주의는 어떠한 구분도 해체가 가능하다고 본다. 가령 콰인은 분석과 종합의 구분이 정당화될 수 없는 독단임을 폭로한다(Quine 1951). 그는 아마 비트겐슈타인에서 문법적 명제와 경험적 명제 간의 구분도 마찬가지로 독단이라고 평가할 것이다. 한편 데이빗슨은 콰인의 해체 작업이 불충분한 수준에 머물러 있다고 비판한다(Davidson 1974). 데이빗슨에 의하면 독단이 제거된 뒤에도 콰인의 경험주의 철학에는 여전히 경험과 언어의 구분이 남아 있다. 그러나 이 구분, 즉 사람이 짜는 언어의 틀과 그 안에 질료로 들어오는 감각 경험 사이의 구분 역시 해체되어야 한다. 데이빗슨은 콰인에게서 경험주의를 제거함으로써 콰인의 해체 작업을 좀 더 극단으로 밀고 나간다.

해체주의적 입장에서 볼 때 자연주의자는 자신이 만든, 사람이 뛰어넘을 수 없다는 자연적 한계 안에 철학을 묶어두고 있다. 해체주의자의 눈에 자연주의는 사람이 자신을 만물의 중심에 위치시키고 바로 그 사람의 한계 안으로 사유의 폭을 제한하려는 시도에 불과한 것으로 여겨진다. 이 한계를 해체할 때 자연주의는 무너지게 된다. 해체주의는 우리가 자연주의의 탈을 쓴 인간중심적인 생각에서 벗어나야 한다고 본다. 해체주의는 왜 우리가 자연적인 제약 조건에 대해서는 침묵해야만 하느냐고 묻는다. 물론 그 조건 안에서 철학하는 사람들에게는 그것이 절대적인 것이겠지만, 사실 그 조건들이 얼마든지 달라질 수도 있다는 점을 해체주의는 일깨우고자 하는 것이다.

자연주의자인 비트겐슈타인은 확실성의 근거를 자연사의 사실이나 삶의 형식에서의 일치에서 찾는다. 그러나 해체주의적 관점에서 보면, 즉 탈인간중심주의적 입장에서 보면 비트겐슈타인이 말하는 확실성은 사실 우연성에 불과하다. 가령 저울에 물건을 올려놓을 때마다 물건의 무게가 달라진다면, 과연 무게를 잰다는 사실이 가능할 것인가? 즉 '무게를 잰다'라고 하는 언어 행위 내지 언어게임이 핵심을 유지할 수 있을 것인가? 비트겐슈타인은 그렇지 않을 것이라고 답한다(PI, §142). 그러나 해체주의의 답변은 다르다. 해체주의적 관점에서 보면, '무게를 잰다'라는 것에 대한 다른 해석이 여전히 가능하다. 물론 물건을 저울에 올릴 때마다 그 무게가 달라지는 일은 우리의 세계에서는 일어나지 않을 것이다. 물건의 무게를 잴 때 우리는 그러한 일이 일어나지 않으리라는 확신과 기대에서 그렇게 하는 것이다. 그러나 그러한 기대가 무너지는 일이 발생할 때, 우리의 언어게임이나 철학, 또는 그러한 사실에 대한 우리의 태도는 어떻게 되는 것인가? 그러한 가능성에 대해서도 충분히 생각해볼 수 있는 일이다. 결국 해체주의는 자연주의를 향하여 다음과 같은 문제를 제기한다. 자연주의자는 그가 말하는 자연적 제약 조건에 대해서는 왜 비판과 해체의 메스를 대지 않는가?

해체주의가 자연주의에서 말하는 자연적 조건들에 대해 의심을 제기한다는 점과 관련하여, 해체주의와 회의주의의 관계를 정리해볼 필요가 있다. 대체로 해체주의와 회의주의는 모두 자연주의와는 대비되는 군에 속한다고 볼 수 있다. 그러면 해체주의와 회의주의를 구체적으로 어떻게 구별할 수 있는가? 회의주의가 회의라는 한 가지 목적에서 시도되는 것이라면, 해체주의는 여러 가지 목적에서 시도되는 것이라고 할 수 있다. 따라서 회의주의는 해체주의의 일부이거나 해체의 한 방법이라고 볼 수 있다. 요컨대 회의주의는 파국을 향해 있지만, 해체주의는 더 나아가 파국 너머의 끝없는 가능성을 향해 있다.

한편 자연주의적 입장에서는 해체주의가 모색하는 다양한 가능성이 도대체 무슨 의미가 있는지를 의심한다. 해체주의가 전개하는 텍스트 해체의 화려한 기교와 생각의 무한한 개방이 과연 사람에게 단순한 인식적 해방 이상으로 어떤 진지한 의미를 줄 수 있는 진정한 것인가? 결국 그것은 이 땅에 뿌리박고 사는 사람들의 삶의 형식이나 생각에서 유도된 파생적인 것이 아닐까? 자연주의자가 보기에 파생적인 것들은 이차적인 의미밖에 없다. 우리가 원점으로 돌아가서 그러한 생각들이 어떻게 파생되었는가를 보여주기만 한다면, 그러한 것들은 별문제가 아니다. 비트겐슈타인은 바로 그러한 것들이 잘못 파생되었을 때 우리가 철학적 질병을 앓게 되며, 그 병은 파생된 질병적 사유를 원래의 상태로 복원시켜줌으로써 치료된다고 본다.

지금까지 우리는 자연주의와 해체주의가 어떤 점에서 대비되는지를 살펴보았다. 그러나 둘은 과연 엄격하게 상반되는 관점으로 그치는가? 두 관점이 서로 만나는 지점은 없는가? 만일 두 관점이 공히 어떤 전통에 맞서서 나타나는 것이라면, 두 관점을 철학사상보다 뿌리 깊은 어떤 사조에 대해 문제를 제기하는 하나의 흐름 가운데 있는 것으로 이해할 수 있지 않겠는가?

2. 자연주의와 해체주의는 어떤 전통에 반대하는가?

비트겐슈타인은 전통 철학의 문제점을 '통일에의 열망'으로 요약한다. 이는 모든 개별적인 것들을 공통된 단일성으로 근거 지으려는 사고의 경향을 지칭한다. 그는 이러한 경향이 언어의 영역에서 유래한다고 본다.

물론 우리를 혼란스럽게 하는 것은, 낱말들을 귀로 듣거나 또는 원고나 인쇄물에서 눈으로 볼 때 이들이 획일적으로 나타난다는 점이다. 왜냐하면 이 낱말들의 **쓰임**이 우리에게 그렇게 분명하지 않기 때문이다. 특히 우리가 철학을 할 때는 더욱 그렇다!(PI, §11)

상황에 의해 그 의미가 드러나지 않는 낱말들의 외양적인 통일성으로부터, 모든 개별적 낱말에 공통된 하나의 기능이 있다고 생각하는 경향, 혹은 모든 문장에 공통된 하나의 기능이 있다고 생각하는 경향이 생겨난다. 이로부터 다시 언어의 의미가 근본적인 통일성에 의해 지배되고 있으며 체계적 전체로 묶일 수 있다는 생각이 싹튼다.

언어가 근본적인 동일성을 기초로 성립되었다는 생각은 우리에게 드러난 세계의 다양성과 경험의 유동적인 섞임들과는 질적으로 다른 개념의 영역을 만들어낸다. 그리고 이 개념의 영역에서 나름의 위계와 작동으로 산출된 것들이 철학적 체계들이다. 전통 철학의 이와 같은 본질주의적 경향은 우리에게 드러난 (다양하고 개별적인 사건과 사물이 유기적으로 복합되어 있는) 세계를 그와는 질적으로 다른 (단일한 기능으로 추상되고 확장된) 개념 체계로 환원하여 설명하려고 한다.

본질주의가 언어의 외양적 통일성에 현혹되어 우리에게 드러난 세계와는 질적으로 다른 개념 체계를 인위적으로 구성하는 데서 비롯되었다면, 그에 대한 비판과 해체의 작업은 자연히 그러한 개념 체계의 발생을 막거나 그것을 원래의 출발점으로 복귀시키는 작업이 된다. 이는 비트겐슈타인의 말을 빌리면 "우리의 언어라는 수단을 통해 우리의 이해력에 걸린 마법에 대항하는 투쟁이다"(PI, §109). 전통 철학으로 하여금 체계를 만들게 하는 추상된 언어의 영역이 그 자체 자립적인 근거를 가진 것이 아니라 자연적 세계에서 유래한 것이라면, 본질주의적 개념과 체계의 해체 작업은 하나의 기능과 단일성으로 언어가 고착되기 이전의 지점을 명확히 함으로써 가능할 것이다. 전통 철학이 사용하는 개념들과 그에 의해 산출된 체계가 자립적이고 무한한 절대에 이르기까지 확장되는 데 반해, 일상 언어는 그것의 의미를 만들어내는 세계의 자연적 사실들과 조건들에 의해 제약되고 제한되어 있기 때문이다.

우리는 앞서 자연주의가 사람에게 주어진 자연적 제약 조건을 인정하는 입장임을 보았다. 그러나 자연적 제약 조건을 인정하는 태도가 반드시 자연주의에만 귀속되는 것은 아니다. 자연적 제약 조건을 일깨우는 것이 기존의 철학이 추구해온 이상주의적 메시지의 한계를 절감한 데서 나온 것임을 고려해볼 때, 그것은 자연주의나 해체주의가 모두 공감하는 동기라고 할 수 있을 것이다. 그런데 만일 자연주의자가 자연적 제약 조건을 드러냄에서 여전히 어떤 확실성의 기반 같은 것을 설정하고자 한다면, 그것은 아직 그가 사실적 한계를 충분히 자각하지 못했다는 징표로 보아야 하지 않을까? 이러한 의문을 제기하면서 해체주의는 자연주의와는 구별되는 지점으로 물러서게 된다. 해체주의는 자연주의의 작업이 사람의 작업에 불과한 것이며 더 나아가 인간중심적인 것이라고 비판한다. 아울러 해체주의자는 자연주의가 사람의 한계를 잘못 설정했다고 본다. 해체주의에 따르면 사람의 한계란 자연주의가 보여주는 것처럼 그렇게 명확하게 설정되는 것이 아니다. 한계 설정에 있어서 개방적인 태도를 취하는 해체주의는 자연주의의 한계 짓는 작업, 구분 짓는 작업이 일방적이거나 미성숙한 것이라고 비판한다. 가령 "선험적 종합판단이 가능한가?"라는 칸트의 질문은 그가 가지고 있던 구분들, 즉 선험적인 것과 후험적인 것의 구분이나 분석적인 것과 종합적인 것의 구분에 의존해 있는데, 콰인은 바로 그러한 구분 자체가 문제임을 제기한다.

그러나 자연주의의 편에서 이러한 비판에 맞설 수 있는 해명의 길이 막혀 있는 것만은 아니다. 자연주의가 말하는 확실성은 인식론적 기준으로서의 확실성과는 구별되는 것이며, 단순히 이성의 독단으로 치부될 수만은 없다. 가령 비트겐슈타인이 확실성에 대해 말할 때, 그는 어떤 명제의 참을 주장하는 것이 아니다. 그는 언어가 작동하는 틀의 기본을 이루는 명제들이 존재하며 이들이 다른 명제들이 의미 있게 취급되기 위해 전제되어야 하는 조건을 형성한다고 본다. 그러나 그는 그 명제들을 우리가 의심의 여지없이 확실하게 **알고 있는** 진리로 간주하는 무어의 상식주의(Moore 1925; 1939)에 반대한다. 비트겐슈타인은 틀의 기본을 이루는 명제들의 인식론적 지위를 부정한다. 그가 확실성의 토대로 보는, 더 이상 정당화가 불가능한 "동물적인 어떤 것"(OC, §359)을 본질주의의 절대적 기초와 같은 것으로 생각해서는 안 된다. 이처럼 자연주의에서 말하는 자연적 제약 조건은 분명 독단적 합리주의나 무비판적 상식 철학에서 말하는 그런 종류의 확실성과는 구별되어야 한다.

비트겐슈타인의 후기 철학을 자신의 전기 사상에 대한 반성으로 이해할 때, 그의 자연주의는 해체주의적 작업을 전제하는 것으로 볼 수 있다. 그의 후기 철학에서 나타나는 해체주의적 국면은 자신의 전기 사상에 대한 비판에서 찾을 수 있다. 후기 비트겐슈타인은 우리의 믿음이나 지식 체계가 세계와 공유할 수 있는 논리적 형식이 해체된다면, 과연 그러한 믿음이나 언어 체계를 작동하게 하는 것은 무엇인지를 드러내고자 한다. 그것들이 더 이상 인식론적 정당화나 논리적 탐구로는 답변될 수 없다는 반성을 통하여, 그는 언어 행위에서 일종의 조건으로 받아들일 수밖에 없는 자연적 한계를 인정하게 된다. 그의 자연주의적 입장이 드러나게 되는 국면은 이렇게 해체주의의 입장에 공감하는 입지에서이다. 그러한 자연주의는 무엇보다 우선적으로 독단적인 본질주의 철학에 반기를 들고 나온 것으로 평가되어야 한다. 그리고 자연주의가 이렇듯 전통 철학에 대해 수행된 해체주의의 작업과 맥락을 같이하는 반성이라는 평가를 전제한 연후에야, 비로소 자연주의적 반성과 해체주의적 반성의 차이점을 논하는 것이 의미를 가질 수 있게 된다.

이러한 사정은 해체주의적 입장을 논의하는 데서도 마찬가지이다. 지금까지의 논의에서 해체주의는 마치 기존 철학뿐 아니라 우리의 삶을 지탱하고 있는 일체의 것에 대해 수행할 수 있는 방법적 전략이어서, 결국 우리에게 어떤 것도 의미 있게 받아들일 수 없게끔 하는 것인 양 묘사되었다. 그러나 무엇보다도 해체주의가 겨냥하고 있는 해체 작업의 일차적 대상은 철학의 이상주의적인 구성물들이다. 서양의 철학사는 일상의 한계를 벗어나서 그것의 밖에 어떤 아르키메데스적인 점을 정립하고, 그로부터 세계를 재구성해내고자 하는 이상주의적 이념에 종속되었다. 해체주의가 기존 철학의 전통으로부터 떨어져 나오게 된 이유는 그와 같은 이상주의적 이념의 무근거성 내지 허구성을 인식했기 때문이다. 따라서 해체주의가 서양 철학사를 인간중심주의나 이성중심주의라고 비판하면서 일차적으로 해체하고자 하는 것은 서구 철학의 이상주의적 논리와 그것을 탄생시킨 인간중심주의적 입지라고 할 수 있다.

해체주의는 그동안 현실 세계를 재는 절대적 척도로 자처해온 논리의 한계를 보임으로써, 그러한 논리적 이상 속에서 키워진 철학이나 문화가 다른 조건들과 한계들을 외면하거나 왜곡함으로써 가능할 수 있었던 구조물에 불과함을 일깨우고자 하는 것이다. 그렇다면 이렇게 기존의 철학이 몰두해온 논리의 범위를 벗어나 있는 영역, 즉 논리적으로 정당화되지 않는 일상의 조건들과 한계들을 부각시킨다는 점에서 해체주의는 자연주의적 입장에 접근해 있다고 볼 수도 있다. 다만 그 일상의 조건과 한계라는 것이 명백히 설정될 수 있는 것이 아니라 항시 달리 될 수도 있는 우연성을 면할 수 없는 것이므로, 해체의 작업은 어느 지점에서 완료되는 것이라기보다는 끊임없이 재개되어야 하는 과정이 된다. 이 점에서 해체주의는 자연주의 이상으로 문제의식의 지평을 확장시키고 있다고 볼 수도 있다.

이상과 같이 자연주의와 해체주의를 기존 철학사와의 관련을 통해 규명하는 작업은 다음과 같은 점을 시사한다. 두 관점은 전적으로 상반되는 것이 아니다. 두 관점은 어떤 중요한 측면에서, 즉 기존 철학의 본질주의적 경향에 반하는 입지점을 갖는다는 점에서 서로 밀접한 관계에 놓여 있는 것으로 나타난다. 즉 자연주의적 관점은 기존 철학에 대한 해체주의적 작업을 전제하는 것으로 이해할 수 있으며, 해체주의적 작업은 기존 철학이 추구했던 기초의 한계를 보여주는 자연주의적 조건들에 주목함으로써 이루어지는 것이라고 이해할 수 있을 것이다.

그러나 비록 두 관점이 공히 어떤 중요한 국면에서 일치한다고 해도, 그것들은 여전히 서로 구별되는 두 관점이다. 따라서 자연주의니 해체주의니 하는 구분은 전통 철학을 반성하는 계기가 되는 두 가지 모형으로 이해해야 할 것이다(Garver and Lee 1994 참조).

3. 자연주의와 해체주의는 어떤 문제를 제기하는가?

자연주의와 해체주의를 전통 철학에 대한 반성의 두 양상으로 본다면 이제 문제가 되는 것은 두 관점이 각기 취하는 반성의 양상이 서로에 대해 어떠한 관계에 놓여 있는지, 나아가 두 관점 중 어떤 것이 기존 철학을 반성하는 데 더욱 결정적인 계기가 되는지에 있다. 이를테면 자연주의가 기존 철학이 추구했던 인식론적 확실성이나 논리적 정당성에 대한 해체의 작업을 전제하고 있다고 해도, 해체주의는 자연적 제약 조건들을 사람에게 불가피한 것으로 받아들이는 자연주의에 대하여 그것이 인간중심주의적이라는 비판의 화살을 쏠 수 있다. 즉 자연주의가 사람이 넘어설 수 없는 벽이나 한계의 예로 어떤 구체적인 자연적 사실을 언급한다면, 이는 이미 인식의 가능성이나 불가능성의 경계를 사람들 자신이 명확히 구분할 수 있다는 생각을 전제하고 있는 것이 아닌가? 거기에는 사람이 자연사 속에서 살면서 키워온 인간중심주의적 특권 의식이 들어가 있지 않은가? 그렇다면 전통 철학을 비판하는 여러 시도 중에 자연주의적 입장에서 취해지는 비판이 해체주의적 입장에서 취해지는 비판만큼 철저한 것인가에 대해서는 의문이 간다.

한편 어떠한 제약 조건이든 그것을 기정사실이라기보다는 우연적인 것에 불과하다고 보는 해체주의적 태도에 대하여, 자연주의는 과연 그러한 태도가 자연적으로 조건 지어진 우리의 삶의 문맥을 떠나 이루어지는 관념적 유희 이상의 의미를 지니는지를 물을 수 있을 것이다.

그러나 이렇게 서로 구별되는 두 관점이 위와 같은 긴장 관계를 유지하고는 있지만, 그렇다고 해서 그것들이 서로 불화하고 있는 것으로 보이지는 않는다. 더욱이 한 철학자의 사고 내에서 위의 두 국면이 함께 발견되는 경우도 있다. 예컨대 칸트의 이율배반 논증은 해체주의적 작업이지만, 실천이성의 우위나 신앙을 위해 지식을 양보하는 입장(Kant 1787, Bxxx)은 칸트 철학의 자연주의적인 국면에 해당한다. 그런데 뒤에 다시 살펴보겠지만 칸트에게서 이 양자는 불화를 이루고 있지 않다.[4] 우리는 후기 비트겐슈타인 역시 두 관점의 대립을 해소시켜 서로 조화를 도모하고 있다고 본다. 그렇다면 문제 해결의 실마리는 서로 구별되는 두 관점이 어떻게 공존할 수 있는지를 이해하는 데에 있다. 따라서 양 관점에 대한 위의 구별은 단지 각각의 측면을 부각시키려는 필요에서 이해의 편의를 위한 모델로 설정된 것으로 보아야 한다.

4. 자연사와 자연수

자연주의적 국면과 해체주의적 국면은 후기 비트겐슈타인에서 구체적으로 어떻게 조화를 이루고 있는가? 『탐구』에서 비트겐슈타인은 다음과 같이 말하고 있다.

어떤 개념의 의의(意義), 즉 중요성을 설명하기 위해 우리가 언급해야 하

---

4 자연주의와 해체주의 사이의 조화는 하이데거의 철학에서도 발견된다. 이승종(2010) 참조.

는 것은 극히 일반적인 자연의 사실들인 경우가 많다. 다시 말해 너무나 일반적이어서 거의 언급된 적이 없는 그런 사실들이다.(PI, §142에 이어지는 메모)

이 구절은 의미의 문제에 접근하는 후기 비트겐슈타인의 관점을 대변하고 있다고 여겨진다. 많은 언어학자, 언어철학자, 그리고 『논고』에서의 비트겐슈타인은 언어의 의미가 형이상학적 의미론이나 심리철학에 의해 해명된다는 생각에 너무 깊이 빠져 언어가 사람에 의해 사용된다는 점, 그리고 그 사용이 어떤 일정한 문맥이나 그 문맥의 항상성을 받쳐주는 자연사의 아주 일반적인 사실들에 깊이 연관되어 있다는 점을 간과해왔다. 후기 비트겐슈타인은 바로 이러한 자연사의 사실들을 올바로 기술해줌으로써 이전의 잘못을 바로잡고자 하는 것이다.

또한 비트겐슈타인은 다음과 같이 말하고 있다.

만일 누군가 어떤 개념들이 완전히 올바른 개념들이라고 믿고, 그와 다른 개념들을 갖는 것은 마치 우리가 이해하는 어떤 것을 전혀 이해하지 못한다는 뜻이라고 믿는다면 — 나는 매우 일반적인 어떤 자연의 사실들이 우리에게 익숙한 것과는 다르다고 상상해보라고 그에게 권하고 싶다. 그렇다면 그는 익숙한 개념들과는 전혀 다른 개념들이 어떻게 형성되는지를 이해하게 될 것이다.(PPF, §366)

요컨대 자연사의 사실이 달라진다면 언어와 언어를 사용하는 행위가 크게 영향받는다는 것이다. 이 점을 이해하기 위해 다음의 예를 살펴보자.

페아노(Giuseppe Peano)는 자신이 구성한 5개의 공리로 자연수를 완전히 설명할 수 있다고 주장한다. 그러나 과연 자연수에 대한 페아노의 이론이 그 자체의 완결성을 가지고 진리로서 군림할 수 있는가? 비트겐슈타인은 그렇게 보지 않을 것이다. 그는 아마 다음과 같은 문제들을 제기할 것이다. 첫째, 5개의 공리들을 달리 해석할 여지는 없는가? 둘째, 자연사의 사실들이 완전히 다를 경우, 그때 페아노의 공리와 그것을 바탕으로 하는 자연수의 이론이 어떤 핵심을 가질 수 있을 것인가?

페아노는 이러한 문제들이 수학의 문제가 아니라고 답변할 것이다. 그러나 이에 대해 비트겐슈타인은 다시 다음과 같이 물어볼 것이다. 만일 자연사의 사실이 다르다면, 페아노의 수학 이론이 갖는 위치나 의미가 항구 불변할 수 있겠는가? 자연사의 사실, 그 안에서 이루어지는 사람의 수학적 행위를 설명, 기술하는 데 페아노의 자연수 이론이 꼭 필요한가? 비트겐슈타인은 그렇지 않다고 생각한다. 그에 따르면 더 우선해서 언급해야 하는 것은 페아노의 이론이 아니라, 수학이 사람의 행위라는 사실, 그리고 그러한 행위가 삶의 형식에서의 일치라는 자연사적 사실에 토대해 있다고 하는 점이다.[5]

그렇다면 비트겐슈타인이 말하는 삶의 형식은 구체적으로 무엇인가? 만일 삶의 형식이 각각의 언어가 그 문화에 사용되는 상황을 의미하는 것이라면, 그것은 단지 문화적인 성격만을 갖게 될 것이다. 그러나 삶의 형식이란 어떤 문화적 속성이 아니며, 사람이 언어를 사

---

5 이에 대해서는 6장에서 상론할 것이다.

용한다는 사실, 사람만이 희망할 수 있다는 사실 등 인간 종(species)에 고유한 특징들을 겨냥하여 쓰이는 말도 아니다. 그보다는 저러한 특징들로 표현되는 특정한 삶의 형식이 사람 혹은 인간이라는 종을 규정한다고 보아야 한다. 따라서 문화마다 다양한 삶의 형식, 즉 게르만인의 삶의 형식이나 슬라브인의 삶의 형식 등을 말하는 것은 비트겐슈타인의 의도를 제대로 보여주는 해석이라고 볼 수 없다. 그러한 문화 상대주의적 해석은 비트겐슈타인의 원전에 근거해 있다고 보기 어렵다. 사람에게는 오직 하나의 삶의 형식이 있을 뿐이다.[6]

그렇다면 앞의 인용문에서 비트겐슈타인은 왜 자연사의 사실이 다를 수 있는 경우를 상상해보라고 권하고 있는가? 왜 그는 후기 저작의 여러 곳에서 화성인과 같은 다른 형태의 지성을 상상하고 있는가? 우리는 사람의 지성만이 유일한 형태의 지성이고, 사람의 지성과 언어만이 세계의 섭리를 풀어낼 수 있는 열쇠를 가지고 있다는 인간중심주의적 편견을 비판하려는 의도에서였다고 본다. 그러나 비트겐슈타인은 이처럼 다른 지성의 가능성을 배제하지 않으면서도 여전히 사람에 대해서는 문화 상대적이지 않은 동일한 삶의 형식을 공유하는 것으로 보고 있다. 우리는 비트겐슈타인이 바로 이러한 이유에서 '삶의 내용'이라는 표현 대신 '삶의 형식'이라는 표현을 택했다고 추론한다. 가령 사람만이 언어를 사용할 수 있다고 말할 경우, 물론 그 언어는 민족과 문화에 따라 다를 테지만, 언어를 사용할 수 있다는 사실은 모든 사람에게 동일하게 적용될 수 있을 것이다.

바로 이 점에서 비트겐슈타인의 전·후기 철학은 하나의 일관된

---

6 이에 대해서는 3장에서 상론할 것이다.

관심으로 이루어지고 있다. 전·후기 철학의 많은 차이에도 불구하고 양자가 공히 본래적인 언어가 가지는 한계를 드러내는 데 초점을 맞추고 있기 때문이다. 전기의 경우 세계와 언어의 한계는 논리이다. 그리고 이때 논리는 프레게(Gottlob Frege)나 러셀(Bertrand Russell)처럼 대상을 가진 것이 아니라(TLP, 4.0312, 5.4) 생각할 수 있는 것, 그리고 의미 있는 명제를 가능하게 하는 토대이며 한계이다. 『논고』에서 비트겐슈타인은 다음과 같이 말하고 있다.

나의 언어의 한계는 나의 세계의 한계를 뜻한다.(TLP, 5.6)

논리는 세계에 충만해 있다. 세계의 한계는 논리의 한계이기도 하다.(TLP, 5.61)

삶의 한계는 죽음이다. 그러나 "죽음은 삶의 한 사건이 아니다. 죽음은 체험되지 않는다"(TLP, 6.4311). 마찬가지로 세계의 한계, 논리의 한계는 그것이 세계의 사실이 아니기 때문에 설명되거나 말해질 수 없지만, 세계의 한계로서의 철학적 자아가 "세계는 나의 세계이다"(TLP, 5.641)라는 것을 통하여 철학에 들어오는 것과 같은 방식으로 보여질 수 있다. 후기 비트겐슈타인의 경우 세계와 언어의 한계로서의 논리와 비견될 수 있는 일상 언어의 토대요, 한계는 삶의 형식이다. 죽음이 삶의 한계인 것과 마찬가지로(죽음을 통해서만 삶이 드러나고 삶의 내용이 채워질 수 있는 것과 마찬가지로), 삶의 형식은 어떤 법칙적 고정을 의미한다기보다는 언어의 실천적 사용을 바깥에서 틀 짓는 삶의 한계인 것이다.

비트겐슈타인의 전기 철학에서 논리가 갖는 지위를 삶의 형식이 가지는 것이라면, 삶의 형식 역시 어떤 대상을 지칭하는 것은 아닐 것이라는 추측이 가능하다. 그러므로 논리가 말해질 수 없는 것이듯이, 삶의 형식 역시 생물학적 조건이나 인류학적, 혹은 자연사적인 사실과 동일시될 수 있는 것은 아니라고 해야 할 것이다. 즉 엄격히 말하자면 삶의 형식은 자연사의 사실들과 동격의 위치에 있는 것은 아니다.[7] 삶의 형식이란 명시적으로 법칙화되거나 예증될 수 있는 것이 아니라, 일상 언어의 틀, 혹은 한계로서 보여지는 것이기 때문이다.

삶의 형식에 대한 이와 같은 이해의 맥락에서 비트겐슈타인은 수학을 사람의 역사와 동떨어진 구조를 지닌 이데아 덩어리나 규칙 덩어리로 보는 데에 반대한다. 그에 따르면 수학은 발생론적으로 사람의 행위에 뿌리내리고 있을 뿐만 아니라 발생론적 관련 이상으로 삶의 형식과 연관되어 있다. 이 점을 이해하기 위해서 비트겐슈타인의 견해를 프레게의 견해(Frege 1918)와 비교해보자.

프레게에서 수학적 명제, 수학적 진리의 의미는 심리적인 것이 아니다. 의미는 근대의 합리론자나 경험론자가 말하는 관념이 아니다. 또한 의미는 경험주의적인 것도 아니다. 그러면 의미라는 것은 과연 무엇인가? 프레게에 따르면 의미는 제3의 영역에 존재하는 어떤 실재이다. 가령 피타고라스의 정리(theorem)는 피타고라스가 그것을 증명하기 전부터 제3의 영역에 존재하고 있었으며, 피타고라스는 이를 발견하였을 뿐이다.

---

7 삶의 형식과 자연사는 하나는 형식을, 다른 하나는 내용을 담은 역사를 지칭하고 있다는 점에서 구분된다. 따라서 우리는 이 둘을 동일시하는 다음의 해석들에 반대한다. Sherry(1972); Binkley(1973) 7장; Gier(1981) 30쪽.

그러나 비트겐슈타인은 이에 이의를 제기한다. 프레게가 말하는 제3의 영역에 있는 이데아 덩어리가 구체적으로 어떻게 적용될 수 있는가? 이에 대해 프레게는 만족할 만한 답변을 내려주지 않는다. 프레게에게서 이것은 중요한 문제가 아니다. 그러나 비트겐슈타인에서 이것은 중요한 문제이다. 비트겐슈타인은 의미이건, 공식이건, 피타고라스의 정리이건, 그것이 제3의 영역에 남아 있는 한, 즉 그것이 사용되지 않는 한, 그것은 생명이 없는 것이라고 본다. 즉 쓰이지 않는 것은 무의미한 것이다.

물론 비트겐슈타인은 수학을 경험과학, 응용공학, 혹은 인류학과 동일시하려는 것이 아니다. 그의 의도는 수학이 사람의 행위이고 그러한 사람의 행위가 삶의 형식의 일치에 의해 가능함을 부각하려는 것이다. 그래서 우리는 그에게 경험주의자와는 구별되는 의미에서 자연주의자라는 호칭을 부여하는 것이다.

이처럼 수학의 기초에 대한 비트겐슈타인의 접근은 그와 동시대에 이루어진 수학 기초론의 제반 작업과 전혀 다른 양상으로 전개되었다. 그는 20세기 초에 수학 기초론을 주도했던 프레게나 러셀의 이론이 수학의 본질을 제대로 해명하지 못한다고 생각한다. 비트겐슈타인은 수학의 기초에 관한 문제를 이른바 수학 기초론으로 완전히 해명할 수 없다고 본다. 그는 오히려 일상적 삶의 상황에서 규칙을 따르는 행위에서 논의를 출발하고 있다(PI, §143).

5. 일치와 불일치

선생이 어린 학생을 가르치는 경우를 생각해보자. 선생은 0, 1, 2, 3, 4, 5 … 라는 수열을 쓰고 나서 학생에게 그것을 그대로 쓰라고 요구한다. 그런데 학생은 선생의 기대와는 달리 1, 0, 3, 2, 5, 4 … 라고 쓴다. 이때 선생은 학생에게 그가 규칙을 잘못 따랐다고 말한다. 그런데 실은 학생 나름의 규칙의 이해가 있었다. 학생은 두 항목을 한 조로 하여 각각의 두 항목마다 거기에 속하는 두 항목의 순서를 서로 바꾸어 쓰는 방식으로 규칙을 이해한 것이다. 학생이 이러한 식으로 규칙을 이해하게 된 데에는 선생이 학생에게 선생이 쓴 수열과 학생이 쓴 수열을 짝짓는 투사의 방법(method of projection)을 설명해주는 일을 빠뜨렸다는 사실에 그 책임이 있을 수 있다.

그러나 선생이 투사의 방법을 설명해도 학생은 여전히 선생의 기대와는 다른 방식으로 투사의 방법을 이해할 수 있을 것이다. 즉 학생이 규칙을 따르는 과정에서 학생에게는 선생과는 다른 방식으로 규칙을 해석할 수 있는 가능성이 여전히 남아 있는 것이다. 이러한 상황을 어떻게 제거할 수 있을 것인가? 이것을 제거할 기제가 이러한 규칙 안에 담겨 있는가? 그러한 잘못된 오해를 규제하는 장치가 그 투사표(projection table)[8] 안에 있는가? 다른 대안적 해석들을 제거하고

---

8 가령 다음과 같은 표.

```
0  0
1  1
2  2
3  3
.  .
.  .
.  .
```

어떤 해석을 확정하게끔 하는 확정성은 어디에 있는가? 이에 대해 해체주의는 그것이 이론적 근거에서 나오지 않는다고 답할 것이고, 자연주의는 그 근거가 삶의 형식에서의 일치에서 나온다고 답할 것이다. 비트겐슈타인에게서 그러한 일치가 이루어지지 않을 때 그것을 복원할 궁극적 방법은 없다.

『논고』에서는 투사에 대한 일치가 무반성적으로 전제되어 있다. 『논고』에서 언어가 세계에 대한 그림이라고 할 때에, 거기에는 언어와 세계에 대한 일대일 대응의 투사표가 어떠한 배경 조건에서 작동할 수 있는가에 대한 생각이 빠져 있다. 즉 거기서는 사람이 언어를 사용한다는 사실이 고려되고 있지 않다. 그러나 이제 『탐구』에서 비트겐슈타인은 바로 『논고』에서 고려되지 않은 점을 문제 삼고 있는 것이다.

지금까지 우리는 우리의 언어를 작동하게 하면서 동시에 우리의 이해와 규칙의 따름을 떠받쳐 주는 일반적 사실들의 중요성을 환기하는 사례를 살펴보았다. 비트겐슈타인은 앞의 사례에서 학생과 선생이 수를 쓰는 규칙의 문제에서 나타나는 불일치가 단순한 의견의 불일치가 아니라 삶의 형식에서의 불일치라고 본다. 삶의 형식에서 불일치가 있을 경우에는 서로 간의 의사소통이 불가능하게 되며, 그렇게 의사소통이 불가능한 상황은 회복될 수 없는 것이다. 앞서의 사례에서 수를 쓰는 규칙의 문제에서 선생과 학생 간에 나타나는 불일치는 규약에서의 불일치보다 훨씬 심각한 것이다. 그래서 비트겐슈타인은 이 경우 서로의 의사소통이 장벽에 부딪치게 된다고 본다. 만일 이러한 불일치가 단순히 규약에서의 불일치라면 그 회복이 가능하겠지만, 여기서의 문제 상황은 그것보다 심각한 삶의 형식에서의 불일치에서 비롯된 것이므로 회복될 수 없는 것이다.

삶의 형식에서의 일치는 소통과 이해의 필요조건이기는 하지만 충분조건은 아니다. 비트겐슈타인은 한 사람이 다른 사람에게 완전한 수수께끼인 경우, 다른 나라의 언어를 이해하고도 그 나라 사람들을 이해하지 못하는 경우가 있음을 인정한다(PPF, §325). 그러나 이 경우조차 상대에 대한 이해의 가능성이 원천 봉쇄되어 있는 것은 아니다. 상대가 사람인 한 그는 이해와 몰이해 사이의 어느 지점에 놓여 있게 마련이다. 상대에 대한 완전한 이해는 요원하지만 그에 대한 완전한 몰이해도 아예 불가능한 것이 우리와 그를 이질적인 **사람**으로 묶어주는 공유된 삶의 형식이 있기 때문이다. 완전히 수수께끼인 사람에 대해서도 우리는 그가 사람임은 알고 있다. 완전한 몰이해는 아마 사람이 아닌 가상의 외계 생명체에 대해서나 가능할 것이다.

비트겐슈타인은 만일 자연사의 사실들이 변화한다면, 그래서 우리가 보통 정상적이라고 하는 사실들이 비정상적인 것만큼밖에 일어나지 않는다면, 우리의 언어게임이나 우리가 언어를 의미하는 기본적인 행위들 자체가 핵심을 잃어버리게 된다고 말한다(PI, §142). 그러나 언어사용의 정상적인 상황과 비정상적인 상황을 구분하는 기준의 문제는 아직 말끔하게 정리되지 않은 것 같다. 여전히 다음과 같은 질문이 제기될 수 있을 것이다. 정상적 상황 내지 비정상적 상황을 말할 때, 그것은 자연사의 항상성 여부와 관련된 것이라기보다는 언어게임의 변화와 관련된 것으로 보아야 하지 않는가? 비트겐슈타인에서 삶의 형식이라고 하는 것이 논리적 형식과 같이 항상적인 것을 말하는 것이 아닌 것처럼, 정상적 상황이란 현재의 언어게임에서 통용되는 경우를 말하는 것이고, 시대가 바뀌어 다른 언어게임이 등장하게 되면 이전에 정상적 상황이라고 간주되던 것이 비정상적 상황으로 간주되는 것 아닌가?

사실 언어게임과 그것이 기초해 있는 삶의 형식은 동전의 양면과 같은 것이다. 우리의 삶의 형식이 대체로 항상적이라고는 하지만, 그것만이 유일한 삶의 형식이라고 할 수는 없다. 우리가 주장하는 삶의 형식의 항상성은 기껏해야 사람을 중심으로 볼 경우에 국한해서 주장될 수 있을 뿐이다. 또한 우리에게 주어진 자연적 제약 조건, 가령 자연현상의 항상성이 무너지는 경우를 상상해볼 수 있다. 그때에는 삶의 형식도 변화할 수 있다. 아주 일반적인 자연의 사실, 우리가 여지껏 겪어왔던 것과는 아주 다른 가능성을 상상해보면, 아마도 그러한 자연적 사실이 달라짐에 따라 우리의 개념 형성도 달라질 수 있음을 쉽게 이해할 수 있을 것이다. 그런데 여기서 주의해야 할 것은 삶의 형식이 어떤 내적 필연성에 의해 변화되는 것은 아니라는 점이다. 삶의 형식은 언어의 변이에 따라서 그 변화가 드러날 뿐이지, 어떤 실체적인 것으로 자기 운동을 하는 것으로 보아서는 안 된다. 단적으로 그것은 언어나 사유가 본질주의적 전통 철학에서처럼 절대적 동일성 혹은 자립적인 자유에 이르는 확장이 불가능하도록 바깥에서 한계 짓는 형식인 것이다.

6. 칸트로부터

비트겐슈타인의 자연주의는 단일한 체계에 통합되기까지 자신의 동일성을 연장시키는 개념들로 구성된 본질주의 철학에서 기형적으로 통일, 확장된 개념들을 해체하여 그것을 제자리로 복귀시키는 작업이다. 비트겐슈타인의 표현을 빌리면, "우리는 한 낱말이 어떻게 기능하는지를 추측할 수 없다. 우리는 그 낱말의 적용을 **보아야** 하고 그로부터 배워야 한다"(PI, §340). 그럼으로써 잘못 만든(혹은 잘못 쓰인) 개념과 체계들은 해체되고 문제는 해소되는 것이다.

이제까지 우리는 우리에게 드러난 자연적 세계에 밀착된 언어와 그로부터 추상, 분리된 개념이라는 임의적 구분을 통하여 후기 비트겐슈타인에서 자연주의와 해체주의가 어떻게 나타났는지를 설명하려고 노력했다. 이러한 노력은 이 장의 서두에서 언급한 자연주의와 해체주의의 연관에 대한 관심에서 비롯되었다. 양 측면의 상호 관련을 납득하기 위하여, 비트겐슈타인의 선구로 여겨지는 칸트의 경우를 살펴보자. 칸트는 자신의 비판철학의 의의를 다음과 같이 요약하고 있다.

도대체 『비판』에 의해서 세련되어 영속적 상태를 보존하게 된 (우리의) 형이상학에 의해서 후세에 남기고자 하는 보물은 어떤 종류의 보물인가라고 질문하는 사람이 있을 것이다. 이 책(순수이성비판)을 졸독한 사람은, 그것의 효용이 단지 소극적인 것, 즉 사변 이성에 의해서 우리로 하여금 경험의 한계를 넘지 않도록 경고하는 것임을 알았다고 생각하겠다. […] 그러므로 우리의 비판이 사변 이성에 제한을 가하는 한에서 그것은 실로 **소극적**이다. 그러나 그것으로 인해서 동시에 우리의 비판이 이성의 실천적 사용을 제한하거나 전혀 없애 버리려고 하는 방해를 제거하는 까닭에 순수이성의 절대 필연적인 실천적(도덕적) 사용이 있는 것을 믿게 되자마자, 우리의 비판은 사실은 **적극적**이고 또 매우 중요한 효용을 가지고 있다.(Kant 1787, Bxxiv)

위의 인용문에서 '사변 이성'을 '언어'로 고쳐 읽어보면, 비트겐슈타인에게 미친 칸트의 영향과 함께 자연주의와 해체주의의 관련이 명확해진다. 경험의 한계를 넘지 말라고 경고하는 칸트를 좇아 비트겐슈타인은 언어의 무제약적 사용에 제한을 가한다. 그러나 언어의 자연적 한계를 정함과 동시에 근본적 동일성으로 방향 잡힌 개념의 일의적인 기능을 해체하며, 개념과 체계가 배제한 실천적 언어의 세계를 열어 밝힌다. 칸트의 이성비판이 이성의 실천적 사용을 제한하거나 전혀 없애버리려고 하는 방해를 제거함으로써 적극적이고 매우 중요한 효용을 가지게 되는 것처럼, 비트겐슈타인의 언어비판은 언어의 실천적 사용을 배제하려던, 즉 언어의 구체적인 쓰임의 맥락과 그 다양성을 경시하거나 배제하려던 전통 철학의 개념적 폭력을 무너뜨림으로써 철학사에 칸트의 비판철학과 동등한 적극적이고 중요한 공헌을 하게 되는 것이다.

언어의 쓰임을 구체적으로 보여주려는 비트겐슈타인의 작업은 전통 철학과 같은 '이론'이 아니라 '실천'이다. 그리고 이 실천으로서의 철학에 자연주의와 해체주의가 함께 용해되어 있는 것이다.

2장
사람의 얼굴을 한 자연주의

자신의 한계를 아는 사람은 자유인이다.

자신이 자유인이라고 생각하는 사람은 광기의 노예이다.

— 그릴파르처(Franz Grillparzer)

1. 철학에서의 비판적 전통

철학이 무엇인지, 그리고 철학이 어디에서 시작하는지에 대해 다음과 같은 두 가지 입장이 있다고 하자. 첫째 입장은 철학을 이 세계와 우리의 삶에 대해 우리가 미처 알지 못하는 영역을 개척해 나가는 작업으로 본다. 그 작업은 우리가 안주해 있는 통념과 상식을 의심하고, 그 너머의 사유 지평을 모색하는 데서 비롯된다. 둘째 입장은 철학을 사람의 지적인 모색에 대한 반성과 비판의 작업으로 규정한다. 그 작업은 우리의 사유가 잘못 전개되거나 한계를 망각하고 넘어설 때, 그것을 꾸짖고 바로잡는 데서 비롯된다.

철학이 무엇을 문제 삼는지에 대해 다음과 같은 두 가지 입장이 있다고 하자. 첫째 입장은 철학이 이 세계와 우리의 삶에 대한 정당화될 수 있는 진리를 문제 삼는다고 본다. 우리의 지식은 참되어야 하고 정당화될 수 있어야 한다. 요컨대 우리의 지식은 합리적이어야 한다. 둘째 입장은 철학을 참/거짓의 문제보다는 의미/무의미의 문제에 정위시킨다. 철학은 우리가 삶과 세계에 대해 어떠한 의미 연관의 태도를 취하는지를 밝히고 이를 바탕으로 의미의 한계, 말할 수 있는 것의 한계를 노정하는 작업이다.

철학의 목적이 무엇인지에 대해 다음과 같은 두 가지 입장이 있다고 하자. 첫째 입장은 철학의 목적을 그것이 추구하는 것을 성취함으로써 철학을 종결짓는 데 있다고 본다. 철학이 추구하는 바는 참(眞)일 수도 있고 선함(善)일 수도 있고 아름다움(美)일 수도 있고 성스러움(聖)일 수도 있다. 우리는 이들 본질적 가치를 추구하는 과정에서, 점점 이들에 가까이 다가가거나 혹은 점점 이들을 더욱 온전히 실현하기를 소망한다. 우리가 이들에 완전히 도달하거나 혹은 이들을 완벽히 실현할 때, 철학의 소임은 성취되고 철학은 종결된다. 둘째 입장은 철학의 목적을 부단한 반성과 비판에서 찾는다. 사유가 있는 곳에 반성이 수반되고 반성이 있는 곳에 비판이 수반되므로, 사유가 멈추지 않는 한 반성과 비판으로서의 철학도 멈추지 않는다. 철학을 통해 우리는 아무것도 성취하거나 상실하지 않는다. 단지 우리는 더 성숙해질 따름이다.

이러한 상반되는 입장의 대비는 철학에서의 비판적 전통을 여타의 전통이나 사조와 구별하기 위해 시도된 것이다. 위에서 살펴본 각각의 대비되는 입장들에서 후자의 편에 서는 것이 비판적 전통이다. 우리는 비판적 전통의 과거와 현재가 칸트와 비트겐슈타인에 의해 대변되고 있다고 본다. 이를 정당화하기 위해 이들 사이의 관계를 간략히 살펴보자.

비트겐슈타인은 칸트주의자인가? 이는 비트겐슈타인이 칸트를 읽었거나 그로부터 영향받았는지의 문제만은 아니다. 비트겐슈타인, 혹은 다른 누구라도 칸트를 읽거나 그로부터 영향받지 않고서도 칸트주의자일 수 있기 때문이다. 우선 몇 가지 사실들을 열거하자면 비트겐슈타인은 제1차 세계 대전 당시 몬테카시노의 포로수용소에서 칸트를 읽었고(Monk 1990, 158쪽), 칸트를 심원한 철학자로 생각했으며(Drury 1981, 157쪽), 『순수이성비판』을 일급의 작품으로 꼽았다(Hallett 1977, 768쪽). 비트겐슈타인에 깊은 영향을 미친 쇼펜하우어, 브라우어(L. E. J. Brouwer), 헤르츠(Heinrich Hertz), 리히텐베르크(Georg Lichtenberg) 등은 모두 칸트주의자들이었다. 그러나 이러한 외적 사실들은 철학적인 것이 아니라 지성사적인 것이며, 비트겐슈타인이 칸트주의자임을 확증하는 것으로 간주되어서는 안 될 것이다. 철학적으로 더 중요한 것은 칸트의 비판철학적 전통이 비트겐슈타인의 철학에 계승되고 있음을 밝히는 일이다.

칸트와 비트겐슈타인의 철학은 일반적으로 다음과 같은 점에서 하나의 전통 안에 포섭될 수 있을 만큼의 친화력을 갖는다고 볼 수 있다. 첫째, 칸트가 철학을 이성비판으로 규정한 것처럼, 비트겐슈타인은 철학을 언어비판으로 규정하였다(TLP, 4.0031). 둘째, 칸트가 『순수이성비판』에서 이성의 이론적 사용의 범위와 한계를 설정한 것처럼, 비트겐슈타인은 『논고』에서 언어의 이론적 사용의 범위와 한계를 설정하였다. 셋째, 칸트가 『실천이성비판』에서 이성의 실천적 사용의 범위와 한계를 설정한 것처럼, 비트겐슈타인은 『탐구』에서 언어의 실천적 사용의 범위와 한계를 설정하였다. 넷째, 칸트가 실천이성의 우위를 인정(Kant 1787, Bxxx)한 것처럼, 비트겐슈타인은 언어의 실천적 사용을 더 강조하게 된다. 다섯째, 실천이성에 관한 칸트의 논의에서 참/거짓이 문제 되지 않는 것처럼, 언어의 실천적 사용에 관한 후기 비트겐슈타인의 논의에서 참/거짓의 문제는 고려되지 않고 있다.

우리는 이 중에서 특히 마지막 다섯 번째 논점을 후기 비트겐슈타인의 관점에서 살펴보고자 한다. 이를 통해 후기 비트겐슈타인의 철학이 칸트의 비판적 전통의 계승임을 논증하고자 한다.

2. 의미의 문제와 진리의 문제

『논고』에서 의미/무의미의 문제는 참/거짓의 문제와 명확히 구분된다. 그 계기를 다음과 같은 평범한 사실에서 찾는다. 우리는 어떤 명제가 참인지 거짓인지를 알지 못할 때에도 그 명제가 의미 있는 명제인지 아닌지를 안다. 즉 주어진 명제가 의미 있는지 아닌지의 문제는 그 명제의 참/거짓의 여부가 알려지지 않은 경우에도 확정적이다. 이를 어떻게 설명할 것인가?

전기 비트겐슈타인에 의하면 한 명제의 진리치는 그 명제와 세계와의 관계에 의해 확정된다. 그렇다면 한 명제의 의미/무의미의 여부는 세계와의 관계가 아닌 다른 무엇에 의해 확정되어야 할 것이다. 비트겐슈타인은 그 다른 무엇을 어떻게 구상했는가? 그의 해결책은 세계와 구별되는 세계의 실체를 가정하는 것이었다.

세계의 실체란 무엇인가? 이를 살펴보기 위해서는 우선 세계가 무엇인지를 규명해야 할 것이다. 비트겐슈타인에 의하면 세계는 사실들의 총체(TLP, 1.1)이자 실재의 총체이다(TLP, 2.063). 즉 세계, 사실,

실재는 서로 연관되는 개념이다. 반면 세계의 실체는 사실이 아니라 대상들로 구성된다(TLP, 2.021). 그리고 명제의 의미는 세계의 실체를 구성하는 대상들과 명제를 구성하는 이름 간의 관계에 의해서 확정된다(TLP, 3.202~3.22, 5.4733).

세계와 그 실체 사이의 관계는 무엇인가? 비트겐슈타인은 이를 설명하기 위해 '사태'의 개념을 도입한다. 사태는 대상들의 결합이다. 따라서 사태는 실체의 영역에 속하며 명제의 의미에 해당한다. 사태는 실재 세계에 존립할 수도 있고 그렇지 않을 수도 있다. 비트겐슈타인은 존립하는 사태의 총체가 세계라고 말한다(TLP, 2.04). 세계가 사실들의 총체이므로 이는 곧 존립하는 사태가 사실임을 함축한다.

대상이 결합하여 이루어진 사태가 존립하게 될 경우, 그 사태는 사실이라는 이름으로 세계 내에 들어오게 된다. 같은 사태가 존립 가능성으로서만 남을 경우, 그 사태는 세계 내에 들어오지 못하고 세계의 실체의 영역에 머무르게 된다. 즉 세계의 실체는 세계의 존립 가능성이고, 세계는 그 가능성 중 어느 하나가 실현된 모습이다. 그리고 명제의 의미는 가능성으로서의 세계의 실체와 연관 맺고, 명제의 진리치는 존재하는 세계와 연관을 맺는다.

이제 어떻게 한 명제의 진리치가 알려지지 않은 상태에서도 그 명제의 의미가 확정될 수 있는지의 문제가 해결된다. 명제의 의미는 세계의 실체와의 관계에 의해, 그리고 명제의 진리치는 세계와의 관계에 의해 확정된다. 그런데 세계의 실체는 세계의 가능태이며 존재하는 세계에 선행한다. 따라서 세계의 실체를 반영하는 명제의 의미는 세계를 반영하는 명제의 진리치에 선행한다.

의미의 문제와 진리의 문제를 구별하려는 전기 비트겐슈타인의 시도는 이처럼 그 부산물로 이원론적 형이상학을 낳았다. 실재 세계가 사실의 총체라는 사실적 실재론, 그리고 세계의 실체가 가능한 사태의 총체라는 사태적 가능태론이 바로 그것이다. 의미의 문제를 확정하는 사태적 가능태론이 진리의 문제를 확정하는 사실적 실재론에 선행함을 보임으로써, 의미의 문제가 진리의 문제에 선행함을 규명한 것이다.

후기 비트겐슈타인은 의미 문제와 진리 문제의 구별의 정당성과 중요성은 인정하면서도 『논고』의 이원론적 형이상학은 포기하게 되었다. 그 까닭은 그것이 탐구의 귀결이 아니라 단지 의미와 진리의 구별의 문제를 해결하기 위해 요청(PI, §107)된 것이었기 때문이다. 『논고』의 형이상학은 언어의 의미와 진리의 문제의식하에 언어의 구조를 세계에 투사함(projection)으로써, 즉 언어를 세계와 투사적으로 동일시함으로써 얻은 것이다. 언어와 세계가 동일한 논리적 형식을 공유하고 있다는 동형론(isomorphism)이 투사적 동일화의 형이상학적 기반이었다. 요청된 형이상학에 의해 의미와 진리의 구별의 문제를 포함한 제반 문제들은 궁극적으로 해결(TLP, 서문)되었으며, 철학은 종결된 것처럼 보였다. 그러나 문제가 해결되지 않았고 철학이 종결되지 않았음을, 아니 종결될 수 없음을 비트겐슈타인은 자각하게 된다. 그 자각의 내용은 구체적으로 다음과 같다.

(1) 언어의 쓰임이 단 하나, 즉 세계를 묘사하는 데 있다고 본 자신의 생각이 편협한 것이었음에 대한 자각이다. 비트겐슈타인은『논고』에서 진리의 문제를 세계를 묘사하는 명제의 진리치의 문제와 동일시하였다. 그런데 언어의 쓰임이 세계를 묘사하는 기능 이외에도 무한히 다양하다면(PI, §23), 진리의 문제는 그중 오직 하나의 쓰임에만

관계하는 개념인 셈이다.

(2) 언어의 의미가 이원론적 형이상학이 아니라 언어의 쓰임에 의해서 드러난다는 사실의 자각이다. 즉 의미는 정적인 것이 아니라 동적인 것이다. 그것은 세계의 실체와 연관되어 있는 것이 아니라 사람의 삶의 문맥과 연관되어 있다.

(3) 의미의 문제가 진리의 문제에 선행할 뿐만 아니라 더 근원적이고 포괄적인 문제라는 사실의 자각이다. 이는 (1)과 (2)로부터 다음과 같이 유도된다. 언어의 의미가 그 쓰임에서 드러난다면 의미의 문제는 언어의 쓰임의 총체적 국면으로 확산되는 데 반해, 진리의 문제는 그중 오직 하나의 쓰임, 하나의 국면으로 축소된다.[9]

비트겐슈타인은 이러한 자각들을 각각 다음과 같이 그에 상응하는 방법으로 실천한다.

첫째, 언어의 쓰임이 다양하다면 언어비판으로서의 철학도 그만큼 다원화되어야 할 것이다. 비트겐슈타인은 이를 실천에 옮겨 다양한 언어의 다양한 쓰임을 하나하나 분석하고 또 바로잡는다. 그 목록은 색채 개념에서부터 고통, 이해, 읽기, 보기, 의도, 소망, 규칙의 준수, 수(數), 아름다움, 꿈, 기억, 성스러움, 선함에 이르기까지 그야말로 잡다하리만치 다양하다.

둘째, 언어의 의미가 사람의 삶의 문맥과 연관되어 있다면, 그 연

---

9 (2)와 (3)에 대한 단초는 『논고』의 다음 구절에서도 엿보인다.

'p'가 참(또는 거짓)이라고 말할 수 있기 위해서는, 나는 어떤 상황에서 'p'를 참이라고 하는가를 결정해야 하며, 그렇게 함으로써 나는 명제의 의미를 결정한다.(TLP, 4.063)

이 구절은 진리의 문제가 의미의 문맥을 전제로 하고 있다는 것으로 해석할 수 있다.

관의 양상이 구체적으로 어떠한 것인지를 규명해야 할 것이다. 이 작업은 후기 비트겐슈타인에게서 자연주의로 정립된다. 그에 의하면 무엇이 의미 있고 무엇이 무의미한지의 문제는 언어게임의 문법에 귀속되는 문제이다. 문법은 언어게임의 규칙이고 규칙은 게임 내에 속하는 행위가 아니므로, 무엇이 의미 있는지 아닌지의 여부는 게임 내에서는 논의나 회의의 대상이 아니다. 이는 규칙을 따랐는지의 논란이 그 규칙에 연관된 게임 내에서는 결코 야기되지 않는 것(PI, §240)과 마찬가지이다. 의미의 문제와 규칙의 문제는 게임을 규정하는 테두리이다. 그런데 게임은 하나만 있는 것이 아니라 무수히 많다. 따라서 의미의 테두리도 게임에 따라 그만큼 다양하게 그어진다. 그렇다면 무엇이 의미 있고 무엇이 무의미한지는 언제나 어떤 언어게임, 즉 삶의 어떤 문맥을 전제로 해서만 이야기될 수 있다. 그 언어게임에서, 즉 그 삶의 문맥에서 왜 이것이 의미 있고 저것이 무의미한지를 물을 수 있을까? 그것은 그 게임에 참여하는 사람과 사람 사이에서는 결코 진지하게 물을 수 없다. 비트겐슈타인은 그 물음에 대해 다음과 같이 답한다. "나는 다만 이렇게 하고 있을 뿐이다"(PI, §217). 그러나 이는 대답이라기보다는 고백이다. 즉 "(저들은 저 언어게임을 하지만) 우리는 이 언어게임을 한다"라는 고백이다. 그리고 이 게임을 이해하기 위해서는 물음을 던진 자도 우리와 같은 사람이어야 한다는 투사적 동일시의 호소이다.

셋째, 의미의 문제가 진리의 문제에 선행할 뿐만 아니라 더욱 근원적이고 포괄적인 문제라는 자각은 지식과 확실성을 각각 다른 범주로 귀속시키는 작업으로 구체화된다(OC, §308). 지식은 정당화를 수반하는 언어게임이다. 지식의 언어게임은 다양할 뿐만 아니라 부단히 그 영역을 확장하는 역동적인 것이다. 정당화 작업은 언제나 일정한 지식의 언어게임 내에서 수행되는 공적인(public) 작업이다. 따라서 무엇이 정당화되고 무엇이 반증되는지의 여부에 대해서는 언제나 불일치와 논박이 가능하다. 정당화의 게임은 공적 논박의 게임이다. 그러나 정당화의 작업은 그 언어게임의 테두리를 형성하는 게임의 규칙 문제, 즉 의미의 문제라는 암반에 부딪친다. 정당화의 최종 근거는 우리가 이러이러한 언어게임을 하고 있다는 사실이다. 왜 우리가 이러이러한 언어게임을 하고 있느냐라는 물음을 던질 수 있을까? 여기에 대해서도 우리는 우리가 사람이라는 고백을 할 수밖에 다른 방도가 없을 것이다. 이 차원에서 지식의 문제는 확실성의 문제로 전이된다. 정당화가 소진된 차원에서 게임하는 사람의 자연사(natural history)적 확실성이 그 모습을 드러낸다. 우리가 사람이라는 단일한 삶의 형식을 공유한다는 사실은 지식이나 정당화의 문제가 아니다. 그것은 모든 언어게임의 한계를 규정하는 최후 근거이다. 이 최후 근거가 확보되지 않을 때 더 이상의 의미 있는 의사소통은 불가능하다.

무엇이 의미 있는지의 문제, 혹은 규칙을 제대로 따랐는지의 문제에 대해 논란이 제기되는 상황, 가령 1장에서 살펴본 『탐구』, §143에서의 상황은 삶의 형식이 공유되지 않은 상황이다. 거기서 우리는 수열의 규칙을 우리가 일러준 것과는 다른 방식으로 따르는 타자의 경우를 살펴보았다. 비트겐슈타인은 우리와 타자가 수를 쓰는 규칙의 문제에서 나타나는 불일치가 삶의 형식에서의 불일치라고 본다. 이러한 불일치가 있을 경우에는 서로 간의 의사소통이 불가능하게 되며, 그렇게 의사소통이 불가능한 상황은 회복될 수 없는 것이다. 그 까닭은 여기서 등장하는 타자를 더 이상 우리와 같은 사람으로 간주

할 수 없기 때문이다. 우리는 그를 보통 사람과는 다른 정신이상자로 보게 된다.[10]

우리는 그에게 다음과 같이 말한다. "보세요, 뭘 하는 거예요! […] 그렇지만 … 이라는 걸 알 수 없나요?"(PI, §185) 이는 타자를 사람으로 동일시하려는 투사성에의 호소이다. 그러나 그는 이해하지 못한다. 그는 우리와 같은 사람이 아니기에, 즉 의미와 규칙의 형식을 우리와 공유하고 있지 않은 까닭에 투사적 동일시의 반경에 들어오지 못하는 것이다. 따라서 그를 설득하려는 우리의 모든 시도는 일정한 시점에서 제자리걸음을 하게 되고, 그와 우리 사이의 어떠한 의미 있는 의사소통도 멈춘다.

지금까지 우리는 『논고』에서 『탐구』로의 이행이 언어와 세계의 투사적 동일시로부터 우리와 타자 사이의 투사적 동일시에로의 이행을 수반함을 보았다. 이 두 가지 양상의 투사적 동일시는 서로 어떠한 관계에 있는가? 언어와 세계 사이의 투사적 동일시의 시도가 존재론적 상대성을 극복하지 못한다는 사실은 콰인의 번역의 불확정성 이론(Quine 1968)에서, 그리고 인식론적 상대성을 극복하지 못한다는 사실은 뢰벤하임(Leopold Löwenheim)─스콜렘(Thoralf Skolem) 정리에 대한 퍼트남의 철학적 해석(Putnam 1980)에서 각각 논증되고 있다.[11] 콰인과 퍼트남에 따르면 존재론적, 인식론적 상대성은 지시체의 불가투시성(the inscrutability of reference)에 기인한다. 즉 언어와 그 지시체 사이의 투사적 동일시가 성취되지 않기 때문에 필연적으로 상대성이

---

10 "우리는 그를 가망이 없는 것으로 포기하고는 그가 정신이상이라고 말한다"(LFM, 58쪽).

11 이에 대해서는 8장에서 상론할 것이다.

생겨난다는 것이다. 그렇다면 이러한 상황에서 어떻게 우리와 타자 사이에 의사소통이 가능할 수 있을까? 콰인의 번역의 불확정성 이론에도 불구하고 실제로는 번역이 이루어진다는 사실을 어떻게 설명해야 하는가?

데이빗슨은 윌슨(Neil Wilson)의 자비의 원리(the principle of charity)를 도입함으로써 이 문제를 해결하려 한다. 자비의 원리는 "사실에 대한 지식을 바탕으로, 번역되는 문장들을 최대한 많이 참인 문장으로 해석하는 번역을 택한다"라는 원리이다(Wilson 1970, 300쪽; 1959, 531쪽). 데이빗슨에 의하면 우리가 알지 못하는 타자를 이해하려면, 그의 발언이 참된 믿음의 표현이라고 보아야 한다. 데이빗슨은 다음과 같이 말한다.

> 출발점에서 우리가 할 수 있는 유일한 것은 믿음에 관한 일반적 합의를 가정하는 것이다. [⋯] 자비는 우리에게 강요된다. 좋든 나쁘든 우리가 타자를 이해하려면 우리는 많은 경우에 그를 일단 정직한 사람으로 보아야 하는 것이다.(Davidson 1974, 196~197쪽)

우리가 참이라고 믿는 바를 타자도 공유하고 있다는 투사는 타자를 합리적인 사람으로 우리와 동일시하는 데서 비롯된다. 데이빗슨은 참된 믿음 및 그에 연관되는 합리성이 우리와 타자 사이에 합의된 연후에야 비로소 상호 의사소통이 가능하다고 본다. 언어와 세계 사이의 투사적 동일화가 막지 못한 존재론적, 인식론적 상대성은 합리적 사람이라는 이상의 투사에 의해 비로소 극복된다는 것이다.

데이빗슨은 이처럼 진리의 문제를 가장 원초적인 문제로 본다. 그는 의미의 문제도 타르스키의 의미론적 진리론에 의해 진리의 문제로 환원된다고 본다. 데이빗슨은 다음과 같이 말한다.

> 진리는 믿음이나 정합성에 견주어볼 때 지극히 투명하다. 그래서 나는 진리를 원초적인 것으로 본다. (Davidson 1983, 308쪽)

진리는 과연 원초적인 개념인가? 타자가 우리가 참이라고 믿고 있는 바를 공유하고 있다고 투사하는 것은 결국 우리의 합리성을 타자에게 투사하는 것에 해당한다. 그러나 의사소통이 이루어지기 위해서 타자가 우리가 참이라고 믿고 있는 바를 반드시 믿어야 하는가? 타자가 반드시 우리의 합리성을 공유하거나 우리의 합리성의 반경에 들어와야만 의사소통이 가능한가? 데이빗슨은 자비의 원리를 혹시 자민족중심주의(ethnocentrism), 혹은 문화제국주의적으로 남용하고 있는 것이 아닐까?[12]

앞서 보았듯이 참의 문제, 지식의 정당화 문제는 불일치와 논박을 허용하는 공적인 언어게임에 속해 있다. 즉 불일치가 허용될 때에만 논박은 가능하고, 또 이 불일치를 줄이거나 제거하기 위해서 정당화가 시도되는 것이다. 따라서 정당화의 규제적 이상으로서의 참의 개념도 일치의 문맥이 아니라 불일치의 문맥을 전제로 해서만 문제될 수 있다. 우리가 가지고 있는 진리와 합리성의 이상을 타자에게 투사적으로 일치시킴으로써 의사소통의 문제를 해결하려는 데이빗슨의

---

12 '자비'라는 개념은 과거 식민지 개척시대에 제국주의 선교사들이 원주민을 대상으로 애용하던 개념이기도 하다.

철학은 바로 이 점을 간과하고 있다. 그리고 이러한 관점에서 보았을 때 데이빗슨이 기도하는 투사는 과잉 투사임이 밝혀진다. 요컨대 타자는 의사소통 가능성을 담보로 우리와 동일한 합리성, 동일한 지식과 과학, 동일한 진리 체계를 강요당하고 있는 것이다.

그렇다면 과연 의사소통의 문제에서 무엇이 원초적인 개념일까? 비트겐슈타인은 다음과 같이 말한다.

> "그렇다면 당신은 사람들 사이의 일치가 무엇이 옳고 무엇이 틀리는지를 결정한다는 말인가?" ― 무엇이 옳고 무엇이 틀리는가 하는 것은 사람들이 **말하는** 것이다. 그리고 사람들이 일치하는 것은 그들의 **언어** 속에서다. 이것은 의견에서의 일치가 아니라, 삶의 형식에서의 일치이다.

> 언어를 통한 의사소통을 위해서는 정의(定義)에서의 일치뿐 아니라 (아주 이상하게 들릴지 모르지만) 판단에서의 일치도 필요하다.(PI, §§241~242)

우리는 비트겐슈타인이 여기서 다음의 네 가지 주장을 펴고 있다고 본다.

첫째, 참/거짓의 문제는 언어의 문제라는 것이다. 즉 무엇이 참/거짓이라는 말은 결국 발언된 어떤 문장이 참/거짓이라는 말이다. 따라서 언어가 존재하지 않는다면 참도, 거짓도 있을 수 없다.

둘째, 사람이 언어를 사용한다는 사실은 오직 사람에게서만 참, 거짓이 문제 된다는 사실을 함축한다. 참, 거짓이 언어, 좀 더 좁혀 말하자면 문장의 속성이기 때문이다. 그러나 사람에게서만 참, 거짓이 문제 된다는 사실이 사람이 자의적으로 참, 거짓을 결정한다는 사실을 함축하는 것은 아니다.

셋째, 참, 거짓이 사람에게서만 문제 된다는 사실은 참, 거짓이 사람의 고유한 삶의 형식에 얽혀 있음을 함축한다. 즉 무엇을 참/거짓이라고 판단하는 행위는 사람에게만 있는 고유한 행위이다. 그 고유성은 사람만이 언어를 사용한다는 사실에서 비롯된다.

넷째, 언어가 의사소통의 수단이 될 수 있으려면 무엇이 참/거짓이라는 의견에서의 일치 이전에 무엇이 의미 있다, 무엇이 무의미하다 등과 같은 판단의 테두리에서의 일치가 먼저 전제되어야 한다.

요컨대 비트겐슈타인에서 원초적 개념은 참과 거짓이 아니라 의미와 무의미이다. 그에 의하면 의미의 한계는 언어의 한계요, 의사소통의 한계요, 사람의 한계이다. 빛이 입자인지 파동인지에 대해서는 의견의 불일치가 있을 수 있다. 빛이 입자인지 파동인지의 문제는 정당화가 요구되는 참, 거짓의 문제이다. 그러나 사랑이 입자인지 파동인지의 문제에 대해서는 의견의 불일치도, 정당화도 있을 수 없다. 문제 자체가 무의미하기 때문이다.

어떤 사람은 빛을 입자로, 또 어떤 사람은 빛을 파동으로 판단하지만, 그 어느 누구도 사랑을 입자나 파동으로 판단하지 않는다. 그리고 여기서의 일치, 즉 사랑이 입자도 파동도 아니라는 사실에 대한 일치는 언어에서의 일치이고 판단에서의 일치이며 아울러 삶의 형식에서의 일치이다. 즉 무엇이 의미 있고 없고의 문제에 대해서의 일치가 전제된 후에야 의사소통이 가능하며 참, 거짓의 문제가 거론될 수 있는 것이다.

만일 누가 왜 사랑이 입자나 파동이 아니냐고 진지하게 묻는다면 우리는 그가 언어를 올바로 익히지 못했거나 지성인이 아니라고, 좀 더 극단적으로 말하자면 제정신을 가진 사람이 아니라고 생각할 것이다. 우리는 그에게 결코 더 이상의 정당화를 제시하지 못할 것이다.[13]

3. 지식론의 이율배반

지금까지 우리는 비트겐슈타인의 『논고』에서부터 데이빗슨에 이르기까지의 철학을 의미의 문제와 참의 문제 사이의 구분을 중심으로

---

[13] 이 절에서 논의된 의미와 진리의 구분은 비트겐슈타인의 다음 구절과 어우러지지 않는다는 비판이 있을 수 있다.

오직 나만이 내가 실제로 아픈지 아닌지 알 수 있으며, 다른 사람은 그것을 오직 추측할 수만 있다. 이 말은 어떤 면에서는 거짓이고, 또 어떤 면에서는 무의미하다.(PI, §246)

저 구절에서 비트겐슈타인은 무의미하다는 말에 대해 거짓이라는 진리치를 부여하고 있기 때문이다. 그러나 그는 "어떤 면에서는 거짓이고, 또 어떤 면에서는 무의미하다"라고 했으며, 바로 뒤이어 이를 다음과 같이 부연하고 있다.

우리가 평소 사용하듯이 '안다'라는 낱말을 사용한다면, (달리 어떤 식으로 그것을 사용할 수 있겠는가?) 다른 사람들은 내가 아픈지 아닌지를 매우 자주 알고 있다. ─ 그렇다. 하지만 어쨌든 나 자신이 아는 것만큼 확실하게 알지는 못한다! ─ 우리는 나 자신에 대해서 (아마도 농담이 아니라면) "나는 내가 아프다는 것을 안다"라고는 결코 말할 수 없다. 그것은 도대체 ─ 가령 내가 아프다는 것 이외에 ─ 무엇을 의미한다는 말인가?(PI, §246)

"오직 나만이 내가 실제로 아픈지 아닌지 알 수 있으며, 다른 사람은 그것을 오직 추측할 수만 있다"라는 말은 다른 사람들이 내가 아픈지 아닌지를 매우 자주 알고 있다는 점에서는 거짓이다. 즉 3인칭의 관점에서 그 말은 거짓이다. 그런데 저 말은 1인칭의 관점에서는 무의미하다. 1인칭의 관점에서 우리는 저런 말을 하지 않으며 할 수도 없다. 아픔과 앎의 문법에 맞지 않기 때문이다. 즉 저 말은 1인칭의 관점에서는 문법적 명제이고 3인칭의 관점에서는 (거짓인) 경험적 명제이다. 이러한 양면성은 저 두 유형의 명제가 각각 표현하고 있는 기준과 징후의 유동성과도 관련이 있다. PI, §354 참조.

비판적으로 살펴보았다. 이제 이를 바탕으로 비트겐슈타인의 철학과 칸트 철학의 의의를 하나의 관점에서 되새겨보자. 칸트와 비트겐슈타인은 모든 것을 총괄하여 설명하려는 사변적 형이상학이나 인식론의 기획을 비판하고 있다. 이러한 비판은 사람의 이성이나 언어의 사용에 제한을 가함으로써 이루어진다. 이러한 한계 지음은 앞서 이 장의 서두에서 인용한 그릴파르처의 경구에서처럼 우리를 자유롭게 한다. 즉 자유는 한계를 초월함으로써가 아니라 한계를 존중함으로써 얻어지는 것이다.

이성과 언어를 무제약적으로 사용하려는 철학을 비판하는 칸트와 비트겐슈타인은 한계의 시대를 대표하는 철학적 선구자이다. 20세기에 들어 우리는 학문의 여러 분야에서 그 이전의 세기가 미처 이르지 못했던 한계에 부딪치게 되었다. 상대성 이론에 의하여 우리는 광속도가 하나의 물리학적 한계를 이루고 있음을, 즉 초광속도가 불가능함을 알게 되었고, 양자역학에 의하여 연속 함수를 역학에 적용하는 데 한계가 있음을 알게 되었다. 또한 하이젠베르크(Werner Heisenberg)에 의하여 입자의 위치와 운동량을 동시에 측정하는 데 한계가 있음을, 즉 플랑크 상수만큼의 오차가 불가피함을 알게 되었고, 괴델에 의하여 우리가 추구하는 논리적 완전성에 한계가 있음을 알게 되었다.

우리는 이러한 한계들이 단순한 제한이 아니라는 사실에 주목할 필요가 있다. 왜냐하면 이러한 한계 너머가 어떠한 경우에도 불가능하기 때문이다. 이들 한계는 그 대신 새로운 자유의 토대가 된다. 여기서의 자유는 한계를 체험하기 이전의 세대가 추구해온 형이상학적 환상으로부터의 자유, 인식론적 확실성의 추구로부터의 자유를 의미한다. 그리고 이 한계 내에서 무엇을 올바로 말할 수 있는가에 대한 새로운 비판적 반성의 계기가 마련된다.

이러한 반성은 철학에서 어떻게 구체화될 수 있을까? 철학이 자신의 한계를 받아들이고 난 후의 모습은 어떠할까? 여기서 칸트와 비트겐슈타인은 상이한 길을 걷는 것처럼 보인다. 칸트에서는 이성의 한계 내에서의 형이상학의 가능성을 정초(定礎)하는 지식론이 올바른 철학의 방법이었다. 반면 비트겐슈타인에서 지식론은 철학의 올바른 방법이 될 수 없다. 지식은 정당화의 사슬을 추구하는 언어게임이다. 그리고 전통적 지식론에 의하면 그 사슬을 완결할 수 있어야 한다. 완결성에 대한 이러한 요구에서 다음과 같은 칸트적 이율배반이 초래된다(Garver and Lee 1994, 7장 참조).

(1) 이율배반의 정립은 토대주의(foundationalism)이다. 우리는 데카르트, 스피노자 등의 근대 합리론, 프레게, 괴델 등의 플라톤주의, 로크, 무어, 러셀 등의 경험론, 후설(Edmund Husserl), 치솜(Roderick Chisholm) 등의 현상학이 이에 해당한다고 본다. 이 견해에 따르면 지식은 언제나 궁극적 토대를 요구한다. 그 토대는 오직 자기 스스로를 통해서만 알릴 수 있는 명증적인 것으로서 정당화의 최종 근거가 된다. 토대주의자들은 칸트의 이율배반에서 정립의 논증과 같은 형식의 귀류법 논증을 편다: 지식의 명증적 토대가 존재하지 않는다면, 어떠한 정당화도 완결될 수 없으며, 따라서 어떠한 지식도 존재할 수 없게 된다. 절대적 지식이 총체적 체계 그 자체라면, 우리는 모든 것을 알기 전까지는 아무것도 알 수 없을 터인데 이는 명백히 이치에 맞지 않는다. 우리가 지식을 갖고 있다는 사실은 토대에 관한 명제가 존재해야 한다는 결론을 연역하기에 충분한 근거가 된다. 그리고 그 명제가 무엇인지에 대한 우리의 의견 불일치는 이러한 결론을 거짓

으로 만들지 않는다.

(2) 이율배반의 반정립은 전체주의(holism)이다. 우리는 헤겔, 브래들리(F. H. Bradley), 로이스(Josiah Royce) 등의 관념론, 콰인, 데이빗슨, 로티(Richard Rorty) 등의 실용주의, 하이데거, 가다머(Hans-Georg Gadamer), 하버마스 등의 해석학이 이에 해당한다고 본다. 이 견해에 따르면 정당화의 사슬은 무모순적인 하나의 절대적 총체성을 형성한다. 그리고 그것의 어떠한 부분도 특권이나 우선성을 갖지 않는다. 전체주의자들의 논증도 귀류법적으로 전개된다: 무제약적인 총체적 지식이 존재하지 않는다면, 어떠한 지식도 성립할 수 없다. 지식에 어떠한 토대가 존재한다면, 이 토대는 정당화되지 않을 것이며 따라서 알려질 수 없다. 아울러 토대에 관한 어떠한 명제도 토대에 관한 다른 명제로부터 독립되어야 할 것이다. 요컨대 이들 명제들은 우리의 지식 체계의 일부일 수 없다. 그렇다면 지식의 영역에서는 오직 단 하나의 토대가 존재할 수 있고, 이는 체계의 어떠한 부분이어서도 안 되며 오직 체계 그 자체여야 한다는 결론이 도출된다.

물론 비트겐슈타인의 저작에서 이러한 이율배반의 논증이 발견되지는 않는다. 그리고 정립과 반정립에 관한 논증들도 그 실제에서는 위에 언급된 철학자들에 따라 각기 다른 양상으로 전개되어야 할 것이다. 그러나 우리는 위의 이율배반 논증이 지식론에 대한 비트겐슈타인의 태도와 부합한다고 본다. 즉 한편으로 그는 우리가 전체 체계에 대한 총체적 지식을 선행 조건으로 요청한다면, 우리는 결과적으로 어떠한 지식도 가질 수 없게 된다는 토대주의자들의 주장에 동의할 것이다. 또한 비트겐슈타인은 다른 한편으로는 ─ 무어의 지식론에 대한 그의 신랄한 비판에 잘 나타나 있듯이(OC) ─ 우리가 먼저 지식의 토대를 알아야 한다면, 그리고 그것이 정당화되거나 알려질 수 없는 것이라면, 우리는 어떠한 것도 알 수 없을 것이라는 전체주의자들의 주장에도 동의할 것이다. 요컨대 그는 정립과 반정립이 갈라지는 지점에서 양쪽에 모두 동조할 것이다.

그러나 비트겐슈타인은 정립과 반정립이 미처 분화하지 않은 지점, 정립과 반정립이 공히 인정하고 있는 전제, 즉 명증적 토대나 총체적 지식이 없다면 우리는 아무것도 알 수 없을 것이라는 전제를 부정한다. 이는 그의 최후 저작인 『확실성에 관하여』의 주된 논제이다. 그는 다음과 같이 말한다.

> 확고히 정초된 믿음의 토대에는 정초되지 않은 믿음이 깔려 있다.(OC, §253)

> 우리의 믿음에 아무런 토대가 마련되어 있지 않음을 깨닫는 것은 어려운 일이다.(OC, §166)

> 확실히 정당화는 존재한다. 그러나 정당화는 한계에 이르고 만다.(OC, §192)

> 많은 것을 받아들이는 데 만족하는 데서, 나의 **삶**은 이루어진다.(OC, §344)

비트겐슈타인은 우리의 정당화가 한계에 이르렀을 때 마련되는 일치가 지식의 영역에 속해 있지 않다고 봄으로써 지식론자들과 입장을 달리한다. 정당화가 소진되었을 때 우리가 마주하게 되는 지평은 참/거짓의 판단을 형성하고 있는 의미의 지평, 원초적 언어게임(PPF, §161)의 테두리, 혹은 원초적 삶의 현상이다. 이 지평에 섰을 때 비로소 왜 비트겐슈타인이 이율배반의 논증을 타당한 것으로 받아들이면서도 정작 이율배반의 관계에 있는 정립과 반정립을 모두 거부하는지의 이유가 명확해진다.

칸트의 표현을 빌리자면 이율배반이 생겨나는 원인은 이성이 완전성과 총체성을 요구하는 데 있다. 비트겐슈타인은 이를 '일반성에 대한 갈망'(BB, 17쪽; PI, §104)으로 표현하고 있다. 요컨대 내재적 한계를 받아들이려 하지 않는 데서, "나는 다만 이렇게 하고 있을 뿐이다"(PI, §217)라고 고백해야 할 상황에서 설명이나 정당화를 고집하는 데서 문제는 비롯되는 것이다.

가령 우리가 어떤 사람이 치통을 앓고 있다는 표현을 그가 뺨을 만지는 행위를 기준으로 하여 안다고 할 때, 왜 뺨을 만지는 행위가 치통의 기준이 되느냐의 질문은 성립할 수 없다. 비트겐슈타인은 다음과 같이 말한다.

당신은 이 질문에 무어라고 대답할는지 당황할 것이며 여기서 우리는 암반에 부딪쳤다는 사실, 즉 우리가 관습에 도달했다는 사실을 깨닫게 될 것이다.(BB, 24쪽)

사람들이 정당화로 받아들이는 것은 그들이 어떻게 생각하고 살아가는지를 보여준다.(PI, §325)

요컨대 참/거짓의 문제가 의미/무의미의 문제에 종속해 있는 것과 마찬가지로, 지식과 정당화의 문제는 삶의 형식과 자연사의 문제에 종속되어 있는 것이다.

그런데 참/거짓의 문제가 의미/무의미의 문제에, 그리고 지식과 정당화의 문제가 삶의 형식과 자연사의 문제에 종속되어 있음의 구체적 의미는 무엇일까? 우리는 이에 대한 답변을 비트겐슈타인의 다음과 같은 언급에서 찾는다.

만일 개념 형성이 자연의 사실들에 의해 설명될 수 있다면, 우리는 문법보다는 자연에서 그것의 토대를 이루고 있는 것에 관심을 기울여야 하지 않을까? ── 개념들과 자연의 일반적 사실들(그 일반성 때문에 우리의 관심을 거의 끌지 못하는 사실들) 사이의 대응은 물론 우리의 관심사이기도 하다. 하지만 우리의 관심이 이제 개념 형성에 관한 이런 가능한 원인들로 되돌아가는 것은 아니다. 우리는 자연과학을 하고 있는 것도 아니고, 자연사를 하고 있는 것도 아니다. ── 왜냐하면 우리는 실로 우리의 목적들을 위해 자연사적인 것을 지어낼 수도 있기 때문이다.

나는 (어떤 가설의 의미로) 다음과 같이 말하고 있지 않다: 만일 자연의 사실들이 다르다면, 사람들은 서로 다른 개념들을 갖게 될 것이다. 오히려 내 말은 다음과 같다: 만일 누군가 어떤 개념들을 완전히 올바른 개념들이라고 믿고, 그와 다른 개념들을 갖는 것은 마치 우리가 이해하는 어떤 것을 전혀 이해하지 못한다는 뜻이라고 믿는다면 ── 나는 매우 일반적인 어떤 자연의 사실들이 우리에게 익숙한 것과는 다르다고 상상해보라고 그에게 권하고 싶다. 그렇다면 그는 익숙한 개념들과는 전혀 다른 개

념들이 어떻게 형성되는지를 이해하게 될 것이다.(PPF, §§365~366)

우리는 비트겐슈타인이 여기서 다음과 같은 다섯 가지 주장을 하고 있다고 본다.

(1) A가 B에 종속되어 있다 함은 B가 변하면 A도 변함을 의미한다. 이는 개념 체계가 자연사의 사실에 종속되어 있음이 자연사의 사실이 변하면 개념 체계도 변함을 의미한다는 구절에서 추론된다.

(2) (1)에서 참의 문제가 의미의 문제에 종속되어 있음이, 의미의 지평이 달라지면 참의 문제도 다른 국면으로 전환됨을 의미한다는 결론이 추론된다. 따라서 우리가 현재 가지고 있는 개념 체계가 절대적으로 참이라는 미신은 의미 지평을 형성하는 자연의 일반적 사실이 변할 때 해체된다.

(3) 참의 문제는 믿음의 문제이고[14] 의미의 문제는 이해(intelligibility)의 문제이다.[15] 이는 이해의 문제가 믿음의 문제에 종속되어 있는 것으로 오해하는 경우를 비판하고 있는 구절에서 추론된다.

(4) 비트겐슈타인이 개념들과 자연의 사실들 사이의 대응에 관심을 갖는 이유는 『논고』에서처럼 개념들이 자연의 사실들을 그리기 때문이라기보다는, 개념들이 자연의 사실들의 문맥에서 형성되기 때문이다. 즉 사람이 세계 내 존재(In-der-Welt-sein)인 까닭에 사람의 언어 행위는 세계, 혹은 자연사를 배경으로 해서만 의미를 갖는다고 할 수 있다.

---

14 비트겐슈타인이 지식을 참으로 정당화된 믿음(justified true belief)으로 보는 현대 지식론자들의 견해를 거부할 이유는 없다고 생각한다.
15 이에 대해서는 이승종(1993b)을 참조.

(5) 비트겐슈타인에서 지식의 원인으로서의 자연의 사실들 자체는 철학의 관심사가 아니다. 이는 자연과학이나 자연사의 문제일 뿐이다. 따라서 비트겐슈타인은 이러한 인식론이 자연과학에 속한다는 콰인의 주장에 동조한다. 그러나 그는 자연화된 인식론이 바로 철학의 제 모습이라는 콰인의 주장(Quine 1969a)에는 동조하지 않는다.

참/거짓과 정당화가 문제 되는 언어게임을 규제하는 이상은 합리성이다. 합리성의 이념은 참으로 정당화될 수 있는 지식을 추구한다. 지식의 언어게임의 규칙은 바로 합리성의 문법이다. 그러나 비트겐슈타인에 의하면 지식의 언어게임은 결코 확실성에 도달할 수 없다. 그 까닭은 지식의 언어게임이 논박과 불일치가 허용될 때에만 수행되는 게임이기 때문이다. 따라서 지식의 언어게임에서 발견되는 일치나 확실성은 고작해야 잠정적인 성격을 면할 수 없다. 일치와 확실성은 언제나 어떠한 언어게임의 의미의 테두리를 형성할 뿐, 그 자체는 결코 언어게임 내의 어떤 특정한 언어 행위로 들어오지 않는다 (Z, §430; RFM, 365쪽).

언어게임에서 의미/무의미의 지층을 규제하는 이상은 위의 인용문에서 보듯이 이해(intelligibility)이다. 이해의 이념은 의미의 테두리를 형성한다. 그리고 이해의 문법이 바로 이 테두리, 즉 삶의 형식이다.[16] 사람의 삶의 형식에서 보았을 때 자연의 일반적 사실들에 얽혀 있는 사람의 행위가 확실성의 최종 지평이 된다. 여기서의 자연은 사람과

---

16 허구적인 예술작품들도 이해되어야 하며 무의미 시(詩)도 예외는 아니다. 이해될 수 없는 작품은 예술작품이라 불릴 수조차 없게 된다. 허구적인 예술작품들이 참된 지식 못지않게 사람의 삶과 그에 대한 이해의 폭과 깊이를 풍성하게 해준다는 점에서, 진리뿐 아니라 허구 역시 그 중요성을 인정받아야 한다.

독립해 자연과학의 대상이 되는 3인칭적 자연이 아니라, 사람의 삶과 언어게임에 연관되어 늘 마주하고 교섭하게 하는 일상적 자연, 즉 사람의 얼굴을 한 2인칭적 자연이다.[17] 이처럼 비트겐슈타인의 자연주의는 사람의 얼굴을 한 자연주의이다.

지금까지 보았듯이 이해의 문법은 모든 언어게임을 틀 지우는 일차적 문법이다.[18] 참된 지식을 추구하는 정당화의 언어게임은 이 일차적 문법을 전제로 하는 특정한 언어게임의 하나일 뿐이다. 따라서 정당화의 언어게임 규칙으로서의 합리성 문법도 다양한 언어게임의 이차적 문법들 중의 하나이다. 언어게임들이 다양한 만큼 게임의 문법들의 이상도, 그 문법들의 성격도 다양할 것이다. 그러나 어느 게임에서나 그 게임에서 무엇이 의미 있고 무엇이 의미 없는지의 여부가 그 게임의 테두리를 형성한다. 즉 의미에 관한 문법은 어느 게임에서나 그 게임과 함께 원초적으로 주어지는 일차적 문법이다. 그리고 오직 이를 바탕으로 해서만 각 게임이 추구하는 바에 관한 이차적 문법이 형성 가능한 것이다.[19] 이제 이 장에서 문제가 된 참의 문법과 의미 문법의 성격을 도표화하면 다음과 같다.[20]

---

17 따라서 우리는 비트겐슈타인의 후기 철학적 관점을 영원의 관점이나 무관점으로 간주하는 조감(鳥瞰; Bird's-eye View)적 해석(Baker 1991, 41, 64쪽)에 반대한다. 2인칭을 위시한 인칭에 대한 논의는 이승종(2007)을 참조.

18 이해의 문법은 이해라는 개념이 어떻게 사용되어야 하는가를 칭한다기보다 의미/무의미를 규제하는 문법을 말한다.

19 지식이 의거해 있는 합리성보다 예술이 의거해 있는 이해가 선차척이라는 점에서 지식에 대한 예술의 선차성을 가정해볼 수 있을 것이다. 그러나 이 주제는 이 책의 범위를 벗어난다.

20 참의 문법은 참이라는 개념이 어떻게 사용되어야 하는가를 칭한다기보다 참/거짓을 규제하는 문법을 말한다.

문법	위상	이상	의미/무의미	참/거짓	일치	확실성	개연성	정당화/반증	지식
참의 문법	2차	합리성	×	O	×	×	O	O	O
의미의 문법	1차	이해	O	×	O	O	×	×	×

4. 비판철학의 전통

다시 칸트와 비트겐슈타인 철학의 연관성에 대해 살펴보자. 칸트의 이성비판은 이성의 한계 밖에서 이루어지는 것이 아니라, 이성의 한계 내에서 비판의 대상인 이성에 의해 이루어지고 있다. 비트겐슈타인의 언어비판도 마찬가지로 언어의 한계 밖에서 이루어지는 것이 아니라, 언어의 한계 내에서 비판의 대상인 언어에 의해 이루어지고 있다. 따라서 이들의 자기 지시적(self-referential) 비판철학은 문제를 지양(Aufhebung)을 통해서 극복하려는 헤겔, 로티, 하버마스, 리오타르(Jean-François Lyotard) 등의 철학과 구별된다. 헤겔에서는 정신의 변증법적 자기 전개가, 로티에서는 철학 이후(after philosophy)의 해석학적 교화(edification)의 추구가, 하버마스에서는 해방의 추구가, 리오타르에서는 포스트모던한 미적 가치의 추구가 그 지양의 구체적 양상이다. 따라서 비판적 전통은 과거에는 사변적 형이상학, 초월적 관념론과 맞서고, 현대에는 모더니즘, 포스트모더니즘, 그리고 철학의 종말론과 맞선다.

현대는 비판철학의 시대라고 할 수 없다. 철학에서의 비판적 전통은 대륙에서도, 영미에서도 다른 철학 사조들에 의해 비판의 대상이 되고 있거나(칸트) 잊히고 있다(비트겐슈타인). 가령 현대 논리학과 해체주의의 관점에서 볼 때, 비판철학의 자기 지시성은 매력이라기보다 문제점으로 여겨진다. 논리학에서의 역설[21]은 많은 경우에 언어가 자기 지시적으로 사용될 때 발생한다. 러셀, 타르스키 등은 유형 이론, 혹은 대상 언어와 메타 언어의 구분에 의하여 자기 지시가 초래하는 역설을 해결하려 한다. 그러나 비트겐슈타인의 자기 지시적 언어철학은 언어에 계층을 도입하는 것을 거부한다. 언어 밖의 언어는 존재할 수 없기 때문이다. 그는 역설이 이론이나 구분에 의해 해결되는 것이 아니라 분석에 의해 해소된다고 본다(WVC, 121~122쪽).

해체주의적 관점에서 볼 때 비판철학의 문제점은 비판의 도구가 비판의 대상과 같다는 데 있다. 칸트에서 비판의 도구로서의 이성은 무제약적으로 사용될 소지를 이미 자신 안에 안고 있다. 그것이 발현되어 형성된 이성의 이상은 이성 자신에 의해 비판된다. 비트겐슈타인의 철학에서 언어의 일상적 사용은 언어의 오용을 치료하는 명료한 도구이자, 동시에 그 자신 형이상학적 오용에 노출되거나 오용의 소지를 이미 내포하고 있는 비판의 대상이기도 하다. 같은 일상 언어를 통해 우리는 문제를 통찰할(通察; übersehen) 뿐만 아니라 또한 문제를 간과(übersehen)한다.

그러나 비판철학의 이러한 자기 지시성은 과연 문제점인가? 가령 칸트에서 이성의 양면성은 과연 그의 비판철학의 취약점인가? 오히려 그는 사람이 신이나 그 이외의 다른 지양 없이도 홀로 설 수 있는 반성적 존재임을 자신의 철학을 통해 실천적으로 보여주고 있지 않

---

21 역설은 불합리해 보이지만 타당한 논증을 뜻한다. Quine(1961), 1쪽 참조.

은가? 비트겐슈타인의 자연주의도 마찬가지로 "나는 다만 이렇게 하고 있을 뿐이다"라고 고백함으로써, 한계를 자인함으로써 자유에 이르는 그릴파르처의 지혜를 구현하고 있다고 볼 수는 없을까? 그리고 이러한 관점에서 보았을 때는 혹시 지양을 추구하는 철학이 오히려 자유를 담보로 환영을 좇는, 지혜 없는 철학으로 비추어지지 않을까? 1930년에 비트겐슈타인이 쓴 『철학적 고찰』의 서문을 되새겨 보면서 이 장을 맺고자 한다.

이 책은 이 책의 정신을 공감하는 사람을 위해서 쓰였다. 이 정신은 우리 모두가 처해 있는 유럽 및 미국 문명의 거대한 흐름을 이루는 정신과는 다른 것이다. 후자는 더 크고 더 복잡한 구조를 건축하는 계속되는 운동으로 표현된다. 전자는 어떠한 구조에서나 상관없이 명석성과 명료성을 추구하는 데서 표현된다. 후자는 세계를 그 주변 — 그 다양성에서 파악하려 하고, 전자는 세계를 그 중심 — 그 본질에서 파악하려 한다. 따라서 후자는 하나의 구성에 또 다른 하나를 더하는 방식으로 하나의 단계에서 다른 단계로 나아가는 데 반해, 전자는 제자리에 머물러 언제나 같은 것을 파악하려 한다.(PR, 서문)

5. 보론 I: 김영건 교수의 비판에 대한 답론

김영건 교수는 「비트겐슈타인과 삶의 의미」에서 다음과 같이 말하고 있다.

정당화의 문제가 유독 『탐구』나 『확실성에 관하여』에서만 나타나는 문제라고 할 수는 없다. 전기 철학에서도 논리적 형식의 정당화 문제는 그대로 제기될 수밖에 없다. 따라서 정당화의 문제는 단지 인식론과 지식론에 한정되는 문제, 즉 지식의 정당화 문제만을 의미하는 것은 아니다. 더 나아가 지식론과 인식론이 정당화의 문제를 다루는 한에서도 콰인이 생각하듯이 쉽게 자연주의화하지 않는다. 셀라스(Wifrid Sellars)와 로티가 분명하게 지적하였듯이 자연주의 인식론은 인과작용과 정당화를 혼동하는 일종의 "자연주의적 오류"를 범하고 있다. 바로 이런 의미에서 철학과 과학을 준별하고 있는 "비트겐슈타인은 인식론이 자연과학에 속한다는 콰인의 주장에 동조"(75쪽)할 리가 없다.(김영건 1995, 176쪽)

위의 인용문에 이어지는 각주에서 김 교수는 이 장에서 다음의 구절을 인용하고 있다.

비트겐슈타인에서 지식의 원인으로서의 자연의 사실들 자체는 철학의 관심사가 아니다. 이는 자연과학이나 자연사의 문제일 뿐이다. 따라서 비트겐슈타인은 이러한 인식론이 자연과학에 속한다는 콰인의 주장에 동조한다. 그러나 그는 다른 한편으로는 자연화된 인식론이 바로 철학의 제 모습이라는 콰인의 주장에 동조하지 않는다.(75쪽)

이에 대해 김영건 교수는 다음과 같이 논평하고 있다.

아마 이런 혼동된 주장은 이해와 삶의 형식의 확실성을 강조하는 과정에서 이것들을 지식과 정당화로부터 철저하게 구분하려는 시도에서 생겨나는 것 같다. 따라서 이해와 의미의 문제는 인식론과 지식론의 문제가 아니며 또한 정당화의 문제도 아니다.(김영건 1995, 176~177쪽)

내가 무엇을 '혼동'했을까? 각주로부터 본문으로 장소를 옮겨 김 교수는 『논고』의 구절들을 인용하면서 다음과 같이 말하고 있다.

인식론은 심리학이나 자연과학에 속하는 것이 아니라, "심리학의 철학"이며, "심리학은 다른 자연과학보다 철학에 더 밀접하게 관련되어 있는 것도 아니다"(TLP, 4.1121). 더 나아가 "철학이 자연과학 중의 하나가 아니고" (TLP, 4.111) "철학이 사유의 논리적 명료화를 목적으로 하는"(TLP, 4.112) 한에 있어서 심리학의 철학으로서 인식론은 자연주의화할 수 없다.(김영건 1995, 176~177쪽)

위의 인용문에 이어지는 각주에서 김영건 교수는 다음과 같이 말하고 있다.

케니(Anthony Kenny)는 『논고』에서 말하는 심리학의 철학으로서 인식론은 "만약 인식론이라는 것이 믿음의 정당화, 지식의 가능성, 회의론의 문제 등을 탐구하는 학문"이라면, 이런 종류의 인식론을 의미하지 않는다고 말하고 있다. 오히려 "그것은 우리가 오늘날 '심리철학'이라고 부르는 — 믿음, 판단, 지각 등등을 표현하는 문장들의 분석을 의미한다"(Kenny 1981, 1쪽). 케니의 지적처럼 『논고』의 인식론이 의미하는 바가 이것이라고 해도, 마찬가지로 심리철학은 자연주의화되지 않을 것이다. 특히 비트겐슈타인의 후기 철학은 자연주의적 심리철학, 경험적 심리학의 개념적 혼동에 대해 매우 비판적이다(Baker and Hacker 1982, 352~372쪽). 아마 이 비판의 논점이 인식론의 경우에도 마찬가지로 적용될 수 있다.(김영건 1995, 177쪽)

인식론에 관한 김영건 교수의 논의는 이처럼 "믿음의 정당화의 문제를 탐구하는 학문"으로서의 인식론으로 시작해서 "심리학의 명제에 대한 분석으로서의 인식론"(김영건 1995, 177쪽)으로 끝맺고 있다. 나는 『논고』에서 말하는 "심리학의 철학"으로서의 인식론이 후자를 가리키고 있다는 케니의 해석에 동의한다. 그러나 김 교수가 비판하고 있는 이 장에서의 인식론은 후자가 아니라 전자를 가리키고 있다. 이는 김 교수가 인용한 구절에서도 분명히 알 수 있다. 비트겐슈타인이 후자의 의미에서의 인식론을 "심리학의 철학"으로 보고 있음을 나는 부인하지 않는다. 그러나 비트겐슈타인이 전자의 의미에서의 인식론을 심리학의 철학으로 보고 있는지에 대해 나는 의심한다.

비트겐슈타인은 정당화와 회의, 확증과 반증, 증거와 실험, 가설과 추론, 진리 등을 철학의 영역보다 과학적 지식의 영역에 더 가까운 것으로 보고 있다(PI, §124, §325; PPF, §371 참조). 인식론이 위에 열거한 주제를 탐구하는 학문이라면 그것은 철학보다는 과학에 더 가까울 것이며, 이러한 의미의 인식론이 자연과학이 되어야 한다는 이념이 콰인이 말하는 "인식론의 자연화"의 이념이라면 비트겐슈타인으로서는 이에 동조할지도 모르겠다. 물론 이는 "심리학의 철학"으로서의 인식론, 즉 "심리학의 명제에 대한 분석으로서의 인식론"에는 적용되지 않는다. 아울러 정당화와 회의, 확증과 반증, 증거와 실험, 가설과 추론, 진리 등의 용어들이 어떻게 사용되는지에 대한 기술(記述)은 여전히 철학에 속하며, 비트겐슈타인의 『확실성에 관하여』는 실제로 저 용어 중 몇몇의 사용에 초점을 맞추고 있다.

아마 김영건 교수는 내가 비트겐슈타인을 콰인의 자연주의 진영에 속하는 철학자로 잘못 해석하고 있다고 우려한 것 같다. 그러한 우려를 이 장에서 불식시키지 못한 것은 내 책임이지만 그것이 기우임을 이 자리를 빌려 분명히 하고 싶다. 만일 비트겐슈타인을 콰인주의자로 해석한다면 그것은 비트겐슈타인에게 더할 수 없는 악몽일 것이다.

6. 보론 II: 콰인의 자연주의와 비트겐슈타인의 자연주의

비트겐슈타인은 『논고』에서 철학과 자연과학의 관계에 대해 다음과 같이 말하고 있다.

참된 명제들의 총체가 전 자연과학(또는 자연과학들의 총체)이다.

철학은 자연과학들 중의 하나가 아니다.(TLP, 4.11~4.111)

같은 책에서 그는 철학의 방법을 다음과 같이 표현하고 있다.

철학의 올바른 방법은 본래 다음과 같은 것이리라: 말할 수 있는 것, 즉 자연과학의 명제들 ─ 즉 철학과는 무관한 것 ─ 을 제외하고는 아무것도 말하지 않기.(TLP, 6.53)

말할 수 있는 것을 자연과학의 명제들에 국한하고 있다는 점에서 비트겐슈타인이 이미 『논고』에서부터 지식에 대한 (자연)과학주의적 견해를 지니고 있었음을 알 수 있다. 그가 평생에 걸쳐 일관되게 견지해온 (자연)과학(적 지식)과 철학의 구별 역시 『논고』의 저 구절들로 소급된다(PI, §109 참조). 이 점에서 그는 철학과 과학을 하나의 연장선상에서 보는 콰인과 궤를 달리한다(Quine 1986, 430~431쪽 참조).

콰인의 자연주의가 자연과학주의를, 자연화가 자연과학으로의 환원을 각각 그 골자로 한다면, 비트겐슈타인의 자연주의는 사람의 자연사와 삶의 형식의 환기(reminder)를, 자연화는 이로써 철학적 문제를 해소하는 실행을 각각 그 골자로 한다. 비록 비트겐슈타인이 자연화라는 용어를 사용한 적은 없지만, 저 용어를 콰인의 자연주의와 구별되는 비트겐슈타인의 자연주의와 어우러지는 의미로 사용한다면 큰 문제는 없다고 본다.[22] 카벨(Stanley Cavell)도 비트겐슈타인을 거론하는 자리에서 자연화라는 용어를 비트겐슈타인에게 귀속시키고 있는데(Cavell 2004, 275쪽), 매카터(David Macarthur)는 이를 언어를 부자연스레 사용한 데서 발생한 형이상학을 언어의 자연스러운 제자리로 돌리는 실행을 의미하는 것으로 해석한다(Macarthur 2018, 42~43쪽). 언어를 자연스러운 제자리로 돌릴 때 형이상학적 문제는 해소되므로 그의 해석은 나의 해석과 양립 가능하다. 그러나 비트겐슈타인에서 자연주의나 자연화는 자연스러움보다는 사람의 자연사와 삶의 형식에 초점이 있는 것으로 보는 것이 더 합당하다. 사람의 자연사와 삶

---

22 나는 1994년의 논문에서 비트겐슈타인의 자연주의/자연화와 콰인의 자연주의/자연화를 구별한 바 있다(이승종 1994).

의 형식과 독립적으로 자연스러움의 기준을 설정하기 어려울뿐더러, 자연스러움도 결국은 사람의 자연사와 삶의 형식을 배경으로 성립하기 때문이다.

논자에 따라서는 콰인의 자연주의를 엄격한 자연주의(strict naturalism)로, 비트겐슈타인의 자연주의를 자유로운 자연주의(liberal naturalism)(De Caro and Macarthur 2004, 1쪽)나 자유화하는 자연주의(liberating naturalism)(Hutto and Satne 2018)로 부르기도 하는데, 이러한 명칭은 콰인의 자연주의와 비트겐슈타인의 자연주의가 종류가 아닌 정도(degree)의 차이일 뿐이라는 오해를 불러일으킬 수 있다는 점에서 바람직하지 못하다. 콰인의 자연주의와 비트겐슈타인의 자연주의 사이의 차이는 엄격함과 자유분방함의 차이가 아니라, 철학의 초점을 자연과학에 맞출 것인가 아니면 이와는 다른 층위에 놓이는 사람의 자연사와 삶의 형식에 맞출 것인가의 차이에 있다고 봄이 옳다.

콰인의 자연주의가 과학적 사실에 대한 인과적(causal) 설명을 모델로 하고 있다면, 비트겐슈타인의 자연주의는 환기를 통한 일상적인 (casual) 사실의 새로운 재인식을 추구한다. 일상적 사실의 재인식은 상식을 벗어나지 않는다. 비트겐슈타인은 1939년에 케임브리지 대학에서 행한 수학의 기초에 대한 강의에서 다음과 같은 자신의 말을 구호로 언급한 바 있다.

여러분의 상식을 우산 다루듯이 하지 말라. 철학을 하러 강의실에 들어올 때 그것을 밖에다 두지 말고 가지고 들어오라.(LFM, 68쪽)

상식의 환기가 철학의 문제를 해소하는 데 쓸모가 있다고 본 것이다.

평소에는 주목을 끌지 않던 일상적인 사실의 측면도 적절한 환기에 의해 주목을 받음으로써 중요한 역할을 할 수 있는 것이다.[23]

7. 보론 III: 비트겐슈타인의 현상학

비트겐슈타인의 중기 저술들에서 자연과학과 철학의 구별은 다음에서 보듯이 물리학과 현상학의 대립으로 표현되고 있다.

물리학은 규칙성을 확립하고자 할 뿐 가능한 것에는 관심을 두지 않는다. 이러한 이유에서 물리학은 현상학적 사태의 구조에 대한 기술(記述)을 제공하지 않는다. 현상학은 언제나 가능성, 즉 의미의 가능성을 다루지 참과 거짓을 다루지는 않는다.(WVC, 63쪽)

비트겐슈타인이 철학계로 돌아온 1929년에 기록된 위의 구절은 『논고』의 핵심 용어인 '사태'를 언급하고 있다. 앞서 보았듯이 『논고』에서 사태는 가능태에, 사실은 실재 세계에 각각 귀속되었다. 의미의 문제를 확정하는 사태적 가능태론은 진리의 문제를 확정하는 사실적 실재론에 선행하며, 이로써 의미의 문제가 진리의 문제에 선행함이 확정된 바 있다. 비록 이러한 이원론적 형이상학은 포기했지만 위의 구절에서 그는 의미의 가능성을 다루는 학문을 현상학이라 부르면서 참과 거짓을 다루는 과학(물리학)과 구별 짓고 있다.

---

23   이에 대해서는 5장에서 상론할 것이다.

비슷한 시기에 작성된 다음의 구절들에서 우리는 비트겐슈타인이 철학을 현상학으로 규정하고 있음을 알 수 있다.

물리학은 법칙을 정립하는 데 관심이 있다는 점에서 현상학과 구별된다. 현상학은 가능성만을 정립한다. 그러므로 물리학이 그 사실들에 의거해 이론을 건축하는 데 반해, 현상학은 사실들의 기술(記述)에 대한 문법에 해당한다.(PR, 51쪽)

우리의 탐구는 어떤 종류의 것인가? 나는 내가 예로 드는 경우들의 개연성을 탐구하고 있는가, 아니면 사실성을 탐구하고 있는가? 아니다. 나는 가능한 것만을 인용하고 있을 뿐이며, 따라서 문법적인 예를 제시하고 있는 것이다.(BT, 312쪽)

두 번째 구절은 『탐구』의 다음 구절과 잘 어우러진다.

우리는 마치 현상들을 **꿰뚫어 보아야** 할 것처럼 느끼지만, 우리의 탐구는 **현상들**이 아니라 현상들의 '**가능성들**'이라고 부를 수 있는 것을 지향한다. […] 그러므로 우리의 고찰은 문법적인 것이다.(PI, §90)

이로부터 우리는 비트겐슈타인에서 탐구나 고찰은 현상학임을 알 수 있다. 그리고 탐구나 고찰은 현상들이 아니라 그 가능성들을 지향하며 가능성들이란 의미의 가능성을 말한다. 그런 점에서 현상학적 고찰은 문법적인 것이다. 비트겐슈타인의 다음 구절이 이러한 해석을 뒷받침한다.

현상학은 문법이다.(BT, 320쪽)

현상학이라는 표현은 『탐구』에는 등장하지 않는다. 그러나 우리는
다음 구절에서 그 흔적을 발견한다.

어떤 것이 무슨 종류의 대상인지는 문법이 알려준다.(문법으로서의 신학)
(PI, §373)

신학은 신 개념에 대한 문법적 고찰이라는 점에서 현상학의 한 예
로 볼 수 있다. 비록 위의 구절에서는 신학으로 특정했지만 문법적
고찰을 행하는 모든 분야는 현상학으로 부름 직하다. 현상학과 문법
을 동의어로 설정하다 보니 비트겐슈타인은 현상학에 문법과는 별도
의 의미나 쓰임새를 부여하지 않았고, 헤겔이나 후설과 같은 관념론
자들이 선점한 현상학이라는 용어보다 일상적으로 더 친숙한 문법이
라는 용어를 더 선호하다 보니 현상학은 비트겐슈타인의 언어에서
자연스레 자취를 감추게 된 것이다.

3장
삶의 형식

1. 문맥

비트겐슈타인의 후기 철학의 대표작이라 할 수 있는 『탐구』와 『확실성에 관하여』에 삶의 형식(Lebensform) 개념이 나타나는 문맥들을 살펴보기로 하자.[24]

(가) 전쟁터에서 명령과 보고로만 이루어진 언어를 — 또는 질문들 그리고 예/아니오라고 답하는 표현들로만 이루어진 언어를 — 상상하기는 어렵지

---

[24] 이 외에도 삶의 형식은 다음의 작품들에 몇 번 더 등장한다. CE, 397쪽; LC, 58쪽; RFM, 414쪽. 미간행 유고에서는 20여 번이 등장하는 것으로 집계되는데(Majetschak 2010, 76쪽) 그중 몇몇 예를 들면 다음과 같다. MS 119, 74쪽; MS 127, 92쪽; MS 136, 141쪽; MS 137, 59a쪽; MS 160, 26쪽; MS 165, 110쪽 이하. 이들은 글의 전개 과정에서 선별적으로 인용되고 논의될 것이다.

않다. — 이 밖에도 무수히 많은 다른 언어를 상상할 수 있다. — 그리고 하나의 언어를 상상한다는 것은 하나의 삶의 형식을 상상한다는 것을 의미한다.(PI, §19)

(나) 그러나 얼마나 많은 종류의 문장이 있는가? 이를테면 진술, 물음, 명령을 나타내는 문장들? — **무수한** 종류의 문장이 있다. 우리가 '기호', '낱말', '문장'이라고 부르는 모든 것에는 서로 다른 무수한 종류의 쓰임이 있다. 그리고 이런 쓰임의 다양성은 단 한 번 정해진 채로 고정되는 것이 아니다. 새로운 형태의 언어와 새로운 언어게임이라고 할 만한 것들이 생겨나고, 다른 것들은 쓸모없어져 잊힌다.(우리는 이에 대한 **대략적인 그림**을 수학의 변천 과정에서 찾을 수 있다.)

　　여기서 '언어**게임**'이라는 낱말은 언어를 **말하는 일**이 어떤 활동의 일부, 또는 삶의 형식의 일부라는 사실을 강조하기 위해 사용된다.(PI, §23)

(다) "그렇다면 당신은 사람들 사이의 일치가 무엇이 옳고 무엇이 틀리는지를 결정한다는 말인가?" — 무엇이 옳고 무엇이 틀리는가 하는 것은 사람들이 **말하는** 것이다. 그리고 사람들이 일치하는 것은 그들의 **언어** 속에서이다. 이것은 의견에서의 일치가 아니라, 삶의 형식에서의 일치이다.(PI, §241)

(라) 말할 수 있는 사람만이 희망할 수 있는가? 한 언어의 쓰임을 완전히 익힌 사람만이 희망할 수 있다. 즉 희망한다는 현상들은 이 복잡한 삶의 형식이 변형된 것들이다.(PPF, §1)

(마) 받아들여야 하는 것, 주어진 것은 — 우리는 이렇게 말할 수 있을 것이다 — **삶의 형식들**이다. (PPF, §345)

(바) 나는 이 확실성을 경솔하거나 피상적인 것과 유사한 어떤 것이 아니라 삶의 형식으로 간주하고 싶다. (이는 아주 조잡한 표현이자 조잡한 생각일 것이다.)

하지만 그 말은 내가 그것을 정당화된다 안 된다를 넘어서는 어떤 것, 즉 동물적인 어떤 것으로 생각하고자 함을 의미한다. (OC, §§358~359)

삶의 형식에 관한 해석은 이 문맥들을 설명할 수 있어야 하며, 더 나아가 비트겐슈타인의 후기 사상 전반과 모순되지 않아야 할 것이다.

우리는 2절에서 삶의 형식에 관한 기존의 해석들을 다섯 개의 유형으로 정리하여 고찰하고, 이들이 과연 위의 요구 조건을 충족하고 있는지의 여부를 비판적으로 검토한다. 3절에서는 이 해석들의 문제점과 한계를 극복할 수 있는 대안적 해석을 모색하고, 그 해석이 조명하는 삶의 형식 개념의 철학적 의의를 되새겨본다. 4절에서는 삶의 형식 개념에 대한 정대현 교수의 해석을 역시 논의에 부쳐본다.

2. 기존 해석들에 대한 고찰

비트겐슈타인의 삶의 형식 개념을 해명하는 기존의 논의들에 대해 헌터는 삶의 형식을 각각 1)언어게임, 2)행위 묶음, 3)사회 문화적 양식으로 보는 해석들로 구분한 바 있다(Hunter 1968).[25] 여기에 더해

4)헌터 자신의 유기체적 해석, 5)가버의 초월적 자연주의, 이렇게 다섯 가지 해석들을 차례로 살펴보기로 하자.

1) 언어게임으로서의 삶의 형식

이 해석은 삶의 형식을 언어게임과 동일시한다.[26] 이 해석이 옳다면 언어게임에 대한 비트겐슈타인의 서술들은 삶의 형식에 대해서도 그대로 적용될 것이다. 즉 삶의 형식은 언어게임의 수만큼이나 다양하고, 새로운 언어게임이 생겨나고 낡은 언어게임이 잊히듯이 삶의 형식도 마찬가지로 생성 소멸의 운명을 따를 것이다. 이 해석은 아마도 삶의 형식이 사용되는 문맥 중에서도 (가)와 (나)에 가장 잘 어울리는 것으로 여겨질는지 모르겠다. 그러나 자세히 들여다보면 이 해석은 오히려 (가)와 (나)에서 문제를 드러낸다. 이에 대해 차례로 살펴보자.

첫째, (가)에서 비트겐슈타인은 명령의 언어게임과 보고의 언어게임으로 이루어진 언어를 도입하면서 "하나의 언어를 상상한다는 것은 하나의 삶의 형식을 상상한다는 것을 의미한다"라고 말한다. 만일 언어게임과 삶의 형식이 같다면 명령의 언어게임과 보고의 언어게임은 각각 다른 두 삶의 형식일 것이다. 그러나 비트겐슈타인은 이 두 언어게임으로 이루어진 "하나의 언어를 상상한다는 것이 하나의 삶의 형식을 상상한다는 것을 의미한다"라고 말하고 있지 않은가?

둘째, (나)에서 비트겐슈타인은 "'언어게임'이라는 낱말은 언어를

---

25 헌터는 이 세 해석들을 작성하는 데 다음의 글들을 토대로 했다고 밝히고 있다. Quinton(1964), 13쪽; Strawson(1954), 62쪽; Malcolm(1954), 91~92쪽; Cavell(1962), 160~161쪽; Pitcher(1964), 243~244, 312쪽.

26 이 해석의 최근 버전은 다음의 글을 참조. McGinn(1997), 54, 129쪽; Majetschak(2010).

말하는 일이 어떤 활동의 일부, 또는 삶의 형식의 일부라는 사실을 강조하기 위해 사용된다"라고 말하고 있다. "언어와 그 언어가 얽혀 있는 활동들로 구성된 전체"(PI, §7)가 언어게임이고 "명령하고, 질문하고, 이야기하고, 잡담하는 일이 걷고, 먹고, 마시고, 노는 일과 마찬가지로 우리 자연사(自然史)의 일부"(PI, §25)라면, 언어게임을 하는 행위는 여타의 행위와 마찬가지로 삶의 형식과 자연사에 속한다. 여기서 언어게임은 삶의 형식 그 자체가 아니라 그 일부로 간주되고 있다. 즉 언어게임은 삶의 형식과 동치가 아니라 그것에 포섭되는 개념이다.[27]

그렇다면 언어게임과 삶의 형식은 어떠한 관계인가? 우리는 비트겐슈타인의 미간행 유고에서 이에 대한 다음과 같은 중요한 실마리를 찾을 수 있다.

> 우리의 언어는 고정된 삶의 형식들, 규칙적 행위 방식들을 바탕으로 이루어져 있다는 특징을 지니고 있다.(MS 119, 74쪽)[28, 29]

---

[27] 과거에 나는 언어게임 그 자체가 아니라 언어게임의 형식이 바로 삶의 형식이라는 해석을 주장한 바 있다(이승종 1984; 1985, 36쪽). 이 해석 역시 위의 비판을 견뎌낼 수 없기는 마찬가지이다. 나는 더 이상 과거의 해석을 지지하지 않는다. 과거의 해석을 수정하는 한 가지 방안은 모든 언어게임의 형식들을 아우르는 하나의 메타 형식으로서 삶의 형식을 해석하는 것이다. 이 장은 어떤 의미에서 그러한 형식이 구체적으로 무엇인지를 사람의 자연사의 지평에서 헤아려보는 시도로 여겨질 수 있을 것이다.

[28] 이 구절을 토대로 우리는 삶의 형식의 고정성을 (나)에서 서술된 언어게임의 변동성과 대비시킬 수 있을 것이다. 그러나 우리는 언어게임도 차별적 고정성을 지닌다고 본다. 명령을 내리고 이를 따르는 언어게임, 부탁하는 언어게임, 인사하는 언어게임 등은 사람이 삶을 영위하는 데 필요 불가결한 보편적 언어게임이며 따라서 고정된 것으로 간주할 수 있다. 우리는 사람과 관련해서 이 언어게임들이 부재한 상황을 상상할 수조차 없다. 물론 이들 언어게임에서도 변모하는 측면이 있다. 가령 인사의 양식이 습속의 변화에 따라 변모하는 경우, 명령의 매체가 구두(口頭)에서 기안 용지를 거쳐 이메일로 변모하는 경우를 들 수 있다. 그럼에도 이 경우에도 명령하는 언어게임과

요컨대 언어게임은 삶의 형식을 토대로 작동한다. 삶의 형식 개념이 등장하는 (다)의 바로 앞에 놓인 다음의 구절도 이러한 관계를 뒷받침한다.

어떤 규칙이 제대로 지켜졌는지 그렇지 않은지에 대해서는 (가령 수학자들 사이에) 전혀 논쟁이 일어나지 않는다. 사람들은 이 문제로 가령 치고받고 싸우지 않는다. 이것이 우리의 언어가 작동하는 (예컨대, 기술(記述)을 하는) 토대 가운데 하나이다.(PI, §240)

삶의 형식과 언어게임은 결코 같은 층위에 놓여 있는 개념이 아니다. 그것은 하나가 다른 하나의 토대가 되는 위계를 이룬다. 따라서 언어게임으로서의 삶의 형식 개념은 성립할 수 없다.

2) 행위 묶음으로서의 삶의 형식

이 해석은 삶의 형식을 다양한 방식으로 행위하려는 상호 관련된

인사하는 언어게임이라는 범주는 고정된 것으로 보아야 할 것이다.

29 이 구절은 언어와 삶의 형식 사이의 관계를 일(一)대다(多)로 설정하고 있다는 점에서 양자 사이의 관계를 일대일로 놓고 있는 (가)의 마지막 문장과 상충된다. 이 문제를 해결할 수 있는 하나의 방안은 두 구절에서 사용된 언어의 의미를 달리 해석하는 것이다. 즉 (가)에서 언어는 그 언어를 이루는 모든 언어게임을 포괄하는 하나의 언어를 뜻하는 데 반해, 위에 인용한 미간행 유고에서 언어는 어떤 하나의 언어가 아니라 그러한 언어들 일반을 뜻한다고 보는 것이다. 즉 전자가 사람과 같은 특정한 하나의 자연종(natural kind)이 사용하는 언어를 지칭하는 데 반해, 후자는 언어를 사용하는 가능한 모든 자연종의 언어들 일반을 통칭한다고 보는 것이다. 그러나 이 해석은 위에 인용한 미간행 유고에 등장하는 언어 앞에 붙어 있는 "우리의"라는 표현을 사람을 포함하는 가능한 모든 언어 사용자(자연종)를 지칭하는 것으로 확대해 읽어야 하는 부담을 안고 있다.

경향의 묶음으로 본다. 가령 우리가 상대를 측은해한다고 말하는 것은 바로 측은함의 행위 묶음으로서 나타난다. 즉 우리가 상대를 측은해할 때 우리는 측은함의 묶음에 속하는 유형의 행위와 몸동작을 수행하는 것이다. 이 묶음들이 삶의 형식들이며 삶의 형식들은 이 묶음의 수만큼 다양하다. 우리는 웃거나 찡그리거나 동정하거나 분개하는 어떤 자연스러운 경향을 가지고 있다. 이 경향들은 언어게임에 의해서 유형화되고 묶음을 형성하게 되는 것이다.

이 해석은 비트겐슈타인이 "언어와 그 언어가 얽혀 있는 활동들로 구성된 전체"(PI, §7)가 언어게임이라고 규정한 사실을 토대로 일상적 언어게임과 개개인의 행위 사이의 관계에 초점을 두고 삶의 형식을 본다. 이 해석은 우리가 어떤 한 종류의 발언을 할 때 그 발언에 엮여 들어가는 행위의 묶음은 그 발언의 종류에 관련된 전형적인 것이라는 가정을 전제하고 있다. 그러나 실제로 우리가 어떤 발언을 할 때 그 발언에 엮여 들어가는 행위는 그 발언을 행하는 상황에 따라 다양하며, 심지어 그 발언의 종류와 관련되지 않는 행위가 한데 엮일 수도 있다. 가령 우리가 상대를 측은해할 때 수행하는 행위의 묶음은 측은해하는 상대와 상황에 따라 다를 뿐 아니라 농담 삼아 상대를 측은해하는 경우, 거짓으로 상대를 측은해하는 경우, 다른 일을 하면서 지나가는 말로만 상대를 측은해하는 경우, 비꼬는 투로 상대를 측은해하는 경우도 있을 수 있다.[30] 이러한 행위의 묶음을 저마다 상이한 삶의 형식으로 본다면 한 개인은 상대를 측은해할 때조차 매 상황마

---

30 비트겐슈타인이 기쁨과 기뻐하는 행동을 구별할 때(Z, §487) 그는 기쁜데도 표정관리를 해야 하는 경우나 속으로는 기쁘지 않은데도 겉으로는 기뻐하는 체해야 하는 경우를 염두에 두었으리라 생각한다.

다 각기 상이한 삶의 형식을 갖게 되며, 따라서 삶의 형식은 일관성 없는 파편들이 되고 만다. 사실 행위의 묶음은 삶의 형식이라기보다는 삶의 내용에 해당한다. 그리고 행위의 묶음은 받아들여야 할 주어진 것이라기보다는 우리가 능동적으로 수행해나가는 것이라고 말할 수 있다.

우리는 삶의 형식을 일군의 언어게임들과 행위 묶음들의 집합으로 해석해볼 수도 있다. 예컨대 기도하는 언어게임, 명령에 복종하는 언어게임, 감사하는 언어게임 등등이 그에 연관되는 행위 묶음들과 함께 결집되어 하나의 종교적 삶의 형식을 이룬다고 해석할 수 있다. 그러나 비트겐슈타인의 종교철학 연구자들 사이에 신앙 형태주의(fideism)라는 이름으로 널리 알려진 이 해석은(Nielsen and Phillips 2005 참조) 비트겐슈타인의 작품에서 근거를 찾기 어렵다. 아마 다음의 구절이 유일한 예외일는지 모른다.

왜 하나의 삶의 형식이 최후의 심판에 대한 믿음의 발언에 이르러서는 안 되는가?(LC, 58쪽)

그러나 삶의 형식을 특정 종교에 대한 믿음과 연결 짓고 있는 것처럼 보이는 이 구절도 종교적 삶의 형식이라는 개념을 직접적으로 뒷받침하고 있지는 않다. 오히려 비트겐슈타인은 최후의 심판이라는 특정한 종교적 믿음조차도 죽음에 대한 두려움, 책임감, 죄책감 등의 원초적 반응에서 비롯되는 것임을 강조하기 위해 그러한 반응의 모체로서 삶의 형식을 인용한 것이다. 반면 그는 종교적 믿음에 대해서는 삶의 형식이 아니라 "삶의 방식(Art des Lebens), 또는 삶을 판단하는 방식"(CV, 73쪽)으로 보고 있다.

아울러 삶의 형식에 대한 신앙 형태주의적 해석은 종교인의 삶의 형식과 무종교인의 삶의 형식이 서로 다르다면, 그 차이는 그리스도교인의 삶의 형식과 불교도의 삶의 형식의 차이와는 또 어떻게 구별되는지 등의 복잡한 문제를 야기한다. 이러한 문제들이 비트겐슈타인의 사유에서는 발견되지 않는다.[31]

3) 사회 문화적 양식으로서의 삶의 형식

이 해석은 삶의 형식을 삶의 방식이나 양식, 태도, 풍습, 스타일 등으로 본다.[32] 삶의 형식은 계급 구조, 가치관, 종교, 산업, 상업, 오락의 유형이라는 것이다. 이 해석은 우리가 미지의 언어와 마주했을 때, 혹은 그러한 언어를 상상할 때 우리는 우리와 전혀 다른 산업 구조, 상업 구조, 가족 구조를 가진 사회를 상상해야 할 것이라는 점에 착안하고 있는 듯하다. 일찍이 1930년대 후반 『탐구』, 1부를 번역하던 리스(Rush Rhees)는 '삶의 형식'을 '삶의 양식(ways of life)'으로 번역한 바 있으며, 그 이후로도 삶의 형식은 사회 문화적 양식과 동의어로 널리 통용되고 있다(Gier 1981, 26쪽).

언어게임으로서의 삶의 형식과 행위 묶음으로서의 삶의 형식을 비판 없이 정리해 소개하던 헌터는 오히려 사회 문화적 양식으로서의 삶의 형식 개념을 가장 취약한 해석으로 낮게 평가한다. 이 해석으로

---

31 이에 대해서는 다음 장에서 상론하기로 한다.
32 이 해석은 다음의 비트겐슈타인 연구자들에 의해 표준적 해석으로 군림해왔다. Baker and Hacker(2005b), 74쪽; Glock(1996), 125쪽; Haller(1984); Savigny(1999); Schulte(1989; 1999).

(가)를 읽는다면 하나의 언어를 상상할 때 우리는 하나의 사회 문화적 양식을 상상할 수 있어야 하는데 사실은 그렇지 못하다는 것이다(Hunter 1968, 109쪽). 일반적으로 미지의 언어를 상상할 때 우리는 고작 그 언어를 사용하는 사람의 삶의 방식이 우리와는 다를 것이라는 추측을 할 수 있을 뿐이다. 언어를 상상한다는 것과 그 언어에 수반되는 구체적 삶의 방식을 이끌어내거나 그 방식에 대해 상상한다는 것은 논리적으로나 경험적으로나 서로 연관되지 않은 전혀 다른 차원의 일이다. 우리가 미지의 언어를 상상함으로써 그 언어를 사용하는 종족의 사회 문화적 양식을 상상할 수 있다면, 그 양식에 대한 연구는 그 언어에 대한 연구로 대체될 수 있다는 터무니없는 결론이 도출된다. 비트겐슈타인은 다른 나라의 언어를 이해하고도 그 나라 사람들을 이해하지 못하는 경우가 있음을 인정하고 있다(PPF, §325). 그 또한 외국어에 대한 이해가 그 외국어를 사용하는 사회나 문화의 이해로 바로 이어지지 않음을 갈파한 것이다. 사회 문화적 양식은 그 양식에서 통용되는 언어에 영향을 미치고 그 역도 어느 정도 성립한다. 그러나 양자 사이의 일반적 상호 작용의 관계를 상호 동일한 관계로 비약시켜서는 안 될 것이다.

이러한 비판은 잘못된 것은 아니지만 그것은 삶의 형식을 사회 문화적 양식으로 해석할 때 야기되는 상대주의의 문제를 건드리고 있지 않다는 점에서 정곡을 찌르지 못하고 있다고 생각한다.[33] 삶의 형식이 사회 문화적 양식이라면 삶의 형식은 사회와 문화마다 다를 것이다. 따라서 이 해석은 통시적으로나 공시적으로나 상대주의를 인

---

33 상대주의의 문제는 5장에서 상론할 것이다.

정하는 귀결에 이르게 된다. 그러나 비트겐슈타인은 언어게임의 다양성을 부각시키려는 것이지 상대주의를 옹호하려는 것이 아니다. 우리는 앞서 그가 수학자들 사이에서 어떤 규칙이 제대로 지켜졌는지에 대한 논쟁이 전혀 일어나지 않음을 예로 들면서 이를 삶의 형식에서의 일치로 풀이하고 있음을 보았다(PI, §§240~241). 이 일치는 특정 문화나 사회 성원들 사이의 일치가 아니라 사람들 사이의 일치이다. 우리는 비트겐슈타인이 수학을 사회 문화적 현상이 아니라 "인류학적 현상"(RFM, 399쪽)으로 간주하고 있음을 주목할 필요가 있다.[34] 저 문맥에서 인류학적 현상이란 경험과학적 탐구의 대상으로서의 현상이 아니라, 사람의 삶의 형식과 연관된 자연사적 사실을 말한다.

삶의 형식이 사회 문화적 양식이라는 해석은 삶의 형식 개념이 등장하는 (라)와도 잘 어울리지 않는다. (라)에서 논의되는 희망한다는 현상 역시 특정 사회나 문화의 양식이라기보다 사람이라는 자연종에 귀속되는 인류학적 현상이기 때문이다. 아울러 삶의 형식이 사회 문화적 양식이라면 그것은 받아들여야 할 주어진 것으로까지는 보기 어렵다. 사회 문화적 양식은 사회 성원들에 의해 변화되는 것이기 때문에, 받아들여야 할 당위성까지 갖는 것은 아니라고 할 수 있다. 실제로 비트겐슈타인은 다음과 같이 말하고 있다.

한 시대의 질병은 사람의 삶의 양식(Lebensweise)의 변화에 의해 치료된다. 그리고 철학적 문제라는 질병에 대한 치료는 한 개인에 의해 발명된 약에 의해서가 아니라 생각과 삶의 양식의 변화를 통해서만 가능했다.

---

34 이에 대해서는 6장에서 상론할 것이다.

자동차의 사용으로 말미암아 어떤 질병이 생기거나 조장되어 그러한 병으로 인류가 고통을 받는다고 생각해보자. 그 병은 어떤 원인 때문에, 어떤 발전의 결과로 사람이 자동차를 모는 습관을 버릴 때 비로소 치유된다.(RFM, 132쪽)

　여기서 우리는 비트겐슈타인이 삶의 형식이 아니라 삶의 양식에 대해서 말하고 있다는 점에 주목할 필요가 있다.[35] 삶의 양식이란 자동차의 사용을 포함하는 사회 문화적 양식을 일컫는다. 이에 대한 그의 성찰은 위의 인용문에서 보다시피 상대주의와도 직접 관련이 없다. 그는 상대주의가 아니라 삶의 양식의 변화를 통한 질병의 치료에 대해서 역설하고 있기 때문이다.

4) 유기체적 해석

　이 해석은 삶의 형식을 아주 넓은 의미에서 유기체들의 성장이나 영양 섭취, 혹은 유기체들이 스스로 무엇에 관해 추진하거나 자신들의 환경에 복잡한 방식으로 반응할 수 있게 해주는 유기적 복합체와 같은 부류에 속하는, 한 유기체에 전형적인 어떤 것으로 본다. 이 해석을 창안한 헌터는 다음과 같은 세 가지 명제로 자신의 해석을 전개한다(Hunter 1968, 110~113쪽). 첫째, 언어를 익히는 과정은 틀에 맞추는 과정이다. 언어를 가르치는 과정은 언어를 배우는 사람이 해당 언어를 우리와 같은 방식으로 사용할 때까지 그를 틀에 맞추기 위해 고

35　비트겐슈타인은 유고의 한 구절(MS 137, 59a쪽)에서 삶의 형식과 삶의 양식을 구별하면서 후자와 달리 전자를 동물적이고 본능적이고 원초적인 것으로 파악하고 있는데, 이는 (바)와 잘 어우러진다.

안된 모든 종류의 방법들을 포함하는 시행착오의 과정이다. 이 과정은 컴퓨터 프로그래밍을 모델로 해서가 아니라 유기체의 훈련, 예컨대 사람에게 춤을 가르치는 것과 같은 과정을 모델로 해서 이해되어야 한다. 둘째, 언어의 적절한 사용은 일상적으로 이름을 사물에 연결짓는 것과 같은 마음의 행위를 포함하지 않으며 그럴 필요도 없다. 즉 언어의 적절한 사용은 상황에 대한 사람의 직접적인 반응으로서 나타나는 것이다. 셋째, 언어는 자기 충족적이다. 어떤 의미를 말할 때, 혹은 다른 사람의 말과 글을 이해할 때, 우리는 어떠한 논리적, 심리적 장치를 사용하거나 필요로 하지 않는다. '아픔'이나 '노랑'이 의미하는 바를 이해하기 위해서 아픔이나 노랑의 표본이 필요한 것은 아니며 한 표현을 다른 표현으로 바꿀 필요도, 추측하거나 해석하거나 규칙을 적용할 필요도 없다. 우리는 언어를 그 자체로 이해한다.

이 해석은 안과 밖으로 적지 않은 문제를 지니고 있다. 우선 세 명제는 상호 간에 서로 모순을 일으키고 있다. 두 번째 명제가 주장하듯이 언어의 적절한 사용이 직접적 반응으로 나타나고 세 번째 명제가 주장하듯이 언어가 자기 충족적이라면, 첫 번째 명제가 주장하는 언어를 익히는 데 동원되는 틀에 맞추는 온갖 방법과 과정도 불필요할 것이다. 직접적인 언어적 반응과 언어의 자기 충족성은 언어를 익히는, 틀에 맞추는 과정이 성공적으로 수행된 다음에야 성립할 수 있을 것이다. 아울러 비트겐슈타인은 결코 언어가 자기 충족적이라고 단정적으로 보지 않는다. 그의 견해는 언어의 이해에 표본이나 마음의 과정이 꼭 필요한 것은 아니라는 것이지, 그런 것들이 언제나 그리고 전혀 필요하지 않다는 주장은 아니다. 사실 그는 표본을 가지고 언어를 배우고 익히는 여러 상황을 스스로 연출하고 있기도 하다(PI,

§§1~10, 208).

언어를 익히는 과정이 그 언어를 사용하는 상황에 익숙해지도록 단련하는 과정이라는 주장은 확실히 옳다. 그런데 그 과정의 성격이 유기체의 환경 적응 양식과 같은 것인가? 이 해석은 삶의 형식을 동물적인 어떤 것으로 간주하는 (바)와 가장 어울릴는지 모른다. 그러나 비트겐슈타인이 정말 삶을 생물학적 관점에서 보았는가? (바)가 이에 대한 충분한 근거가 되는가? 그는 일찍이 다음과 같이 말한 적이 있다.

생리학적 삶은 물론 '삶'이 아니다. 심리학적 삶도 마찬가지이다.(NB, 77쪽)

삶의 형식을 아주 넓은 의미에서 유기체들의 성장이나 영양 섭취와 같은 차원의 생물학적인 어떤 것으로 보았을 때, 사람과 다른 동물들 사이의 차이는 최소한도로 축소되고 그들 사이의 동질성은 최대한도로 확장된다. 사람이 침팬지와 거의 모든 유전자를 공유하고 있으며 심지어는 나무와도 상당수를 공유하고 있다는 것은 이제는 널리 알려진 생물학적 사실이다. 그러나 비트겐슈타인은 그와는 반대로 사람과 동물 사이의 차이에 관심을 기울인다. 그는 (라)에서 (개나 다른 동물이 아닌) 오직 사람만이 희망할 수 있음을, (개나 다른 동물이 아닌) 오직 사람만이 언어를 사용하고 말할 수 있음을 역설한다. 그는 (개나 다른 동물이 아닌) 사람에게만 나타나는 고유한 '인류학적 현상'에 관심을 갖고 있는 것이다.

그렇다고 해서 비트겐슈타인이 자연과학적 사실을 부정하려는 것은 물론 아니다. 다만 자연과학과는 다른 관점에서 사람의 삶의 형식이 지니는 독특한 면모를 부각하고자 할 뿐이다. 요컨대 사람과 동물은 삶의 형식에서 분명한 차이가 있으며, 이는 양자 사이의 생물학적 동질성에 대한 자연과학적 사실과는 층위를 달리하면서 양립 가능한 현상이다. 삶의 형식이 동물적인 어떤 것이라는 (바)의 취지도 삶의 형식이 생물학적인 것이라는 뜻이 아니라, 그것이 자연적 세계에서 발견되며 자연사의 사실로서 우리에게 주어져 있는 어떤 것이라는 뜻으로 새겨야 할 것이다.

5) 초월적 자연주의

지금까지 살펴본 해석들은 모두 사람의 삶의 형식이 하나가 아닌 여럿이라는 점에 의견을 같이한다.[36] 반면 가버는 사람의 삶의 형식이 하나라는 새로운 해석을 제시하면서 이를 초월적 자연주의라고 명명하고 있다(Garver 1994a; 1994b). 우리는 앞서 삶의 형식을 사회

---

[36] 다음에서 보듯 헌터의 유기체적 해석 역시 사람의 삶의 형식을 하나 아닌 여럿으로 간주하고 있다.

여기서 삶의 형식이라고 서술된 것이 언어가 아니라 언어의 쓰임이라는 또 하나의 징표는 §23에서 삶의 형식들이 **활동들**로 명시되어 있고 언어의 **쓰임**을 언어가 아니라 하나의 활동으로 간주하는 게 더 적절해 보일 수 있다는 점이다.(Hunter 1968, 118쪽)

이는 (나)(PI, §23)에 대한 잘못된 독법이다. 문제가 되고 있는 (나)의 마지막 문장은 다음과 같다.

여기서 '언어**게임**'이라는 낱말은 언어를 **말하는 일**이 어떤 활동의 일부, 또는 삶의 형식의 일부라는 사실을 강조하기 위해 사용된다.(PI, §23)

헌터는 이 구절에서 하나의 삶의 형식이 하나의 활동으로 명시되어 있으므로 삶의 형식들이 활동들로 명시된다고 추론하는 것 같다. 그러나 이는 부당한 추론이다. 이러한 추론이 성립하려면 삶의 형식과 활동이 일대일의 정확한 대응 관계에 있다는 전제가 부가되어야 할 것이다. 이 전제를 비트겐슈타인이 인정했다는 근거는 없다.

문화적 양식으로 보는 해석을 비판하면서 삶의 형식에 대한 비트겐슈타인 관심의 층위가 다양한 사회 문화적 양식들이 아니라, 수학을 한다거나 희망한다거나 하는 사람 고유의 인류학적 현상에 맞춰져 있음을 보았다. 그리고 헌터의 유기체적 해석을 비판하면서 이 인류학적 현상이 자연과학의 탐구 영역과는 다른 층위에 놓여 있음을 보았다. 이를 바탕으로 가버는 사람은 개와 고양이와 구별되는 뚜렷한 하나의 삶의 형식을 지니고 있다고 주장한다. 이어서 그는 이 삶의 형식의 위상을 자리매김하기 위해 초월적 자연주의라는 새로운 해석의 틀을 제시한다. 사람 고유의 인류학적 현상들은 자연사의 사실들에 속하는데, 이 사실들은 자연과학의 탐구 영역을 넘어서 있지만(초월적) 넓은 의미에서 여전히 자연에 속해 있다(자연주의). 그리고 문법, 언어게임, 삶의 형식은 모두 자연사의 사실들이다. 따라서 자연과학을 초월하는 자연사에 귀속되는 삶의 형식은 초월적 자연주의의 관점에서 해석해야 한다는 것이다.

모열섀록(Danièle Moyal-Sharrock)은 가버의 해석에 대해 다음과 같은 반론을 제시한다(Moyal-Sharrock 2015, 28~29쪽) 첫째, 가버의 해석은 산들이 30분 전에 솟아나지 않았다거나 고양이가 나무 위에서 성장하지 않는다거나 세계가 아주 오랫동안 존재했다는(OC §237, §282, §234) 자연세계의 사실들을 삶의 형식에서 배제하고 있다. 둘째, 가버는 삶의 형식을 문화와 동일시하는 해석을 비판하고 있지만(Garver 1994b, 266쪽), 그가 사람 삶의 형식의 중요한 특징으로 간주하는 언어야말로 문화적인 것이다.

가버의 해석에 대한 모열섀록의 비판은 잘못된 것이다. 첫째, 그녀가 예로 든 자연세계의 사실들은 삶의 형식이 아닌 자연사에 귀속되어 마땅하다. 삶의 형식도 자연사의 사실이기는 하지만 이 둘이 동일한 것은 아니다. 아마 그녀는 확실성을 삶의 형식으로 간주하는 (바)를 염두에 둔 것 같다. 사람과 관련된 확실성은 사람의 삶의 형식에 귀속되겠지만 확실성의 모든 예들이 그렇다고 볼 수는 없다. 아울러 거기서 비트겐슈타인은 확실성을 삶의 형식으로 간주하는 것을 "아주 조잡한 표현이자 조잡한 생각"이라며 달가워하지 않았음에 주목할 필요가 있다. 그 자신도 확실성만으로는 삶의 형식을 충분히 해명할 수 없음을 시인한 것이다.

둘째, 비트겐슈타인의 언어관은 모열새록의 주장과는 달리 문화적인 데 방점이 있는 것이 아니다. (가), (나), (다), (라)에서 비트겐슈타인은 영어, 독일어, 한국어 등에 대해서 말하고 있는 것이 아니라 사람이 사용하는 언어 일반에 대해서 말하고 있다. 즉 그는 언어를 사회 문화적 지평이 아닌 보다 근원적인 인류학적 지평에서 고찰하고 있는 것이며, 가버의 해석도 그를 전자가 아닌 후자의 지평에다 자리매김하려는 것이다.

가버의 해석은 분명 비트겐슈타인의 삶의 형식과 자연사에 대한 새로운 해석일 뿐만 아니라, 한 걸음 더 나아가 초월적 자연주의라는 새로운 철학적 관점을 잉태하고 있다는 점에서 그 의의가 크다고 본다. 그러나 초월적 자연주의에는 모열새록이 간과한 적지 않은 난점들이 내재해 있다. 첫째, 자연사에 바탕을 둔 자연주의의 초월성을 부각시키기 위해 가버는 'transcendental', 'transcendent', 'a priori' 등 칸트의 선험적 인식론의 용어들을 구별 없이 사용하고 있다. 이들은 가버 자신도 인정하고 있듯이 비트겐슈타인이 자신의 후기 철학을 규정하는 데 동원한 적이 없는, 그에게는 낯선 용어들이다.[37] 초월적인 것이 동시에 자연에 속해 있다는 주장은 적어도 칸트적 전통에서는 성립할 수 없는 표현이다.

둘째, 초월적 자연주의가 무엇을 초월해 있는가에 대해 석연치 않은 점이 있다. 가버는 한편으로는 그것이 과학을 초월해 있다고 말하기도 하고(Garver 1994a, 44쪽; 1994b, 274쪽), 다른 한편으로는 경험적인(empirical) 것, 혹은 인식적인(epistemic) 것을 초월해 있다고 말하기도 한다(Garver 1994a, 45쪽; 1994b, 275쪽). 그러나 이 셋은 같은 것이 아니다. 경험적인 것이나 인식적인 것이 모두 과학은 아니기 때문이다. 여기서 경험적인 것과 인식적인 것은 지식에 귀속되는 표현으로 읽을 수 있다(Garver 1994b, 272, 274쪽). 그래도 여전히 경험적 지식은 과학과 동의어로 보기 어렵다. 상식이나 개인적 체험에 바탕을 둔 지식처럼 과학에 속하지 않는 경험적 지식이 얼마든지 가능하기 때문이다.

셋째, 초월적 자연주의가 말하는 초월적인 것의 성격에 대해서도 잘 납득가지 않는다. 가버의 해석에 따르면 자연사의 사실들은 한마디로 모두 초월적이다. 물론 그것이 자연과학을 넘어선 영역에 있다는 점을 부각하기 위한 조처임은 이해하지만, 우리가 자연 안에서 초월적 삶을 살아가고 있다는 말은 아무래도 부자연스럽다. 자연사적 사실은 초월성이 아니라 평범한 일상성을 그 특징으로 하고 있다. 아울러

---

37 물론 이는 청년 비트겐슈타인의 철학에는 해당하지 않는다. 그는 논리학, 윤리학, 미학 등을 초월적이라고 규정한 바 있다(TLP, 6.13, 6.421). 아울러 다음의 구절에서 우리는 철학과 과학의 관계에 관한 청년 비트겐슈타인의 입장을 엿볼 수 있다.

'철학'이라는 낱말은 자연과학보다 상위의 것이나 하위의 것을 뜻해야지, 자연과학과 동위의 것을 뜻해서는 안 된다.(TLP, 4.111)

가버는 문법과 삶의 형식을 칸트가 말하는 초월적 지식의 선험적 (a priori) 대상들에 견주고 있다(Garver 1994a, 47쪽; 1994b, 275쪽). 그러나 문법과 삶의 형식은 선험적이지도 않고 지식의 대상도 아니다. 그것들은 지식과 구별되는 확실성의 영역에 놓여 있을 뿐 아니라 (OC, §308), 그 확실성의 성격도 선험적이 아니라 자연적이다. 아울러 그것들은 경험과학적인 것은 아니지만 그렇다고 비경험적인 것도 아니다. 가버는 이에 대해 "경험(experience)이 경험적(empirical) 지식을 초월한다"(Garver 1994a, 45쪽)라고 말하기도 하고, "과학의 영역 밖에 놓인 초월적인 것들이 경험적(experiential) 지식을 따르고 있지 않는 자연적 현상들"(Garver 1994b, 274쪽)이라고 말하기도 한다. 이 둘을 서로 비교해보면 그가 'experiential'과 'empirical'이라는 표현을 일관되게 사용하고 있지 않음을 알 수 있다. 따라서 그가 말하는 경험이 정확히 어떤 것인지, 그리고 그가 과학의 영역 밖에 놓여 있는 확실성을 경험적인 것으로 보았는지도 애매하기만 하다.

넷째, 가버는 "언어, 언어의 쓰임, 문법, 삶의 형식, 언어게임, 그리고 사람 고유의 행위가 우리가 발견하는 세계에 존재한다"(Garver 1994b, 286쪽)라고 말하면서, 이것이 과학적인 언명이 아님을 강조한다. 이는 아마 그가 말하는 "우리가 발견하는 세계"가 과학적 탐구의 대상으로서의 세계가 아니라, 자연사의 사실들로서의 세계임을 분명히 하기 위한 의도인 것 같다.[38] 그는 아울러 문법뿐 아니라 문법에 대한 지식도 이러한 자연사의 사실이라고 말하며(Garver 1994a, 43쪽;

---

38 가버는 "문법, 언어게임들, 삶의 형식들이 자연사의 사실들이다"라고 말한다(Garver 1994b, 275쪽).

1994b, 273쪽), 언어의 의미 자체는 자연적 현상이 아니라고도 말한다 (Garver 1994b, 277쪽). 그의 이러한 다양한 주장들이 어떻게 서로 양립할 수 있는지 우리는 알 수 없다. 앞서 보았듯이 지식과 확실성이 각각 과학과 자연사라는 다른 범주에 속한다면(OC, §308), 유독 문법에 대한 지식은 왜 과학이 아니라 자연사의 사실에 속하는가?[39] 그리고 비트겐슈타인의 주장처럼 언어의 의미가 쓰임이라면(PI, §43), 왜 쓰임과 의미 중 하나는 자연적 현상이고 다른 하나는 그렇지 않은가?

다섯째, 가버의 해석은 이 외에도 규범의 문제에 있어서 불분명한 점이 있다. 그는 비트겐슈타인이 말하는 문법이 규범적인 것이 아니라 기술적인 것임을 강조하면서도(Garver 1994a, 57쪽), "[문법, 언어게임들, 우리의 복잡한 삶의 형식들과 같은] 인간 행위들이 규범을 포함하고 있다"(Garver 1994b, 278쪽)라고 말하면서, 이로 말미암아 초월적 자연주의가 경험적이고 사실적이기만 한 것을 초월하는 규범성의 씨앗을 포함하고 있다고 주장한다(Garver 1994b, 278쪽). 그렇다면 이는 문법을 제외한 다른 것들이 규범을 포함하고 있다는 말인가, 아니면 문법에도 규범이 포함되어 있다는 말인가? 비트겐슈타인은 자신의 철학을 철저히 관찰과 기술(description)에 국한시켰을 뿐 규범적인 것으로 보지 않았다.[40] 가버의 입장에서는 문법 자체는 기술적이지만 문법이라는 규칙을 따르는 행위에 대해서는 옳고 그름의 규범적 잣

---

39 가버는 문법 중에서도 특히 상이한 언어들에서의 불변인 부분에 대해서 말한다(Garver 1994a 43쪽; 1994b, 273쪽). 여러 언어를 관통하는 불변의 문법이란 무엇인가? 비트겐슈타인이 촘스키와 같은 문법을 발견했거나 만들었단 말인가? 비트겐슈타인이 촘스키의 선험적 문법을 자연사의 지평으로 끌어내렸다는 의미인가?

40 논리학을 규범 과학으로 보았던 램지(Frank Ramsey)에 대한 비트겐슈타인의 비판(PI, §81)을 참조할 것. 램지에 대한 비판은 사실 『논고』에 대한 간접적인 비판으로도 볼 수 있다.

대가 개입된다는 식의 답변을 생각해볼 수 있을 것이다. 우리는 이것이 비트겐슈타인에 대한 바른 해석이라고 생각한다.

3. 사람의 얼굴을 한 자연주의

지금까지 우리는 삶의 형식에 대한 해석들 중 대표적인 것들을 추려서 하나하나 비판적으로 살펴보았다. 그중에서 우리는 가버의 일원론적 해석이 비교적 설득력이 있다고 본다. 그러나 이를 초월적 자연주의라는 새로운 철학관으로 발전시키는 과정에서 불필요한 오류와 실책이 초래됨을 보았다. 특히 초월을 무리하게 강조하는 대목에서 이 해석의 진면목인 자연주의마저 제대로 빛을 발하지 못하고 있는 것이 아닌가 하는 우려를 낳게 한다. 하지만 무엇보다도 그의 자연주의적 해석이 지니는 문제의 근원은 자연사에 대한 잘못된 진단에서 비롯된다.

자연사에 대한 비트겐슈타인의 다음 구절들을 대조해 읽어보자.

우리가 제시하고 있는 것은 실제로 사람의 자연사에 관한 견해들이다. 하지만 그것은 어떤 특이한 것이 아니라, 항상 우리 눈앞에 있기 때문에 아무도 의심하거나 주목하지 않았던 사실들을 확인하는 것이다.(PI, §415)

우리는 자연과학을 하고 있는 것도 아니고, 자연사를 하고 있는 것도 아니다. ― 왜냐하면 우리는 실로 우리의 목적들을 위해 자연사적인 것을 지어낼 수도 있기 때문이다.(PPF, §365)

비트겐슈타인은 첫 구절에서 우리가 사람의 자연사를 고찰하고 있는 것이라고 말하면서, 두 번째 구절에서는 자연사를 하고 있는 것이 아니라고 말하고 있다. 이에 대해 학자들은 두 구절이 서로 모순된다고 보기도 하고, 두 구절 사이에 놓여 있는 10여 년의 세월 사이에 비트겐슈타인의 생각이 바뀐 것은 아닌가 추측해보기도 한다(Hertzberg 1994a, 63쪽 이하; Cavell 2004, 276쪽; Schulte 2004, 183쪽). 그러나 사실 두 구절 사이에는 놓쳐서는 안 될 중요한 차이가 있다. 우리가 하고 있는 것은 자연사가 아니라 사람의 자연사라는 점이 바로 그것이다. 즉 비트겐슈타인의 철학은 자연사 일반에 대한 고찰이 아니라 사람의 자연사에 대한 고찰이다.

가버의 초월적 자연주의는 자연과학의 영역을 초월하면서도 자연의 영역 내에 있는 중간 지대를 초월적 혹은 자연적 영역이라 이름 짓는 일종의 중범위 이론을 전개하고 있다. 그 영역은 비트겐슈타인의 표현으로는 자연사적 사실의 영역에 해당한다.[41] 그러나 비트겐슈타인은 거기서 확실성의 예를 끌어오기는 하지만 이 영역 전체에 대해서는 큰 관심이 없다. 그는 그중에서도 사람의 자연사의 영역에 국한하여 자신의 관심을 집중하고 있다. 그런 점에서 비트겐슈타인의 자연주의는 초월적 자연주의보다 훨씬 국소적인 영역에 머무르는 사람의 얼굴을 한 자연주의라고 부르는 것이 더 적합할 것이다(이승종 1995 참조). 사람의 얼굴을 한 자연주의의 관점에서 보았을 때 초월적 자연주의가 강조하는 초월성은 유익한 용어가 아니다. 자연과학과

---

41 가버는 이 자연사의 영역에서 사람의 삶의 형식 외에도 개, 사자, 물고기의 삶의 형식 등 다양한 삶의 형식들이 발견된다고 말한다(Garver 1994a, 52쪽).

자연사 사이에는 초월이라는 말이 함축하는 어떠한 위계나 헤게모니도 없다. 둘은 그저 범주와 관점에서 서로 다를 뿐이다. 모두 경험의 영역이지만 그 경험의 양식과 내용에도 그만큼의 차이가 있다.

비트겐슈타인은 자연사 그 자체가 아니라 자연사의 지평에서 펼쳐지는 인간 현상을 관찰하고 기술하려 한다. 따라서 그에게서 철학은 자연사가 아니라 사람의 자연사에 대한 고찰이다. (마)에서 보았듯이 비트겐슈타인은 "받아들여야 하는 것, 주어진 것은 ─ 우리는 이렇게 말할 수 있을 것이다 ─ 삶의 형식들"(PPF, §345)이라면서 삶의 형식을 복수로 표기하기도 한다. 그는 이 구절을 다른 곳에서는 이렇게 표현하기도 했다.

받아들여야 하는 것, 주어진 것은 ─ 우리는 이렇게 말할 수 있을 것이다 ─ **삶의 사실들**이다.(RPP I, §630)

삶의 형식들의 자리에 삶의 사실들을 적어 넣은 것이다. (마)와 이 구절을 이해하기 위해서는 (마)에 앞선 다음 구절을 먼저 살펴야 한다.

어떤 종류의 종이와 잉크가 이를테면 이상하게 변한다면, 우리가 그것들을 가지고 계산할 수 없을 거라는 점은 분명 참이다.(PPF, §344)

요컨대 종이와 잉크가 이상하게 변하는 세상의 자연사와 삶의 형식은 우리와는 다른 자연사와 삶의 형식이다. 이렇게 대비되는 두 삶의 형식들은 우리나 외계인이 창조해낸 것이 아니라 두 종(種) 각자에게 주어진 것이라는 점에서 받아들여야 하는 것이다.

논리학을 규범 과학으로 본 램지는 안락의자에 앉아 언어의 논리는 이러저러해야 한다고 주장할 것이다. 그런 점에서 그는 비트겐슈타인이 말한 대로 부르주아 철학자이다. 반면 비트겐슈타인은 프롤레타리아 철학자이다. 혹은 베토벤이 자신을 음악의 노동자라고 말한 것에 빗대어 표현하자면 비트겐슈타인은 철학의 노동자이다. 그는 삶의 사실 중에서도 언어의 사용에 관심을 기울였고, 삶의 사실의 상당 부분이 이것에 얽혀 있다고 보았다. 그러나 그는 그 얽힘이 어떤 규범이나 논리, 혹은 형이상학으로 말끔히 환원되거나 멋지게 체계화되거나 간결히 정리될 수 있는 성질의 것이 아님을 깨달았다. 그는 그러한 인위 대신 사람의 자연사의 지평에서 펼쳐지는 "이 복잡한 삶의 형식"의 파노라마를 발품을 팔아가며 사람에게 현상하는 그대로 통찰(通察)하고 이를 하나하나 꼼꼼히 기술하고자 했다. 그러나 그는 한편으로 자신의 작업이 3인칭의 객관적 관점이 아니라, 철저하게 2인칭적 소통의 절차와 방법을 거쳐 이루어질 수밖에 없다는 사실도 시인했다. 사람의 얼굴을 한 자연주의는 2인칭적 현상학이다.

사람의 얼굴을 한 자연주의는 사람이 세상의 중심에 선다는 인간 중심주의가 아니다. 사람이 만물의 척도라는 상대주의도 아니다. 오히려 사람이 세상의 중심도 만물의 척도도 아니라는 관찰이 사람의 얼굴을 한 자연주의의 자연스러운 귀결일 것이다. 그렇다면 사람의 얼굴을 한 자연주의는 무엇을 하려는 것인가? 그것은 우리가 자연에 터를 둔 사람의 관점에서 세상을 살고 세상을 본다는 지극히 자명한 사실을 우리에게 환기하려 할 뿐이다. 그것이 어떤 의미를 지닐 수 있는 까닭은 이 자명한 사실이 사람의 모든 노력의 출발점이자 궁극적 한계이기도 하다는 점이 당연시되기는커녕, 너무 쉽게 잊히거나 암암리에 부정되기 때문이다. 그것이 어떤 가치를 지닐 수 있는 까닭은 그것이 이러한 망각과 부정을 부채질하는 사람의 오만과 방종에 경종을 울리고, 비트겐슈타인이 우려한 시대의 어두움을 밝히는 한 줄기 빛을 던지고 있기 때문이다.

4. 보론: 정대현 교수의 비트겐슈타인 해석[42]

정대현 교수[43]의 「생활양식 개념」(정대현 1980)은 한국에서의 비트겐슈타인 연구사에 분수령을 이루는 논문이다. 『논고』에 치중해 있던 종래의 비트겐슈타인 연구를 『철학적 탐구』로 대표되는 그의 후기 철학에 대한 관심으로 이끌었다는 점에서뿐만 아니라, 후기 철학의 중심 개념이면서도 아주 낮은 빈도로만 사용된 탓에 접근하기 어려웠던 생활양식(Lebensform) 개념을 처음으로 본격적으로 문제 삼았다는 점에서 그러하다.[44] 우리는 생활양식에 대한 정대현 교수의 해석을 살펴보고, 그것이 지니는 문제점들을 비판할 것이다. 이를 바탕으로 생활양식에 대한 올바른 이해가 어떠해야 하는지에 대한 몇 가지 예

---

42 이 절의 초고에 대한 정대현 교수의 답론은 다음에 수록되어 있다. 정대현(2006).

43 이화여대 철학과 교수.

44 우리 철학계의 대표적 비트겐슈타인 학자들 네 사람은 'Lebensform'을 저마다 달리 번역하고 있다. 이명현 교수는 "삶의 형식"으로(이명현 1984; 1989), 정대현 교수는 "생활양식"으로, 엄정식 교수는 "생태형식"으로(엄정식 2003), 이영철 교수는 "삶의 형태"로 옮기고 있다. 그러나 이들 넷이 번역어의 차이만큼 비트겐슈타인을 다르게 해석하고 있다고 보지는 않는다. 예컨대 'Lebensform'에 대한 정 교수와 이명현 교수의 해석은 여러모로 매우 유사하다. 이 절에서는 일단 정 교수의 번역을 따르겠지만, 절의 말미에서 그의 번역에 오해의 소지가 있음을 밝힐 것이다.

비적 고찰을 제시해보겠다.

정대현 교수의 연구는 비트겐슈타인을 계승하면서 동시에 넘어서고 있다. 정대현 교수는 생활양식 개념에서 두 가지 논리를 발굴한다. 생활양식 개념은 언어성(*de dicto*)과 존재성(*de re*)의 이원적 성격을 지니며 이들은 각각 언어적 논리와 존재적 논리를 지닌다. 이 두 논리는 각각 생활양식 개념의 개별화와 동일성을 표현하고 있다. 즉 사람의 생활양식은 언어적 논리에 따르면 여럿이고 존재적 논리에 따르면 하나이다.

조심스러운 진단이기는 하지만 정대현 교수의 해석은 선례를 찾을 수 없는 견해가 아닌가 싶다. 그는 필립스(D. L. Phillips[45] 1977, 30~37쪽, 80~83쪽)의 작품도 생활양식의 이원성을 시사하고 있다고 말하지만(정대현 1980, 116쪽), 우리는 필립스의 작품에서 이원성에 대한 명확한 주장을 발견할 수 없었다. 정 교수와 유사한 견해는 기어(Gier 1981, 28쪽 이하), 카벨(Cavell 1988, 255쪽), 콘웨이(Conway 1989, 78, 93쪽),[46] 모열섀록(Moyal-Sharrock 2015, 23~24쪽) 등의 작품에서 찾을 수 있는데, 모두 정 교수의 논문보다 시기적으로 늦다.

기어는 이원성의 궁극적 융합을 주장하며 사회 문화적 양식으로서의 생활양식에 더 많은 비중을 두고 있다는 점에서 정대현 교수의 입장과 뚜렷이 구별된다. 콘웨이와 모열섀록은 생활양식 개념이 단수로 사용될 때는 사람이 보편적으로 공유하는 원초적 동물행위를 지

---

[45] D. L. Phillips는 이 책에서 Phillips로만 명기되는 D. Z. Phillips와 다른 사람임을 일러둔다.

[46] 콘웨이의 해석은 1982년에 간행된 그녀의 박사학위 논문으로 소급된다. Conway (1982), 115, 139~140쪽 참조.

칭하고, 복수로 사용될 때는 이 생활양식이 구체적인 개별 문화, 사회, 교육, 관심 등에 따라 다양하고 복잡하게 나타나는 변용들이라고 구분한다. 생활양식 개념이 단수로 사용될 때와 복수로 사용될 때 각각 서로 다른 의미와 지시체를 갖는 것으로 생활양식의 이원성을 풀이하는 그들의 해석은 단순하고 자의적이다. 같은 개념의 단수와 복수는 통상적으로 동일한 지시체를 지시하면서 그 숫자상 단수와 복수로 다를 뿐인데 이를 위반하고 있기 때문이다. 결국 정대현 교수의 해석과 가장 가까운 해석은 그보다 8년이 늦은 카벨의 해석 정도이다. 카벨은 생활양식을 수평적인 인류학적/인종학적 의미와 수직적인 생물학적 의미로 구분하는데,[47] 앞으로 보겠지만 이는 정대현 교수의 언어성과 존재성과 유사하기는 하지만 꼭 들어맞는 것은 아니다.

국내에서는 이명현 교수가 정대현 교수와 여러모로 매우 유사한 해석을 제시하고 있다(이명현 1984). 이명현 교수가 정대현 교수보다 늦게(4년 뒤에) 발표했지만, 이들이 공통적으로 주장하는 이원성 논제는 이명현 교수의 해석으로 더 많이 알려져 있다. 이명현 교수는 1974년에 발표한 자신의 박사학위 논문에서부터 이 해석을 견지해왔다고 말하고 있다(이명현 1989, 125쪽).

---

47 카벨은 1988년의 논문에서는 생활양식의 수평적인 의미를 인류학적 의미로 표현했다가, 다음 해에 이 논문을 수정 보완해 자신의 책에 수록할 때에는 인종학적(ethnological) 의미로 바꾸었다(Cavell 1989). 한 해 사이에 생각이 바뀌었다기보다는 '인류학적'과 '인종학적'을 호환 가능한 용어로 이해한 것으로 여겨진다. 그는 후에 생활양식의 수평적인 의미를 다시 사회적 혹은 규약적 의미로, 수직적인 의미를 생물학적 혹은 자연적 의미로 부여한 바 있다(Cavell 2004, 277쪽). 결국 카벨은 '인류학적', '인종학적', '사회적', '규약적'이라는 용어들을 친족관계로 파악했다고 할 수 있는데, 우리는 6장에서 비트겐슈타인의 인류학을 카벨과는 다른 의미에서 상론할 것이다.

정대현 교수는 "임의의 두 사회의 생활양식들이 그 사회의 언어들을 통하여 선명하게 대조되며 비교되고 이것이 일반화되어 생활양식 개념의 언어적 논리가 보여질 수 있다"(정대현 1980, 117쪽)라고 주장한다. 그가 말하는 언어적 논리는 다음의 세 명제로 이루어져 있다. 첫째, 두 사회의 생활양식의 체계들은 서로로부터 독립하여 있다. 둘째, 생활양식을 결정하는 두 사회의 요소들은 그 사회의 이해적 관심이다. 셋째, 각 사회의 생활양식을 규제하는 규칙은 자의적이다.

정대현 교수는 이어서 언어적 논리에 의해 개별화된 다양한 생활양식들이 "단순히 어떤 부분적인 유사점이 아니라, 어떤 공통점을 가지며 어떤 동일한 논리에 의해 하나의 인간 생활양식이 된다"(정대현 1980, 120쪽)라고 본다. 그 논리가 바로 생활양식 개념의 존재적 논리이다. 그는 이러한 존재적 논리를 사람이 주어진 일정한 조건 아래에서 보이는 공통된 자연적 반응에서 찾는다.[48] 이러한 자연적 반응은 1)신음과 같은 고통의 표현, 한숨, 미움 등 문화나 사회에 의존되어 있지 않은 언어 이전의 현상, 2)사랑, 웃음 등과 같이 문화 의존적인 요소가 들어 있는 반응, 3)걷고 먹고 마시고 노는 등 다른 동물들에게서도 분명히 보이는 것으로서 문화나 언어에 의존되어 있지 않은 반응 등을 포함한다. 이것들은 사람들이 하나의 자연적 종류로서 갖는 반응으로서 설명의 대상이 아니라 전제이며, 모든 이론들의 최종적 근거이기도 하다.[49]

생활양식에 대한 정대현 교수의 해석은 고대 그리스철학에서부터

---

48 이 주제를 천착하는 다음의 글에 주목할 만하다. Haller(1988a).
49 이에 대해서는 다음의 논의에 주목할 만하다. Garver(1994b), 274, 281쪽.

제기되어온 하나와 여럿의 문제를 연상하게 한다. 생활양식은 어떻게 하나이면서 여럿일 수 있는가? 하나와 여럿의 문제에 대한 전통적인 해법은 다양하게 드러나 전개되는 세상의 가변적 모습을 '현상', 혹은 '용(用)'으로, 이를 가능하게 하는 세상의 근원을 불변하는 하나의 '본질'이나 (본)'체(體)'로 나누어 이 둘 사이의 관계를 설명하는 것이다.

비트겐슈타인은 이러한 본질주의적 사유방식을 혁파하면서, 현상이 우리가 보는 것의 전부이고 이를 초월한 감추어진 이면으로서의 실체나 본질은 형이상학적 허구에 지나지 않는 것이라고 주장한다(PI, §126). 따라서 그에게 현상과 그것을 가능하게 하는 본질 사이의 관계에 대한 설명이란 성립할 수 없다. 이것이 "우리의 잘못은 사실들을 '원초적 현상들'로 보아야 할 곳에서 어떤 설명을 구한다는 데 있다. 다시 말해, **이 언어게임이 행해지고 있다**고 말해야 할 곳에서 말이다"(PI, §654)라고 했을 때 그가 의미한 바이기도 하다.

비트겐슈타인은 자신이 말하는 '원초적'이라는 낱말로 "그 행위 방식이 **언어 이전의** 것이라는 점, 언어게임이 의존하고 있는 **바**라는 점, 사유 방식의 원형이지 사유의 결과가 아니라는 점"(Z, §541)을 의미한다고 부연한다. 즉 '원초적 현상들'이란 그 현상들이 사유나 이성 이전의 본능적인, 혹은 본성적인 현상임을 강조하기 위한 용어이다. 언어게임의 최종적인 토대는 이러한 원초적 현상으로서의 사람의 행위이다(Z, §545).

현상하는 자연사의 사실들은 그 지평의 근저에 있는 '무엇'의 현상이 아니라 이면의 무엇 없이 현상 자신이 그대로 본질인 그러한 현상이다. 비트겐슈타인의 현상학은 설명이 아닌 봄을 방법으로 하는 반(反)본질주의적 현상학이자 언어 현상학이다. 그는 이를 "**본질**은 문법에서 표현된다"(PI, §371)라는 말로 묘사하고 있다. 이 명제는 본질주의의 옹호가 아니라 그 철폐의 선언으로 새겨야 한다. 언어게임의 규칙으로서의 문법은 언어게임이 그러한 것과 마찬가지로 사람의 자연사를 이루는 사실이자 현상이기 때문이다(PPF, xii).

그렇다면 다시 생활양식은 어떻게 하나이면서 여럿일 수 있는가? 비트겐슈타인의 철학에 대한 위의 해석을 받아들일 때 이는 잘못된 질문이다. 정대현 교수가 말하는 이원적 생활양식은 서로 같은 의미의 생활양식인가? 우리는 그렇지 않다고 본다. 언어적 논리로 전개되는 생활양식은 사회와 문화마다 다른 사회 문화적 양식을 지칭하는 데 반해, 존재적 논리로 전개되는 생활양식은 사람에게 공통된 자연적 반응을 지칭하기 때문이다. 비트겐슈타인의 작품에서 그가 생활양식을 사회 문화적 양식을 지칭하는 데 사용하는 경우는 발견되지 않는다. 그는 언어를 말한다거나(PI, §23) 희망한다거나(PPF, §1) 하는 등 사람에게 공통된 인류학적 현상을 지칭하는 곳에서 생활양식 개념을 사용한다. 반면 사회 문화적 양식을 지칭하는 곳에서는 생활양식 개념이 아닌 다른 개념을 사용하고 있다.[50] 정대현 교수가 말하는 생활양식의 이원성은 서로 같지 않은 개념들을 같은 것으로 한데 묶는 데서 생겨난 속성이며, 이는 비트겐슈타인의 철학에 대한 바른 해석으로 보기 어렵다.

우리는 지금까지 정대현 교수의 생활양식 개념이 비트겐슈타인의

---

50 그 다른 개념이란 '삶의 양식'으로 번역될 수 있는 'Lebensweise'이다(RFM, 132쪽). 이 즈음에서 우리는 'Lebensform'을 생활양식이 아닌 '생활형식', 혹은 '삶의 형식'으로 고쳐 옮길 필요와 마주하게 된다. '생활양식'은 'Lebensform'보다는 'Lebensweise'에 더 어울리는 번역어라고 여겨지기 때문이다.

그것과 같지 않음을 보았다. 그렇다면 비트겐슈타인을 논외로 쳤을 때 정대현 교수의 논의는 그 자체로 타당성을 지니고 있는가? 정대현 교수는 언어적 논리로 전개되는 생활양식이 각 사회의 언어마다 다름을 주장하면서 두 사회의 생활양식의 체계들이 서로로부터 독립하여 있다고 본다. 그렇다면 영어와 한국어를 겸용하는 재미 동포나 주재원들 및 그 자녀들은 두 가지 다른 생활양식을 넘나드는 사람들인가? 프랑스어를 사용하는 캐나다 퀘벡 주의 사람들과 영어를 사용하는 다른 주의 캐나다 사람들의 생활양식은 서로 같은가, 다른가? 다르다면 두 생활양식의 체계들은 정대현 교수의 주장처럼 서로로부터 독립하여 있는가? 오스트리아에서 태어나 성장했지만 영국에서 최종 교육을 받고 그 나라의 시민이 되어 영어로 철학을 강의했으면서도, 글은 모국어인 독일어만을 고집했던 비트겐슈타인 자신의 생활양식은 또 어떻게 보아야 하는가?

심지어 통상적인 경우에조차, 즉 미국에서 영어를 사용하는 미국인과 한국에서 한국어를 사용하는 한국인들의 경우조차 서로의 생활양식은 서로로부터 독립하여 있다고 보기 어렵다. 두 사회와 문화가 서로 사용하는 언어의 차이만큼이나 다른 것은 사실이지만, 서로는 서로를 충분히 배워 이해할 수 있기 때문이다. 교통, 통신과 인터넷의 발달은 사회 문화적으로 다른 생활양식들 간의 상호 독립성을 사방에서 빠르게 무너뜨리고 있다. 이처럼 사회 문화적 양식으로서의 생활양식 개념은 비트겐슈타인의 생활양식 개념에 대한 해석으로서나 그 자체로서나 모두 유지되기 어렵다.

정대현 교수가 강조한 생활양식의 이원성은 결국 존재적 논리로 전개되는 일원성으로 축소되어야 할 것이다. 물론 여기서 말하는 일원성은 그가 올바르게 해석해냈듯이 단일한 형이상학적 본질이나 초월적 실체를 지칭하는 표현이 아님을 명심할 필요가 있다. 아울러 카벨이 말하는 수직적인 생물학적 의미와도 차이가 있다. 정대현 교수에게서 생활양식의 일원성은 자연과학에 속하는 생물학적 일원성보다는 인류학적 일원성에 더 가깝다. 여기서의 인류학은 경험과학으로서의 인류학이 아니라, 철학적 문제의 해소를 목적으로 사람의 생활양식과 자연사적 사실에 주목하는 철학적 인류학으로 새겨야 한다. 그리고 그 사실은 경험과학의 경우와는 달리 정당화를 요하지 않는, 우리에게 주어진 것이다.

「생활양식 개념」 논문 이후 같은 주제에 대한 정대현 교수의 연구는 『맞음의 철학』, 『심성내용의 신체성』과 같은 묵직한 저서들에서 찾아볼 수 있다. 『맞음의 철학』에서 정대현 교수는 생활양식의 이원성을 인간 종의 이원성에 결부 짓는다. 단수로서의 생활양식은 자연적 종으로서의 사람에, 복수로서의 생활양식은 사회적 종으로서의 사람에 귀속된다는 것이다. "전자는 인간으로서의 보편적 생활양식이고 후자는 사회마다 다를 수 있는 그러한 생활양식이다"(정대현 1997, 231쪽). 이 후자에 대해서 정대현 교수는 다음과 같이 설명한다.

사회적 종이라는 것은 사람이 사람을 굶주리게 하거나 고통을 줄 때 갖는 도덕적 정서와 같은 부정적 감정은 사람이 다른 자연적 종에 대하여 갖는 태도에서는 같은 방식으로 발생하지 않는, 사람들만을 연결하는 구조에서 발생하는 개념이다. 사람이 사람을 죽일 때의 본인이나 다른 사람이 갖는 분노의 뿌리는 사람을 하나의 종으로 묶어 사람들은 누구나 하나의 이웃이며 형제자매라는 연결고리를 나타내는 데 있다. (정대현 1997, 231쪽)

그런데 이러한 설명은 사회적 종으로서의 사람이 지니는 생활양식의 복수성이 아니라 단수성을 말하고 있어서 어리둥절해진다.

혼란은 여기서 그치지 않는다. 정대현 교수는 합의의 세 종류를 다음과 같이 분류한다. 첫째는 논의적 합의이다. "국회나 유엔의 합의는 소수 이견이 있음에도 불구하고 논의를 통하여 도달할 수 있는 종류의 합의이다"(정대현 1997, 25쪽). 둘째는 우연적 합의이다. "문화현상이나 정치현상을 조사하는 여론의 경우, 합의는 논의가 필요하지 않은 그러나 다수성에 의하여 도달하는 그러한 합의이다"(정대현 1997, 25쪽). 셋째는 자연사적 합의이다. "수많은 인간 공동체들은 상이한 역사와 문화의 전통에 서 있지만, 인간의 공통된 신체조건이 강제하는 합의에 의하여 서로 번역될 수 있는 '인간언어'로 도달하였다"(정대현 1997, 25쪽). 이것이 일종의 자연사적 합의라는 것이다.

그런데 다른 곳에서 정대현 교수는 합의적 공동체성과 자연사적 공동체성을 다음과 같이 구분한다.

공동체의 생활양식은 구체적인 합의나 절차적인 합의일 수도 있지만 그렇지 않을 수도 있다. '자연사적'일 수 있는 것이다. 연극의 무대에서 비가 올 때 모든 배우들이 동시에 우산을 펼 수 있지만, 실제의 종로 네거리에 비가 올 때도 사람들이 모두 동시에 우산을 펼 수 있다. 전자는 합의된 공동체적 의지에 의하여 동시에 펴는 것이지만 후자는 다르다. 후자는 합의 없이 각 개인들이 자신의 보호를 위하여 수행하는 행위이지만 동일한 행위양식에 도달하게 된 것이다. 이 행위양식은 각 개인을 보호할 뿐 아니라 공동체의 모든 개인을 보호한다는 의미에서 자연사적으로 얻어지는 공동체적 생활양식이 되는 것이다.(정대현 2001, 350쪽)

여기서 말하는 자연사적 공동체성은 자연사적 합의와 어떠한 관계인가? 자연사적 공동체성은 합의가 아니라고 했으므로 이 둘은 달라야 할 것이다. 그런데 자연사적 합의가 "인간의 공통된 신체조건이 강제하는 합의"라면 그것이 어떻게 합의일 수 있는가? 불에 너무 가까이 다가갔을 때 뜨거워 몸을 절로 움츠리게 되는 동작이 합의에 의해 행해지는가? 그리고 이 합의는 정대현 교수의 주장대로 어떤 설명을 요구하는가?(정대현 1997, 26쪽) 비트겐슈타인은 이 모든 질문에 대해 아니라고 답할 것이다(PI, §§325~326).

정대현 교수가 말하는 자연사적 합의는 아마 비트겐슈타인이 다음에서 말한 '일치'를 뜻하는 것 같다.

"그렇다면 당신은 사람들 사이의 일치가 무엇이 옳고 무엇이 틀리는지를 결정한다는 말인가?" — 무엇이 옳고 무엇이 틀리는가 하는 것은 사람들이 **말하는** 것이다. 그리고 사람들이 일치하는 것은 그들의 **언어** 속에서이다. 이것은 의견에서의 일치가 아니라, 생활양식에서의 일치이다.(PI, §241)

그런데 정대현 교수는 이 구절을 다음과 같이 좀 다르게 번역하고 있다.

"사람들의 동의가 무엇이 참이고 무엇이 거짓일 것인가를 결정한다는 말입니까?" 무엇이 참이고 무엇이 거짓인가는 사람들이 **말하는 방식**이다. 사람들은 그들이 사용하는 **언어**에 대해서 동의하는 것이다. 이것은 의견에서의 동의가 아니라 생활양식에서의 동의이다.(정대현 1997, 229쪽)

정대현 교수가 '동의'로 번역한 용어는 'Übereinstimmung'이다. 이명현 교수는 비트겐슈타인의 『철학적 탐구』의 영역판에서 'Übereinstimmung'이 'agreement'로 번역되어 있다는 사실에 주목한다. 'agreement'는 일치보다는 합의의 의미를 더 강하게 나타낸다. 사람들이 모여 어떻게 하기로 하자고 결정함을 함축하고 있는 것이다. 그러나 'Übereinstimmung'의 의미는 그와는 좀 다른 것이다. 열쇠가 자물쇠에 맞는 경우, 이론이 그것이 설명하려는 사실과 맞는 경우, 그 맞음에 해당하는 것도 'Übereinstimmung'이다. 따라서 이명현 교수는 'Übereinstimmung'의 역어로 합의나 동의보다는 일치가 더 적합하다고 본다. 일치는 사람이 정하는 것이 아니라는 점에서 합의나 동의와 구별된다. 위의 인용구에서 말하는 일치는 단지 자의적인 인간의 합의가 아니라, 자연사에서 기인하는 생활양식에서의 일치를 함축하는 것으로 새겨야 한다. 그런데 앤스콤이 'Übereinstimmung'을 합의에 더 가까운 'agreement'로 번역한 순간부터, 그것이 인간적 합의나 동의로 오해될 소지가 마련된 것이다.

정대현 교수의 자연사적 합의가 자연사적 일치를 의미한다면, 그것은 자연사적 공동체성과 한 짝을 이루게 된다. 그리고 그것은 그가 말한 대로 합의적 공동체성과 구별된다. 사람의 생활양식의 일원성은 바로 이 자연사적 공동체성 혹은 자연사적 일치에서 연원한다고 보아야 할 것이다. 합의나 동의를 넘어선 일치에서 연원한다고 말이다.

4장
종교철학

스스로가 부여한 중요성에 비해 비트겐슈타인은 종교에 대해 그리 많은 언명을 남기지 않았다. 그의 저술에서 중요도와 빈도가 종교만큼 차이가 나는 주제도 찾기 어렵다. 현대 종교철학에서 빼놓을 수 없는 영향력 있는 사상가로 손꼽히고 있지만, 그의 종교철학에 대한 합의된 정설이 있다고 보기도 어렵다.[51] 이러한 부조화에 돌파구를 마련하기 위해 이 장에서는 색다른 시도를 전개해본다. 종교철학의 주요 문제들에 대한 상반된 입장들을 살펴보면서, 이에 대해 비트겐슈타인적 통찰이 기여할 수 있는 바를 모색한다. 문제들은 연관이 되는 순서로 배열되며, 거론되는 입장들은 실제로 존재하는 학파나 학설

---

[51] 스탠퍼드 철학백과 사전은 비트겐슈타인의 종교철학에 대해 아주 다양한 종류의 이론적 입장들을 귀속시키고 있다(Scott 2017). 이 분야의 대표적 연구서에서 클랙도 같은 현상을 적시하고 있다(Clack 1999b, 40쪽). 심지어 그는 다른 책에서 비트겐슈타인을 무신론자로 해석하고 있다(Clack 1999a, 124~129쪽).

이라기보다는 해당 문제에 대해 생각해볼 수 있는 양극단을 대변하도록 구성해 각 한 쌍으로 배치했다. 비트겐슈타인은 후반부에 가서야 실명(實名)으로 부각되며, 종교에 대한 그의 단편적 성찰은 거기서 사람의 얼굴을 한 자연주의라는 이 책의 기조로 해석된다.

1. 유신론과 무신론

신은 실존하지 않는다. 그는 영원하다.(Kierkegaard 1846, 278쪽)

신은 존재하는가? 그 자체로 이미 이 시대의 어두움과 방종을 담고 있는 것처럼 보이는 이 질문은 마치 그에 대한 대답이 예, 혹은 아니요로 갈라지는 것과 같은 암시를 준다. 실제로 우리는 신의 존재에 관해 유신론과 무신론의 입장이 있음을 알고 있다. 유신론자들은 신이 존재한다고 주장하고, 무신론자들은 신이 존재하지 않는다고 주장한다. 물론 그 존재 여부가 논란이 되는 존재자는 신 말고도 많이 있다. 차라투스트라, 에테르, 외계인 등이 그 예에 해당한다. 이들 중에는 에테르의 경우처럼 그 존재 여부가 명확히 판명이 난 것도 있고[52] 외계인의 경우처럼 그렇지 못한 것도 있다.

신의 존재에 관한 유신론과 무신론의 대립도 후자와 같은 양상을 띤다. 사실 양 진영 사이의 대립은 철학의 역사만큼이나 오랜, 그래서 이

---

52 1881년에 행한 마이컬슨·몰리(Michelson-Morley)의 실험이 에테르의 운명을 결정하였다.

젠 해묵은 것처럼 여겨질지 모른다. 그러나 철학은 예나 지금이나 같은 문제를 맴돈다. 예컨대 스윈번(Swinburne 1979)이나 괴델(Gödel 1987; 1995b)과 같은 유신론자나, 러셀(Russell 1957)이나 도킨스(Dawkins 2006)와 같은 무신론자는 아직도 논증의 방식으로 신의 존재 여부를 명백히 가릴 수 있다고 믿는다. 과연 신의 존재에 관한 마이컬슨 · 몰리의 실험은 가능한가?

유신론과 무신론의 이러한 대립 구도는 물리학적 실험이나 수학적 증명이 표방하는 과학적 합리성을 토대로 설정되어 있다. 그리고 신의 존재 여부도 과학이 설정한 기준, 특히 실재론적 과학관의 기준에 의존하고 있다. 과학에서의 실재론은 다음과 같은 견해로 요약된다.

과학은 우리에게 세계가 어떠한가에 관한 문자 그대로 참인 이야기를 제시하는 것을 그 이론적 목적으로 삼는다. 그리고 과학적 이론의 수용은 그것이 참이라는 믿음을 포함한다.(van Fraassen 1980, 8쪽)

과학적 실재론을 종교에 적용하면 우리는 다음과 같은 귀결에 도달하게 된다.

1. 세계는 사람의 인식이나 믿음으로부터 독립된 확정적 대상과 속성의 총체이다.
2. 종교의 명제가 참인지의 여부는 그 명제와 그 명제가 지시하는 사실 사이의 대응으로 결정된다.

결국 이러한 종교적 실재론의 관점에서 보면 신이 존재하는지에 관한 유신론과 무신론의 대립은 에테르가 존재하는지에 관한 뉴턴과 아인슈타인의 대립과 다를 바 없다. 문제는 신의 존재 여부를 확정할 실험이나 증명을 마련하는 것이다. 요컨대 유신론자와 무신론자는 존재의 기준에 관해서는 합의가 되어 있는 셈이다. 즉 그들은 모두 실재론자들이다. 다만 그 기준의 적용과 그 결과에 대해서는 상반된 입장에 설 뿐이다.

2. 실재론과 반실재론

반(反)실재론은 실재론적 구도에서 설정된 유신론과 무신론의 대립이 종교의 본질을 호도하고 있다는 비판에서 출발한다. 실재론자들은 종교의 본질을 오직 신의 존재 유무에서 찾고자 한다. 그러나 만일 신의 존재에 관한 실험이나 증명이 타당하고 객관적인 방식으로 이루어져 신의 존재가 확정적으로 긍정되거나 부정되었다고 가정해 보자. 그렇다면 그것은 대체 어떠한 의미와 중요성을 갖는 것일까? 그 실험이나 증명이 종교적 사건일까? 우리는 그 실험이나 증명의 결과를 접하고는 다시 아무 일도 없는 듯 일상의 생활로 되돌아갈 수 있을까?

요컨대 실재론은 신이 삶에서 갖는 의미, 삶에 미치는 영향에 대한 고려를 배제하고 있다. 그러나 과연 신의 존재 여부가 사람의 인식이나 믿음, 삶과 독립해서 논의될 수 있는 것일까? 신 개념의 지시체가 문맥 독립적으로 확정되거나 부정될 수 있는 것일까? 신앙심이 없는 상태에서의 신의 존재에 대한 긍정은 신의 존재에 대한 부정보다 과연 얼마나 더 종교적인 것일까? 반실재론자들은 이처럼 실재론자들이 종교의 본질을 종교 밖의 기준과 토대로 환원해서 설명하려는 환원주의자라고 비판한다. 실재론은 종교를 과학이나 역사학쯤으로 생각하는 반(反)종교적인 입장이라는 것이다. 반실재론자들에 의하면 종교에서 중요한 것은 신의 존재 여부 그 자체라기보다는 신에 대한 믿음이 종교인에게 가져다주는 심리적, 도덕적 정서와 감정이다.

반실재론은 신이 그를 믿는 사람의 인식과 신앙으로부터 독립된 확정적 존재라는 실재론의 주장을 거부한다. 신이 종교인의 믿음과 정서에서 연원하는 존재일진대, 신을 어떤 인식 독립적 대상으로 간주할 수 없기 때문이다. 또한 반실재론은 종교적 명제의 진위가 그것이 지시하는 사실 사이의 대응에 의해서 결정된다는 실재론의 주장도 거부한다. 종교적 명제가 종교인의 심리와 도덕감을 표현하는 명제일진대, 그 명제를 사실을 기술하는 참인, 혹은 거짓인 명제로 간주할 수 없기 때문이다(Braithwaite 1955 참조).

반실재론의 이러한 비판은 실재론을 무력화시키기에 충분한 것일까? 실재론자는 반실재론의 비판이 본말을 전도한 것이라고 응수한다. 실재론자에 의하면 종교의 본질은 신의 존재이고, 반실재론자들이 강조하는 도덕감이나 심리는 신에 대한 믿음에서 파생되는 귀결이다. 그런데 반실재론자들은 마치 파생되는 귀결이 먼저이고 본질이며, 이를 가능하게 하는 신의 존재에 관한 문제는 슬쩍 넘어가도 되는 것처럼 여기고 있다는 것이다. 실재론에 의하면 신의 존재 문제야말로 종교의 본질이고, 그에 비해 도덕감이나 심리는 오히려 2차적이고 종교 외적인 것이다. 따라서 반실재론이야말로 종교를 종교 외적인 토대로 환원하려는 환원주의이며, 종교를 심리학이나 세속 윤리학으로 대치하려는 반종교적 입장이라는 것이다(Penelhum 1983 참조).

실재론과 반실재론 간의 논쟁의 관건은 결국 어느 진영이 환원주의인가 하는 것으로 귀착된다. 그리고 여기서의 환원주의는 종교의 본질을 종교 외적인 것으로 환원적으로 설명하려는 입장을 의미한다. 실재론과 반실재론은 서로 상대방이 이러한 환원주의에 빠져들고 있다고 비난한다. 그런데 왜 환원주의는 거부되어야 하는가? 오히려 환원주의야말로 종교의 토대를 내적 순환론에 빠지지 않으면서 설명하려 할 때 취하게 되는 자연스러운 입장이 아닐까? 그리고 지금까지 살펴본 유신론과 무신론, 실재론과 반실재론은 모두 종교의 토대에 관한 정당화나 반증의 문제와 연관 맺고 있지 않았던가? 이러한 의문은 우리를 종교의 본질에 관한 외재론과 내재론 간의 논쟁으로 인도한다.

3. 외재론과 내재론

외재론은 신 존재의 인식 독립성과 종교적 명제의 진리성 여부를 둘러싼 실재론과 반실재론 사이의 논쟁이 근본적인 문제를 간과하고 있다는 인식에서 출발한다. 실재론과 반실재론은 신의 실재성에 대한 기준과 종교 언어의 진위 여부에 관해서는 상반된 입장에 서 있지만, 신 개념을 포함한 종교 언어의 의미에 관해서는 양자가 여전히 무반성적인 합의를 이루고 있다. 이는 의미론적 관점에서 보았을 때 불만족스러운 상황이 아닐 수 없다. 의미의 문제가 진리의 문제에 앞선다는 것은 의미론의 오랜 전통에 속하며, 이는 거짓인 명제도 의미를 갖는다는 평범한 사실에서도 확인되기 때문이다(Garver and Lee 1994, 2장 참조).

따라서 신이 존재하는가를 묻기 이전에 우리는 신의 의미가 무엇인지를 먼저 명확히 할 필요가 있다. 신이 의미하는 바가 무엇인지를 물었을 때 우리는 곧 신이 피타고라스, 에테르, 외계인 등과 구별되는 존재자임을, 아니 더 나아가 그 어떠한 존재자와도 구별되는 존재자임을 깨닫게 된다. 물론 이 구별이 구체적으로 어떻게 이루어져야 하는지의 문제가 밝혀져야 하겠지만, 우리는 적어도 이러한 구별이 신의 의미가 갖는 독특성에 기인함을 알게 된다. 그리고 지금까지 신의 존재 여부를 둘러싼 유신론과 무신론, 실재론과 반실재론의 대립은 신의 의미의 문제로 소급되지 않는 한 피상적이고 무의미한 탁상공론의 한계를 넘지 못하지 않을까 하는 우려를 낳는다.

이러한 우려를 타개하기 위해서는 신 개념을 포함한 모든 종교 언어의 의미가 분석을 통해 누구든 납득할 수 있는 명백한 것이 되어야 한다는 것이 외재론이 대두되는 문맥이다. 이러한 목적을 수행하기 위해 외재론자는 과학 언어에 대한 현대 경험주의자들의 분석을 원용한다. 결국 종교 언어의 의미가 명백한 것이 되기 위해서는 언어의 의미 기준은 과학 언어를 포함한 공적 언어의 의미 기준과 같이 다른 사람에 의해 납득될 수 있는 테스트 가능한 것이어야 한다.

종교 언어가 허구를 묘사하는 동화나 소설, 혹은 미친 사람의 무의미한 헛소리가 아닐진대 그것은 결국 어떤 사실적 내용을 담아야 할 것이고, 그 내용의 합리성 여부뿐 아니라 유의미성 여부도 마찬가지로 다른 사람이 납득할 수 있는 테스트 가능한 것이어야 한다. 종교 언어의 의미 기준에 대한 이러한 합리적이고 객관적인 기준이 정립되지 않는다면, 종교 언어에 대한 접근과 이해는 원천적으로 불가능할 것이고 우리는 다만 오해와 소통 불능의 수렁에서 맴돌게 된다 (Nielsen 1967 참조).

그러나 내재론은 외재론의 이러한 분석적 시도가 언어의 다양한 쓰임과 문맥을 무시한 채 의미에 대한 단 하나의 기준만을 고집하는 획일주의의 오류를 범하고 있다고 비판한다. 어떻게 과학 언어의 의미 기준이 무비판적으로 모든 언어사용의 의미 기준으로 일반화될 수 있단 말인가?

사실 외재론의 문제는 더 근원적인 데 있다. 내재론에 따르면 외재론으로는 종교 언어뿐 아니라 심지어 과학 언어까지도 포함하는 그 어떠한 언어사용도 일관되게 설명할 수 없다. 언어가 사용되는 다양한 문맥에 대한 고려가 배제된 상태에서는 외재론이 제시하는 일반적 의미 기준은 사실상 아무 역할도 할 수 없기 때문이다. 외재론이 주장하는 의미의 문맥 독립성은 의미 자체를 실종시킬 뿐이다.

내재론은 언어의 의미 기준을 언어가 사용되는 실제 인간 삶의 다양한 문맥 안에서 찾으려 한다. 문맥들은 다양한 만큼 이질적이고 독특한 것이어서 저마다의 일정한 자율성을 갖고 있다. 그것은 각 문맥에 내재적인 고유한 합리성과 이해 양식에 의해 확보되며, 이에 따라 언어의 의미 기준, 실재성의 기준, 참/거짓의 기준이 고유하게 확정된다. 결국 외재론이 제시하는 의미의 일반적 기준은 그 어떠한 구체적 문맥에도 적용되지 않는다. 그리고 외재론이 시도하고자 하는 종교 언어에 대한 이해와 합리적 평가는 현장에 토대하지 않은 일방적이고 허구적인 것임이 드러난다.

내재론에 의하면 과학이나 종교는 저마다 독특한 의미 기준을 가지고 있으며, 그 기준에 의해서 과학이나 종교 내의 명제의 유의미성 여부가 확정된다. 그러나 과학과 종교의 문맥 밖에서 과학이나 종교 그 자체의 의미 여부를 확정하는 초월적이고 보편적인 기준은 존재하지 않는다. 마찬가지로 과학이나 종교 안에서의 언어나 실천의 합리성 여부를 비판하는 것은 가능할지 몰라도, 과학이나 종교 그 자체의 합리성을 비판할 수는 없을 것이다(Winch 1964 참조).

4. 상대주의와 절대주의

외재론을 비판하는 내재론이 치러야 할 대가는 의외로 크다. 내재론은 다음과 같은 의미에서 상대주의로 간주될 수 있다. 첫째, 내재론적 관점에 설 때 세상의 다양한 종교는 심지어 서로가 양립 불가능한 관계에 있을 때조차 저마다의 존재 근거를 갖게 된다. 어느 한 종교가 타 종교를 이해하거나 비판할 수 있는 가능성, 혹은 무종교인이 종교를 이해하거나 비판하는 가능성은 모두 봉쇄된다. 우리는 이러한 상대주의를 문화적 상대주의라고 부르고자 한다.

둘째, 내재론적 관점에 설 때 종교는 그 문맥 안에서는 의미가 있지만, 그 외 다른 어떠한 삶의 문맥으로부터도 유리된 비전(秘傳)적인 게임과 구별되지 않는다. 한 개인에게조차 종교는 그의 삶의 유기체적 일부를 이루지 못하고, 오히려 전체적 삶과 무관한 파편으로 해체된다. 이러한 상대주의를 문화적 상대주의와 구별해서 해체적 상대주의라고 부르기로 하자.

내재론이 초래하는 이러한 두 종류의 상대주의는 모두 난관에 봉착한다. 문화적 상대주의자는 신에 관한 한 박애주의자이다. 그는 어떠한 신, 어떠한 종교도 다 인정할 준비가 되어 있다. 이는 종교에 관한 문화인류학적, 사회학적 태도로서는 바람직한 태도일는지 모른다. 그러나 이는 진정한 종교적 태도라고 할 수 없다. 모든 신을 다 믿는다고 주장하는 사람은 사실은 진정한 의미에서 어떠한 신도 믿지 않는 사람일 수 있다.

그러나 문화적 상대주의의 문제는 이러한 자유방임적 태도에만 있는 것이 아니다. 더욱 근원적인 문제는 그것이 성립 불가능한 입장이라는 데 있다. 문화적 상대주의에 의하면 현재 내가 믿거나 이해하지 않는 종교를 후에 내가 믿게 되거나 이해하게 되거나 비판할 수 있는 길은 원천적으로 봉쇄되어 있다. 그러한 상황에서 과연 나는 그것을 무슨 근거에서 종교로 간주할 수 있을까? 내재론과 문화적 상대주의에 따르면 그 종교의 밖에 서 있는 나에게 그 종교를 믿는 사람의 언어는 소음과 구별되지 않을 것이고, 그의 종교 생활은 해괴한 것으로밖에 보이지 않을 것이기 때문이다. 이는 입장을 바꾸어서 상대방의 나에 대한 경우에도 마찬가지로 적용될 것이다. 요컨대 내재론과 문화적 상대주의가 강조하는 종교의 자율성은 우리를 종교의 존재 자체를 인정할 수 없는 지경으로 몰아세운다(Davidson 1974; 이승종 1993b 참조).

해체적 상대주의의 경우에도 사정은 마찬가지이다. 나의 종교가 내 전체적 삶과 연결되어 있지 않다면, 나는 어떻게 나의 종교를 이해하고 믿을 수 있을 것인가? 종교 언어가 일상 언어와 아무런 관련이 없다면, 나는 종교 언어를 이해할 수 있을까? 나의 종교 생활이 나의 일상생활과 아무런 관련이 없다면, 과연 나의 종교 생활은 무슨 의미를 가질까? 종교적 상대주의는 이처럼 문화이든 개인이든 그 어떠한 지평에서도 성립할 수 없는 입장이다. 내재론이 강조하는 종교의 독자적 유의미성이 스스로의 토대를 침식하는 자기모순을 초래하기 때문이다.

종교는 애초부터 상대주의와는 결부될 수 없는 성질의 것인지 모른다. 타 종교나 무종교인에 대해서 진정한 상대주의적 태도를 취하는 종교를 찾기 어려운 까닭이 여기에 있다. 나 이외의 다른 신을 섬기지 말라는 십계명의 경고는 하나의 좋은 예이다. 타 종교나 무종교인에 대한 상대주의적 태도는 자신의 종교에 대한 믿음의 절대성과 양립할 수 없다.

아울러 종교는 그것을 믿는 사람의 전체적 삶을 틀 짓고 규제한다. 따라서 해체적 상대주의의 정반대 입장이 오히려 진정한 종교인의 삶에 더 가깝다고 할 수 있다.

5. 개인주의와 공동체주의

해체적 상대주의의 정반대 입장은 실존적 개인주의이다. 실존적 개인주의는 종교를 전적으로 신과 나와의 문제로 간주한다. 신의 명령, 즉 종교적 양심의 실천이 신과 나와의 실존적 관계의 핵심이다. 그 관계는 시대와 역사를 초월한 절대적인 것이기에 정당화나 회의의 대상이 될 수 없다. 즉 믿음의 절대적 확실성은 역설적으로 믿음의 정당화를 포기함으로써만 얻어진다. 정당화의 포기는 종교를 종교 아닌 것으로 환원하려는 외재론의 가능성을 봉쇄한다. 그러나 외재론을 부정했을 때의 대안은 상대주의에 이르는 내재론이 아니라, 종교와 신의 권위에 절대 복종하는 절대주의이다. 믿음은 나의 영혼과 마음에 깃들지만, 그것은 문화나 역사 등의 가변적이고 상대적인 삶의 문맥의 매개를 거치지 아니한 채, 신으로부터 내게 직접적으로 계시되는 것이다. 이로 말미암아 신과 나의 믿음은 모두 탈역사적, 탈문화적 영원불변성을 확보한다(NB, 83쪽).

실존적 개인주의는 신앙의 문제를 내재적인 것으로 돌리는 동시에 상대주의를 부정한다는 점에서는 분명 외재론과 내재론을 탁월하게 극복하고 있지만, 다른 한편으로는 신앙을 전체적인 삶의 문맥과 사회/문화 공동체로부터 절연시키는 외재론과 내재론의 과오를 반복하고 있다. 실존적 개인주의로는 저마다의 마음에 깃든 이른바 절대 신앙의 대상이 과연 동일한 것인지조차 판별할 수 없다. 신앙의 대상인 신은 영원불변할는지 몰라도, 신에 대한 사람의 믿음의 내용과 그의 종교 생활은 결코 시대와 역사를 초월할 수 없다.

실존적 개인주의의 이러한 난점을 극복하고자 시도하는 입장은 조절적 공동체주의이다. 조절적 공동체주의는 신앙의 대상인 신의 절대성을 신봉하면서도 각 시대와 사회/문화 공동체의 문제와 요구에 탄력적으로 적응해나가는 종교의 조절적 기능을 강조한다. 사회/문화 공동체로부터 절연되거나 조절에 실패하는 종교는 설 자리가 없다. 신앙 공동체 없는 종교를 상상할 수 없기 때문이다.

조절적 공동체주의에 따르면 조절은 공동체에 적응하기 위한 정책적이고 전략적인 것에 지나지 않으므로, 결코 종교의 핵인 신과 신앙의 절대성을 침식할 염려가 없다. 신의 영원성은 시간 계열하의 영구적 지속성을 의미한다기보다는 초시간성을 의미한다. 신의 초월적 무한성은 사회/문화 공동체가 시대마다 마련하는 유한한 현세적 외투로 감쌌다고 해서 변질되는 성질의 것이 아니다(Phillips 1981 참조).

그러나 조절적 공동체주의가 과연 성립할 수 있는 입장인지에 대해서는 논의의 여지가 있다. 조절적 공동체주의의 핵심은 신의 절대성과 다양한 신앙생활의 공존과 화해에 있다. 우리는 이것의 실현 가능성 자체에 대해서는 회의하지 않는다. 문제는 이를 실현하기 위해서 취하는 조절적 공동체주의의 방법론이다. 조절적 공동체주의는 신의 절대성과 종교 생활의 다양성을 중심과 주변, 속과 겉으로 구분하면서 두 영역 사이의 관계를 정책과 전략에 의한 조절로 정립한다. 그러나 이는 종교와 사회/문화 공동체와의 관계를 지나치게 작위적으로 설정하고 있다는 비판에 직면하게 된다. 종교는 사회/문화 공동체라는 몸을 구성하고 그 공동체에 공헌하고 봉사하는 피와 살이다. 피와 살이 몸에 대해 갖는 관계는 몸과 외투의 관계와는 다르다. 그것은 하나가 다른 하나를 반영하는 관계도, 자의적으로 좌지우지하는 관계도 아니다.

우리의 몸이 그러하듯이 사회/문화 공동체도, 그리고 그 안의 종교도 역사와 시간의 흐름에 따라 변화를 겪게 된다. 이 변화는 조절이라는 개념만으로는 설명하기 어려운 복합적인 것이다. 만일 종교가 당면한 사회/문화 공동체에 정책적, 전략적 조절을 통해 적응해야 한다면, 이는 그 종교가 이미 그 공동체로부터 외화(外化)되어 있음을 시사한다. 외화의 극복이 종교 스스로의 노력만으로 이루어지는 것은 아니다. 거기에는 세계관, 가치관, 시대정신 등 다양한 변수들이 게재되어 있기 때문이다. 이들이 모두 종교에 의해서 통합되고 조절될 수 있다는 믿음은 이미 시대착오적인 것으로 전락한 지 오래이다.

6. 이율배반의 변증법

지금까지 우리는 신과 종교의 본질에 관한 다섯 가지 쟁점을 놓고 서로 경합하고 있는 대립된 입장들 간의 논쟁을 살펴보았다. 이 논쟁은 칸트의 이율배반을 닮은 다섯 쌍의 이율배반적 관계에 있는 정립과 반정립으로 이루어져 있다. 신의 존재 유무에 관해서는 유신론이 정립이라면 무신론이 반정립에 해당하고, 종교에서 실재성의 기준에 관해서는 실재론과 반실재론이 정립과 반정립에 해당한다. 그리고 종교 언어의 의미 기준에 관해서는 외재론과 내재론이, 종교 신앙의 본질에 관해서는 상대주의와 절대주의가, 종교와 사회와의 관계에 관해서는 실존적 개인주의와 조절적 공동체주의가 각각 정립과 반정립으로 서로 맞서 있다.

우리는 이들 다섯 쌍의 논쟁이 상호 무관한 것이 아니라 서로 물고 물리는 논증적 추론의 사슬로 연결되어 있음을 살펴보았다. 이 장에서 논쟁과 논쟁 사이의 관계는 나중에 벌어지는 논쟁이 먼저 제시된 논쟁의 한계를 극복하는 식으로 묘사되고 있지만, 논쟁의 순서를 거꾸로 해서 추리해보면 사실 그 역도 성립함을 알 수 있다. 전제와 결론, 추상과 구체 사이의 논증적 진행 관계는 논의의 성질에 따라 어느 방향으로나 설정할 수 있기 때문이다. 이는 각 쌍의 논쟁을 구성하고 있는 정립과 반정립에 대해서도 마찬가지이다. 서로가 서로의 난점을 극복하려는 쌍방의 시도는 이율배반적으로 얽혀 있다.

우리는 지금까지 살펴본 어떠한 입장도 이 장에서 제시된 문제들에 충분히 답하지 못하고 있다고 생각한다. 그러나 우리는 다섯 쌍의 입장들 각각이 이 장에서 제시된 문제들에 접근하기 위한 나름의 실마리를 제시하고 있다고 믿는다. 따라서 우리는 전혀 새로운 대안을 제시하기보다는 위의 입장 간의 논쟁을 다시 세 범주로 재구성해서 비판적으로 반성해보고자 한다. 이로 말미암아 지금까지의 논의를 크게 벗어나지 않는 범위에서 위의 입장들에서 어떤 수정안이 변증법적으로 연역될 수 있는지를 살펴볼 것이다.

1) 존재론 논쟁

반실재론은 실재론이 신의 존재 여부를 사람의 삶의 문맥에서 독립시켜 확정하거나 부정하려 한다고 비판한다. 반실재론의 대안은 신에 대한 믿음을 그것이 종교인에게 가져다주는 심리적, 도덕적 정서와 감정에 접맥시키는 것이었다. 이는 올바른 출발을 그릇된 방향으로 끌고 가는 격이다. 유신론으로 결말이 나든 무신론으로 결말이 나든 실재론자가 신의 존재 여부를 확정했을 때 우리의 비판은 그의 조사와 연구가 불충분했다는 것이 아니라, 그가 신 개념의 의미와 쓰임을 오해했다는 것이어야 한다.

종교인에게 신의 존재는 일반인에게서 물리적 대상의 존재와 같은 것이다. 물론 그것은 실재론자가 생각하듯 신이 물리적 대상이어서가 아니다. 일반인에게 물리적 대상의 실재성이 의심의 여지가 없는 것으로 강요되듯, 종교인에게는 신의 실재성이 확고부동한 것으로 부과된다는 의미에서이다(CV, 98쪽). 물리적 대상의 실재성이 다른 사물의 실재성을 평가하는 척도일 뿐 그 자체가 평가의 대상이 아닌 것처럼, 신의 실재성은 신을 믿는 사람에게 자신의 실천을 반성적으로 평가하는 척도이지 결코 그 자체 회의나 테스트의 대상이 될 수 없다. 신이 그를 믿는 사람의 삶 전체에서 차지하는 위상은 그 사람의 정서나 감정과 동일시되기에는 너무 큰 것이다.

실재론은 반실재론이 강조하는 사랑, 구원, 감사 등의 심리나 감정이 그 자체 종교적인 것은 아니고 종교에서도 그런 것들을 2차적인 것이라고 비판한다. 종교에서는 어디까지나 신의 존재가 1차적인 관건이라는 것이다. 그러나 실재론과 반실재론 양쪽이 간과하고 있는 것은 여기서의 사랑, 구원, 감사가 신의 사랑, 신의 구원, 신에 대한 감사라는 점이다(Phillips 1992, 46쪽). 그리고 여기서 신과 사랑, 신과 구원은 서로 구별될 수 없는 것이다. 사랑과 구원에 연결되지 않는 신의 존재가 무슨 의미가 있을까?

2) 의미론 논쟁

내재론은 외재론이 종교 언어의 고유성을 무시한 채 획일적인 의미 기준을 고집하고 있다고 비판한다. 내재론의 대안은 의미의 문맥 의존성과 상대성을 강조하는 것이었다. 그러나 이것은 문맥과 문맥 간의 상호 독립성, 단절적 상대성으로 비화되어버렸다. 이 역시 올바른 출발을 그릇된 방향으로 끌고 가는 오류의 반복이다. 문화적 상대성은 같음과 다름, 혹은 동질성과 이질성의 얽힘에서 생겨나는 것이다. 이질성만으로는 상대성을 인정할 수 있을 만큼의 상호 비교의 토대조차 마련될 수 없기 때문이다. 종교는 삶과 접맥되어서만 의미를 갖는다. 삶은 내재론이 생각하듯 상호 통약 불가능한 파편적인 문맥의 집합을 지칭하는 유명론적 개념이 아니다.

외재론은 내재론이 의미의 상대성을 강조함으로써 의미와 무의미의 구별, 그리고 그에 토대한 참과 거짓의 구별이란 애초의 과제를 방기하고 있다고 비판할지 모른다. 그러나 이러한 구별의 최종 근거는 역시 사람의 전체적 삶과 그 역사, 즉 사람의 자연사가 아닐 수 없다. 종교는 그 전체적 자연사에 포섭되는 생활양식의 한 국면이기 때문이다. 만일 외재론의 대안이 이를 초월하는 것이라면, 그것은 앞서의 내재론적 비판에 다시 한번 직면하게 될 뿐이다.

3) 공동체 논쟁

신의 절대성이 사회/문화 공동체와의 조절을 필요로 하느냐를 둘러싼 실존적 개인주의와 조절적 공동체주의 사이의 논쟁은 상대주의의 위협을 피하기 위한 방법상의 논쟁이다. 조절을 불필요한 것으로 보는 실존론적 개인주의는 유아론(solipsism)적 세계관을 전제로 할 때만 가능한 입장이다. 오직 나만이 존재하는 세계에서, 혹은 내가 중심인 세계에서의 신앙의 문제는 실존론적 개인주의로 정리될 것이다. 그러나 이 세계가 그러한 세계인지의 문제는 여전히 미결의 과제로 남는다. 한편 신의 절대성을 신봉하면서도 사회/문화 공동체와의 조절의 필요성을 인정하는 조절적 공동체주의는 종교와 사회를 외접(外接)의 관계로 지나치게 단순하게 설정함으로써 양자 간의 변증법적 연관성을 설명하지 못하고 있다.

신의 초월적 절대성이 종교 생활의 세속적 다양성과 양립한다는 것은 자명한 사실에 해당한다. 사람들이 다양한 종교를 믿는다는 사실은 종교인에게 그가 믿는 교리가 곧 상대적이라는 상대주의도, 그가 믿는 신에게 초월적이고 절대적 권위가 부여될 수 없다는 회의주의도 함축하지 않는다. 종교의 다양성이 각각의 종교가 의존하는 신의 절대성과 모순의 관계에 있다는 견해는 다양한 종교 중 어느 종교가 절대적으로 옳은 종교인지를 판별할 수 있어야 한다는 전제에서 비롯된다(Barrett 1991, 161쪽). 그러나 이는 그릇된 것이다. 종교 그 자체는 참/거짓의 평가의 대상이 될 수 없다. 종교는 과학 이론이 아니기 때문이다. 오히려 종교인에게 평가의 방향은 위의 전제와는 정반대로 정위되어 있다. 사람이 신과 종교를 심판하는 것이 아니라 그가 믿는 신과 종교가 사람을 심판하는 것이다.

7. 자연주의적 종교관

종교인에게 신과 신앙은 그의 전체적 삶과 세계에 대한 이해와 반성의 절대적 지침이다. 따라서 그것은 그의 삶과 불가분리의 관계에 있다. 신은 그에게 삶의 의미요, 세계의 의미이다. 종교의 비판자들은 종교에 이러한 절대성을 부여하는 해석이 종교에 대한 비판을 불가능하게 하며 종교와 미신을 구별할 수 없게 한다고 반박한다. 그러나 사실은 그 정반대의 경우가 참이다.

종교와 미신의 차이는 종교의 가치를 절대적인 것으로 보느냐 아니냐의 차이이다. 믿음이 복을 불러온다는 생각으로 신을 믿는 것은, 복이 신앙보다 더 중요하다는 평가에서 비롯된다. 신앙이 복을 얻기 위한 도구적, 상대적 가치로 전락한다면, 그것은 진정한 종교적 태도로 볼 수 없다. 아울러 믿음이 복을 불러온다는 생각은 종교에 과학적 인과율을 무반성적으로 적용하는 것이며, 이는 물론 쉽게 반증될 수 있는 거짓이요 따라서 미신이다. 종교의 절대성에 입각한 이러한 비판적 분석은 종교의 절대성이 비판을 허용하지 않는다는 앞에서의 반박이 잘못되었음을 보여주는 좋은 예이다.

결국 종교의 절대성은 종교적 가치의 동어반복적 확실성으로 귀착된다. 종교인은 어떤 이익을 챙기거나 가치를 실현하기 위해 신을 믿는 것이 아니다. 오히려 그에게는 신과 신앙이 무엇이 이롭고 가치 있는지를 결정하는 기준이다. 따라서 그는 신의 의지가 선해서가 아니라 그것이 신의 의지이기 때문에 복종해야 한다. 만일 신의 의지에 복종하는 이유가 그것이 선한 까닭에 있다면, 그는 다시금 신의 의지를 더 높은 다른 가치[선(善)]에 의해 평가하고 있는 셈이기 때문이다 (Waismann 1965, 15쪽).

　　신을 믿는 경우에나 혹은 믿지 않는 경우에나 가치와 의미는 동어반복적 확실성으로 귀착된다. 그것이 확실한 까닭은 그것이 다른 어떤 이유를 허용하지 않기 때문이며, 그것이 동어반복적인 까닭은 그것을 더 이상 다른 어떤 속성이나 술어로 대체할 수 없기 때문이다. 신을 이러한 동어반복적 확실성의 소지자로 간주하는 태도는 사람이 세계와 삶을 이해하는 양식의 한 양상이다. 신을 믿는 사람에게 믿음은 그의 세계관과 가치관, 인생관을 총괄적으로 규제하는 이해의 문법으로 기능한다.

　　신은 세속적 삶의 우연성과 가변성에서 벗어나 있는 초월자인지 모른다. 그러나 동시에 신은 사람의 자연사적 삶의 터전을 통해서만 자신을 드러낸다. 비트겐슈타인은 다음과 같이 말한다.

　　신은 모든 것이 어떻게 연관되어 있는가이다.(NB, 79쪽)

　　신은 […] 세계이다.(NB, 74쪽)

어떤 것이 무슨 종류의 대상인지는 문법이 알려준다.(문법으로서의 신학)

(PI, §373)

신이 곧 세계라면 이 세계에 대해 말하는 문법은 결국 신에 대해서 말하는 신학이 된다. 세계가 있다는 것, 하나의 전체로서의 세계는 청년 비트겐슈타인에게 신비로운 것이었다(TLP, 6.44~6.45). 말년에 그는 신에게 눈앞에 놓여 있는 것들에 대한 통찰을 간청하였다(CV, 72쪽). 그에게는 눈앞에 놓여 있는 단순하고 평범한, 사람의 자연사의 사실들이야말로 "가장 주목받을 만한 가장 강력한 것"(PI, §129)이었다. 그리고 이에 대한 자신의 문법적 탐구가 "신의 영광을 위한 것"이라고 말하기도 했다(PR, 서문).

신을 사람의 자연사와 결부시키는 이러한 입장을 우리는 자연주의로 간주할 수 있다. 그리고 그것은 신의 초월적 입장에서 사람의 자연사를 굽어보는 신의 얼굴을 한 자연주의가 아니라, 유한한 사람의 입장에서 신의 이름으로 설정된 사람의 이해 양식의 한계선상에서 신과 사람을 바라보는, 사람의 얼굴을 한 자연주의이다. 신은 기도, 묵상, 용서, 자애(慈愛) 등과 같은 사람의 종교 행위들에서 구현된다. 그리고 바로 그러한 행위들이 종교인의 이해 양식을 특징짓는다. 그러한 행위들을 배우고 익히고 행함으로써 그는 신을 영접하고 신앙을 실천하는 것이다. 신앙의 요체는 교리가 아니라 실천이다. 역으로 그러한 실천이 없는 곳에 신은 임재하지 않는다. 신은 죽었다는 니체의 말은 그러한 실천이 사라져가는 시대 상황을 꼬집은 표현이다.[53]

사람의 얼굴을 한 자연주의의 입장에서 볼 때 신은 세계에 존재하는 수많은 존재자에 부가되는 하나의 특수한 존재자가 아니다. 신을 믿는다는 것의 방점은 사실적, 혹은 초사실적 존재 영역을 확장하는 데 있는 것이라기보다는, 삶(의 방향)을 변경하는 데 있다(CV, 61쪽). 이는 삶에 대한 이해 양식을 변경하는 것에 해당한다. 신을 믿는다는 것의 의미는 세계의 안, 혹은 밖에서 어떤 새로운 존재자를 발견하는 데 있는 것이라기보다는, 세계를 종교적 관점으로 바라본다는 데 있다. 그것은 유한하고 가변적인 사람의 삶과 세계를 신의 영원성에 의존해서 한계 지어진 하나의 전체로서 통찰함을 뜻한다(PI, §122). 그것이 이 장의 1절 첫머리에서 인용한 키에르케고르의 경구가 의미하는 바이기도 하다.

그러나 이는 사람의 얼굴을 한 자연주의가 택하는 관점이 곧 영원성의 관점임을 함축하지는 않는다. 명칭이 시사하듯이 사람의 얼굴을 한 자연주의는 신이 아닌 사람의 관점에 서 있다. 자연주의적 종교관의 방점은 신과 천상의 삶이 아니라 사람과 그의 지상에서의 삶에 있는 것이다. 그러나 신을 믿는 사람은 신앙에 의해 신과 연결된다. 이로써 그의 관점과 신의 영원성도 연결되며, 그는 신의 영원성에 의존하는 종교적 관점에서 세상을 살아간다. 그는 이성적 교리에 의해서가 아니라 신앙에 투철한 본래적 삶으로 삶의 문제를 해결(혹은 해소)한다.

종교인의 관점은 무종교인의 관점과 양립 불가능한 것이 아니다.

---

53 비트겐슈타인도 과학이 종교를 대체하는 시대 상황에 크게 절망했고 심지어 이 시대를 암흑기로 표현하기도 했다(PI, 서문). 그러나 그가 시대의 무신론적 경향에 동조했다는 클랙의 해석(Clack 1990a, 129쪽)은 잘못된 것이다. 비트겐슈타인은 무신론적 경향을 목도하고 개탄한 것이지 그 경향에 동조한 것은 아니다. "신과의 관계 속에서 살아갈 가능성은 포기해야 한다"라는 클랙의 주장(Clack 1990a, 129쪽)과는 달리 비트겐슈타인이야말로 그러한 가능성을 몸소 실현하고자 발버둥 친 사람이었다.

양자는 모두 삶과 세계에 대한 사람의 관점이기 때문이다. 그러나 아래의 토끼-오리 그림이 동일한 그림에 대해 토끼와 오리라는 상반된 시각을 야기하듯이, 종교의 유무에 의해 사람은 세계를 달리 보며 그의 인생과 행위도 다른 의미를 갖는다. 예컨대 종교인은 세상만사를 신의 은총과 징벌의 틀에서 이해하고, 무종교인은 세상만사를 세속적 질서와 우연성의 틀에서 이해한다.[54]

위의 그림을 오리로만 보던 사람에게 그래서 저것이 다른 무엇일 수 없다고 여기던 사람에게, 저 그림이 토끼로 보이는 순간 그는 저 그림에 대한 시각을 전환하는 것이다. 그러나 이러한 변화는 검증이나 증명과 같은 이론적 절차에 의해서 일어나는 것이 아니다. 저 그림의 경우에는 시각의 전환에 의해, 인생관이나 세계관의 경우에는 삶과 세계에 대한 이해 양식의 전환에 의해 일어난다. 그리고 유신론적

---

54 무종교인이라고 아무것도 믿지 않는 것은 아니다. 아무것도 믿지 않고서는 세상을 살아갈 수조차 없기 때문이다. 즉 그에게도 무언가 믿는 구석이 있게 마련이다. 예컨대 과학을 신봉하는 사람은 과학이 곧 신인 셈이며, 돈이나 권력을 신봉하는 사람은 돈이나 권력이 곧 신인 것이다. 아무도 믿지 않는 사람이 있다 할지라도 그는 자신은 믿을 것이며 이 경우 그 자신이 곧 신인 셈이다.

인생관이나 세계관의 경우 종교는 삶의 규칙 역할을 한다(CV, 34쪽). 시각이나 이해 양식의 전환은 교육을 통하여, 즉 그의 삶을 이러이러하게 형성함으로써 가능할 것이다(CV, 97쪽). 종교인이든 무종교인이든 사람은 저마다 자신이 믿는 바를 열정적으로 고수하여(CV, 73쪽) 그것을 기준으로 살아간다.

물론 전환 이후의 시각도 사람의 시각과 그가 마주한 그림을 벗어나지는 않는다. 그러나 전환 이후 그는 어쨌든 저 그림을 달리 이해하게 된다. 세계를 무종교적 관점에서만 보아오던 사람에게 그래서 세계가 다른 무엇일 수 없다고 여기던 사람에게 종교적 관점으로 세계가 보이는 순간, 그는 세계에 대한 이해 양식을 변경하는 것이고 그 반대의 경우도 마찬가지이다.

8. 종교의 자연화

사람의 얼굴을 한 자연주의는 변경 후의 이해 양식도 사람의 이해 양식과 그가 마주한 세계를 벗어나지는 않는다는 점을 주목한다. 사람의 이해 양식과 그가 마주한 세계는 여전히 사람의 삶의 형식과 자연사에 제약을 받는다. 이해 양식의 변경으로 말미암아 그는 세계의 전혀 다른 측면과 마주한다. 그러나 그 측면 역시 세계의 한 면모이지 출세간(出世間)의 경지인 것은 아니다. 그의 삶은 여타의 사람들의 삶이 그러하듯이 출세간이 아닌 세간, 즉 이 세계에서 전개된다.

사람의 얼굴을 한 자연주의는 그동안 출세간적으로만 해석한 종교적 주제들을 사람의 자연사적 삶의 문맥에서 해명한다. 이러한 해명의 과정은 2장 5절에서 언급한 개념을 사용해 표현하자면 종교의 자연화에 해당한다. 우리는 기적, 기도, 불멸과 같은 종교의 핵심적 주제에 대한 자연화를 차례로 시도해보겠다.

1) 기적

기적은 흄 이래로 자연법칙을 위반하는 현상으로 간주되었다(Hume 1748, 114~115쪽). 그러나 사람의 얼굴을 한 자연주의적 관점에서 기적은 자연법칙을 준수하는 자연현상과 구별되는 초자연적 현상이 아니라, 삶을 바라보는 종교적 태도에서 비롯되는 현상이다. 어떤 현상을 기적으로 본다는 것은 그 현상을 종교적 태도로 본다는 것을, 같은 현상을 기적이 아닌 것으로 본다는 것은 세속의 태도로 본다는 것을 각각 함축한다(CV, 64쪽). 요컨대 토끼-오리 그림의 경우에서처럼 같은 현상에 대한 관점과 태도의 차이에서 기적의 유무가 갈리는 것이다.

어떤 현상을 기적으로 보지 않는 사람은 그 현상에 아무런 감동도 느끼지 못하고 이는 그의 삶에 아무런 영향도 미치지 못한다. 반면 같은 현상을 기적으로 보는 사람은 그 기적에 감동하고 이는 그의 삶에 크나큰 영향을 미친다. 그런 점에서 기적을 자연법칙의 위반 여부로 가리는 흄의 정의는 기적의 논점을 놓치고 있는 범주 오류를 범하고 있다. 자연법칙의 준수와 위반은 자연과학의 문제이지만, 기적은 종교적인 현상이기 때문에 둘은 저렇게 하나로 엮일 수 없는 것이다.

2) 기도

기도는 흔히 신에게 자신의 염원을 요청해 신으로 하여금 그 염원을 들어주게 하는 행위로 이해된다. 기도의 효험에 대한 믿음은 기적의 경우처럼 신이 자연의 인과법칙에 개입하여 위반할 수 있음을 함축하기도 한다. 그러나 그것이 지나쳐 집착이 될 경우 기도는 일상의 청탁이나 미신의 주술(呪術)과 구별되지 않고, 축성과 봉헌은 신이라는 초자연적 권력을 상대로 한 뇌물 수수와 구별되지 않게 된다. 종교 의례의 핵심이어야 할 기도가 그 의도와는 달리 거꾸로 종교를 타락시키는 행위가 되고, 종교는 자신의 염원을 성취하는 도구와 수단으로 강등될 수 있는 것이다.

자연주의적 종교관은 기도를 목적 성취를 위한 도구나 수단에서 종교 의례의 핵심으로 복원시킨다. 기도가 오직 목적 성취를 위한 의미만을 갖는다면, 일단 그 목적이 성취되거나 성취되지 않은 이후에는 기도하는 사람의 삶이나 종교에 더 이상 영향을 미치지 않을 것이다. 반면 진정한 종교인은 기도로 신과 연결되어 그를 영접하고, 기도를 통해 자신의 마음을 고백하고 신과 소통한다. 기도는 일방적 요청이 아니라, 자신의 염원이 신의 뜻과 하나가 되도록 조율하여 그의 뜻을 따르는 것이, 곧 자신의 염원을 이루어내는 것이 되도록 하는 수행이다. 기도의 핵심은 청탁보다는 신에 대한 맹세요 찬양이므로 기도는 종교인의 삶의 양식에 해당한다(Phillips 1965, 121쪽).

3) 불멸

불멸에 대한 믿음은 사람(의 영혼)이 사후에도 살아서 천국이나 지옥에서 영생한다는 믿음으로 특히 기독교 신앙의 골자로 간주되었다. 그러나 만일 이처럼 사후에도 산다면 죽음이라는 명백한 사건은 의미를 잃게 되므로 일종의 자기모순을 범하는 셈이다. 사후 체험에 대한 몇몇 정황적 증거나 사변적 논증의 시도가 없는 것은 아니지만, 결정적으로 확증되었다고 보기는 어렵다. 불멸에 대한 믿음을 저렇게 초자연적으로 혹은 형이상학적으로 이해한다면, 그것은 종교가 인간의 유한성에 대한 자각에서 출발한다는 사실과도 어울리지 않는다.

자연주의적 종교관은 불멸에 대한 믿음을 사람(의 영혼)이 아니라 그가 살아내는 삶의 의미와 가치에 연관되는 것으로 재해석한다. 그 믿음의 진정한 취지는 자신이 살아내는 유한한 이 삶이 과연 존엄하고 값있는 삶인지, 아니면 하찮고 무의미한 삶인지를 영원의 상(相)을 통해 평가받겠다는 (혹은 평가하겠다는) 것이다. 평가의 척도가 되는 영원의 상은 세속적인 것이 아닌 종교적인 것이다. 자신이 믿는 종교의 가르침대로 산 사람은 그로써 우연성과 유한성을 넘어 영원의 이상을 자신의 삶과 행위에서 구현한 것이다. 비록 그 자신은 죽음과 함께 스러지겠지만, 그가 구현해낸 의미와 가치는 영생의 영원성을 획득하게 된다(Phillips 1970, 49쪽). 종교인에게는 자신이 어떤 삶을 사느냐에 따라 내세가 아닌 이 삶이 바로 천국일 수도 지옥일 수도 있는 것이다.

5장
토대와 자연사 논쟁

이 장에서 우리는 토대, 자연사, 통찰(通察) 등 비트겐슈타인의 주요 개념들에 대한 우리의 해석을 논쟁에 부치고자 한다. 1절과 2절에서는 저 개념들에 대한 우리의 해석을 비판적으로 거론하는 샤인과 하상필 교수의 글을 차례로 발췌 인용한다. 3절에서는 이에 대한 우리의 답론을 개진하고. 4절에서는 통찰에 대한 베이커와 해커 사이의 이견을 하 교수와 우리 사이의 이견에 견주어 비트겐슈타인 철학에 대한 바른 이해를 도모한다.

1. 데리다와 비트겐슈타인[55] (랄프 샤인)[56]

[…] 가버와 이승종은 데리다와 비트겐슈타인을 대비시키고 있지만, 두 철학자의 기획이 지니는 메타철학적 차이를 정확히 기술하지

는 못하고 있다. 그 대신 그들은 비트겐슈타인과 데리다를 '규범적으로' 해석한 다음 이를 상호 간의 비판에 사용하고 있다.[57] 나는 그들이 자신들의 더욱 전통적인 철학적 기획에 비트겐슈타인과 데리다의 근본적 비판을 활용하고 있음을 논증할 것이다.

가버와 이승종에 의하면 "언어와 철학의 관계에 관해 데리다와 후기 비트겐슈타인의 작품은 기본적 태도에 공통점을 지니고 있다"(Garver and Lee 1994, 61쪽). 이 태도는 다음과 같이 설명된다.

실제적 담론에서의 발언의 역할을 언어와 의미의 '본질'로 간주한다는 점에서, 데리다는 논리학을 수사학적 고찰에서 파생되는 것으로 간주하는 운동에 합류한다. 후설의 언어철학이 지닌 기본적 원리에 대한 데리다의 예리한 고찰과 궁극적인 거부는 비트겐슈타인의 전기 작품인 『논고』에 대한 후기 비트겐슈타인의 고찰과 거부에 필적한다. 두 사람은 모두 20세기 언어철학에서 첫 번째 역사적 운동에 속하는 작품들을 검토하고 나서, 그 작품들이 최소한 부분적일지라도 그 자신의 용어로는 이해될 수 없는 것이라고 간주한다. 그리고 거부한 이론에 대한 대안으로서, 두 사람은 수사학과 실제 의사소통의 문맥이 모든 언어적 의미의 본질적이고 필요불가결한 특징을 이룬다고 보는 두 번째 운동에 합류한다.(Garver and Lee 1994, 89쪽)

---

55 이 절은 뉴턴 가버와 이승종의 『데리다와 비트겐슈타인』을 거론하고 있는 다음의 논문에서 발췌한 것이다. R. Shain, "Derrida and Wittgenstein: Points of Opposition", *Journal of French Philosophy*, vol. 17(2007).

56 Ralph Shain. 미국 미주리 주립대(Missouri State University) 철학과 교수.

57 '규범적 해석'은 스태튼(Henry Staten)의 용어인데 비트겐슈타인을 문제들을 '해소한 사람'으로 취급하는 표준 해석과는 달리, 그를 전통적인 철학이론가로 보는 해석을 뜻한다. 나는 표준 해석이 옳다고 본다.

논리학이 수사학으로부터 나왔다는 주장은 특별히 비트겐슈타인적인 것도 데리다적인 것도 아니다. 저 주장은 가버와 이승종의 토대주의 기획을 시사하는데, 그 기획은 비트겐슈타인이나 데리다의 철학적 접근과는 어울리지 않는다.[58]

철학적 토대에 대한 갈망은 가버와 이승종의 책 전체를 관통하고 있다. 그들은 데리다의 견해가 "형이상학적 토대"나 "실천적 토대"를 마련하지 않고 있다고 주장한다(Garver and Lee 1994, 32쪽).[59] 그들은 논리학에 대한 수사학의 "상대적 우선성"(Garver and Lee 1994, 64쪽)에 관심을 두고는 이렇게 묻는다. "우리의 의미론에 독자적인 두 토대가 있을 수 있을까?"(Garver and Lee 1994, 64쪽) 그들은 "논리학보다는 수사학을 언어와 의미의 **암반**(필자[60] 강조)으로 간주하는 촉진제"(Garver and Lee 1994, 86쪽)를 선호한다. 그들은 "낱말의 의미보다는 수사학적 효력을 언어의 **토대**(필자 강조)로 간주하는 시각"을 비트겐슈타인에게 귀속시킨다(Garver and Lee 1994, 88쪽). 비트겐슈타인에 의하면 수사학적 효력은 "주된 언어적 패러다임"이다(Garver and Lee 1994, 89쪽). "우리의 우려는 데리다가 자신의 **입지**(필자 강조)를 남겨두지 않은 채 우리를 막다른 골목으로 유혹하고 있지 않나 하는 것이다. 그런데 이

---

58 가버와 이승종은 사용, 상황, 은유 등을 수사학의 범주 안에 포함시킨다. 그들은 수사학을 "다양한 종류의 상황에서 다양한 표현 내지는 다양한 종류의 표현의 사용 능력 여부에 관한 탐구"(Garver and Lee 1994, 63쪽)로 정의하면서도 그 '능력'과 진리의 관계는 논하지 않고 있다.

59 이 주장은 "텍스트 바깥에는 아무것도 없다"라는 데리다의 말에 대한 환원주의적 독해에 근거하고 있다. 그들의 독해가 부적절함을 추적하는 일은 이 글의 범위를 벗어나는 일이므로, 그들이 '문맥'을 의미의 중심으로 간주하는 해석론을 견지함에도 정작 이 진술의 문맥은 검토하지 않고 있다는 점만 말해두고자 한다.

60 이 절에서의 필자란 일관되게 샤인을 지칭한다.

는 몇몇 철학자들이 비트겐슈타인을 읽을 때 갖는 (우리 생각에는 잘 못된) 우려이기도 하다"(Garver and Lee 1994, 99쪽). 또한 "다양한 서술 의 양태를 포함하지만 그것에 국한되지 않는 말하기의 근본적 방식, 단 순한 언어게임은 사람의 자연사의 일부이기에 다른 보편자를 **환원**(필자 강조)시킬 수 있는 **궁극적인**(필자 강조) 언어적 보편자"(Garver and Lee 1994, 168쪽)라는 견해를 비트겐슈타인에게 귀속시킨다. 그들은 "확 고한 토대나 현대적인 출발점을 제시"(Garver and Lee 1994, 207쪽)하지 못하고 있다는 이유로 키에르케고르와 니체에 반대한다. 가버와 이 승종은 비트겐슈타인이 "의미와 추론의 **토대**(필자 강조)를 러셀 논리 학의 형식이라기보다 행위의 형식과 우리 인간의 삶의 형식이라고 믿 게 되었다"라고 주장한다(Garver and Lee 1994, 168~169쪽). 비트겐슈 타인은 "언어와 언어적 의미(그것이 무엇이든 간에)의 **토대**(필자 강조) 가 철학의 **기초**(필자 강조)라고 믿었다"(Garver and Lee 1994, 169쪽). 그 들은 이 토대가 칸트의 철학과 유사하게 초월적인 것이라고 주장한다 (Garver and Lee 1994, 202, 209쪽).

비트겐슈타인에 대한 이러한 토대주의적 해석은 그가 철학적 문제 들을 해소하기를 바랐다는 견해와 명백히 모순된다.[61] 그들은 반(反)

---

61 비트겐슈타인이 "'철학 논제'의 개념 어딘가에 궁극적인 모순적 구석이 있"는 것으로
    믿고 있다고 보는 가버와 이승종은 그에 대해 반(反)철학적 해석을 전개하고 있는 것
    이다(Garver and Lee 1994, 94쪽). "한 가지 유념해야 할 점은 비트겐슈타인이 어떤
    특정한 논제를 제시하고 있지 않다는 것이다"(Garver and Lee 1994, 126쪽). 비트겐
    슈타인을 토대주의자로 보는 그들의 해석이 이 점과 어떻게 어울리는지에 대한 설명
    은 없다. 그들이 비트겐슈타인에 귀속시키는 토대는 일상 언어를 비판하는 데 사용
    될 수 있는 표준이 아니기 때문에 전통적인 토대는 아니라는 주장이 고작인데(Garver
    and Lee 1994, 171쪽) 이것만으로는 충분하지 않다.

철학적 해석을 논박한다.

> 철학과 형이상학에 대한 비트겐슈타인의 언급이 때때로 철학의 미래에
> 대한 부정을 시사하고 있어 철학사의 종결이나 울타리 치기에 대한 하이
> 데거/데리다의 선언을 연상하게 함은 사실이다. 그러나 이러한 언급은 그
> 문맥 속에서 읽어야 한다. 주의해서 읽어보면 비트겐슈타인이 철학 자체
> 를 부정하고 있지 않다는 것을 알 수 있다. 그의 표적은 철학에서 이론을
> 추구하는 우리의 경향이다.(Garver and Lee 1994, 216쪽)

가버와 이승종의 해석은 『논고』와 『탐구』 사이의 메타철학적 연속
성을 찾는 유형의 하나이다. 그럼으로써 그들은 비트겐슈타인을 보다
전통적인 철학적 입장으로 되돌려놓는다. 이로 말미암아 그들이 전개
하는 비트겐슈타인과 데리다의 비교는 예리하지 못하다. 가버와 이승
종은 자신들의 기획을 옹호하기 위해 비트겐슈타인을 재해석하고 있
는 것이다. 나는 이 기획의 철학적 장점을 거론하지는 않겠다. 대신
비트겐슈타인에 대한 그들의 해석에 대해 몇 가지 논평을 해보겠다.
첫째, 그들은 자신들이 논박하는 견해를 '시사하는' 구절의 문맥을
제시하지 않으며, 그 문맥을 분석함으로써 해당 구절을 설명할 수 있
다고 주장하지도 않는다. 대신 『탐구』에 대한 그들의 해석은 비트겐
슈타인이 출간을 인정하지 않은 후기 저술의 두 구절에 의해 인도되
고 있다.[62]

---

[62] 그들은 63쪽과 89쪽에 인용된 『최후 저술』(LW I)에서의 구절과 217쪽에 인용된 『확실
성에 관하여』, §308에 크게 의존하고 있다.

둘째, 그들의 대안적 해석은 — 비트겐슈타인이 거부했던 — 철학에서의 '이론화'와 — 그들에 의하면 비트겐슈타인이 거부하지 않고 견지했던 — 토대주의 철학과 심지어 모종의 초월론적 철학 사이의 구분에 근거하고 있다. 그들은 어떤 의미에서는 '이론화'에 해당하는 관찰 불가능자의 상정에 의존함으로써 이 구분을 도입하고 있다(Garver and Lee 1994, 212~214쪽).[63] 그들의 토대주의적이고 초월론적인 이론은 관찰 불가능자를 상정하지 않기 때문에 '이론적'이지 않은 것 같다. 그러나 관찰 가능자와 불가능자의 구분은 문제의 소지가 많기에 그들의 해석으로 말미암아 비트겐슈타인에 대한 메타철학적 위상의 입지는 흔들리게 된다. 그들은 이 문제에 대한 과학철학의 논의를 전혀 거론하고 있지 않다.

비트겐슈타인에 대한 가버와 이승종의 논의에는 아주 가치 있는 면도 있다. […] 그들은 언어사용의 문맥과 상황에 대한 비트겐슈타인의 강조가 동적인 언어 개념을 수반함을 논하면서 그의 『최후 저술』에서 "낱말은 오직 삶의 흐름에서만 의미를 갖는다"라는 구절을 인용한다(Garver and Lee 1994, 63, 89, 151, 184쪽). 그들은 이 구절을 무시간적 견해와 대비시키면서(Garver and Lee 1994, 67쪽) 헤라클레이토스에 연결 짓고 있다(Garver and Lee 1994, 151쪽). '문맥'이 시간적 용어라는 점

---

63 비록 철학에서 "숨겨진 것은 없다"라는 비트겐슈타인의 말과 공명하는 바가 있을지 모르지만 — 가버와 이승종은 이 구절을 인용하지 않고 있으며 이 구절은 달리 해석될 수도 있다 — 내가 아는 한 이 공명만이 자칫하면 비트겐슈타인에게 중요한 것이 아니었을 저 구분의 도입을 뒷받침해주고 있다. 그런데 그들은 이 구분을 비트겐슈타인적이지 않은 방식으로 사용하고 있는 것 같다. 그들이 사용하는 '이론'의 특정한 의미를 해명함에서 그들은 비트겐슈타인이나 일상 언어나 철학적 사용이 아니라 어느 물리학자를 인용하고 있다.

의 환기는 매우 중요하다. 그러나 그들은 이를 그들이 의미하는 '수사학'을 설명하는 데 사용할 뿐 시간성의 문제를 탐구하고 있지는 않다.

가버와 이승종은 '규범적'으로 해석된 비트겐슈타인의 관점에서 데리다를 비판한다. 그러나 그들의 비판은 근본적인 오해와 혼동으로 점철되어 있다. 그중 가장 심각한 것은 데리다가 형이상학, 즉 언어의 형이상학적 사용을 거부한다는 견해이다(Garver and Lee 1994, 89, 127, 136, 209쪽). 어느 학술회의에서 데리다는 자신이 형이상학을 거부하지 않음을 명확히 함으로써 이에 응수한 바 있다(Mulhall 2000, 403쪽). 그리고 이는 처음부터 분명했던 것이 데리다는 늘 형이상학이 불가피하며 자신의 텍스트도 형이상학에 속한다는 견해를 견지해왔기 때문이다. 가버와 이승종은 이러한 주장을 고려하지 않고 있다. 이러한 텍스트를 고찰해보면 데리다의 견해가 자기 모순적이라는 그들의 주장에도 문제가 있다. 데리다의 견해는 — 가버와 이승종이 요구하는 방식으로 — 실제로 일관되게 자기 지시적이다. 그 자신의 개념이 흔들리고, 그 자신의 문제가 스스로를 복잡하게 만들고, 그 자신의 질문이 질문 자체를 질문하기 때문이다.

가버와 이승종은 데리다를 이해하지 못함을 기꺼이 인정한다. "『목소리와 현상』이 지닌 또 다른 아쉬운 측면은 데리다가 지닌 논리관, 지식관, 철학관이 무엇인지 불확실하다는 점이다"(Garver and Lee 1994, 97쪽). "데리다가 무엇을 말하고 있는지 전혀 알 수 없다"(Garver and Lee 1994, 192쪽). 그들은 이것을 자신들의 문제가 아니라 데리다에 대한 비판이라고 생각하는 것 같다. 데리다가 명료성을 결여하고 있다고 대놓고 비판할 때 그들은 제 발등을 찍고 있다.

우리가 데리다의 모호함에 대해 불평할 수 없는 이유는 그가 다루고 있는 문제가 매우 어려운 것이며, 평범하게 써달라는 요구가 오히려 잘못된 것일 수 있기 때문이다. 그러나 명료성은 단순한 평범함 이상의 것이다. 마치 고삐가 풀린 듯한 데리다의 문학적 사치를 볼 때, 우리는 그가 은유와 역설에 지나치게 의존하는 것이 잘못 아닌가 의심하게 된다.(Garver and Lee 1994, 94쪽)

"평범한 글"과 "모호함"이 어떻게 대비를 이루는가? "명료성"이 "모호함"의 반대 아닌가? 그들은 모호하다는 이유로 데리다를 비판할 수는 없다고 말해놓고서는, **바로** 데리다를 모호하다고 — 즉 명료성을 결여하고 있다고 — 비판한다. 이 단락의 도입부에서 인용한 두 구절은 그럼에도 그들이 데리다를 저런 식으로 비판하고 있음을 보여준다.

데리다에 대한 가버와 이승종의 논의가 지니는 문제점을 다 다룰 수는 없지만, 지금까지 살펴본 것만으로도 데리다에 대한 그들의 비판에 설득력이 부족함을 충분히 알 수 있다. 비트겐슈타인에 대한 그들의 논의에 대해 앞서 살펴본 바를 상기할 때, 데리다에 대한 그들의 비판은 추가적으로 두 가지 문제점을 안고 있다. 첫째, 비트겐슈타인에 대한 그들의 해석을 따른다 해도 데리다에 대한 그들 비판의 대부분은 딱히 비트겐슈타인적이지 않다. 자기 모순은 분석철학에서는 상투적인 비판으로 비트겐슈타인적인 것이 아니다. 둘째, 데리다가 토대를 결여하고 있다는 그들의 우려에서 보듯이, 그들의 비판 중 일부는 내가 여기서 추구하고 있는 표준적인 비트겐슈타인적 관점에 의거했을 때 비판으로 간주될 수 없다. […]

2. 후기 비트겐슈타인의 치료 철학[64] (하상필)[65]

[…] 이승종 교수는 『탐구』, §122[66]와 관련하여 다음과 같이 쓰고 있다.

통찰(通察)과 그에 대한 묘사가 단 한 가지만이 있는 것은 아니다. **"단 하나의** 철학적 방법이 있는 것은 아니다. 물론 다양한 치료법들이 있는 것처럼 여러 방법이 있기는 하지만"(PI, §133). 이는 어떠한 연결고리를 발견하고 고안하느냐에 달려 있다고도 할 수 있다.

그럼에도 불구하고 비트겐슈타인이 추구하는 발견과 봄은 대체로 공시적 차원에 머물러 있다. 그의 탐구는 철학사에 대한 전체적 안목은 고사하고 자신이 천착하는 주제에 대한 전사(前史)도 제대로 고려하고 있지 않다. 프레게와 러셀만이 간간이 언급되고 있을 뿐인데 이들도 역사적 인물

---

64 이 절은 비트겐슈타인에 대한 우리의 자연주의적 해석을 거론하고 있는 다음의 논문에서 발췌한 것이다. 하상필, 「후기 비트겐슈타인의 치료 철학」, 『철학』, 91집(2007).

65 인제대학교 교양학부 교수.

66 해당 구절은 다음과 같다.

> 우리가 이해에 실패하는 주요 원인은 우리가 우리 낱말들의 쓰임을 **통찰(通察)하지** 못한다는 데 있다. — 우리 문법에는 통찰 기능이 부족하다. — 우리는 통찰적 묘사를 통해서, '연관성을 볼' 수 있는 정확히 그런 종류의 이해를 얻을 수 있다. 그러므로 **연결고리**를 발견하고 만들어내는 일이 중요하다.
>
> 통찰적 묘사의 개념은 우리에게 근본적으로 중요한 것이다. 그것은 우리가 사물들을 묘사하는 형식, 우리가 문제들을 바라보는 방식의 특징을 이룬다.

2016년에 『탐구』를 번역 출간하며 나는 'übersehen'을 '일목요연하게 보다'에서 '통찰(通察)하다'로, 'Zusammenhänge'를 '매개적인 경우'에서 '연결고리'로 교체하였다. '통찰(通察)'은 처음부터 끝까지 모두 훑어본다는 뜻을 지닌 '통람(通覽)'과 동의어이다. 이어지는 하상필 교수의 논의도 이 번역본에 맞추어 손질하였음을 밝혀둔다. (이승종)

이 아니라 비트겐슈타인과 동시대 인물이다. 이미 보았듯이 자연사에 대한 고찰에서마저도 정작 역사적, 통시적 측면은 빠져 있다. 이것이 비트겐슈타인과 하이데거의 철학이 뚜렷이 구별되는 분기점이다.

비트겐슈타인의 발견과 봄이 역사성을 결여하고 있다는 사실은 그의 철학에서 이야기의 부재로 이어진다.(이승종 2003, 142~143쪽)

이승종 교수의 이야기는 다음과 같이 정리할 수 있다.

1. §122에서 말하는 '통찰'은 '자연사'를 어떻게 볼 것인가에 관련된다.
2. 비트겐슈타인은 통찰을 위한 '연결고리'로 하이데거의 역사적, 통시적 측면과 대조되는 공시적 측면을 이용했다.
3. 비트겐슈타인이 이용한 연결고리에서의 역사적, 통시적 측면의 결여는 그 자신이 천착한 주제인 '자연사'를 고찰하는 일에서 이야기의 부재를 초래했다.

그런데 우리가 이 말들을 비트겐슈타인이 준 언명과 비교해보면 전혀 들어맞지 않음을 보게 된다. 앞의 세 정리에 관한 필자[67]의 평가는 다음과 같다.

1) §122에서 말하는 '통찰'은 '자연사'를 어떻게 볼 것인가에 관련되는 것이 아니라, '우리말의 쓰임'을 어떻게 볼 것인가에 관련된다.
2) 비트겐슈타인이 이용한 '연결고리'는 '우리말의 쓰임'과 관련하

---

[67] 이 절에서의 필자란 일관되게 하상필 교수를 지칭한다.

여 '통찰'을 위해 '발견'하거나 '고안'할 수 있는 것이지, '자연사'를 위한 공시적이거나 통시적인 관점과 같은 것이 아니다.

3) 이와 같이 말할 근거가 이제는 없다.

1)이 옳은 지적이라는 것은 관련된 언명이 보여준다.

우리가 이해에 실패하는 주요 원인은 우리가 우리 낱말들의 쓰임을 **통찰(通察)하지** 못한다는 데 있다. — 우리 문법에는 통찰 기능이 부족하다.(PI, §122)

"그러나 실제로 비트겐슈타인은 자신의 고찰을 사람의 자연사에 관한 고찰이라고 말하고 있지 않은가? 다음 언명을 보라!"

우리가 제시하고 있는 것은 실제로 사람의 자연사(自然史)에 관한 견해들이다. 하지만 그것은 어떤 특이한 것이 아니라, 항상 우리 눈앞에 있기 때문에 아무도 의심하거나 주목하지 않았던 사실들을 확인하는 것이다.(PI, §415)

이승종 교수[…]가 오해한 것은 이것이 비트겐슈타인 철학의 '목적'에 관한 것이 아니라 '방법'에 관한 언명이라는 것이다. '자연사'가 언급되어 있는 다음 언명에서 이것을 알 수 있다.

우리는 실로 우리의 **목적들을 위해**(필자 강조) 자연사적인 것을 지어낼 수도 있기 때문이다.(PPF, §365)

'자연사에 관한 고찰'이 비트겐슈타인의 철학에서 목적에 해당하는 이야기가 아니라 방법에 해당하는 이야기라는 것은 『탐구』에서 그 낱말이 처음 등장한 […] 『탐구』, §25에 암시되어 있다. 거기에서 한 비트겐슈타인의 말은 '인간의 언어사용이 우리의 **자연사**(필자 강조)에 속한다'라는 것으로 요약할 수 있다. 이렇게 말한 비트겐슈타인이 보면, 우리 문화에 뿌리 깊은 언어적 오해가 어떻게 생겨나게 되었는가에 대한 고찰은 당연히 자연사적 방법으로 이뤄져야 한다고 보지 않겠는가? 아우구스티누스가 언어습득에 관해 내놓은 말에 담겨 있는 오해(§1)를 보여주기 위해, 그의 언어관과 비교해볼 수 있도록 비트겐슈타인이 §2[68]나 §8[69]에서 제시한 것은 '가공의 자연사'로서 극히 원시적인 부족의 언어를 '고안'한 것이다. §2나 §8에서 비트겐슈타인은 그 언어사용 방식이 그 부족의 자연사에 속한다고 말하지 않았지만, 『갈색책』(BB, 98쪽)에서는 그것들과 유사하게 '고안된' 어떤 부족의 원시적인 언어사용 방식을 정리한 일람표를 '그 부족의 자연사에 속하는 기록'으로 볼 수 있다는 말을 하고 있다. 그러므로 우리는 §122에서 말하는 '통찰'이 '자연사'를 어떻게 볼 것인가에 관련되는 것이 아니라, '우리말의 쓰임'을 어떻게 볼 것인가에 관련된다고 결론지을 수 있을 것이다.

비트겐슈타인의 철학에서 '자연사' 고찰이 그의 철학적 고찰의 방법에 관한 것과 같이 이승종 교수[…]가 즐겨 인용하는 바 '자연의

68　'벽돌', '기둥', '석판', '들보' 등 네 가지 낱말만 있는 원시적 언어를 사용하는 부족의 사례.

69　§2의 네 가지 낱말 외에, 숫자처럼 사용되는 낱말들, 가리키는 손동작과 더불어 지시적으로만 사용되는 낱말들, 그리고 색 견본들 등이 더 포함된 원시적 언어사용 사례.

사실'**70**들 역시 마찬가지이다. 다음 언명은 그 속에서 '자연의 사실' 의 언급이 철학 방법의 문제라는 것과, 철학의 목적은 '개념의 의의' 설명, 즉 오해된 언어사용의 치료에 있다는 것을 알려주고 있다.

> 어떤 개념의 의의(義意), 즉 중요성을 **설명하기 위해**(필자 강조) 우리가 언급해야 하는 것은 극히 일반적인 자연의 사실들인 경우가 많다. 다시 말해 너무나 일반적이어서 거의 언급된 적이 없는 그런 사실들이다.(PI. §142 이후의 박스 메모)

2)가 옳은 지적이라는 것은 앞의 이야기에서 저절로 나온다. §122 에서 말하는 '통찰'이 자연사를 대상으로 한 것이 아니라 '우리말의 쓰임'을 대상으로 한 것이라면, 이제 그런 봄을 위해 발견하고 고안하는 것이 중요하다는 '연결고리'는 무엇을 말하는 것일까? 그 언명에 모든 단서가 충분히 주어져 있다. 그 '연결고리'는 '연관성을 볼' 수 있게 하는 것이다. 어떤 연관성? 통찰이 결여된 우리 문법 속에서 통찰을 가능하도록 만들어주는 연관성! 문법이 너무 복잡하고 다양하여 우리는 때로 낱말들의 사용 방식이 어떻게 되는지에 관하여 오해를 하는데, 낱말들의 사용 방식이 어떻게 되는지를 바로 볼 수 있게 해주는 그런 연관성! 그래서 '발견'과 '고안'이 중요하게 되는 것이다!

여기서 말하는 '발견'은 우리 언어 속에서 이미 존재하는 '말의 쓰임' 방식에 관한 것이고, '고안'은 우리 언어 속에서가 아니라 어떤,

---

70 자연주의 해석자들은 모두 '자연', '자연사', '자연 사실' 등의 낱말들을 별 의미 차이 없이 써왔다.

원시적이거나 아니거나 간에, 다른 언어에서 사용된다고 상상함 직한 '말의 쓰임' 방식에 관한 것이다. 비트겐슈타인의 철학적 탐구는 이 두 가지 방법으로 가득 차 있다. 다음 언명이 말하는 '표현 형식의 대체', 또는 '분석'을 통한 오해의 제거는 우리 언어 속에서의 '발견'을 통한 치료법에 해당할 것이다.

> 그러므로 우리의 고찰은 문법적인 것이다. 그리고 이 고찰은 오해들을 제거함으로써 우리의 문제를 해결하는 데 도움을 준다. 여기서 오해들이란 낱말들의 쓰임에 관한 오해들로서, 무엇보다 우리 언어의 서로 다른 영역들에 있는 표현 형식들 사이의 어떤 유사성들로 인해 생겨난 오해들을 말한다. — 이런 오해들 가운데 일부는 표현의 한 형식을 다른 형식으로 대체함으로써 없앨 수 있다. 우리는 이를 우리의 표현 형식들을 '분석하는 일'이라고 부를 수 있다.(PI, §90)

연관성의 '고안'은 중요한 연결고리가 우리 언어에서 잘 보이지 않을 때, 또는 사람들이 우리 언어 속에 있는 것들을 통해서는 쉽게 납득하지 못할 것으로 보일 때 사용된다. 『탐구』, §2나 §8에 나오는 바와 같은 것들이 바로 연관성의 '고안' 사례에 해당한다. 그 사례들은 언어의 본질이 기술에 있고 대상 지시적 의미에 있다고, 아마도 아우구스티누스와 같이, 믿고 있는 사람들로 하여금 '언어' 개념을 활동 중심으로 보고 '낱말' 개념도 — 따라서 '의미' 개념도 — 사용 중심으로 보아야 한다는 것을 알려주기 위해 고안된 가공의 언어게임들이다. 연관성의 '발견'과 '고안' 가운데 비트겐슈타인이 더 중요한 것을 알려준다고 본 것은 후자였다.

우리에게 우리의 개념들을 비로소 이해하도록 가르쳐주는 허구적 개념들을 형성하는 일보다 중요한 것은 없다.(CV, 85쪽)

나의 가장 중요한 방법들 중의 하나는, 우리 사고의 역사적 과정을 그것이 실제로 진행된 것과 다르게 상상해보는 것이다. 이렇게 해보면, 우리는 문제의 전혀 새로운 측면을 보게 된다.(MS 162, 1940년 8월 14일)

비트겐슈타인이 말하는 '연결고리'는 '우리말의 쓰임'과 관련한 '통찰'을 위해 '발견'하거나 '고안'할 수 있는 것이지, '자연사'를 위한 공시적이거나 통시적인 관점과 같은 것이 아니다. 비트겐슈타인의 철학에서 '자연사'가 중요한 이유는 그것이 철학적 기술의 대상이어서가 아니라 우리가 가지고 있는 개념의 의미가 무엇이고 어떻게 형성된 것인지를 이해하는 데, 그리고 다른 개념의 의미와 형성을 이해하는 데 자연사적 스케일의 비교방법이 적용되고 있기 때문이다. 다음 언명이 말하고 있는 것이 바로 그 점이다.

만일 누군가 어떤 개념들이 완전히 올바른 개념들이라고 믿고, 그와 다른 개념들을 갖는 것은 마치 우리가 이해하는 어떤 것을 전혀 이해하지 못한다는 뜻이라고 믿는다면 — 나는 매우 일반적인 어떤 자연의 사실들이 우리에게 익숙한 것과는 다르다고 상상해보라고 그에게 권하고 싶다. 그렇다면 그는 익숙한 개념들과는 전혀 다른 개념들이 어떻게 형성되는지를 이해하게 될 것이다.(PPF, §366)

비트겐슈타인이 그의 치료 철학의 방법으로 이와 같은 자연사 고

찰 또는 자연사 상상 방식을 채택한 이유는 단적으로 '극히 객관적인' 시각을 얻기 위함에 있었다.[71]

이렇게 해서 필자는 이승종 교수가 자연주의 해석의 유효성을 보여주는 데 성공하지 못했을 뿐만 아니라 비트겐슈타인의 철학에 대한 그의 관점이 비트겐슈타인 자신의 관점과는 사뭇 다르다는 것을 보였다고 생각한다. 그의 [⋯] 문제는 비트겐슈타인의 철학에서 목적과 방법을 명확하게 이해하지 못함에 있었다. 그래서 비트겐슈타인의 철학 방법에 속하는 '자연사 고찰' 또는 '자연 사실의 기술'을 그 철학의 목적으로 보게 된 것이었다. 이승종 교수가 이런 관점을 취하게 된 근본적인 문제 역시 [⋯] 비트겐슈타인 철학의 목적이 언어적 치료에 있다는 것을 망각한 데 있었다. [⋯]

3. 답론: 토대와 자연사

비트겐슈타인에 대한 우리의 해석(Garver and Lee 1994; 이승종 2002; 2003)은 그동안 국내외 학술지에서 긍정적으로 혹은 비판적으로 거

---

71 자연사적 고찰 방식은 다음에서 말하는 민족학적 고찰 방식과 유사하지만, 더욱더 넓은 고찰 방식이라고 말할 수도 있을 것이다. 다음 언명과 비교해보라.

> 만일 우리가 민족학적 고찰 방식을 사용한다면, 이로써 우리는 철학을 민족학이라고 공언한 셈이 되는가? 아니다 그것은 단지, 사물들을 **보다 객관적으로 볼 수 있**게 하기 위하여 우리가 우리의 관점을 훨씬 바깥쪽에서 취한다는 것을 뜻할 뿐이다.(MS 162, 1940년 7월 2일)

> 자연사적 고찰 방식을 바라보는 필자의 관점은 학위논문(하상필 2004b), 51~53쪽에 더 자세히 나타나 있다.

론되었다. 이에 대해 우리는 주요 비판자들에 대한 우리의 답론을 한데 묶어 발표한 바 있지만(뉴턴 가버·이승종, 2009), 거기서 미처 다루지 못한 두 학자, 즉 샤인과 하상필 교수의 본격적인 비판을 이 장에서 소개하고 답변하고자 한다.[72] 우리가 데리다와 하이데거에 견주어 비트겐슈타인을 해석해온 까닭에, 샤인과 하상필 교수의 글에도 이 두 철학자에 대한 우리의 견해를 언급하거나 비판하고 있다. 그렇지만 역시 비판의 주요 목표는 비트겐슈타인에 대한 우리의 해석이다. 그들이 가한 다양한 비판 중에서 우리는 토대와 자연사(自然史)[73]라는 두 주제를 선별해 이를 집중적으로 논의할 것이다.

우리의 비판자들에 답하는 글을 쓰는 이유는 그들의 공격에 대한 수세적 방어나 역공이 주목적이 아니라, 그들이 아주 중요한 화두를 던지고 있다고 판단해서이다. 샤인이 거론하는 토대주의는 우리로 하여금 토대에 대한 비트겐슈타인의 획기적인 통찰이 지니는 의미와 위상을 환기하는 계기가 되었고, 하상필 교수가 거론하는, 사람의 자연사에 준거한 언어적 치료의 중요성은 자연사의 쓰임새뿐 아니라 그것에 대한 탐구가 열어 밝히는 확실성의 정체를 주목하는 계기가 되었다.

비판자들의 지적은 그 내용의 옳고 그름을 떠나 비트겐슈타인을 해석함에서 반드시 짚고 넘어가야 하는 점들을 논쟁의 형태로 부각

---

72 우리의 해석에 대한 논의들 중에서 다음의 글들도 주목할 만하다. Engel(1996); 김진희 (2017); Desilet(2020).
73 토대는 'foundation', 'ground' 등으로 영역되는 'Grund'(때로는 'Grundlage')의 국역인데 경우에 따라 '근거'로 번역하기도 했다. 토대주의는 'foundationalism'의 국역이다. 자연사(自然史)는 'natural history'로 영역되는 'Naturgeschichte'의 국역이다.

시켰다는 점에서 가치가 크다고 평가한다. 우리가 그들의 지적에 오랫동안 침묵했던 까닭도 그들의 비판에서 허점을 찾기 어려워서였다기보다, 그들이 제시한 화두를 어떻게 심화시킬 것인가를 숙고하는 데 시간이 필요했기 때문이다.

이 장은 우리의 비트겐슈타인 해석을 둘러싼 비판들에 대한 답론의 성격을 띠지만, 그렇다고 해서 우리가 비트겐슈타인을 일방적으로 옹호하려는 것만은 아니다. 이 장의 말미에서 우리는 비트겐슈타인의 탐구가 사람의 자연사에 초점 맞춰 있음에도 불구하고 통시적이라기보다는 공시적 탐구에 그치며, 그가 해소했다는 철학적 문제들이 지니는 철학사적 계보를 고려하지 못하는 한계를 보여주고 있음을 지적할 것이다.

1) 토대 논쟁

샤인은 가버와 내가 같이 쓴 『데리다와 비트겐슈타인(Derrida and Wittgenstein)』과 동일한 제목의 논문에서 우리의 책을 비판적으로 거론하고 있다(Shain 2007). 그는 데리다와 비트겐슈타인에 대한 우리의 해석은 규범적이고, 이들을 비교하는 우리의 기획은 전통적이라고 규정한다(Shain 2007, 138쪽). 그에 의하면 비트겐슈타인을 문제들을 해소한 사람으로 취급하는 표준 해석과는 달리 그를 전통적인 철학이론가로 보는 해석이 규범적 해석인데(Shain 2007, 151쪽), 이는 데리다에 대한 해석에도 적용되는 것 같다. 그렇다면 샤인은 우리가 데리다와 비트겐슈타인을 전통적인 철학이론가로 해석하고 있다고 비판하려는 것이다.

데리다를 독일관념론 전통을 계승하는 초월철학자로 본 가셰의 해석이나(Gasché 1986) 비트겐슈타인을 언어사용이론가나 언어행위이론 가로 본 옥스퍼드 일상 언어학파의 해석은 샤인이 말하는 규범적 해 석에 해당될지 모르겠다. 그러나 그들의 해석은 우리의 해석과는 거 리가 멀다. 샤인의 구별대로라면 비트겐슈타인에 대한 우리의 해석은 규범적 해석보다는 표준 해석에 더 가깝다. 그리고 데리다는 우리가 보기에 샤인이 구별하는 저 두 해석 중 어느 해석과도 맞지 않는다.

20세기 언어철학의 흐름을 논리학으로부터 수사학으로의 헤게모 니 변화로 풀면서 논리학이 수사학으로부터 비롯된다는 논제로 데리 다와 비트겐슈타인 사이의 유사성에 초점을 맞춘 우리의 해석을 샤 인은 토대주의적 기획(foundational project)이라고 본다. 그런데 이 토 대주의는 비트겐슈타인이나 데리다 그 누구와도 어울리지 않는다는 것이다(Shain 2007, 139쪽).

우리는 이성중심주의에 대한 데리다의 비판, 수리논리학과 인공언 어에 대한 비트겐슈타인의 비판을 논리학의 헤게모니를 무너뜨린 중 요한 계기로 꼽는다. 데리다의 경우 이성중심주의에 대한 비판은 형 이상학의 역사와 그 현대적 버전인 후설의 현상학을 겨냥하고 있지만 (Derrida 1967a; 1967b; 1967c), 이성중심주의(logocentrism)의 이성과 논 리학(logic)의 어원은 로고스(logos)라는 한 뿌리임을 주목해야 한다. 수 사학은 이성중심주의, 논리학과 인공언어와 같은 인위적인 프레임이 해체된 자리에 들어서는 언어의 흐름과 문맥을 탐구하는 학문이다.

이런저런 이론적인 전제들이 해체되었을 때 드러나는 언어의 모 습을 비트겐슈타인은 언어게임으로 파악했는데, 이는 언어와 거기에 얽혀 있는 활동을 부각하기 위한 것이었다(PI, §7). 그는 다음과 같이 말한다.

명령하고, 질문하고, 이야기하고, 잡담하는 일은 걷고, 먹고, 마시고, 노는 일과 마찬가지로 우리 자연사의 일부이다.(PI, §25)

사람의 자연사는 이처럼 명령하고, 질문하고, 이야기하고, 잡담하는 등의 언어게임들뿐 아니라 걷고, 먹고, 마시고, 노는 등의 비언어적 활동들을 포섭한다. 비트겐슈타인은 단순하고 평범하기 그지없는 이러한 일반적 활동들과 사실들을 자신의 탐구가 기반하고 있는 실제 토대로 간주한다(PI, §129, §415).

샤인은 토대에 대한 인정을 곧바로 토대주의로 간주하는 오류를 범하고 있다. 토대주의는 모든 지식의 정당화 과정이 어떤 토대로 환원되며 그로부터 지식의 진리성이 유도된다는 이론을 일컫는데(Braver 2012, 173쪽), 합리론은 스스로 정당화되는 믿음을, 경험론은 감각 자료를 그러한 토대로 꼽아왔다. 그러나 합리론의 토대가 되는 믿음은 스스로 정당화된다기보다 자의적이라는 반론에, 경험론의 토대가 되는 감각 자료는 지식의 정당화 근거가 아니라 인과적 근거에 불과하다는 반론에 직면했다(Berlin 1956, 25~26쪽; Davidson 1982a).

모든 명제가 요소명제로 환원되며 전자의 진리치가 후자의 그것에 의해 결정된다는 진리 함수 이론의 주창자인 청년 비트겐슈타인은 분명 토대주의자였다(TLP 참조). 그는 이후 이를 탈피하는 획기적 전환을 이루어냈다. 그러나 비트겐슈타인이 부정하는 것은 토대주의의 토대이지 토대 자체는 아니다. 가령 그가 "우리 믿음에 토대가 없음을 알아차리는 것이 어려운 일이다"(OC, §166)라고 말할 때, 그가 염두에 둔 토대는 토대주의가 지식의 토대로 상정하는 종류의 토대이다. 그리고 그러한 토대는 없다는 것이다. "근거 있는 믿음의 토대에는 근거 없는 믿음이 있다"(OC, §253)라는 비트겐슈타인의 말은 이를 역설적으로 표현하고 있다.

한편 다음에서 보듯이 비트겐슈타인은 더 이상의 정당화가 필요하지 않은 토대를 인정하고 있다.

> 그러나 근거 지음, 증거의 정당화에는 끝이 있다; — 그러나 그 끝은 어떤 명제를 우리에게 직접적으로 참인 것으로 여기는 것, 즉 우리 자신의 일부를 **보는** 종류의 것이 아니라, 언어게임의 토대에 놓여 있는 우리의 **행위**이다.(OC, §204)

> [근거 지음]의 끝은 근거 지어지지 않은 전제가 아니라 근거 지어지지 않은 행위 방식이다.(OC, §110)

> 만일 참이 근거 지어진 것이라면, 그 근거는 **참**도 거짓도 아니다.(OC, §205)

비트겐슈타인이 정당화의 끝에서 발견한 토대는 자기 정당화를 수반하는 참된 믿음이나 부동(不動)의 동자(動者)와 같은 최초의 원인이 아니라 사람의 행위이다. "어떠한 '이성적인' 사람도 **그렇게** 행위한다" (OC, §254). 여기가 바로 토대의 문제에 대해 비트겐슈타인이 인식론자나 형이상학자와 갈라서는 지점이다.

사람의 행위를 최후의 토대로 보는 비트겐슈타인의 진의는 사람의 행위에 아무런 근거가 없다는 뜻이 아니다. 그것이 최후의 토대인 까닭은 그것이 더 이상 정당화되지 않는다는 뜻이다. 나의 행위는 내가

받은 교육(PI, §198, §208), 관습, 용법, 제도(PI, §199), 인류 공통의 행위 방식(PI, §206) 등에 의해 이미 충분히 정당화되었기 때문이다. 이들이 한데 맞물려 행위를 중심으로 회전하는 과정에서 토대가 성립하는 것이다(OC, §144, §152).

토대주의가 비트겐슈타인이나 데리다 그 누구와도 어울리지 않는다는 샤인의 지적은 옳다. 그러나 우리가 비트겐슈타인을 토대주의자로 보았다는 그의 비판은 틀렸다. 우리는 비트겐슈타인이 인정하는 토대에 주목했을 뿐이다. 그것은 고정된 형이상학적인 본질이나 자기 명증성을 지닌 인식론적 증거가 아니라, 우리의 행위에 의해 지속적으로 확인되고 관철되는 토대이다. 그러한 토대에 대한 인정은 데리다에서는 발견되지 않는다. 이것이 두 철학자를 가르는 결정적인 차이이기도 하다.[74]

샤인은 비트겐슈타인의 『탐구』에 대한 우리의 해석이 『확실성에 관하여』와 같이 비트겐슈타인이 인정하지 않은 후기의 저술들에 의거해 있다고 지적한다(Shain 2007, 140쪽). 비트겐슈타인의 『탐구』에 대한 우리의 해석이 『확실성에 관하여』와 같은 후기의 저술들에 의거해 있다는 지적은 옳다. 그러나 그 저술들을 비트겐슈타인이 인정하지 않았다는 것은 과잉 해석이다. 비트겐슈타인이 완성한 책은 그의 사전에 출간된 유일한 저서인 『논고』뿐이다. 나머지는 『탐구』를 포함해 모두 미완에 그쳤다. 물론 비트겐슈타인이 자신의 유작들을 얼마나 인정할지는 미지수이며 『탐구』조차 예외는 아니다. 『탐구』의 출간

---

74 브레이버(Lee Braver)는 비트겐슈타인과 하이데거를 토대 없는 토대에 주목한 철학자로 한데 묶은 바 있다. Braver(2012) 참조.

본이 비트겐슈타인의 의도대로 제대로 편집된 것인지에 대한 논란은 현재도 진행 중이다.[75] 그러나 이로부터 우리가 비트겐슈타인의 유작들을 사용해서는 안 된다는 결론이 따라 나오는 것은 아니며, 서지학적, 문헌학적 논란이 철학 연구를 차단하는 걸림돌이 되어서도 안 될 것이다.

2) 자연사 논쟁

김영건 교수는 비트겐슈타인에 대한 우리의 해석을 겨냥해 (1)우리가 주목하는 자연적 사실이 기껏해야 우리 모두가 다 알고 있는 사소한 것에 지나지 않는다며, (2)이러한 자연사적 사실에 대한 탐구가 큰 의미를 지니지 못할 것이라고 진단한다(김영건 2003, 113쪽). 그러나 (1)은 맞지만 (2)는 틀렸다. (1)로부터 (2)가 따라 나오는 것도 아니다. 사정은 정반대여서 자연(사)적 사실은 비트겐슈타인의 저술들의 결정적인 대목에 등장하여 철학적 문제들을 해소하는 데 아주 요긴하게 사용되고 있다.

하상필 교수는 (1)과 (2)에 (3)자연사적 사실은 그 자체로서가 아니라 언어적 치료의 목적에 국한해서만 의미가 있다는 논제를 덧붙이면서, 김영건 교수와 우리의 가장 큰 과실은 바로 (3)을 간과한 것이라고 비판한다(하상필 2004a; 2007). 하상필 교수는 자연사와 자연의 사실을 혼용해서는 안 되지만, 그 어느 경우에도 핵심은 언어게임에 대한 고찰임을 강조하고 있다.

하상필 교수는 자연(사)적 사실이 그 자체로 큰 의미를 지니지는

---

[75] 『탐구』의 최신 버전인 4판의 체제에 대한 다음의 비판이 그 한 예이다. Knott(2017).

못하며 비트겐슈타인 철학의 핵심이 자연(사)적 사실에 대한 탐구가
아니라는 점에서는 김영건 교수와 의견을 같이하지만, 자연(사)적 사
실의 쓰임새에 대해서는 높이 평가하고 있다고 할 수 있다. 이는 비
트겐슈타인의 철학적 태도와도 부합하는 것으로 볼 수 있다. 낱말의
의미가 그 쓰임에 있듯이, 자연(사)적 사실의 의미도 그 쓰임에 있다
고 말할 수 있기 때문이다. 하상필 교수는 김영건 교수와 우리가 언
어적 치료라는 비트겐슈타인 철학의 목적을 간과하고 있다고 비판한
다. 그러나 우리는 그것을 간과하고 있다기보다는 당연한 것으로 전
제해 별도로 부각시키지 않았을 뿐이다. 이는 아마 김영건 교수의 경
우도 마찬가지일 것이다.

비트겐슈타인이 자연사적 사실을 언어적 치료의 목적을 위해 언
급하고 있음에는 이론의 여지가 없다. 그러나 그것이 오직 그 목적에
국한해서만 의미가 있다고는 보지 않는다. 자연사적 사실은 비트겐
슈타인이 말하는 토대에 해당한다. 그리고 다음에서 보듯이 그 토대
가 정당화의 끝이다.

> 내 근거들이 바닥났을 때 나는 암반에 도달한 것이고, 내 삽은 휘어져 있
> 다. 그때 나는 다음과 같이 말하는 경향이 있다: "나는 다만 이렇게 하고
> 있을 뿐이다."(PI, §217)

> 사람들이 정당화로 받아들이는 것은 그들이 어떻게 생각하고 살아가는지
> 를 보여준다.(PI, §325)

김영건 교수와 하상필 교수가 적절히 지적하고 있듯이 토대는 예

컨대 내가 손을 불 속에 넣으면 화상을 입는다는 것과 같이 우리 모두가 다 알고 있는 자명한 것들이다. 그러나 이에 대한 탐구의 의미를 경시해서는 안 된다. 비트겐슈타인은 다음과 같이 말한다.

> 내가 손을 불 속에 넣으면 화상을 입는다는 것 — 그것이 확실성이다.
> 다시 말해, 여기서 우리는 확실성이 무엇을 의미하는지를 본다. ('확실성'이라는 낱말의 의미뿐 아니라, 확실성에 해당하는 것이 무엇인지도 말이다.) (PI, §474)

확실성은 데카르트에서 후설에 이르기까지 근·현대 인식론이 추구해온 아주 중요한 화두였다. 정당화의 끝이 확실성이라는 이들의 구도에 비트겐슈타인도 동의한다. 그런데 비트겐슈타인은 그 확실성의 자리가 인식론이 아니라고 선언한다. "'지식'과 '확실성'은 다른 **범주**에 속한다"(OC, §308). 그가 찾아낸 확실성은 인식론적 확실성이 아니라 자연사적 확실성이라고 부를 만하다.

비트겐슈타인은 내가 손을 불 속에 넣으면 화상을 입는다는 것에서 우리가 '확실성'이라는 낱말의 의미뿐 아니라, 확실성에 해당하는 것이 무엇인지를 본다고 말했다. 즉 그는 '확실성'이라는 낱말의 의미를 봄으로써 그 낱말의 오용에서 생긴 철학적 문제들(예컨대 인식론적 문제)을 해소하는 언어적 치료에 국한하여 말하고 있지 않다. 아니 그 치료가 온전한 것이기 위해서라도 우리는 확실성에 해당하는 것 자체를 볼 줄 알아야 한다.

비트겐슈타인의 최후 저술이 된 『확실성에 관하여』는 '확실성'이라는 낱말의 의미뿐 아니라, 확실성에 해당하는 것이 무엇인지에 대한 탐구의 기록이다. 샤인은 그 저작이 비트겐슈타인이 인정하지 않은 것이라고 하겠고 김영건·하상필 교수는 그러한 기록이 우리 모두가 다 알고 있는 사소한 것에 지나지 않은 것이기에 큰 의미를 지니지 못할 것이라고 진단할지 모르지만, 우리의 생각은 다르다. 우리는 『탐구』에서 『확실성에 관하여』에 이르기까지 비트겐슈타인의 관심사가 달라지지 않았다고 본다. 요컨대 『탐구』 역시 확실성에 관한 철학적 탐구였으며, 그 확실성은 데카르트나 후설류의 인식론적 확실성이 아니라 자연사적 확실성이었다.

비트겐슈타인은 언어게임을 언어와 그 언어가 얽혀 있는 활동들로 구성된 전체로 보았으며(PI, §7), 사람의 자연사를 명령하고, 질문하고, 이야기하고, 잡담하는 등의 언어게임들뿐 아니라 걷고, 먹고, 마시고, 노는 등의 비언어적 활동들을 포섭하는 것으로 보았다(PI, §25). 저 활동들이 토대이자 확실성에 해당하는 것이다. 그럼에도 하상필 교수처럼 사람의 자연사의 내용이 언어게임들을 말하는 것이지 그 외의 다른 자연 사실들은 아니라고 단정하는 것은(하상필 2004a, 126쪽) 자연사에 대한 비트겐슈타인의 관심을 반쪽으로 축소하는 처사이다. 그렇게 해서는 예컨대 내가 손을 불 속에 넣으면 화상을 입는다는 사실의 확실성에 대한 비트겐슈타인의 귀중한 성찰을 놓칠 수 있다.

비트겐슈타인은 전·후기를 막론하고 보는 것의 중요성을 늘 환기시켰다. 청년기의 저술인 『논고』에서는 말할 수 있는 것과 없는 것을 확연히 구별하고 후자(말할 수 없는 것)를 보는 것을 강조하면서 끝맺고 있으며,[76] 『탐구』에서도 생각하지 말고 보라고 권고하고 있다(PI,

---

[76] 비트겐슈타인은 심지어 전자를 후자에 이르기 위한 사다리 정도로 보면서 후자가 더 중요하다고까지 말하고 있다. TLP, 6.54; LF, 94쪽 참조.

§66). 그렇다면 확실성에 해당하는 자연사의 사실을 보는 것은 비록 그 사실이 기껏해야 우리 모두가 다 알고 있는 사소한 것에 지나지 않는다 해도 그 자체로 여전히 중요하다고 할 수 있다. 그 확실한 사실이 바로 모든 것의 토대이기 때문이다. 그 봄을 통해 언어적 치료를 행하는 것은 응용의 경우에 해당하는데, 이 역시 중요하지만 오직 그것만이 중요하고 비언어적 사실에 해당하는 것을 보는 것은 그렇지 않다고 자의적으로 단정해서는 안 된다.

토대의 중요성을 강조하는 비트겐슈타인의 다음 구절은 깊이 새길 만하다.

우리에게 가장 중요한 사물의 측면들은 그 단순함과 평범함 때문에 숨겨져 있다. (우리는 어떤 것을 알아차릴 수 없다 — 그것은 항상 우리 눈앞에 있기 때문이다.) 사람들은 자신의 탐구가 기반하고 있는 실제 토대들에 전혀 주목하지 않는다. 이 사실이 언젠가 그들의 주목을 받지 않는다면 말이다. — 그리고 이것은 다음을 뜻한다: 일단 눈에 띄기만 하면 가장 주목받을 만한 가장 강력한 것이 우리의 주목을 받지 못하고 있다. (PI, §129)

여기서 비트겐슈타인은 토대, 즉 자연(사)적 사실은 단순하고 평범하지만 바로 그 이유 때문에 그 중요성이 숨겨져 있다고 했지, 그 이유 때문에 중요하지 않다고 하지 않았다. 그리고 이 토대는 탐구의 기반이고 가장 주목받을 만한 가장 강력한 것임을 역설하고 있다. 여기서 말하는 탐구에는 비트겐슈타인 자신의 철학적 탐구도 속한다. 그는 저 토대가 (예컨대 언어적 치료를 위해) 우리가 주목할 때에만 중요한 것이라고 하지 않았다. 언어적 치료와 무관하게, 우리의 주목을 받든 못 받든 그 중요성에는 변함이 없다.

3) 『탐구』 속으로

하상필 교수는 우리가 『탐구』, §122를 잘못 해석하고 있다고 비판한다. 그 구절은 다음과 같다.

우리가 이해에 실패하는 주요 원인은 우리가 우리 낱말들의 쓰임을 **통찰(通察)하지** 못한다는 데 있다. — 우리 문법에는 통찰 기능이 부족하다. — 우리는 통찰적 묘사를 통해서, '연관성을 볼' 수 있는 정확히 그런 종류의 이해를 얻을 수 있다. 그러므로 **연결고리**를 발견하고 만들어내는 일이 중요하다.

통찰적 묘사의 개념은 우리에게 근본적으로 중요한 것이다. 그것은 우리가 사물들을 묘사하는 형식, 우리가 문제들을 바라보는 방식을 지시한다. (이것은 하나의 '세계관'인가?)

하상필 교수는 우리가 §122에서의 통찰(通察)을 '자연사'를 어떻게 볼 것인가와 관련되는 것으로 해석했다면서 이것이 비트겐슈타인의 언명들과 전혀 들어맞지 않는다고 비판한다. 그러면서 통찰은 '우리 낱말들의 쓰임'을 어떻게 볼 것인가에 관련된다고 바로잡는다. 하상필 교수의 교정은 비트겐슈타인의 언명들과 안 들어맞을 수 없다. §122에서 보듯이 비트겐슈타인 자신이 통찰의 목적어를 '우리 낱말들의 쓰임'으로 친절히 명시하고 있기 때문이다.

우리는 하상필 교수가 지적하는 잘못을 저질렀을까? §122를 해석하면서 우리는 이렇게 말했다.

주로 언어의 쓰임과 연관되는, 인간의 자연사적 사실에 대한 통찰과 묘사가 비트겐슈타인 철학의 목적과 방법인 것이다.(이승종 2003, 142쪽)

즉 우리도 "주로 언어의 쓰임과 연관되는, 인간의 자연사적 사실"을 §122에서 통찰의 목적어로 적시하고 있다.

하상필 교수는 비트겐슈타인 철학의 목적은 언어적 치료이고 그 방법은 언어의 쓰임과 연관되는 사람의 자연사적 사실에 대한 통찰이라면서, 우리가 이 치료라는 목적을 간과하고 있다고 비판한다. §122를 해석하는 과정에서 우리는 치료를 언급하지 않았기에 그것을 간과했다고 비판받을 만하다. 그러나 비트겐슈타인 철학의 기조가 언어적 치료에 방향 잡혀 있다는 것은 주지의 사실이므로, 이를 전제로 했을 때 저 인용문에서 우리가 한 말은 하상필 교수의 해석과 충분히 양립 가능하다.

우리와 하상필 교수는 사람의 자연사적 사실들 중 언어의 쓰임과 연관되는 사실이 아니라 그러한 연관이 없는 사실의 중요도에 대한 평가에서 의견이 갈린다. 우리는 양자 모두가 중요하다는 입장이고, 하상필 교수는 전자만이 중요하다는 입장이다.[77] 앞서 보았듯이 비트겐슈타인은 양자 모두에 토대로서의 확실성을 부여한 바 있다(PI, §25, §129).

하상필 교수는 자신의 견해를 뒷받침하기 위해 『탐구』, §415에 주목

---

[77] 베이커가 조감(鳥瞰)이라고 명명한 해석도 이러한(전자만이 중요하다는) 입장을 견지하고 있다. 우리는 통찰(通察)에 대한 조감적 해석이 잘못되었다는 그의 비판에는 부분적으로 동의하지만, 저 해석으로부터 통찰의 대상이 언어의 쓰임에 국한된다는 입장이 따라 나온다는 그의 주장(Baker 1991, 41쪽)은 별 문헌적 근거가 없다고 본다.

한다. 그 구절은 다음과 같다.

우리가 제시하고 있는 것은 실제로 사람의 자연사에 관한 견해들이다. 하
지만 그것은 어떤 특이한 것이 아니라, 항상 우리 눈앞에 있기 때문에 아
무도 의심하거나 주목하지 않았던 사실들을 확인하는 것이다.

하상필 교수는 "항상 우리 눈앞에 있기 때문에 아무도 의심하거나
주목하지 않았던 사실들"은 언어의 사용 방식을 가리킨다고 해석한다
(하상필 2004a, 127쪽). §415에 그의 해석을 뒷받침하는 문구는 없다는
점에서 이는 과잉해석이다. §415에서의 사실들이 무엇을 가리키는지
를 제대로 알기 위해서는 그 이전에 놓인 구절들을 살펴 그 문맥을
먼저 이해해야 한다. 이를 위해 §413부터 §415까지를 순서대로 독해
해보자.

§413에서 비트겐슈타인은 마음과 뇌 사이의 상호 연관 논제를 거
론하며 자신의 마음에 주의를 기울이는 윌리엄 제임스(William James)
의 내적 관찰을 문제 삼고 있다. 비트겐슈타인은 이렇게 말한다.

제임스의 내적 관찰이 보여준 것은 '자아' […] 라는 낱말의 의미도 아니고,
그런 존재에 대한 어떤 분석도 아니었다. 그것은 한 철학자가 스스로에게
"자아"라는 낱말을 말하면서 그 의미를 분석하려 할 때, 그 철학자가 지닌
주의(注意)의 상태였다. (그리고 이로부터 많은 것을 배울 수 있을 것이다.)(PI,
§413)

심신 동일론이나 이원론과 같은 심리철학, 혹은 자기의식을 화두

로 삼는 독일관념론과 같은 인식론이 강조하는 마음이나 의식에 주의를 기울일 때 우리는 무엇을 발견하는가? 특이한 어떤 것도 발견되지 않는다. 인용문에서 언급된 주의의 상태의 상정은 그럼에도 자아라는 내적 상태의 상정과 마찬가지로 철학적인 환상이나 착각의 원천이 된다. 상정 자체가 잘못된 것이라고 할 수 있다. 비트겐슈타인은 내적 관찰에 대한 제임스의 고찰로부터 철학적인 환상이나 착각이 어떻게 생겨나는지에 대해 많은 것을 배울 수 있을 것이라고 부언한다.

이어지는 §414에서 비트겐슈타인은 마음에 대한 자신의 탐구 내용을 다음과 같은 비유로 정리하고 있다.

> 당신은 자신이 어쨌든 틀림없이 옷을 짜고 있다고 생각한다. 왜냐하면 당신은 베틀 앞에 앉아 — 설령 그것이 비어 있다고 해도 — 옷을 짜는 동작을 하고 있기 때문이다. (PI, §414)

베틀은 자신의 마음을, 옷을 짜는 동작은 자신의 마음에 주목함을 각각 상징한다. 옷을 짬은 의식이나 자아의 본성을 명료히 함을 상징한다. 베틀이 비어 있음은 의식이나 자아라고 불리는 내적 대상이 존재하지 않음을 상징한다(Hacker 1990, 532쪽).

하상필 교수가 주목한 §415는 이러한 탐구의 의의를 철학적으로 정리하고 있는 구절이다. §413에서 비트겐슈타인이 분명히 밝히고 있듯이 탐구의 초점은 낱말의 의미가 아니라 주의의 상태였으며 그것에 특이한 점은 없었다. 아니 그런 대상은 없다고 해도 과언이 아니다. 마음이나 자아, 혹은 그것에 주목함 따위의, 사람의 자연사에 관한 견해들은 어떤 특이한 것이 아니라 항상 우리 눈앞에 있기 때문에 아무도 의심하거나 주목하지 않았던 사실들을 확인해줄 뿐이다. 그때의 사실들은 언어의 사용 방식을 가리키는 것이 아니라, 마음이나 자아, 혹은 그것에 주목함이라는 사실들을 가리킨다. 적어도 §415에서는 그렇다.

비트겐슈타인은 언어의 사용 방식을 점검할 때에도 늘 사람의 자연사의 사실들을 준거로 하여 탐구를 수행하였다. 언어게임에 얽혀 있는 활동이 저 사실들의 일부여서 언어게임 자체가 저 사실들을 토대로 작동하기 때문이다. 그러한 사실들을 우리 모두가 다 알고 있는 사소한 것에 지나지 않는다는 이유로 그것들에 대한 탐구가 큰 의미를 지니지 못할 것이라고 진단하는 것은 잘못되었다. 비트겐슈타인의 말을 들어보자.

> 우리의 고찰은 어디에서 그 중요성을 찾을 수 있는가? [⋯] 우리가 파괴하는 것은 다만 공중누각들일 뿐이며, 우리는 그것들이 서 있던 언어의 토대를 드러내고 있는 것이다.(PI, §118)

마음, 자아, 혹은 그것에 주의를 기울임 등이 초래한 철학적 환상들이 공중누각임을 깨달아 이를 파괴하고 그것들의 토대, 즉 사람의 자연사의 사실을 드러내는 것이 비트겐슈타인이 수행하는 철학적 탐구와 다르지 않다.

4) 『탐구』 밖으로

우리는 비트겐슈타인의 촌철살인적인 탐구의 의의를 십분 인정한다. 사람의 자연사에 의거해 철학의 문제들을 해소하고, 확실성과 토대에 대한 종래의 인식론적 논의를 극복하는 게임 체인저(game changer)의 역할을 한 그의 창의성을 높이 평가한다. 그러나 그렇다고 해서 마음, 자아, 자기의식 등에 대한 기존의 철학들, 예컨대 헤겔을 위시한 독일관념론이 비트겐슈타인의 공격으로 일거에 붕괴한다고는 보지 않는다. 저러한 문제들을 다루더라도 독일관념론은 그와 연관된 철학사적 계보에 대한 통시적 이해를 전제로 하고 있다(Hegel 1807; 1830 참조). 그에 비해 비트겐슈타인의 탐구는 문제들의 철학사적 계보를 완전히 무시하고 있다는 점에서 철저히 공시적이다. 우리는 이것이 그의 탐구가 갖는 한계라고 본다. 철학사적 관점에서 보자면 비트겐슈타인의 탐구를 계보학적 근본이 없는 재기 어린 해프닝으로 여길 수도 있다.[78]

하상필 교수는 비트겐슈타인에 대해 우리가 이러한 비판을 늘어놓을 근거가 없다고 말한다(하상필 2007, 244쪽). 애초부터 비트겐슈타인의 통찰(通察)은 우리말의 쓰임에 관련된 것이지 자연사를 위한 공시적이거나 통시적인 관점과 같은 것이 아니라는 이유에서이다. 그러나 이는 앞서 보았듯이 통찰과 자연사에 대한 협소한 반쪽짜리 해석일뿐더러, 우리에 대한 비판으로서도 초점이 빗나가 있다.

하상필 교수는 비트겐슈타인 철학이 통시성을 결여했든 안 했든 문제가 안 된다고 보는 것 같다. 그의 관심은 비트겐슈타인에 대한 우리의 비판이 부적절하다는 데에 쏠려 있을 뿐이다. 우리에 대한 그의 비판이 옳다고 보지는 않지만, 설령 그것이 옳다 해도 우리는 여

---

[78] 물론 비트겐슈타인의 탐구에는 플라톤(『테아이테토스』)을 포함한 많은 서양 철학자들을 사로잡은 형이상학의 근본 원리를 해체하고 이를 언어게임의 문법에 대한 기술(記述)로 수축시키고 있는 명편들이 있음을 간과해서는 안 된다. PI, §§48~53 참조.

전히 통시성의 결여가 비트겐슈타인 철학의 한계라고 믿는다.

자연사적 탐구가 통시성을 결여하고 있다는 것은 형용모순으로 들릴 수 있다. 자연사도 통시성을 지닌 하나의 역사이기 때문이다. 그러나 비트겐슈타인은 자연사에 대한 통시적 탐구를 수행하자는 것이 아니다. 그는 심지어 "우리는 실로 우리의 목적을 위해 자연사적인 것을 지어낼 수도 있다"(PPF, §365)라고 말한다.

> 나의 가장 중요한 방법의 하나는 우리 생각의 역사적 전개 과정을 실제로 진행된 것과는 다르게 상상해보는 것이다. 이랬을 때 우리는 문제의 전혀 새로운 면모를 보게 된다.(CV, 45쪽)

이로부터 우리는 비트겐슈타인이 '자연사적인 것을 지어내는 목적'이 오로지 '문제의 전혀 새로운 면모를 봄'에 있음을 추론할 수 있다. 비트겐슈타인은 이어서 다음을 예시한다.

> 나는 (어떤 가설의 의미로) 다음과 같이 말하고 있지 않다: 만일 자연의 사실들이 다르다면, 사람들은 서로 다른 개념들을 갖게 될 것이다. 오히려 내 말은 다음과 같다: 만일 누군가 어떤 개념들이 완전히 올바른 개념들이라고 믿고, 그와 다른 개념들을 갖는 것은 마치 우리가 이해하는 어떤 것을 전혀 이해하지 못한다는 뜻이라고 믿는다면 — 나는 매우 일반적인 어떤 자연의 사실들이 우리에게 익숙한 것과는 다르다고 상상해보라고 그에게 권하고 싶다. 그렇다면 그는 익숙한 개념들과는 전혀 다른 개념들이 어떻게 형성되는지를 이해하게 될 것이다.(PPF §366)

실제로 비트겐슈타인의 저술에는 아주 제한된 수의 낱말로 이루어진 언어의 사용자들이 빈번히 등장한다. 그러한 언어 사용자들의 자연사와 삶의 형식은 우리와 다르며(PI, §19) 그들의 토대와 확실성도 그러할 것이다. 비트겐슈타인의 자연사적 탐구는 이처럼 자연사들의 비교를 통한 철학적 탐구라 할 수 있기에, 자연사 자체에 대한 종적이고 통시적인 고찰보다는 횡적이고 공시적인 고찰이 되는 셈이다.

비트겐슈타인은 저 인용문 때문에 상대주의의 혐의를 받기도 했다.[79] 그러나 저 인용문의 첫 문장에서 그는 이러한 해석에 대해서도 분명한 선을 긋고 있다. 우리에게 익숙한 자연의 사실들과 그렇지 못한 자연의 사실들을 비교하는 이유는 자연의 사실들이 개념을 야기하는 직접적 원인이라거나 우리의 확실성이 선험적 논증 따위로 스스로 정당화되기 때문이 아니다. 오히려 그것은 우리의 확실성이, 주어진 자연의 사실들의 테두리 안에 놓인 자연(사)적 확실성임을 부각하기 위한 것이다. 즉 자연사들의 비교는 상대주의를 옹호하기 위해서가 아니라, 우리의 확실성에 대한 이해를 명료화하기 위한, "항상 우리 눈앞에 있기 때문에 아무도 의심하거나 주목하지 않았던 사실들을 확인"하기 위한 장치이다. 이로써 우리는 "일단 눈에 띄기만 하면 가장 주목받을 만한 가장 강력한 것"에 비로소 주목하게 된다.

논리적 관점에서 보았을 때 근거에 대한 물음은 무한소급에 빠질

---

[79] 윈치와 로티가 이러한 해석에 직간접으로 연관되어 있다(Winch 1964; Rorty 1996). 『탐구』의 영어 번역에 참여한 슐테, 해커와 『탐구』에 대한 방대한 주석서를 저술한 베이커도 비트겐슈타인을 상대주의자로 읽어낸다(Schulte 1988, 325쪽; Baker 1991, 56, 59쪽). 카벨은 비트겐슈타인을 회의주의의 관점에서 해석하기도 했다(Cavell 1979). 비트겐슈타인에 대한 베이커의 해석은 4절에서 비판적으로 거론될 것이다.

수밖에 없다. 소급의 어느 지점에서 멈춰 서서 직관이나 실용성에 호소해도 사정은 마찬가지이다. 그러나 이로부터 상대주의나 회의주의를 이끌어낸다는 추론은 섣부른 단정이다. 모든 것이 균등하게 타당성이 있다거나 모든 근거가 균등하게 회의적인 것은 아니기 때문이다.

토대주의, 상대주의, 회의주의는 모두 다음과 같은 중요한 사실을 놓치고 있다는 점에서 형제간이다. 첫째, 이들 세 입장은 철학적 사유가 놓여 있는 문맥에 대한 이해를 결여하고 있다. 철학적 사유는 그 사유가 전개되는 사유 지평 내의 다른 계기들과의 연관선상에서 보아야 한다.[80] 사유는 초월적 단독자나 포스트모던적 방랑자가 아니라 대지에 머무는 정주자(dweller)이다. 둘째, 이들 세 입장은 철학적 사유의 역사성에 대한 이해를 결여하고 있다. 철학적 사유는 지성사의 시원(始原)에 산종된 사유소(思惟素)들의 숨음과 드러남의 반복을 통해 형성되고 해체되는 것이다. 따라서 이러한 시원으로의 통시적 소급이 수행되지 않는 한, 근거에 대한 물음은 공허한 공시적 무한퇴행에서 벗어나기 어렵다.

상대주의나 회의주의가 전제하는 무제약성은 사유가 지니는 구체성, 제한성, 유한성과 양립하기 어렵다. 우리는 시대와 전통이 우리에게 주는 유한한 가능성 속에서 사유를 전개하도록 조건 지어져 있다. 그 조건을 극복하는 경우에조차 우리는 결코 무한한 가능성에 개방되어 있지 않다. 모든 것을 다 회의할 수 있고 모든 것을 다 허용할

---

80 동아시아의 전통 사유에서 근거에 대한 물음이 사유의 중심에 놓여 있지 않다는 사실도 이러한 관점에서 헤아려야 한다.

수 있다는 회의주의나 상대주의는 실천 불가능한 만용 아니면 허무맹랑한 추상적 사변일 뿐이다. 비트겐슈타인은 인류 공통의 행위 방식과 삶의 형식으로써 회의주의나 상대주의를 제어하고 있다.

우리 시대에 근거에 대한 물음은 사유를 문제 풀이와 같은 것으로 보고 있다. 문제 풀이의 역과정이 근거에 대한 공시적 소급 과정이다. 그러나 문제 풀이에 동원되는 것은 사유가 아니라 계산이다. 계산은 알고리듬이라는 기술(技術)로 형식화된다. 사유에 기술이 침투하는 것은 근대 이후에 두드러진 현상이다. 그 과정에서 근거에 대한 물음도 근대적인 의미의 근거에 대한 근대적 의미의 물음으로 재해석되었다. 요컨대 주체와 객체의 분리와 대응, 표상으로서의 세계상 등의 근대적 장치를 통해서 근거에 대한 물음이 정립된 것이다. 하이데거(Heidegger 1938)와 푸코(Focault 1966)는 이에 대한 정신사적, 사회사적 계보를 각각 잘 보여주고 있다.

우리는 언어를 논리적으로 분석함으로써 형이상학을 제거하겠다던 카르납을 위시한 논리실증주의자들의 결기나(Carnap 1932; 1935, 1장), 철학사 전체를 이성중심주의와 현전(現前; presence)의 형이상학, 혹은 말에 대한 글의 우위로 희화한 다음 이를 해체하겠다던 데리다의 백일몽을 기억한다. 만일 철학의 전통적 문제들이 자연사의 사실을 준거로 하는 언어적 치료로 완전히 해소된다고 비트겐슈타인이 (혹은 하상필 교수가) 생각했다면, 그것은 논리실증주의자들과 데리다의 무모한 엘리트주의와 다르지 않아 보인다. 우리는 철학사를 인류 정신사의 정수에 해당하는 값진 기록으로 여기지 언어적 치료가 필요한 질병의 흑역사로 보지 않는다. 비트겐슈타인도 과거의 위대한 철학 체계 가운데 일부를 인간 정신의 가장 숭고한 산물로 간주했다

(Drury 1976, 105쪽).[81] 그러나 우리에게는, 철학의 문제와 사유들은 그것들이 놓여 있는 철학사에 대한 역운(歷運; Geschick)적 관점에서 보아야 비로소 제대로 조명될 수 있다는 하이데거의 입장이 더 본래적인 것으로 여겨진다(이승종 2010 참조).

우리 학계에서는 고전의 반열에 오른 철학자에 대한 비판이 아주 드물다. 자신이 전공한 철학자에 대한 비판은 더욱 그러하다. 어쩌면 그것은 "고전은 불가침의 성역이다", "자신의 전공을 비판해서는 안 된다", "한 우물만 파야 한다" 등과 같이 학문의 본래성과는 거리가 먼 근본주의적 이데올로기 때문인지도 모른다. 그러한 이데올로기는 학문이라는 제도 내에서 성장하고 또 거기에 순응하다 보면 저절로 형성되거나 주입되는 일종의 분위기와 같은 것이다. 진리보다 생존이 더 절실한 가치로 군림하는 우리 사회에서는 자신이 전공에 들인 공이 아까워서라도 저 이데올로기가 밉지 않을 것이다.

학문이라는 제도를 거부하며 철학자를 어떠한 사상의 공동체에도 속하지 않는 시민이라고 말한(Z, §455) 비트겐슈타인에 대한 연구 또한, 그의 성향과는 달리 기성의 이데올로기로부터 면제되어 있지 않으며, 어쩌면 우리의 연구도 예외가 아닐지 모른다. 학문은 비판을 생명으로 하지만 자신의 생명을 위협하는 비판에 대해서도 그러한 태도를 취할 수 있는지가 그 학문이 하나의 형태에 안주하는 정체된

---

81 하상필 교수는 비트겐슈타인의 가족유사 개념을 원용하며 철학에 대해 포용적인 태도를 취한다(하상필 2007, 225~229쪽). 하상필 교수는 언어적 오해의 해소를 위해 필요한 통찰을 비트겐슈타인 스타일의 철학적 작업에 속하는 것으로 보지만, 이와 무관한 통찰들은 비트겐슈타인 스타일의 철학적 작업에 속하지는 않지만 중요한 사상들에 속하는 것으로 본다. 그러나 앞서 보았듯이 이는 비트겐슈타인의 통찰에 대한 협소한 해석이다.

것인지, 아니면 살신성인의 정신으로 부단히 거듭나는 진정한 탐구인지를 가늠하는 척도가 될 것이다.

비트겐슈타인은 자신이 한 말은 사다리에 불과하니 이를 딛고 올라선 사람은 그것을 던져버려야 한다고 했다(TLP, 6.54). 비트겐슈타인을 연구하는 학자는 그의 말을 금과옥조로 읊조리는 것을 넘어 그의 정신을 실천해야 할 것이다. 비트겐슈타인도 자신에 대한 존숭보다 정당한 비판을 더 환영할 것이라 확신한다.

4. 보론: 베이커와 해커의 비트겐슈타인 해석

비트겐슈타인에 대한 하상필 교수와 우리 사이의 이견을 베이커와 해커 사이의 이견과 비교해보면 비트겐슈타인의 철학이 놓인 자리가 더 입체적으로 드러난다. 비트겐슈타인에 대한 대표적 학자로 널리 인정받는 베이커와 해커는 다섯 권의 책을 비롯해 많은 논문을 공저한 바 있으며, 그중에는 『탐구』에 대한 두 권의 주석서가 포함되어 있다. 그러나 비트겐슈타인에 대한 둘 사이의 이견으로 『탐구』에 대한 나머지 두 권의 주석서는 해커 단독으로 출간되었다.[82]

이견은 베이커가 비트겐슈타인에 대한 해커와 자신의 해석을 비판하면서 불거졌는데 그 핵심은 비트겐슈타인의 철학에서 통찰(通察)의 대상과 역할에 관한 것이었다. 따라서 우리는 해커와 공동 저술을 하

---

[82] 총 네 권으로 완간된 주석서들 중 공저로 나온 첫 두 권은 베이커가 사망한 이후 해커에 의해 대대적으로 수정되어 재출간되었다.

던 시절의 베이커를 전기 베이커로 표기함으로써 해커와 전기 베이커를 비판하는 베이커와 구분하고자 한다.[83] 베이커는 비트겐슈타인의 통찰에 대해 조감(鳥瞰; Bird's-eye View)과 치료라는 두 해석을 대비시키고 있는데 전자는 전기 베이커와 해커의 해석을, 후자는 자신의 해석을 각각 대변하는 것으로 간주하고 있다. 비록 조감이 새(鳥)의 관점(瞰)을 의미하기는 하지만, 이 해석은 새를 포함해 어떠한 관점도 배격하는 무관점(Baker 1991, 41, 64쪽), 비인칭을 비트겐슈타인의 통찰에 귀속시키고 있다. 아울러 이 해석은 통찰의 대상을 우리 언어의 문법, 혹은 우리 낱말의 쓰임에 국한시킨다(Baker 1991, 41쪽).

베이커의 달라진 해석은 조감으로서의 통찰을 배격한다. 통찰은 조감과 같은 일반적인 역할이 아니라 질병으로서의 철학적 문제들을 치료하는 구체적인 역할을 한다. 통찰에 치료 이외의 역할은 없으며 통찰의 대상이 문법이나 낱말의 쓰임에 국한될 필요는 없다. 문제들이 다양한 만큼 이를 치료해줄 통찰도 다양하지만, 그 다양한 통찰을 포괄하는 조감은 비트겐슈타인이 지향한 통찰과는 거리가 멀다.

베이커가 상정한 조감과 치료의 대립구도는 인위적이고 어설프다. 첫째, 통찰에 대한 비트겐슈타인의 언명에서 조감을 뒷받침해줄 근거를 찾기 어렵다. 비트겐슈타인의 통찰을 조감으로 옮긴 번역자들도 있지만,[84] 그들이 조감이라는 번역어로 베이커가 의미한 바를 염두에 두었다는 근거는 없다. 무관점은 비트겐슈타인에게 어울리지

---

83 베이커의 파트너였던 모리스(Katherine Morris)는 베이커의 지적 편력을 전기, 중기, 후기로 나눈 바 있는데(Morris 2004, 1쪽), 그중 우리의 관심사는 중기 베이커와 후기 베이커에 국한하므로 이를 각각 전기 베이커와 베이커로 고쳐 표기하고자 한다.
84 다음이 그 예이다. PR, 52, 353쪽; RPP I, §160.

않는다. 그는 사람의 관점에서 통찰을 전개하고 있는 것이다.

둘째, 조감이 통찰의 대상을 문법이나 낱말의 쓰임에 국한한다는 주장도 왜 그래야 하는지 그 이유를 납득하기 어려울뿐더러, 비트겐슈타인과도 어울리지 않는다. 우리는 통찰의 대상을 문법이나 낱말의 쓰임에 국한하는 하상필 교수의 해석이 잘못되었음을 앞서 살펴본 바 있는데, 문법이나 낱말의 쓰임만을 대상으로 하는 조감으로서의 통찰 개념도 같은 의미에서 잘못되었다.

셋째, 통찰의 역할을 치료에 국한하는 베이커의 해석도 하상필 교수의 해석과 일치하는데, 우리는 이것이 잘못되었음을 앞서 살펴본 바 있다. 베이커는 치료로서의 통찰이 다양함을 들어 그 다양한 통찰을 포괄하는 조감이 불가능하다고 보고 있지만, 통찰의 역할이 치료에 국한되는 것이 아니라면 조감까지는 아니더라도 포괄적 통찰을 불가능한 것으로 단정할 필요는 없다. 비트겐슈타인은 포괄적 통찰을 직간접으로 암시하는 (개념이나 문법의) 지형(도)에 대해 여러 곳에서 언급하고 있다(AWL, 43쪽; LFM, 44쪽; MS 126, 79쪽; MS 127, 199쪽; MS 137, 63a쪽; MS 162b, 6v쪽).[85]

조감이 과연 전기 베이커와 해커의 해석을 대변하고 있는지도 의

---

[85] 베이커는 문법적 사실에 대한 서류 일체(dossier)를 모으는 것은 비트겐슈타인과 무관하다고 본다. 이상룡 교수도 통찰을 낱말들의 문법적 사용 또는 낱말 사용 규칙을 일람표의 형식으로 만드는 것이라는 해커의 해석을 따르게 되면 비트겐슈타인의 철학관과 철학 활동의 괴리가 발생한다고 주장한다(이상룡 2019, 259쪽). 그러나 1931년 11월 20일에 슐릭(Moritz Schlick)에게 보낸 편지에서 비트겐슈타인은 문법에 대한 통찰을 일람표 만들기로 간주하고 있다(Baker and Hacker 2005a, 327쪽 참조). 같은 해 12월 9일에 있었던 대화에서도 비트겐슈타인은 "우리가 할 수 있는 유일한 것은 **규칙의 일람표 만들기**"(WVC, 184쪽)라고 말하고 있다. 일람표라는 표현도 지형(도)의 은유와 가족 유사적 관계를 이루면서 통찰의 포괄성을 부각시키고 있는 것으로 여겨진다.

심스럽다. 해커는 자신에 대한 베이커의 비판에 응답하면서 비트겐슈타인에 대한 베이커의 달라진 해석을 논박한 바 있는데, 우리가 위에서 적시한 조감의 두 문제에 대해서는 침묵하고 있다. 아니 조감이라는 표현 자체에 대한 언급이 없다(Hacker 2007).(전기 베이커와 해커가 같이 쓴 『탐구』에 대한 주석서에서도 그들은 비트겐슈타인의 통찰에 대한 자신들의 해석에 조감이라는 이름을 붙인 바 없다.)

해커의 애매한 태도는 조감을 비트겐슈타인의 통찰에 대한 해석으로 그가 (일부) 수용한다는 것인지 아니면 자신과 무관하다는 것인지를 결정할 수 없게 한다. 그러나 어느 경우에나 베이커가 묘사한 조감이 앞에서의 두 이유로 비트겐슈타인의 통찰에 대한 올바른 해석이 아니라는 점에는 변함이 없다. 베이커가 묘사한 치료 역시 앞의 이유로 통찰에 대한 올바른 해석으로 볼 수 없다.

돌이켜보면 하상필 교수의 해석은 베이커가 대비시킨 치료와 조감의 문제점들을 골고루 공유하고 있다. 즉 하 교수는 통찰의 역할을 치료에 국한시키는 오류와, 통찰의 대상을 문법이나 낱말의 쓰임에 국한시키는 조감의 오류를 답습하고 있는 것이다. 우리의 입장은 (베이커가 주장한 대로 조감이 비트겐슈타인의 통찰에 대한 전기 베이커와 해커의 해석이라면) 비트겐슈타인에게 무관점이나 비인칭이 아닌 사람의 관점과 인칭을 귀속시키고, 통찰의 대상을 문법이나 낱말의 쓰임에 국한하지 않는다는 점에서 전기 베이커와 해커와 다르며, 통찰의 역할을 치료에 국한하지 않는다는 점에서 베이커와 다르다. 또한 우리는 통찰의 대상을 문법이나 낱말의 쓰임에 국한하지 않는다는 점에서, 그리고 통찰의 역할을 치료에 국한하지 않는다는 점에서 하 교수와 해석을 달리한다.

비트겐슈타인의 다음 구절은 베이커와 하상필 교수가 강조한 치료의 의의와 위상에 대한 중요한 시사점을 던진다.

옛 모델이 충분하지 않음을 인지하고도 그것을 변경하지 않을 때 위험이 싹튼다.(BT, 318쪽)

옛 모델이 충분하지 않음을 인지하는 것은 치료에 해당한다. 그러나 그다음에는 옛 모델을 그에 맞게 변경하는 작업이 있어야 한다. (철학은 오답 노트에 불과한 것이 아니다.) 혹은 그러한 인지가 실행으로 이어져야 비로소 치료가 완료된다고도 할 수 있다. 어느 경우에나 변화가 수반되지 않으면 오류가 재발될 위험이 싹튼다. 다음 장에서 우리는 비트겐슈타인을 좇아 수학에 대한 기존의 이해와 태도가 충분하지 않음을 보게 될 것이다. 그리고 그가 거기에서 멈추거나 수학을 폐기하지 않고 다른 이해와 태도를 모색하고 있음도 보게 될 것이다.

II부   # 수학과 언어

6장
수학의 인류학

1. 문제의 제기

수학에 대한 비트겐슈타인의 견해는 그에 합당한 주목을 받지 못한 것이 사실이다. 그가 남긴 방대한 저술의 절반 이상이 수학에 대한 고찰에 집중되어 있고(Khan 2014, 6쪽) 스스로도 수학철학을 자신이 공헌한 주요 분야로 꼽았음에도(Monk 1990, 466쪽), 수학에 대한 그의 견해는 대체로 무시되거나 혹은 『논고』와 『탐구』의 저자 이름에 값하지 못하는 것으로 폄하되었다. 크라이슬(Kreisel 1958, 158쪽)은 수학에 대한 비트겐슈타인의 견해를 "놀라울 정도로 무가치한" 것으로 간주했고,[86] 앤더슨(Anderson 1964, 489쪽)은 비트겐슈타인이 "[수학]

---

[86] 크라이슬에 대해 가졌던 비트겐슈타인의 기대에도 불구하고(Monk 1990, 498~499쪽) 그가 비트겐슈타인의 수학철학에 대한 세간의 평가에 미친 해악은 엄청나다. 비록 공식 편집자 이름에는 빠져 있지만 비트겐슈타인과 친분을 쌓은 수학자였던 관계로 그는

기초론자들이 씨름한 문제들을 분명하게 이해하지 못했다"라고 비난했다. 비트겐슈타인의 수학관은 퍼트남(Putnam 1979, 115쪽)에 따르자면 "받아들일 수 없는" 것이고, 심지어 더밋(Dummett 1978a, 119쪽)에 따르자면 "완전히 틀려먹은" 것이다.

일부의 수학자들은 비트겐슈타인이 수학에 대해 초보적인 수준의 이해만을 가지고서 수학을 그러한 수준에 국한해 논의했다고 경멸했고, 일부의 수학철학자들은 그가 수학의 엄격한 필연성을 설명하는 데 실패했다고 비판했다. 그러나 우리가 보기에 이러한 비판의 대부분은 공정하지 못한 것이다. 다음에서 보듯이 그는 자신의 수학철학에 가해질 비판을 이미 예견하고 있었다.

수학자는 수학에 대한 나의 고찰에 혼비백산할 것이다. 그는 내가 전개하는 종류의 생각이나 의심에 빠지지 않도록 줄곧 훈련받았기 때문이다. 그는 저러한 고찰을 경멸하도록 배웠고, 정신분석의 비유를 들자면 (이는 프로이트를 연상하게 한다) 유치한 것에 대한 혐오감과 같은 종류의 혐오감을 갖게 될 것이다. 말하자면 나는 산수 등을 배우는 어린이가 부닥치는 모든 어려운 문제들을, 학교 교육이 해결해주지 않고 억압하는 문제들을 전개한다. 나는 저러한 억압된 의심에 대해 이렇게 말한다. 네가 전적으로

비트겐슈타인이 수학철학에 집중했던 1937년에서 1944년까지 집필한 유고에서 『수학의 기초에 관한 고찰』을 편집해내는 과정에 지대한 영향을 미친 것으로 알려져 있는데(Khan 2014, 4, 7쪽), 그 과정에서 수학철학 관련 유고의 절반 이상 분량이 무원칙적으로 잘려나갔다. (이 시기에 비트겐슈타인이 남긴 수학철학 관련 유고의 무삭제본이 다섯 권으로 출간될 예정이다.) 아울러 그는 『수학의 기초에 관한 고찰』의 출간에 맞춰 혹평으로 일관하는 최악의 서평을 썼는데, 이것이 향후 이 책에 대한 부정적 평가를 주도하게 되었다.

옳다. 해명을 요구하고 캐물어라! (BT, 433쪽)

이 장의 목적은 비트겐슈타인이 자신의 수학철학에서 제기한 문제들을 모두 해결하거나 해소하려는 것이 아니다. 그가 수학에 대해 초보적인 수준의 이해만을 갖고 있었다는 비판에 대해, 그가 수학에 대한 조예가 훨씬 더 깊었다고 응수하려는 것도 아니다. 수학에 관한 그의 견해가 수학의 기초에 대한 전문적인 논문의 형식을 띠고 있지는 않지만, 거기에는 수학뿐 아니라 지식 일반의 본성에 대한 "놀라울 정도로 가치 있는" 통찰이 담겨 있음을 입증하려는 것이 목적이다. 우리가 이 장에서 거론하고자 하는 주요 논점은 다음과 같다.

비트겐슈타인은 수학철학에서 가장 영향력이 큰 전통의 하나인 플라톤주의를 비판하고 있다. 우리는 이를 2절에서 상론할 것이다.

비트겐슈타인은 플라톤주의의 대안으로 제시된 규약주의의 약점을 극복하고 있다. 그를 극단적 규약주의자(full-blooded conventionalist)로 보는 더밋(Dummett 1959b)의 해석은 오해에서 비롯된 것이며, 따라서 그의 비판은 비트겐슈타인의 논지에서 벗어난 것이다. 우리는 이를 3절에서 상론할 것이다.

비트겐슈타인은 수학의 필연성을 플라톤주의나 규약주의가 아니라 우리가 수학의 인류학이라는 이름으로 부르고자 하는 접근법에 의거해 조명하고 있다. 그를 비판하는 이들의 주장과는 달리 그는 수학의 필연성과 강제력을 무게 있게 다루고 있다. 그의 견해가 수학적 실행에 깊이 뿌리내리고 있는 데 반해, 플라톤주의자나 규약주의자들은 그렇지 못하므로 사실은 그들이 수학적 필연성을 제대로 해명할 수 없다. 우리는 이를 4절에서 상론할 것이다.

5절에서는 수학의 인류학적 관점에서 비트겐슈타인이 수학적 필연성을 어떻게 해명하는지를 살펴본다. 우리는 한편으로는 수학 체계 내외에 미치는 강제력을 인정한다는 점에서 그가 이해하는바 수학적 필연성이 그의 비판자들이 생각했던 것보다 강하지만, 다른 한편으로는 대안적 수학체계와 그에 대한 다양한 해석과 실행을 인정한다는 점에서 스트라우드가 생각했던 것보다는 약하다고 본다.

6절에서는 수학적 필연성을 동적 인류학의 관점에서 국소적 필연성이나 상대적 필연성으로 재해석해본다. 우리는 수학적 필연성에 상대성과 국소성을 주입하는 부정적 강제력이 자연사적 사실과 삶의 형식의 국소성, 상대성, 변동가능성에 접맥되어 있음에 주목한다. 이로써 비트겐슈타인이 수학적 필연성을 보존하면서도 변화의 역동성을 적절히 해명하고 있음을 보인다.

2. 플라톤주의

수학에서 플라톤주의는 수학이 자연수, 실수, 군(群), 공간 등과 같은 추상적인 수학적 대상을 주제로 하며 이들 대상은 우리의 언어, 사유, 실행에서 독립해 있다는 믿음을 의미한다. 이는 다시 존재론과 인식론으로 이루어져 있다.

플라톤주의적 존재론에 따르면 저러한 수학적 대상을 거느리는 수학적 세계는 이미 존재하며 수학자들이 발견해서 기술해주기를 기다리고 있다(Barker 1964, 78쪽). 러셀은 이에 대해 다음과 같이 부연한다.

수학은 우리를 […] 인간적인 것에서 절대적 필연성의 영역으로 인도한다. 현실세계뿐 아니라 모든 가능 세계가 그것과 들어맞아야 한다. 심지어 수학은 이 필연성의 영역에 자신의 거주지를 마련한다. 혹은 자신의 영원한 거주지를 찾아낸다. 거기에서 우리의 이상은 완전히 충족되고, 우리가 가진 최선의 희망은 꺾이지 않는다.(Russell 1907, 65쪽)

플라톤주의적 인식론은 수학적 지식을 수적 실재의 초시간적 구조를 들여다보는 선험적이고 합리적인 통찰로 이해한다. 프레게는 이에 대해 다음과 같이 부연한다.

산수에서 우리는 외적인 어떤 것으로 알려진 대상이 아니라 […] 우리의 이성에 직접 주어지며 이성과 아주 가까워 그것에 그대로 드러나는 대상에 관여한다.(Frege 1884, 115쪽)

수학적 필연성에 대한 비트겐슈타인의 저술이 겨냥하는 주된 표적은 프레게와 러셀의 플라톤주의이다. 비트겐슈타인은 "수학적 발견이라고 불리는 것을 수학적 발명이라고 부르는 편이 훨씬 더 낫다는 것을 보이려고"(LFM, 22쪽) 한다. 이를 위해 그는 2, 4, 6, 8 … 과 같이 +2로 진행되는 아주 단순한 수열의 전개를 예로 택해, 플라톤주의자가 이를 어떻게 설명하는지를 플라톤주의의 타당성에 대한 시금석으로 삼고자 한다. 이러한 단순한 예를 설명하는 것조차 실패한다면, 플라톤주의는 모든 곳에서 실패할 것이라는 게 비트겐슈타인의 전략이다.

일견했을 때 플라톤주의자는 이 예를 설명해내는 데 어려움이 없어 보인다. 그는 수열의 옳은 전개가 이미 존재한다고 여긴다. 그는 스스로에게 이 수열의 규칙인 +2를 되뇌면서 그 수열을 같은 방식으로 계속 전개한다. 그는 이 수열의 전개에는 단 하나의 옳은 길이 있다고 생각하는데, 이는 프레게가 말한바 수학적 실재의 특성을 직관할 수 있는 능력에서 연유한다고 믿는다. 그러나 비트겐슈타인은 이러한 설명이 진정한 문제점을 감추고 있다고 비판한다. 플라톤주의자는 정작 설명을 요하는 그 능력을 가정하고 있다는 것이다. 비트겐슈타인은 다음과 같이 말한다.

만일 내가 그것을 **이미** 알고 있다면 이 앎이 내게 나중에 무슨 쓸모가 있단 말인가? 내 말인즉슨 수열을 전개할 때 나는 앞서의 이 앎을 가지고 무엇을 해야 하는지 어떻게 아는가? [⋯] "그렇다면 당신은 '+2'라는 표현을 가지고 예컨대 2004 뒤에 무엇을 해야 하는지 의심을 갖게 된다고 말하고 싶은 것인가?" — 아니다. 나는 주저 없이 "2006"이라고 답한다. 그러나 바로 그 이유 때문에 이것이 이미 결정되어 있었다는 가정은 불필요하다. 주어진 문제를 의심하지 않는다고 해서 그것이 이미 대답되었다는 뜻은 **아니다**.(RFM, 36~37쪽)

+2로 진행되는 아주 단순한 수열에서 그 다음번 수가 (예컨대 2004 다음의 수) 무엇인지 의심의 여지가 없다는 말은 다음번 수가 이미 결정되어 있다는 뜻이 아니다. 그러한 가정은 불필요하다. 그런데 플라톤주의자는 그 다음번 수가 무엇인지는 이미 희미하게 적혀 있으며, 수열의 전개는 이를 그저 베끼는 과정이라고 생각한다. 비트겐슈타인은 다음과 같이 말한다.

러셀은 그의 근본법칙에서 다음과 같은 명제를 말하는 것처럼 보인다. "그것은 이미 따라 나온다 — 나는 그것을 추론하기만 하면 된다." 그래서 어디에선가 프레게는 두 점을 연결하는 직선은 우리가 그것을 작도하기도 전에 이미 거기에 존재한다고 말한다. 그리고 이는 가령 +2 수열에서의 이행들이 우리가 말이나 글로 수행하기도 전에 — 마치 추적이라도 하듯 — 실제로 이미 이루어졌다고 말하는 것과 같다.(RFM, 45쪽)

플라톤주의자가 당면한 문제는 다른 학생들의 답안을 보고 베끼려는 학생이 당면한 문제와 같다(Bloor 1983, 86쪽). 그가 누구의 답안이 모범답안인지를 알아야 하는 것과 마찬가지로, 플라톤주의자도 이미 희미하게 적혀 있다는 수가 과연 옳은 수인지를 알아야 한다. 이 지점에서 플라톤주의는 선결문제 요구의 오류를 범하고 있음이 드러난다. 답안을 베끼려는 학생이나 플라톤주의자나 이미 옳은 답안을 알고 있음을 전제하고 있는 것이다(LFM, 145쪽).

플라톤주의자는 다시금 직관의 힘을 빌려 이러한 난관을 타개하고자 한다. 사람의 마음이 옳은 답안을 고르는 — 어떤 의미에서 현전(現前)하는 진리로 향하는 — 자연스러운 경향을 지니고 있다고 가정하는 것이다. 그러나 직관의 대상을 미리 상정해놓고 있다는 점에서 이는 플라톤주의에서 한 발자국도 벗어나 있지 못하다(LFM, 237쪽 참조).[87] 비트겐슈타인은 저러한 가정으로 재무장한 플라톤주의자의 입장을 다음과 같이 대변해본다.

---

[87] 괴델과 같은 플라톤주의자가 수학적 직관을 역설하고 있다는 사실도 플라톤주의와 직관주의가 일란성 쌍생아임을 보여준다. Gödel(1944), 128쪽;(1964), 268쪽 참조.

그러나 나는 지금 내가 하고 있는 것이 [⋯] 미래의 쓰임을 **인과적으로** 그리고 경험적으로 결정한다는 것이 아니라, 그 쓰임 자체가 **묘한** 방식으로 어떤 의미에서 현전해 있다는 뜻이다.(RFM, 87쪽)

플라톤주의적 존재론과 직관주의적 인식론을 결합한 저러한 답변은 플라톤주의가 저지르고 있는 선결문제 요구의 오류를 벗어나기는커녕 모종의 신비주의로 덮어씌우고 있다. 그것은 연구에 하등 도움이 되지 않으며 오히려 방해가 될 뿐이다(Bloor 1983, 87쪽).

플라톤주의는 지시적 의미론 및 진리 대응론과 짝을 이룬다. 수학의 용어는 그것이 지시하는 수학적 대상에 의해 의미를 부여받으며, 수학의 명제는 그것이 기술하는 수학적 대상들의 조합과의 대응에 의해 진리치를 부여받게 된다는 것이다. 지시적 의미론과 진리 대응론은 대상을 지시하는 특칭 용어들과 그 용어들로 이루어진 명제를 주된 모델로 하여 구상된 이론들이다. 그런데 수학의 용어나 명제들은 특칭 용어나 특칭 명제가 아니다. 수학은 보편학이기 때문에 보편 개념과 보편 명제들로 이루어진다.

우리의 경험은 보편이 아닌 특칭을 단위로 한다. 나무를 지각할 때에도 특정 전나무와 특정 소나무를 지각하지 전나무 일반, 소나무 일반, 혹은 나무 일반을 지각하지는 않는다. 그러한 보편자들은 특정 나무들의 지각으로부터 추론적으로 상정된다. 그렇게 상정된 보편자가 보편 개념에 의미를 부여하고 서로 조합하여 유관 보편 명제에 진리치를 부여한다는 생각은 본말전도의 오류를 범하고 있다. 보편자는 개별자를 매개로 상정되는 것이지 그 자신이 독립적으로 존재한다고 볼 수 없다.

3. 더밋의 규약주의적 해석

수학을 발명하는 것이 아니라 발견하는 것이라는 플라톤주의의 논제를 기각한 후에, 우리는 수학이 발견되는 것이 아니라 발명되는 것이라는 반대 논제를 받아들여야 하는가? 만일 그렇다면 그 논제의 정확한 의미는 무엇인가? 더밋(Dummett 1959b, 170쪽)은 수학적 필연성에 대한 비트겐슈타인의 입장을 극단적 규약주의로 묘사한 바 있다. 규약주의는 논리학과 수학의 진리를 용어의 의미에 의해 참인 분석적 진리로 간주한다. 논리학과 수학의 필연성은 언제나 언어적 규약의 직접적 표현이라는 것이다. 규약주의는 공리, 규칙, 정의에 대한 우리의 선택에는 여지가 있지만, 일단 선택이 이루어지면 다른 모든 것은 우리의 개인적 성향과는 무관하게 분석적으로 따라 나온다고 본다(Klenk 1976, 42쪽). 수학적 강제력은 그것들의 의미에 있다는 것이다.

더밋이 보기에 비트겐슈타인은 규약주의가 "왜 일정한 규약이 일정한 결과를 갖는지를 설명하지 못한다"(Dummett 1959b, 170쪽)라고 생각했다. 이로부터 더밋은 비트겐슈타인이 어떤 것도 공리와 규칙에 의해 결정되지 않으며, 주어진 명제로부터 어떤 것이라도 다 추론할 수 있는 것으로 보았다고 주장한다.

규약주의가 왜 일정한 규약이 일정한 결과를 갖는지를 설명하지 못한다는 더밋의 비판은 납득하기 어렵다. 규약 중에는 공리연역체계의 공리도 있지만 자연연역체계의 추론 규칙도 있으며 이 규칙은 전제로부터 어떻게 결과가 추론되는지를 설명한다. 비트겐슈타인이 이러한 자명한 사실을 간과했다는 근거는 어디에도 없기에 우리는 그것이 규약주의에 대한 더밋의 오해라고 판단할 수밖에 없다.

비트겐슈타인은 이상하게 계산하는 사람들(RFM, 52쪽), 우리처럼 계산하는 법을 배울 수 없는 사람들(PI, §143, §185), 장작더미의 크기를 부피가 아닌 면적으로 측정하는 사람들(RFM, 94쪽) 등 우리의 수학적 실행에서 크게 벗어나는 예들을 종종 사용한다. 더밋은 이 예들을 근거로 비트겐슈타인이 극단적 규약주의를 받아들였다고 본다. 더밋은 다음과 같이 말한다.

> 이 그림을 수용한다는 것은 비트겐슈타인을 따라 다음과 같이 생각한다는 것을 의미한다. 즉 우리는 수학에서 매 경우마다 **자유롭다**. 우리가 걸어온 단계 중 우리 외부로부터 강제된 것은 없으며 다 우리가 자유로이 선택한 것이다.(Dummett 1959a, 18쪽)

이 견해에 의하면 우리는 수학에서 매 경우마다 결정에 직면한다. 수학적 필연성의 원천은 외부에서 부가되거나 규약에 내재한 수학적 강제력이 아니라 ─ 그러한 강제력은 존재하지 않는다 ─ 우리의 자유롭고 자의적인 결정이다. 수학적 필연성은 자의적인 것에 지나지 않는다. 수학적 증명의 경우에도 우리는 공리와 추론 규칙을 이해해 받아들이고 그것이 적용되는 증명은 받아들이지 않을 수 있다. 그러나 더밋은 다음과 같은 반론을 제기한다.

> 일반적 기준으로 볼 때 적용된 개념을 이미 이해한 사람이 이 증명을 받아들이지 않는다는 것이 무슨 말인지 우리는 알지 못한다고 말하고 싶다. [...] 나는 이것이 비트겐슈타인의 견해가 어딘지 잘못되었음을 시사하는

아주 확실한 징표라고 생각한다.(Dummett 1959b, 173쪽)

비트겐슈타인에게 전가한 극단적 규약주의의 혐의 역시 더밋의 오해에서 비롯된 것이다. 극단적 규약주의 자체가 성립할 수 없다. 예컨대 연산의 규칙이 규약이지 연산의 각 과정과 결과까지 규약인 것은 아니다. 규약은 반복이 가능한 보편적인 명제이지 일회성에 그치는 결정이나 경우가 아니다. 규약은 무수히 많은 특정한 경우에 대한 적용을 함축하고 있다(Schroeder 2021, 107쪽). 공리와 추론 규칙을 받아들이고 나서도 그것이 적용되는 증명을 받아들이지 않는 것이 허용될 경우 공리나 규칙 등의 규약은 헛돌게 된다. 이는 비단 수학에만 해당하는 것이 아닐진대 규칙이나 규약에 따라 움직여야 할 언어게임과 사회적 행위는 모두 작동할 수 없게 된다. 비트겐슈타인은 이러한 사태가 규칙 따르기에 대한 오해에서 빚어졌음을 적시한 바 있다(PI, §201). 그러한 그를 극단적 규약주의자로 해석하는 것은 언어도단에 가깝다. 다음 절에서 상론하겠지만 비트겐슈타인이 우리의 수학적 실행에서 크게 벗어나는 예들을 종종 사용한다고 해서 그가 극단적 규약주의를 받아들였다는 근거가 될 수는 없다. 이 모든 오해는 비트겐슈타인이 아닌 더밋에게서 연유하고 있다.[88]

---

[88] 슈뢰더에 의하면 비트겐슈타인은 의미가 지시적 정의론, 플라톤주의, 표상주의 등에 의해 확정되지 않음을 주장하고 있는 데 반해, 더밋, 크립키(Kripke 1982), 라이트(Wright 1980, 22, 232쪽) 등은 의미가 확정되지 않으며, 우리에 의해 자유로이 선택된다는 그릇된 주장으로 빠지고 있다(Schroeder 2021, 109쪽). 이러한 오류는 비트겐슈타인의 규칙 따르기에 대한 그들의 해석에서도 반복되고 있다. 요컨대 비트겐슈타인의 견해와 그들의 그릇된 주장은 서로 무관하다. 의미는 쓰임에 의해, 규칙은 그 적용에 의해 각각 확정된다는 것이 비트겐슈타인의 견해이기 때문이다. 쓰임을 숙지

결과적으로 비트겐슈타인은 규약주의나 더밋이 말하는 극단적 규약주의 그 어느 것과도 어울리지 않는다. 더밋의 해석이 틀렸다는 것은 비트겐슈타인의 다음과 같은 언명과 비교해보면 쉽게 알 수 있다.

우리가 수열의 특정한 지점에서 통상적인 방식으로 규칙을 사용하는 것이 무슨 통찰이나 직관 행위인 것은 아니다.[89] 결정 행위라고 부른다면 덜 혼란스럽겠지만 이것 역시 부적절하기는 마찬가지이다. 결정 따위의 행위가 발생해야 하는 것이 아니기 때문이다.(BB, 143쪽)

사실 둘 다 아니다. 당신은 결정을 하는 것이 아니다. 당신은 그저 어떤 일을 한다. 그것은 실행의 문제이다.(LFM, 237쪽)

+2의 수열 전개에서 우리는 2004 다음에 2006을 쓴다. 그것은 내가 무엇을 직관했다거나 선택했다거나 결정을 해서가 아니다. 2004 다음에 2006을 쓰는 것이 +2의 수열 전개가 요구하는 바임을 우리는 실행(훈련)을 통해 습득했다. "나는 이 기호에 특정한 방식으로 반응하도록 훈련을 받았고, 지금 그렇게 반응하고 있다"(PI, §198). 그 외의 다른 어떤 이유나 사실을 가지고 이를 옹호하거나 반박하는 것은 부질없는 짓이다.[90]

하지 않고서는 언어의 의미를 이해할 수 없으며 적용을 익히지 않고서는 규칙을 따를 수 없다.

89 직관의 대상을 미리 상정해놓고 있다는 점에서 직관주의는 플라톤주의의 연장선상에 놓이게 된다. LFM, 237쪽 참조.

90 비트겐슈타인은 다음과 같이 말한다.

4. 스트라우드와 수학의 인류학

스트라우드는 우리의 수학적 실행에서 크게 벗어나는 비트겐슈타인의 예들의 가능성을 이해하는 것이 불가능하다고 주장한다(Stroud 1965, 448쪽). 그러나 그는 비트겐슈타인의 저 예들이 단지 우리가 그것을 이해하지 못함을 보여주기 위한 것은 아니라고 부연한다. 오히려 저 이해 불가능성이야말로 우리의 수학적 실행이 필연성을 지님을 함축한다는 것이다. 이는 다음과 같은 간단한 추론 도식에 의거해 있다.

p의 부정이 이해 불가능하다면 p는 필연적이다.

p에 우리의 수학적 실행을 대입하면 우리의 수학적 실행에서 크게 벗어나는 비트겐슈타인의 예들이 p의 부정에 해당하는 경우임을 알 수 있고, 그는 그러한 경우들이 이해 불가능함을 보임으로써 우리의 수학적 실행이 필연적임을 입증하고 있다는 것이다.

이처럼 비트겐슈타인에 대한 스트라우드의 해석은 더밋과는 상반된 관점에서, 그리고 더밋이 멈춘 바로 그 지점, 즉 수학적 필연성의

그는 자기 스스로 계속해야 하는 방법을 어떻게 **알** 수 있는가?"—글쎄, **나는** 어떻게 아는가?—만일 그것이 "나는 이유들을 가지고 있는가?"를 의미한다면, 대답은 다음과 같다: 내 이유들은 곧 바닥이 날 것이다. 그러면 나는 이유들 없이 행위할 것이다.(PI, §211)

그는 **이유 없이** 이렇게 계속해야 한다. 그러나 그가 아직 이유를 파악할 수 없어서가 아니라—**이** 체계에는—어떠한 이유도 존재하지 않기 때문이다. ("이유의 사슬에는 끝이 있다.")(Z, §301)

근거 문제에서 출발한다. 더밋은 우리의 수학적 실행에서 크게 벗어나는 비트겐슈타인의 예들을 근거로 극단적 규약주의자인 비트겐슈타인이 수학적 필연성의 문제를 해명하는 데 실패하고 있다고 보는 반면, 스트라우드는 같은 예들을 근거로 비트겐슈타인이 극단적 규약주의자가 아니며 저 예들에 대한 이해의 불가능성이 바로 우리가 행하는 수학적 실행의 필연성을 입증해준다고 보고 있다.

누구나 마음대로 추론할 수 있다고 보는 더밋의 극단적 규약주의자, 즉 더밋의 비트겐슈타인과는 정반대로, 스트라우드는 비트겐슈타인이 추론, 계산, 셈 등의 본질을 어떠한 결과나 다 옳은 것으로 간주해서는 안 된다고 생각한 것으로 보았다. 우리의 수학적 실행에서 크게 벗어나는 예들을 비트겐슈타인이 이해 불가능한 것으로 간주한 이유는 추론이나 계산의 옳은 결과에 관한 사람들 사이의 일치와, 언제 어디서 추론이나 계산을 해도 결과는 같다는 사실이 추론이나 계산이 성립하기 위한 필요조건이기 때문이라는 것이다(Stroud 1965, 448쪽; RFM, 192~193, 198~199쪽 참조). 스트라우드는 다음과 같이 말한다.

'일치'는 일정한 방식으로 행동하는 데 있어서 사람들이 보이는 보편적 합치이다. 우리 모두가 공유하는 '자연적 반응', 혹은 어떤 생물을 사람이게끔 하는 실행들이 그[비트겐슈타인]가 말하는 '자연사의 일반적 사실들'이다. 계산의 단계들의 정확성은 우리가 아무런 근거 없이 받아들이는, 혹은 자명한 어떤 진리와 일치한다는 근거하에, 혹은 그 진리가 그 정확성을 함축한다는 근거하에 궁극적으로 확립되는 것이 아니다.(Stroud 1965, 461~462쪽)

스트라우드는 우리가 수학적 필연성을 받아들이게 되는 이유를 그것에 대한 어떠한 대안도 이해 불가능하다는 데서 찾는다.[91] 우리가 통상적인 방식으로 추론해야 하는 까닭은 대안적 추론의 실행이 이해 불가능하기 때문이라는 것이다.[92]

대안은 과연 이해 불가능한가? 우리가 보기에 스트라우드처럼 수학적 필연성에 대한 비트겐슈타인의 입장을 대안적 논리 추론이나 수학적 실행이 이해 불가능한 것이라고 생각하는 해석은 잘못되었다. 오히려 비트겐슈타인의 수학관의 핵심은 그 반대편에 서 있다. 그는 종종 대안적 삶의 형식을 고안하고 우리와는 다른 물리적, 생물학적 환경을 상상한다. 그는 그 환경에서 새로운 방식으로 행위하는 부족을 고안하고 새로운 언어사용을 포함하는 새로운 관습을 상상한다. 그의 이러한 사유는 캔필드(Canfield 1975, 107쪽)가 제안했듯이 창의적 인류학, 혹은 인류학적 공상과학 소설이라고 불릴 만하다. 물론 이는 3장에서 보았듯이 경험과학으로서의 인류학이 아니라 사람의 삶의 형식과 자연사적 사실에 주목하는 철학적 인류학이다.[93] 비트

---

91 샌커는 수학적 객관성의 부정이 수학적 명제의 의미에 대한 '대안적 그림'이 아니라 이해 불가능성을 초래한다고 주장한다(Shanker 1987, 71쪽). 이는 스트라우드의 견해에 대한 동의로 간주할 수 있다.

92 대안적 수학적 실행에 대한 개스킹(Gasking 1940)의 옹호는 카스타녜다(Castañeda 1959)에 의해 그 타당성을 비판받은 바 있다. 1965년에 스트라우드의 논문이 발표되기 전에 벌어진 개스킹과 카스타녜다 사이의 논쟁이 비트겐슈타인에 대한 스트라우드 해석의 한 배경이 된다.

93 그러나 이는 사변적 형이상학으로 흐른 독일의 철학적 인간학 전통과는 구별된다. 비트겐슈타인의 철학적 인류학은 사람의 언어와 수학적 실행을 이해하기 위한 방편으로 고안된 것이지, 그가 저러한 이름의 독립된 학을 창시하거나 체계를 세우려는 것이 아님에 유의해야 한다. 인종학에 대한 그의 다음과 같은 언명은 인류학에도 그대로 적용된다고 할 수 있다.

우리가 인종학적 고찰 방식을 사용한다면 이는 우리가 철학이 곧 인종학이라고 말함

겐슈타인의 작업을 이러한 시각에서 보았을 때 스트라우드가 주장하는 대안적 수학적 필연성의 이해 불가능성 논제는 상상에 의해 고안된 물리적, 인류학적 배경을 전제로 하는, 우리와는 다른 삶의 형식과 자연사의 문제와 맞물려 다시 논의되어야 한다.

수학은 연관된 언어게임들의 가족이다. 비트겐슈타인은 수학을 "증명 기술들의 **잡동사니**"(RFM, 176쪽)라고 부르기도 한다. 이것들 또한 인류학적으로 이해해야 한다. 즉 우리의 관습이나 제도와는 여러모로 다른 방식으로 수학을 하는 경우를 상상할 수 있다. 비트겐슈타인은 다음과 같이 말한다.

> 수학의 명제는 우리가 어떻게 추론하고 계산하는지를 말해주는 인류학적 명제인가?(RFM, 192쪽)

> 수학은 결국 인류학적 현상이다.(RFM, 399쪽)

> 물론 우리에게 생각과 추론의 테두리는 (셈과 마찬가지로) 자의적 정의가 아니라 우리의 삶에서 우리가 생각과 추론의 역할이라고 부를 수 있는 것에 해당하는 자연적 한계이다.(RFM, 80쪽)

『갈색 책』의 앞부분에서 비트겐슈타인은 우리와는 다른 수학적 실

을 의미하는가? 그렇지 않다. 그것은 다만 사물들을 **보다 객관적으로** 볼 수 있도록 더 외부에다 우리의 관점을 위치시킴을 의미할 뿐이다.(CV, 45쪽)

철학이 곧 인류학은 아니지만 인류학적 방법은 특히 철학에서 유익하다는 것이 비트겐슈타인의 견해이다(Rhees 1965, 25쪽).

행에 대한 긴 호흡의 논의를 전개한다. 이어서 그는 다양한 인류학적 공상과학 소설을 상상함으로써, 즉 우리와는 다른 삶의 형식을 고안함으로써, 다른 수학적 실행의 가능성을 그려 보이고 있다(BB, 93쪽 이하). 저러한 수학적 실행을 상상하거나 이해하는 것은 비록 원리적으로는 불가능하지 않더라도 그것을 세세하게 완전히 상상하거나 이해하기란 어려운 일일 것이다. 우리는 그것을 어차피 우리의 수학적 실행에 견주어 상상하고 우리의 관점으로 번역해 이해할 수밖에 없는데, 저러한 수학적 실행이 전제하고 있는, 우리와는 다른 삶의 형식과 자연사를 세부적인 데까지 고안하거나 습득하기란 지난한 일일 것이다. 따라서 수학의 인류학은 다른 수학적 실행의 이해에 필요한 대안적 세계상의 개략적 스케치에 그친다.

5. 수학적 필연성과 강제력

캔필드(Canfield 1975, 478~479쪽)를 좇아 우리는 비트겐슈타인의 관점에서 수학적 필연성을 수학적 실행의 안과 밖에서 각각 조망해 볼 수 있다. 우리가 셈을 배울 때, "우리는 '하나' 뒤에 '둘'을, '둘' 뒤에 '셋'을 말하도록 엄격하게 강제되는"(RFM, 37쪽) 훈련을 받는다. 그것이 셈이라는 실행의 핵심에 해당한다. 이러한 점에서 수학적 필연성은 수학적 실행에 대해서 내적이라고 말할 수 있다.[94] 그러나 다

---

[94] 셈을 배운다는 것은 바로 저러한 실행을 배움을 의미한다는 점에서 그렇다(Floyd 1991, 169쪽).

른 한편으로 "셈(그리고 이는 **그렇게** 세는 것을 뜻한다)은 우리 삶의 가장 다양한 실행에서 일상적으로 사용되는 기술(技術)"(RFM, 37쪽)인 관계로 셈의 결과는 늘 같아야 한다. 그렇지 않다면 엄청난 혼란이 야기될 것이 불 보듯 뻔하기 때문이다. 이러한 점에서 수학적 필연성은 셈이라는 수학적 실행에 대해서 외적이라고 말할 수 있다.

브라이스(Brice 2014, 20쪽)는 언어게임의 내부에서 작동하는 명제적 필연성과 그 외부로부터 부과되는 비(非)명제적 필연성 간의 이질성에 주목해 이종적(異種的) 토대주의(heterogeneous foundationalism)라는 명칭을 비트겐슈타인에게 부여하기도 한다. 토대주의는 모든 지식의 정당화 과정이 어떤 토대로 환원되며 그로부터 지식의 진리성이 유도된다는 이론을 일컫는데(Braver 2012, 173쪽), 5장에서 보았듯이 그러한 의미의 토대를 부정하는 비트겐슈타인에게 토대주의라는 명칭은 어울리지 않는다. 그러나 언어게임의 안팎을 경계로 필연성의 종류를 구분했다는 점에서 브라이스의 논의는 우리의 논의와 연관성을 지닌다. 수학적 실행도 일종의 언어게임이기 때문이다.

추론의 법칙은 사회의 다른 법칙들이 그러한 것과 같은 의미로 우리를 강제한다. 우리가 하나의 추론에서 다른 사람들과 똑같은 결론에 도달하지 않는다면, 우리는 "예컨대 사회와, 그리고 다른 실행의 귀결들과도 충돌하게 된다"(RFM, 81쪽).

내가 말하고자 하는 바는 이것이다. 수학은 **규범적이다.** [⋯] 수학은 규범의 그물망을 형성한다.(RFM, 425, 431쪽)[95]

---

[95] 또한 다음을 참조. LFM, 98쪽.

비트겐슈타인은 수학적 명제를 다음과 같은 의미에서 '예언'이라고
한다.

그것들은 이 기술(技術)을 익힌 사회의 구성원들이 그 사회의 다른 구성원
들과 일치해서 어떤 결과를 얻을지를 예언한다.(RFM, 193쪽)

인용문에서의 일치는 "의견에서의 일치가 아니라 삶의 형식에서의
일치이다"(PI, §241). 물리적, 생물학적 환경 등 사람의 자연사(自然史)
의 사실들은 사람의 인류학적 삶의 형식과 함께 그의 생각과 추론의
패턴을 조건 짓는다. 그리고 이 패턴은 논리학과 수학의 기본 법칙들
로 고착된다. 비트겐슈타인은 다음과 같이 말한다.

우리의 논리적 법칙들에는 일상 경험의 아주 일반적인 사실들이 대응한
다.(RFM, 82쪽)

우리에게 주어진 삶의 형식을 배경으로 우리는 수학을 하고, 그 규
칙들을 따르고, 적용한다. 그러한 삶의 형식과 함께 사람의 자연사를
배경으로 한 삶의 우연성의 복잡한 성격과 다양성은 우리의 개념과
실행에 자연적 근거를 제공한다(RPP II, §614).[96]
　모든 학문이 사회적 산물이라는 논제는 현대의 철학과 과학에서
일반적으로 인정되고 있다. 그러나 수학은 통상적으로 저러한 논제

---

[96]　이로써 비트겐슈타인은 경험적이고 일반적인 사실이 논리학이나 수학과 무관하다는
　　자신의 초기 견해에서 벗어나고 있다.

의 주변에 머물고 있거나 예외로 치부되었다. 일부의 지식사회학자들은 사회학이 수학의 기초를 어떻게 관통할 수 있는지를 보여주었다는 점에서 비트겐슈타인을 지식사회학의 강한 프로그램에 기여한 인물로 칭송하기도 한다(Restivo 1983, 161~162쪽; Bloor 1973, 173쪽). 하지만 우리는 그가 사회학보다는 더 근원적인 인류학의 지평에서 인류학적 상상력에 의거해 수학의 기초를 해명하고 있다고 본다. 따라서 그의 수학철학을 지식사회학이 아닌 창의적 인류학으로 자리매김하는 것이 마땅하다.

수학에 대한 비트겐슈타인의 인류학적 접근법을 결정론적으로 해석해서는 안 된다. 그는 수학적 필연성을 설명하는 과정에서 강제력을 언급하고 있는데(RFM, 37~38, 50, 57~61, 79~82, 91, 155, 187, 238, 429쪽) 이는 자칫 그가 지식사회학의 결점인 결정론의 오류를 범하는 것으로 비칠 수 있다(Chihara 1961, 140쪽). 우리가 외적 강제력을 일정한 수학체계를 차용하도록 결정하는 힘으로 간주하는 경우에 저러한 오류가 발생한다. 인류학적 공상과학 소설을 통해 여전히 상상가능하고 또 이해 가능한 대안들을 선보이고 있는 비트겐슈타인의 수학철학에 대해, 외적 강제력이 우리의 선택을 결정한다는 식의 해석을 부여해서는 안 된다. 결정론적 해석하에서 대안은 그저 의례적인 것일 뿐 사실상 선택은 없는 셈이 되어버리기 십상이기 때문이다.

강제력에 대한 결정론적 해석은 다음과 같은 여러 이유에서 합당하지 못하다. 첫째, 그것은 "수학자가 발견자가 아니라 발명가"(RFM, 99쪽)라는 비트겐슈타인의 언명과 모순된다. 강제력 논제에 대한 결정론적 해석을 받아들인다면 수학자가 무언가를 발명할 수 있는 여지는 사라지게 된다.

둘째, 주지하다시피 유클리드 기하학은 우리의 생활세계와 잘 들어맞고 따라서 우리에게 강제력을 행사한다고 할 수 있다. 그러나 그렇지 못한 비유클리드 기하학도 수학에서 각광받고 있다. 세계가 여러모로 지금과 달라진다면 그런 세계에서는 우리가 알고 있는 것과는 다른 수학체계가 유행할 것이라고 전망할 수 있겠지만, 비유클리드 기하학의 성립 전과 후로 이 세계가 달라진 바는 없다.[97] 우리가 유클리드 기하학과 비유클리드 기하학을 모두 사용한다는 사실을 감안한다면, 사람의 생각과 추론의 패턴이 어느 하나의 특정 수학체계를 수용하도록 결정한다는 수학관을 받아들이기는 어렵다.

셋째, 수학의 진리와 필연성이 이미 우리 삶의 형식으로부터의 강제력에 의해 결정되어 있다면, 수학에 관한 어떠한 논의의 가능성도 사라지게 된다. 모든 것이 이미 결정되어 있는 마당에 논의할 무엇이 있겠는가? 지식사회학이 그러한 것처럼 수학의 결정론 논제도 반(反)합리주의와 신비주의를 초래한다(Popper 1966, 216쪽).

경쟁하는 수학체계 중 하나의 수학체계가 인류학적 강제력에 의해 강요되는 것은 아니다. 비트겐슈타인은 다음과 같이 말한다.

여기서의 위험은 정당화와 같은 것이 부재하므로 **단지 우리는 이렇게 한다**고 말해야 할 때, 우리의 과정에 대해 정당화를 부여하는 것이라고 나는

---

[97] 비유클리드 기하학의 하나인 리만(Bernhard Riemann) 기하학은 아인슈타인이 상대성 이론의 기하학으로 차용함으로써 거시 세계의 시공간을 설명하는 데 큰 성과를 거둔 바 있다. 그러나 비유클리드 기하학의 강제력이 이러한 성과를 거두기 전과 후에 달라졌다고 보기는 어렵다. 수학적 필연성이 수학의 적용으로 말미암아 더 강화되는 것은 아니기 때문이다.

믿는다.(RFM, 199쪽)

강제력을 수학체계의 선택에 결정권을 행사하거나 설명적 정당화를 제공하는 것으로 해석해서는 안 된다. 오히려 그것은 수학적 실행의 아주 일반적인 조건이나 전제로 새겨야 한다. 아울러 다양하고 상이한 수학체계들에 대한 우리의 선택에 여지가 있듯이, 선택된 체계의 해석과 실행에 대해서도 다양한 해석의 여지가 있다. 요컨대 외적 강제력이 대안적 수학체계들을 허용하는 것처럼, 내적 강제력도 그 체계의 해석과 실행에 대한 다양한 해석을 허용한다.

수학적 필연성에 대한 비트겐슈타인의 강제력 논제가 더밋과 같은 비판자들이 생각했던 것보다는 강하지만 지나치게 강하다는 반론이 있을 수 있다. 앰브로즈(Alice Ambrose)는 이러한 반론을 수용하여 강제력 논제를 다음과 같이 수정한다.

우리가 사용하는 산수가 셈의 결과와 부합한다는 사실은 아마도 경험이 제시하는 우리의 선택에 의해 설명될 것이다. 사실은 선택을 강제하는 것이 아니라 제시한다.(Ambrose 1955, 57쪽)

제시는 강제보다 확실히 약하기는 하다. 그러나 우리가 보기에 요청되는 바는 수학적 필연성의 강도에 대한 수위 조절이 아니라, 그것에 대한 더 입체적이고 역동적인 해석이다. 이를 논의하기 위해 먼저 지금까지의 논의를 정리해보자. 수학은 다음의 그림에서 보듯 삶의 형식과 그 내용을 이루는 자연사에 속하는 인류학적 현상이다.

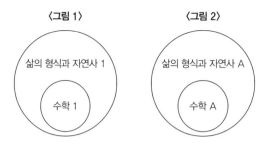

〈그림 1〉에서 '삶의 형식과 자연사 1'과 '수학 1'은 각각 '사람의 삶의 형식과 자연사', 그리고 '사람의 특정한 수학체계나 수학적 실행'을 의미한다고 하자. 그리고 〈그림 2〉에서 '삶의 형식과 자연사 A'와 '수학 A'는 각각 '외계인의 삶의 형식과 자연사', 그리고 '외계인의 특정한 수학체계나 수학적 실행'을 의미한다.

삶의 형식과 자연사는 수학의 필요조건이지만 충분조건은 아니다. 판단에서의 일치, 삶의 형식에서의 일치, 자연의 제일성(齊一性) 등은 수학의 필요조건이다. 그러나 우리는 저러한 필요조건을 충족하는 다양하고 상이한 수학체계와 실행을 상상할 수 있으며, 실제로 그러한 체계들을 실행한다. 이는 삶의 형식과 자연사가 각각의 수학에 대해 충분조건이 아님을 입증한다.

이를 바탕으로 우리는 〈그림 1〉에서 '삶의 형식과 자연사 1'의 원 안에 '수학 1'뿐 아니라 '수학 2', '수학 3' … 등의 원들을 그려 넣을 수 있다. 마찬가지로 〈그림 2〉에서 '삶의 형식과 자연사 A'의 원 안에 '수학 A'뿐 아니라 '수학 B', '수학 C' … 등의 원들을 그려 넣을 수 있을 것이다.

삶의 형식과 자연사의 원 안에 위치해 있지만, 수학이라는 원은 내적으로는 자율성을 갖는 캡슐에 견줄 수 있다. 그 자율성은 자의적인 것이 아니라 내적 강제력에 의해 통제되는 자율성이다. 그것은 삶의 형식과 자연사를 수학이라는 캡슐 외부에 가하는 외적 강제력과는 캡슐이라는 경계로 구별해야 하는 좁은 의미의 강제력이기도 하다. 캡슐 내부의 관점에서는 다른 캡슐들은 이해나 양립 혹은 호환이 불가능하겠지만, 캡슐 밖의 관점에서는 서로 다른 규칙에 의해 작동되는 다른 수학들이 저마다 캡슐화된 필연성을 실행하고 있을 뿐이다.

우리는 지금까지 비트겐슈타인의 관점에서 수학적 필연성에 대한 인류학적 해명을 시도해보았다. 그러나 이는 아직 정태적 측면에서의 서술에 그치고 있다. 강제에 대한 결정론적 해석이나 강제를 제시로 수정하는 앰브로즈의 대안은 어떻게 해서 수학체계가 변화를 겪고, 어떻게 해서 다양하고 상이한 수학체계가 등장하고, 어떻게 그것이 우리에게 수용되는지를 설명하지 못한다.[98] 강제에서 제시로 용어를 바꾸는 정도의 수정만으로는 저러한 문제들을 충분히 다룰 수 없다. 이제 수학적 필연성을 동적 관점에서 재조명해볼 차례가 남아 있다.

---

[98] 다음에서 보듯이 비트겐슈타인은 변동의 문제에 주목할뿐더러 그것에 대한 그림을 수학에서 찾고 있다.

쓰임의 다양성은 단 한 번 정해진 채로 고정되는 것이 아니다. 새로운 형태의 언어와 새로운 언어게임이라고 할 만한 것들이 생겨나고, 다른 것들은 쓸모없어져 잊힌다.(우리는 이에 대한 **대략적인 그림**을 수학의 변천 과정에서 찾을 수 있다.)(PI, §23)

'체스'라는 낱말이 그러하듯이 '증명'이라는 낱말의 의미도 변모한다.(LFM, 39쪽)

6. 수학의 동적 인류학

비트겐슈타인은 수학철학에서 플라톤주의를 배격하는 것으로 수학의 인류학을 시작했다. 그는 플라톤주의에 반대하여 수학이 발견의 문제가 아니라 발명의 문제라는 것을 수학의 인류학의 표어로 삼았다. 또한 그는 수학이 모든 것을 허용해서도 안 된다고 보았다. 즉 그는 규약주의를 배격하면서 수학의 엄격성을 옹호하고자 했다. 그는 수학적 필연성의 원천을 인류학적 강제력에 의거해 해명하려 했다.

비트겐슈타인은 이처럼 한편으로는 플라톤주의에 맞서 수학의 창의성을, 다른 한편으로는 규약주의에 맞서 수학의 엄격성을 주장했다(RFM, 37쪽). 그러나 그의 강제력 논제는 지나치게 화석화될 경우 어떠한 대안이나 선택도 허용하지 않는다는 문제를 야기한다. 수학에 탄력성을 허용하기 위해서는 강제력의 강도를 약화시키기보다는 그것을 역동적으로 재해석해야 한다. 수학의 인류학이 모순이나 난점 없이 작동하려면 강제력의 수위 조절이 아니라 이 역동성에 대한 올바른 이해가 필요하다.

우리는 수학적 실행 외부로부터 연원하는 강제력을 인정한다.[99] 우리는 이 강제력이 현실적으로는 특정한 수학적 실행의 작동에 필요조건으로 전제되지만, 잠재적으로는 기존의 수학적 실행에 대한 부정으로 지향될 수 있다고 본다. 즉 사람의 자연사의 일반적 사실이 달라진다면 우리가 알고 있는 수학에도 변화가 일어날 것이고, 우리

---

99 그런 점에서 우리의 해석은 외적 강제력을 부정하는 포겔린(Fogelin 1976, 196쪽)의 해석과 궤를 달리한다.

와 다른 삶의 형식을 지닌 지적 존재자가 수학을 한다면 우리가 알고 있는 수학과는 다른 수학을 발명할 것이다. 비트겐슈타인은 이를 수학의 경험 독립성과 경험 의존성으로 표현하고 있다. 수학이

> 경험으로부터 독립적인 까닭은 일어나는 어떠한 사건도 우리가 그것을 거짓으로 간주하도록 하거나 포기하게 하지 않을 것이기 때문이다.
>
> 경험에 의존하는 까닭은 사정이 달라지면 당신은 이 계산을 사용하지 않을 것이기 때문이다. 그것의 증명은 오직 그것이 경험에 유용한 결과를 주기 때문에 증명이라고 불린다.(LFM, 41~42쪽)

이를 앞의 그림으로 설명하면 〈그림 1〉에서 〈그림 2〉로의 변화에 해당한다. 즉 '삶의 형식과 자연사 1'이 '삶의 형식과 자연사 A'로 변화한다면, 이러한 변모는 '수학 1', '수학 2', '수학 3' … 등과는 구별되는 '수학 A', '수학 B', '수학 C' … 등으로의 패러다임 전환에 대한 충분조건이 된다. 이 충분조건 역시 외적 강제력에 해당한다.

예컨대 디지털적 분절이 없는 아날로그적 액체 세계에 거주하는 액체적 삶의 형식을 지닌 지적 존재자의 수학은 우리의 수학과 다를 것이다. 우리의 셈이나 산수는 그런 세계에 무용지물이므로 그 존재자에게 우리의 셈이나 산수는 그저 이상한 게임으로 비칠 것이다. 거꾸로 우리가 그 세계로 진입한다면 셈을 비롯한 우리의 수학은 의미를 잃게 될 것이고, 대신 우리는 액체 세계의 수학을 신기한 현상으로 여길 것이다(Baker and Hacker 2009, 339쪽).

강제력은 기존 수학의 필요조건으로 부가될 뿐만 아니라 그 배경이 되는 삶의 형식과 자연사의 변동과 맞물려 기존의 수학을 부정하

고 그에 걸맞은 수학을 요청하는 쪽으로 지향되기도 한다. 이러한 부정적 강제력이 대안적인 수학적 실행의 고안과 수용의 원동력이 되는 것이다. 외적 강제력이 수학의 변화의 조건이 된다 했을 때 이 조건은 충분조건이지 필요조건이 아님에 유의할 필요가 있다. 그것이 필요조건이 아닌 까닭은 외적 강제력의 변화가 없이도 수학은 얼마든지 변화하기 때문이다. 우리가 아는 수학사에서의 변화는 모두 이 경우에 해당한다. 그런데 이 변화는 주어진 삶의 형식과 자연사를 전제해서 일어난 것임에 유의할 필요가 있다. 외계인의 수학 역시 외계인의 삶의 형식과 자연사를 필요조건으로 그 범위 내에서 다양한 분화를 겪을 수 있을 것이다.

강제력의 원천은 삶의 형식과 자연사적 사실이다. 우리의 수학적 실행은 삶의 형식과 자연사적 사실을 전제로 하고 있기에 그것에 의해 강제된다. 그러나 삶의 형식과 자연사적 사실이 수학적 실행에 가하는 강제력은 법칙이나 정의(definition)를 통한 함축의 관계, 설명이나 정당화의 관계가 아니다. 아울러 그것은 보편적인 것이 아니라 국소적인 것이다.

가시세계에서 필연성을 행사하는 유클리드 기하학과 표준논리학은 거시세계나 미시세계에서는 그 장악력을 상실하여 비유클리드 기하학이나(거시세계) 양자논리학(미시세계)과 같은 대안들에 자리를 내어주게 된다. 이로 말미암아 유클리드 기하학이나 표준논리학이 폐기되는 것은 아니지만 그것들이 보편적이라는 믿음은 수정된다. 즉 그것들은 제한된 영역 안에서 그리고 자기 체계 안에서는 여전히 필연적으로 작동하지만, 그 너머에서는 더 이상 대안적 체계를 불허하는 독점권을 행사하지 못한다.[100]

체계에 대한 해석의 강제력도 독점권을 행사하지 못하기는 마찬가지이다. 아리스토텔레스의 논리학을 공리연역체계로 보는 우카시에비치(Łukasiewicz 1951)의 해석이나 자연연역체계로 보는 코코란(Corcoran 1972; 1974a; 1974b)과 스마일리(Smiley 1974)의 해석은 상호 양립 불가능하지만 대등하게 그 타당성을 인정받고 있다. 양자역학 역시 하이젠베르크, 보른(Max Born), 요르단(Pascual Jordan)의 행렬역학과 슈뢰딩거(Erwin Schrödinger)의 파동역학이라는 상이한 수학적 이론 틀에 의해 정식화되었고, 저 수학적 이론 틀은 대등하게 그 타당성을 인정받고 있다.

수학을 위시한 형식체계는 체계의 안과 밖을 가르는 경계를 지닌다. 경계는 외연상의 경계일 수도 있고 관점의 차이를 상징하는 경계일 수도 있다. 유클리드 기하학과 비유클리드 기하학의 경계, 표준논리학과 양자논리학의 경계가 외연적 경계라면, 아리스토텔레스의 논리학에 대한 우카시에비치와 코코란/스마일리의 해석상의 경계, 양자역학에 대한 하이젠베르크/보른/요르단과 슈뢰딩거의 수학적 정식화의 경계는 관점의 차이에 해당한다.

수학적 실행은 경계 안쪽에서 필연적 강제력을 지닌다. 또한 수학적 실행은 경계 바깥에서 그 실행을 조건 짓는 사람의 자연사적 사실

100　유클리드 기하학은 평면 공간을, 비유클리드 기하학의 하나인 리만 기하학은 볼록한 공간을, 또 하나의 비유클리드 기하학인 로바체프스키(Nikolai Lobachevsky) 기하학은 오목한 공간을 각각 전제로 하고 있으며 그 전제에서만 작동한다. 이 세 기하학들은 서로 곡률을 달리하는 까닭에 상호 양립 불가능하다. 이와 유사한 맥락에서, 일상세계에서 작동하는 표준논리학은 아원자 세계에 적용되기 어려우며, 아원자 세계에서 작동하는 양자논리학은 일상세계에 적용되기 어렵다. 저 두 논리체계 역시 상호 양립이 불가능하다.

과 삶의 형식에 접맥되어 있기도 한데, 외연이나 관점에서 경계 바깥에서 형성되는 강제력에 의해 부정될 수 있다. 보편성이나 독점성을 보장받지 못하는 것이다. 이것이 우리가 주목하는 부정적 강제력으로서, 규정은 곧 부정이라는 스피노자의 직관과도 일맥상통한다.

부정적 강제력은 수학적 실행의 내적 강제력과 양립 가능한 강제력이다. 요컨대 그것은 수학적 실행의 규칙 따르기를 부정하는 규칙 위반하기를 야기하지 않는다. 수학적 실행의 내적 필연성은 부정적 강제력에 의해 훼손되거나 약화되지 않는다. 이처럼 수학적 실행은 내적 관점에서는 하나의 캡슐이나 모듈이 그러한 것처럼, 외부의 변화에 대해 그때마다 부침을 겪지는 않는다. 그러나 이 캡슐이나 모듈도 삶의 형식과 자연사와 완전히 그리고 영원히 절연된다면 역시 의의를 잃게 될 것이다. 그것은 어떠한 기계장치에도 연결되지 않은 채 헛도는 엔진과 같은 것이 되고 말 것이다. 그 까닭은 캡슐화된 수학적 실행도 자연적 사실의 항상성, 삶의 형식에서의 일치와 같은 기반이 부재한 마당에는 실행의 여지를 상실하기 때문이다.

경계의 바깥을 지향하는 부정적 강제력으로 말미암아 수학적 실행의 내적 필연성은 보편성이나 독점성을 누리지 못한다. 즉 그 필연성은 국소적 필연성이거나 상대적 필연성이다. 국소적 필연성이나 상대적 필연성은 형용모순처럼 들리지만, 필연성을 제약하는 국소성이나 상대성은 부정적 강제력의 필연적 귀결이다.

수학적 필연성에 상대성과 국소성을 주입하는 부정적 강제력은 자연사적 사실과 삶의 형식의 국소성, 상대성, 변동가능성에 접맥되어 있다. 비트겐슈타인이 보여주는 인류학적 공상과학 소설의 시나리오들은 이를 부각시키기 위한 장치이며, 수학의 인류학은 그 수학철학적 귀결이다. 우리는 비트겐슈타인이 수학의 인류학을 통해 플라톤주의와 규약주의의 양극단을 피해 수학적 필연성을 보존하면서도 변화의 역동성을 적절히 해명할 뿐만 아니라, 강제력의 성격을 부정성에 둠으로써 강제력 논제가 빠지기 쉬운 결정론의 함정에서도 벗어날 수 있다고 본다.

7장
수학철학의 주제들

앞 장에서 비트겐슈타인의 수학철학을 총론적으로 살폈다면 이 장에서는 그와 관련된 여섯 주제를 개별적으로 논구하는 각론을 전개한다. 그러다 보니 다른 장에서와 달리 이 장의 절들은 각각 독립성을 유지한 채 서로 느슨하게만 연결되어 있다. 첫 세 주제에서 비트겐슈타인은 직접 호명되기보다는 대체로 배경의 관점으로 물러서 있다가 마지막 두 주제에서야 비로소 전면에 나서게 된다.

1. 증명

수학에서 어떤 이론이나 원리를 이해하고도 이를 증명하거나 그에 연관되는 문제를 풀지 못한다면 그 이유는 무엇 때문일까? 예컨대 맞꼭지각은 서로 같다는 정리에 대한 다음의 증명을 살펴보자.

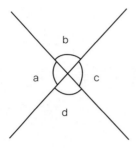

위의 그림에서 우리는 다음을 알고 있다.

1. $\angle a + \angle b = 180°$
2. $\angle c + \angle b = 180°$

이로부터 맞꼭지각인 $\angle a$와 $\angle c$가 서로 같음은 어떻게 증명되는 가? 덧셈과 뺄셈의 셈법만으로도 충분하다. 즉 1에서 2를 빼면

3. $\angle a - \angle c = 0$

3의 좌변과 우변에 각각 $\angle c$를 더하면

4. $\angle a - \angle c + \angle c = 0 + \angle c$

이를 정리하면

$\angle a = \angle c$

Q.E.D.

그러나 이는 간단하지 않다. 예컨대 저 증명에서 1과 2, 그리고 덧셈과 뺄셈을 알아도 1에 2를 더하면 우리는 저 증명에 실패하게 된다. 혹은 3의 좌변과 우변에 각각 ∠c를 빼도 증명을 망치게 된다. 3의 양변에 ∠b를 더해도 증명은 길을 잃게 된다. 요컨대 우리가 아무리 1과 2, 그리고 셈법에 능통해도 문제가 절로 풀린다는 보장은 없다. 열거한 암초들을 모두 피해 1에서 2를 빼고 3의 각 변에 ∠c를 더할 때에야 비로소 우리는 저 증명에 성공하게 되는 것이다.

A) 1과 2, 그리고 셈법의 지식으로부터 B) 맞꼭지각이 서로 같다(∠a = ∠c)는 결론에 이르기 위해서는 A)와 B)를 연결하는 증명과정에 대한 설계가 필요하다. 즉 1과 2를 셈법을 사용해 어떻게 변형하고 조합하여 B)를 도출해낼지를 단계적으로 구상해보아야 한다. 위의 그림에서 맞꼭지각이 서로 같다(∠a = ∠c)는 사실은 직관적으로 자명해 보이지만, 이를 증명하는 일은 직관이나 자명성만으로는 충분하지 않다.

증명이나 문제 풀이에는 지식뿐 아니라 연관된 상황을 두루 꼼꼼히 살피는 통찰(通察)이 필요하다. 맞꼭지각에 대한 증명의 경우에는 주어진 그림에서 맞꼭지각이 서로 같음을 확인하고 이를 보여줄 수 있는 방안을 모색하는 것이 그에 해당한다. 그 모색은 방안의 실마리를 잡는 착안(着眼)에서 점화된다.

예컨대 위의 그림을 찬찬히 들여다보고 우리는 다음과 같은 추론을 스케치해본다. "∠a와 ∠c는 같아 보이네. 음, 이를 어떻게 입증할 수 있을까? ∠a와 ∠b의 합이나 ∠c와 ∠b의 합이나 모두 180°라는 사실에서 출발해볼까? ∠a와 ∠b의 합은 ∠c와 ∠b의 합과 동일한 셈인데, ∠a와 ∠b의 합이나 ∠c와 ∠b의 합은 ∠b를 공유하고 있네.

그럼 ∠a와 ∠b의 합과 ∠c와 ∠b의 합에서 ∠b를 빼면 남는 ∠a와 ∠c는 서로 같게 되겠지."

이러한 스케치에서 ∠a와 ∠b의 합이나 ∠c와 ∠b의 합이 ∠b를 공유하고 있음에 주목하는 것이 착안이다. 이에 착안해 ∠a와 ∠b의 합과 ∠c와 ∠b의 합에서 ∠b를 빼고 남는 ∠a와 ∠c가 서로 같음을 확인하는 것이 증명의 전개과정에 해당한다. 착안은 기하에 해당하지만 이에 착안한 증명은 대수의 영역에서 이루어진다.

위의 그림에서 저러한 스케치를 이끌어내는 일은 절로 되는 것이 아니다. 그림을 찬찬히 들여다보고도 어떤 착안을 떠올리지 못하는 경우를 충분히 상상할 수 있다. 위의 스케치는 증명의 얼개를 제공한다. 그러나 이를 실제의 증명으로 옮기는 일에도 어려움이 따를 수 있다. 예컨대 ∠a와 ∠b의 합과 ∠c와 ∠b의 합에서 ∠b를 빼는 작업을 어떻게 표현해야 할지를 모르는 경우를 상상할 수 있다. 이는 상대성이론을 머릿속에서 스케치하고도 수학식으로 표현하지 못해 애를 먹고 있는 아인슈타인의 경우에 견줄 수 있다.

증명이 잘 풀리지 않을 경우에는 간접증명으로 발상을 전환하는 것도 하나의 방법이다. 발상 전환의 백미는 착상(着想)이다. 실수(實數)가 비가산(非可算; uncountable) 집합을 이룸을 증명하기 위해 칸토어(Georg Cantor)가 착상한 대각선 논법이나 불완전성 정리를 증명하기 위해 괴델이 착상한 괴델 넘버링(numbering)은 현대 수학과 논리학의 기념비적인 업적이다. 부등식의 영역에서의 최댓값, 최솟값을 구하는 문제를 풀 때 목적의 식(式)을 k로 놓고, 영역 내에서 k를 변화시켜보는 착상도 문제 해결의 실마리를 제공한다. 착상은 통찰이나 착안과 같은 봄을 넘어서는 창의적 발상을 일컫는다.

추리소설을 읽으면서 우리는 저자가 흘리는 이런저런 단서들을 바탕으로 나름의 추론을 전개해본다. 그러나 대부분의 경우 우리는 범인을 알아맞히는 데 실패한다. 범인이 처음부터 알려진 경우에는 그가 어떻게 해서 범행(예컨대 살인)을 저지를 수 있는지를 알아내는 데 실패하고는 한다. 비트겐슈타인의 말대로 숨겨진 것은 아무것도 없고, 모든 단서가 다 드러나 있는 경우에도 우리는 그로부터 범행을 짜 맞추거나 범인을 지목하는 데 실패하고는 하는 것이다. 소설을 다 읽고 나서야 우리는 탐정의 기발한 추리를 경탄의 마음으로 이해하게 된다. 우리의 추리에 무엇이 부족했고 어떤 결함이 있었는지를 그제야 알아보게 되는 것이다.

맞꼭지각에 대한 증명의 경우에도 숨겨진 것은 아무것도 없고, 모든 단서가 다 드러나 있다. 증명에 필요한 대수와 기하에 대한 지식을 갖추고 있음에도 우리는 증명에 어려움을 겪을 수 있다. 추리소설의 경우에나 맞꼭지각에 대한 증명의 경우에나 실제의 추론은 암중모색이다. 완성된 추론의 사슬은 수미일관하고 매끄럽지만, 실제 추론의 과정에서는 시행착오가 개입하기 일쑤여서 진행이 순탄하지만은 않다.

발견과 발명 중 어느 관점이 수학의 본질을 더 잘 보여주는지에 대한 논쟁은 무의미하다. 수학의 기술(技術)은 사람이 발명한 것이지만 그 기술을 사용해 문제를 푸는 과정에는 통찰에 해당하는 발견이 있게 마련이고,[101] 이 중에서 어느 하나를 문제 풀이의 실마리로 주목

---

101 좀 다른 맥락에서이기는 하지만 다음에서 보듯이 수학을 발명으로 본 비트겐슈타인도 수학에서의 발견을 인정하고 있다.

하는 착안이라는 초점화도 필요하다. 그리고 착안을 바탕으로 증명의 내용을 수학의 언어로 풀어내야 한다. 같은 통찰도 착안점에 따라 다양한 방식으로 풀어낼 수 있는데, 이는 풀어냄의 과정이 발견보다는 발명임을 의미한다. 창의적인 발상법의 모태가 되는 착상 역시 발명에 해당한다. 자연과학에서 발견의 맥락과 정당화의 맥락이 서로 구별되면서도 공존하고 있듯이, 수학에서도 발견과 발명은 이처럼 서로 구별되면서도 공존한다.

증명과 문제 풀이에 필요한 지식을 갖추고 있음에도 증명과 문제 풀이에 실패하는 이유는 그 지식을 반추하고 사용하는 연습이 부족하기 때문이다. 지식을 얻었다(得) 해도 거기에 연습(習)이 동반되지 않으면 우리는 지식을 습득(習得)했다고 할 수 없다. 학문은 학습(習)을 동반해야 한다. 학습은 배운 바를 스스로 증명하고 문제를 풀어봄으로써 학문의 체(體)와 용(用)의 균형을 맞춤을 뜻한다. 체와 용은 라일(Gilbert Ryle)이 말하는 know that과 know how, 혹은 이론을 의미하는 테오리아(theoria)와 기술(技術)을 의미하는 테크네(techne)에 대응한다. 그리고 이론으로서의 테오리아는 지식에, 기술로서의 테크네는 사용의 기술에 대응한다.

지식만으로 문제가 절로 풀리는 것이 아니기에 양자를 결부하는

여러분은 "자, 어린이는 25 × 25를 계산해 625를 얻을 때 이를 **발명하는** 게 아니다. 그는 그것을 찾아냈다"라고 말할 수 있을 것이다.
물론 어린이는 수학적 사실을 발명하는 게 아니다 — 그렇다고 말하는 것은 이치에 맞지 않는다. 어린이가 그것을 찾아냈다는 말에 잘못된 것은 없다.(LFM, 92쪽)

계산법은 발명에 해당하지만 각 계산의 매 결과까지 발명인 것은 아니다. 결과는 계산에서 따라 나오는 것이기 때문이다.

통찰, 착안뿐 아니라 테크네가 필요하다. 한국의 대입수학 참고서들은 이를 해당 문제 풀이에 필요한 정석, 해법, 테크닉 등으로 표기하고 있는데 이들은 해당 참고서의 이름으로도 널리 알려져 있다. 문제를 푸는 데는 이론의 이해도 중요하지만 테크네, 즉 기술을 익히는 것이 아주 유용하기 때문이다. 예를 들자면 ○분의 ○ 꼴의 무리함수의 극한을 구하는 문제를 풀기 위해서는 함수의 극한에 대한 이론의 이해는 물론인데다 (i) 분모, 분자 중 $\sqrt{\ }$가 있는 쪽을 먼저 유리화하고, (ii) 분모, 분자에 모두 $\sqrt{\ }$가 있을 때에는 분모, 분자에 각각 켤레식을 곱하는 기술을 구사할 줄도 알아야 한다.

테크네가 문제 풀이에 필요한 특정한 기술만을 의미할 필요는 없다. 배운 지식을 활용해 다양한 문제를 풀어보며 실력을 닦는 전 과정이 곧 테크네를 익히는 과정이다. 지식을 정당화할 줄 모르거나 활용해 문제를 풀 줄 모른다면 그 지식은 체화되지 못한 죽은 지식인 셈이다. 배운 지식을 스스로 증명해보고 문제 풀이에 사용할 수 있을 때 지식은 비로소 살아 있는 지식이 된다. 마리아노 리베라(Mariano Rivera) 투수에게 커터(cutter) 구종을 전수받았어도 배운 대로 커터를 던질 줄 모른다면, 전수받은 지식은 공염불에 불과한 것과 같은 맥락이다. 전수받은 커터도 연습을 통해서야 체화되듯이,[102] 수학적 지식도 증명과 문제 풀이라는 테크네의 숙련을 통해서야 비로소 몸에 배게 된다. 커터를 익히는 것이 그에 연관된 근육의 연마를 요하듯이, 수학적 지식을 학습하는 데에도 그에 연관되는 지적 근육의 연마가

102　야구에서 너클볼(knuckleball) 구종에 대해서는 다음과 같은 격언이 있을 정도이다. "가르치는 데는 10분, 배우는 데는 평생(Ten minutes to teach but a lifetime to learn)."

필요하다.

수학의 학습에 대한 지금까지의 논의는 외국어 학습의 경우에도 적용된다. 우리는 문법과 낱말을 숙지하고도 독해문을 번역하지 못하곤 한다. 알고 있는 문법과 낱말을 적절히 사용하는 것이 서투른데다, 숙어나 관용표현, 구문 등 해석에 필요한 테크네에 해당하는 기술을 익히지 못했기 때문이다. 다양한 독해문을 번역해보는 수련을 통해야만 외국어 실력은 나아진다. 번역에 필요한 언어적 근육을 연마해야 하는 것이다. 수학의 경우나 외국어의 경우나 문제를 풀고 (수학) 독해문을 번역하는(외국어) 경험을 쌓고 실전 감각을 익히는 것이 학습을 완성시킨다.

학습 능력은 연습으로는 좁혀지지 않는 개인의 기량 차이가 현격하고, 한 개인의 경우에도 학습의 분야에 따라 기량의 차이가 있다. 농구의 신이라 불리던 마이클 조던도 야구에서는 이렇다 할 기록을 내지 못했고, 수학을 잘하는 사람이 외국어에 약하거나 그 반대인 경우도 허다하다. 이는 학문과 학습, 테오리아와 테크네, 혹은 지식과 문제 풀이가 연관을 유지하면서도 서로 다른 위상에 놓여 있음을 보여준다.

수학과 외국어 학습의 유사성은 수학도 일종의 언어이며 따라서 언어적 접근이 필요함을 시사한다. 언어가 그러하듯이 수학에서도 구문론, 의미론, 화용론의 지층을 확인할 수 있다. 구문론은 수학의 체(體)에 해당하고, 의미론은 지시체에 해당하는 각종 도식, 도형, 벤 다이어그램, 모델이 수반되는 수학, 그리고 수학이 적용되는 수리물리학, 수리경제학 등의 자연과학과 사회과학에 연관되며, 수학의 용(用)에 해당하는 화용론은 증명을 포함한 수학의 각종 문제 풀이의 과정에 연관된다.

수학의 경우에서도 그러하지만 언어 습득의 경우 테크네의 중요성은 아무리 강조해도 지나치지 않다. 언어를 익히는 과정은 곧 테크네를 익히는 과정이라고 해도 과언이 아니다. 그리고 이는 언어와 그 언어가 얽혀 있는 활동들로 구성된 전체를 뜻하는 언어게임(PI, §7)을 익히는 과정도 마찬가지이다. 그리고 이는 곧 사람의 삶을 익히는 과정이기도 하다. 그래서 비트겐슈타인은 논리학이 사람의 자연사(自然史)에 속한다고 말한다(RFM, 352쪽). 여기서 그가 말하는 논리학(logic)은 체계로서의 학문이라기보다 논리적 추론이라는 활동을 뜻하는 것으로 새겨야 한다.

비트겐슈타인은 논리학이 사람의 자연사에 속한다는 말이 논리적 '강제(must)'와 양립 가능하다고 부연하고 있다(RFM, 352~353쪽). 자연사의 문맥에서 "어떤 것을 자의적으로 결정했을 **때**, 다른 어떤 것은 (표기법의 본질에 의거해) 필연적으로 그러해야 하기"(TLP, 3.342) 때문이다. 우리로 하여금 반드시 어떤 규칙을 차용하도록 강요하는 논리적 강제는 없지만, 추론의 규칙을 변경한다면 추론이라는 언어게임을 변경하는 것에 해당한다는 점에서 규칙은 강제성을 지닌다. 즉 어느 한 게임을 하기 위해서는 그 게임의 규칙을 준수해야 한다. 야구에서 축구공을 사용해서는 안 된다는 규칙을 차용하도록 강요하는 강제는 없지만, 그 규칙을 변경한다면 야구는 전혀 다른 게임으로 변모한다는 점에서 저 규칙은 우리가 야구를 하기 위해서는 준수해야 하는 것과 같은 맥락이다.

수학이라는 학문을 논리학이라는 학문으로 환원하려는 프레게, 러셀의 논리주의는 성공적이었다고 보기 어렵지만, 수학을 포함한 모든 학문에는 논리적 추론이 개입한다는 점에서 수학적 추론도 논리적 추론의 일종인 셈이다.(한 걸음 더 나아가 올바른 모든 추론은 논리적 추론으로 볼 수 있다.) 논리적 추론은 수학뿐 아니라 모든 학문에 개입하므로 모든 학문적 활동이 사람의 자연사에 속한다고 말할 수 있다. 실제로 저러한 활동은 지상의 다른 동식물들의 자연사에서는 발견되지 않는다.

논리적 추론은 어떤 전제로부터 거짓인 결론을 타당한 방식으로 이끌어낼 수 있다. 추론만으로는 결론의 참을 보장할 수 없는 것이다. 그러나 타당한 추론에 의해 거짓인 결론을 이끌어내려면 추론의 전제도 거짓이어야 한다. 참인 전제로부터는 참인 결론만이 타당한 추론에 의해 이끌어져 나올 수 있을 뿐이다. 참인 전제로부터 거짓인 결론이 타당한 추론에 의해 이끌어져 나올 수 없다는 점을 제외하고는 추론은 참이나 거짓과 연관이 없다. 어떤 주장이 추론으로 정당화되었다고 해서 그 주장이 참인 것은 아니다.

2. 집합

수학은 논리적 사고력을 길러준다. 모든 학문에 논리적 사고력이 필요하지만 수학은 논리적 사고력을 기르는 데 으뜸가는 학문이다. 논리학과 수학은 탐구의 대상에서만 약간의 차이가 있을 뿐 논리적 사고력이 지배하는 학문이다. 우리는 수학 기초론의 논리주의는 수학을 논리학으로 환원하려는 기존의 환원주의적 방식이 아니라 바로 이러한 방식으로, 즉 수학적 사고의 근원이 논리적 사고라는 것을 강조하는 방식으로 거듭나야 한다고 생각한다.

한 집합의 부분집합의 개수를 관찰해보자. 우리는 그 집합의 원소의 수가 1개, 2개, 3개, 4개일 때 부분집합의 개수가 각각 2개, 4개, 8개, 16개임을 본다. 이로부터 집합 $\{a_1, a_2, a_3, \cdots a_n\}$의 부분집합의 개수는 2^n개라는 공식을 만든다. 이 공식은 통찰(通察)을 통해 만들어졌다. 통찰은 발견에 해당하지만 공식을 발견한 것은 아니고, 어떤 패턴을 발견한 것이다. 발견한 이 패턴을 저러한 공식으로 치환하는 데는 창의력이 필요하다. 혹은 지수에 대한 수학적 지식을 저 패턴에 응용할 줄 아는 응용력이 필요하다. 즉 발견한 패턴과 발명한 공식 사이에는 간극이 있고, 그 간극을 연결하는 것이 창의력 혹은 응용력이다.

공식은 일종의 기술(技術) 혹은 개념적 기계장치(mechanism)이다. 저 기술을 확보하면 그다음부터는 어떤 집합이든 그 집합의 부분집합의 개수를 일일이 셀 필요가 없다. 그 집합의 원소의 수를 저 기계장치에 대입만 해주면 알고자 하는 값을 얻게 된다. 수작업이 기계적인 작업으로 변모하는 것이다. 편리하고 유용하지만 그만큼 생각하는 수고마저 덜어준다는 점을 명심해야 한다. 수학을 비롯한 많은 학문에서 우리는 저러한 개념적 기계장치들을 수도 없이 만나게 된다.

개념적 기계장치들의 출현 빈도에 고무되어 아예 모든 것을 일종의 기계장치로 보는 철학을 기계주의라고 부르자. 예컨대 사람의 뇌를, 심지어 우주 전체를 일종의 컴퓨터로 보는 것이 기계주의이다. 기계주의에 의하면 개념적 기계장치를 구현하는 컴퓨터와 같은 기계들로 이루어진 것이 세계이고, 그 청사진이 개념적 기계장치이다. 각각의 개념적 기계장치는 플라톤의 이데아에 견줄 수 있고, 기계로 이해된 존재자들의 세계는 플라톤의 현상계에 해당한다.

집합 $\{a_1, a_2, a_3, \cdots a_n\}$의 부분집합의 개수는 2^n개이다. 관찰이나 공식의 발명, 혹은 그 유용성이 증명을 대신하지는 않는다. 관찰이나 발명이나 유용성과는 별도로 저 공식에 대한 엄밀한 증명이 필요하다. 그 증명을 시도해보자.

원소가 n개일 때 부분집합을 구성하면 그 n개 각각의 원소가 부분집합에 속하는 경우와 속하지 않는 경우의 두 가지 경우로 나뉜다. 이처럼 각 원소에 대해 두 가지 경우가 생기므로 n개의 원소를 갖는 집합의 부분집합의 개수는 2를 n번 곱하는 경우의 수, 즉 2^n개이다.
Q.E.D.

공식에 대한 증명을 모르고도 우리는 공식이 참이고 유용함을 안다. 그러나 우리의 앎은 공식이 참인 예를 들고 공식의 유용성을 보여주는 예증의 수준을 넘지 못한다. 증명은 공식의 참에 대한 회의의 가능성을 종식시킨다. 그리고 증명의 과정을 통해 우리는 공식의 의미를 더욱 깊고 정확하게 알게 된다. 증명을 익힘으로써 비로소 공식이 참임을 자신과 타인에게 완벽히 입증할 수 있게 된다. 증명은 완전하고 논박 불가능해야 한다.

그런데 저 증명은 어떤가? 저 증명은 원소가 n개일 때 부분집합을 구성하면 그 n개 각각의 원소가 부분집합에 속하는 경우와 속하지 않는 경우의 두 가지로 나뉨을 전제하고 있다. 그런데 그 전제는 확실한가? 슈뢰딩거의 고양이는 살아 있는 고양이의 집합에 속하는가, 아닌가? 집합에의 귀속 여부에 늘 변동이나 불확실성이 있는 반(反)

사실적(counterfactual) 상황에서는 저러한 전제를 근거로 증명을 전개할 수 없을 것이다.

증명은 공식의 발명이나 사용보다 어렵다. 혹은 더 낯설다. 사용에서 유리된 공간에서 증명이 전개되기 때문이다. 즉 증명은 사용보다 훨씬 추상적이다. 사람에 비유하자면 증명은 해부이다. 잘 아는 사람에 대해서도 그의 장기(臟器)를 들여다볼 기회는 아주 드물다. 혹은 증명은 내가 나 스스로를 탐구하는 작업이다. 다른 사람은 잘 보여도 나는 내가 잘 안 보이는 법이다. 탐구나 봄의 방향을 웬만해서는 자기 스스로에게로 향하지 않기 때문이다.

"공집합은 임의의 집합 A의 부분집합이다." 이에 대한 증명은 통상적으로 다음과 같다.

$\phi \subseteq A \equiv (\forall x)[x \in \phi \rightarrow x \in A]$이다.[103]

그런데 $x \in \phi$가 거짓이므로, $[x \in \phi \rightarrow x \in A]$는 항상 참이다.

$\therefore \phi \subseteq A$

Q.E.D.

이 증명은 전건이 거짓인 조건문은 후건의 참 거짓 여부에 상관없이 참이라는 점에 착안하고 있다. 그렇다면 다음은 어떤가?

"공집합은 임의의 집합 A의 부분집합이 아니다."

---

[103] 이 절에서만큼은 예외적으로 '⊂'가 조건문을 나타내는 논리학의 기호가 아니라 포함 관계를 나타내는 집합론의 기호로 사용된다. '⊂'에서 파생된 '⊆', 'φ'도 마찬가지로 집합론의 표준적 기호들이다.

증명: $\phi \not\subseteq A \equiv (\forall x)[x \in \phi \rightarrow x \notin A]$이다.

그런데 $x \in \phi$가 거짓이므로, $[x \in \phi \rightarrow x \notin A]$는 항상 참이다.

$\therefore \phi \not\subseteq A$

Q.E.D.

전건이 거짓인 조건문은 후건의 참 거짓 여부에 상관없이 참이라는 점에 착안하는 증명은 역설에 빠지게 된다. 후건에 각각 p와 ~p와 논리적으로 동치인 적형식을 대입시키면 역설이 생겨난다. 이를 막으려면 전건이 거짓인 조건문은 후건의 참 거짓 여부에 상관없이 참이라는 점을 증명에 사용해서는 안 된다는 금지 조항이 필요할 것이다.

전건이 거짓인 조건문의 후건에 p와 ~p와 논리적으로 동치인 $x \in A$와 $x \notin A$를 각각 대입시키는 위의 두 증명이 모두 타당하다면, 공집합은 임의의 집합 A의 부분집합으로 보아도 좋고, 보지 않아도 좋다. 기존의 집합론은 공집합을 임의의 집합 A의 부분집합으로 본다. 그러나 우리는 공집합을 임의의 집합 A의 부분집합으로 보지 않는 집합론도 생각할 수 있다.

"임의의 집합 A는 A 자신의 부분집합이다." 이에 대한 다음과 같은 설명(증명이 아니다)을 보자.

학생은 모두 학교 안에 있다. 그러므로 학교라는 집합도 학교의 부분집합이다. 집합 A의 모든 원소가 집합 A에 들어 있으면 부분집합의 정의에 따라 집합 A는 집합 A의 부분집합이다.[104]

104 https://mathbang.net/7

이 설명은 이해할 수 없다. 명백한 문법적 오류이기 때문이다. 내가 나의 부분집합인가? 내가 나의 부분집합이라 해도 그 부분집합이 빠뜨리는 것이 없으므로, 차라리 나는 나의 (부분이 아닌) 전체집합이라고 하는 것이 더 낫지 않을까? 그러나 이 말도 이상하다. 내가 나라는 말 대신 내가 나의 전체집합이라고 해야 할 이유를 찾기 어렵기 때문이다.

"A ⊂ B이고 A ≠ B일 때, A를 B의 진부분집합이라 한다." 진부분집합이야말로 진정한 부분집합이다. 그렇다면 "임의의 집합 A는 A 자신의 부분집합이다"라는 앞의 명제는 "임의의 집합 A는 A 자신의 가(假)부분집합이다"라는 뜻인가?

부분집합 외에 진부분집합을 따로 설정하는 것은 옥상옥(屋上屋)을 쌓는 격이다. 저러한 식대로라면 집합 외에 진집합을, 공집합 외에 진공집합을, 원소 외에 진원소를 각각 설정할 수도 있을 것이다. 저러한 개념을 거느리는 집합론은 진집합론이라고 부를 것인가? 그럼에도 부분집합에 대해서 굳이 저러한 설정을 따로 하는 데서 집합론자들도 "임의의 집합 A는 A 자신의 부분집합이다"라는 논제를 수용함에 있어 부담을 느꼈음을 짐작할 수 있다.

집합론은 하나가 아닌 여럿일 수밖에 없는 것 같다. 개념의 정의에 따라, 규약의 설정에 따라 다양한 길을 낼 수 있기 때문이다. 그러나 집합론은 논리학이 그러하듯이 우리 언어의 문법과 같은 점도 있고 다른 점도 있기 때문에, 우리의 언어가 포착하는 이 세계의 면면과는 같은 점도 있고 다른 점도 있음에 유의해야 한다. 이는 인공지능이 사람의 지능과 같은 점도 있고 다른 점도 있는 것과 유사하다.

3. 논리주의

프레게(Frege 1884)와 러셀(Whitehead and Russell 1927)의 논리주의에는 그들의 플라톤주의적 형이상학이 반영되어 있다. 존재양화사를 동원한 수에 대한 그들의 다음과 같은 논리적 번역에서도 수의 존재에 대한 플라톤주의를 확인할 수 있다.[105]

0     $\sim(\exists x)Fx$

1     $(\exists x)(Fx \cdot (y)(Fy \supset (y = x)))$

2     $(\exists x)(\exists y)(Fx \cdot Fy \cdot (x \neq y) \cdot (z)(Fz \supset (z = x) \lor (z = y)))$

…   …

이를 풀면 다음과 같다.

0	F인 x는 존재하지 않는다.	0개의 F가 존재한다.
1	F인 x가 존재하고 모든 y에 대해서 y가 F이면 y는 x이다.	1개의 F가 존재한다.
2	F인 x가 존재하고 F인 y가 존재하고 x와 y는 같지 않고 모든 z에 대해서 z가 F이면 z는 x이거나 y이다.	2개의 F가 존재한다.

---

105   다음의 책에서 슈뢰더가 현대의 표기법으로 번역해놓은 것을 손질하였다. Schroeder (2021), 9쪽.

...　　...　　　　　　　　　　　...

프레게는 각각의 수에 대해 다음과 같은 독립적 정의를 부여한다 (Frege 1884, §68, §77).

F의 수	개념 F와 동수인(equinumerous) 모든 개념의 집합
0	그 자신과 동일하지 않은 개념의 수
1	0과 동일한 개념의 수
2	0이나 1과 동일한 개념의 수
...	...

수에 대한 이러한 논리적 번역이나 정의는 수학자들에게도 생소하다. 수론에서 저렇게 장황한 번역이나 정의는 중요하지 않을뿐더러 필요나 쓸모도 없다. 수학을 논리학으로 환원하려는 논리주의자들만이 관심을 가질 뿐이다. 아울러 수의 사용이 수가 존재한다는 가정을 필요로 하는 것도 아니다. 그것은 논리주의자들이 자의적으로 덧붙인 쓸데없는 가정에 불과하다.

덧셈에 대한 논리적 번역도 마찬가지이다. 논리주의에 따르면 덧셈을 논리학으로 번역하기 위해서는 다음과 같이 정의되는 양화사가 도입되어야 한다(Schroeder 2021, 10쪽).

$(\exists_1 x)Fx =_{df} (\exists x)(Fx \cdot (y)(Fy \supset (y = x)))$

$(\exists_2 x)Fx =_{df} (\exists x)(\exists y)(Fx \cdot Fy \cdot (x \neq y) \cdot (z)(Fz \supset (z = x) \vee (z = y)))$

...　　　　　　...

이렇게 정의된 양화사를 사용해 논리주의자는 3 + 4 = 7을 다음과 같이 번역한다.[106]

$$((\exists_3 x)Fx \cdot (\exists_4 x)Gx \cdot \sim(\exists x)(Fx \cdot Gx)) \supset (\exists_7 x)(Fx \lor Gx)$$

이를 풀면 다음과 같다.

F인 x가 3개 존재하고 G인 x가 4개 존재하고 F이면서 G인 x가 존재하지 않는다면, F이거나 G인 x가 7개 존재한다.

결국 3 + 4 = 7을 예컨대 사과 3개에 배 4개를 더하는 응용문제로 변환해 "사과인 x가 3개 존재하고 배인 x가 4개 존재하고 사과이면서 배인 x가 존재하지 않는다면, 사과이거나 배인 x가 7개 존재한다"로 장황하게 번역하고 있는 셈이다. 저 번역은 $(\exists_3 x)$, $(\exists_4 x)$, $(\exists_7 x)$에서 보듯이 수와 셈을 이미 전제로 하고 있다. 즉 우리는 저러한 표기로 계산을 하는 게 아니라 3 + 4 = 7을 저렇게 표기할 뿐이다. 3 + 4 = 7을 모르고서는 저러한 표기를 할 수조차 없다(WVC, 35쪽). 그리고 덧셈의 응용문제라면 모를까 $(\exists_3 x)$, $(\exists_4 x)$, $(\exists_7 x)$ 외에 Fx와 Gx는 해당 덧셈을 표현하는 데는 불필요하기도 하다.

덧셈에 대한 위의 논리적 번역에서는 의미의 손실이 발생한다. 우리는 덧셈의 결과인 7개가 사과 3개와 배 4개로 이루어짐을 알고 있

---

106 다음 책에서 비트겐슈타인이 든 예를 현대의 표기법에 맞게 손질하였다. WVC, 35쪽.

는 데 반해, 논리적 번역으로는 이것을 알 수 없다. 번역에 동원된 양화술어논리학으로는 센다는 행위가 불가능한데다, 덧셈의 결과인 7개가 사과이거나 배인 것으로 얼버무려져 있기 때문이다. 조건문에서 전건과 후건의 관계는 등식에서 좌변과 우변의 관계와 다르다. 등식이 되기 위해서는 쌍조건문(if and only if)이 필요하기도 하고, 전건과 후건이 의미의 증감 없이 호환 가능해야 하는데, 저 번역은 이러한 조건을 만족시키지 못하고 있다.

논리주의는 수학을 논리학으로 환원하는 것이 아니라 수학을 논리적으로 번역하는 데 그칠 뿐이며, 모든 번역이 그러하듯이 번역되는 것(수학)에 의존할 수밖에 없다. 그런데 저러한 번역이 정작 수학에서는 쓸모가 없다. 수학을 논리적으로 번역해놓은 것만 가지고는 할 수 있는 일이 아무것도 없다. 수학을 이해하는 데 도움이 되는 것도 아니다. 수에 대한 논리적 번역이나 정의, 덧셈에 대한 논리적 표기를 익힌다고 해서 수나 덧셈에 대한 이해가 깊어진다고 볼 수 없다. 논리주의는 잘못된 이론이기 이전에 헛수고에 가깝다.

4. 수학은 문법인가?

비트겐슈타인은 1929년에서 1930년 상반기 사이에 저술한 『철학적 고찰』에서 다음과 같이 말하고 있다.

산수는 수의 문법이다. (PR, 130쪽)

여기서 기하학은 단순히 문법이다.(PR, 217쪽)

산수와 기하학은 수학의 근간을 이루는 분야라는 점에서 비트겐 슈타인은 수학을 문법으로 보고 있는 셈이다. 문법은 언어의 규칙이다. 그렇다면 수학이 문법이라는 말은 수학이 언어임을 전제로 하고 있는 셈이다. 우리는 이 시기만 해도 비트겐슈타인이 수학을 논리학으로 환원하려 했던 프레게와 러셀의 영향하에 있었음을 알 수 있다. 논리학이 문장과 문장 사이의 관계를 다루는 학문이라는 점을 감안한다면, 수학을 논리학으로 환원한다 함은 수학이 언어임을 전제하고 있는 셈이기 때문이다.

그러나 1942년에서 1944년 사이에 작성한 유고에서 비트겐슈타인은 다음과 같이 말하고 있다.

예측을 목적으로 기호들을 변형하는 기술(技術)로서의 수학이 문법과 아무 관계가 없음은 분명하다.(RFM, 234쪽)

비트겐슈타인은 수학을 기술로 이해하면서 문법과 절연시키고 있다. 이는 그가 수학을 더 이상 언어로 보지 않음을 의미하는가? 그러나 저 구절을 담고 있는 『수학의 기초에 관한 고찰』에도 수학적 명제라는 표현은 빈번히 등장한다. 그렇다고 해서 수학이 반드시 언어일 필요는 없다는 것이 그의 견해이다.

그렇게 계산하는 사람은 어떤 산수 **명제**를 말해야만 하는가? 물론 우리는 짧은 **문장** 형식으로 어린이에게 구구법을 가르치기는 한다. 그러나 이게 본질적인 것인가? 왜 그들이 그저 **계산을 배워서는** 안 된다는 말인가? 그리고 그렇게 할 수 있다면 그들은 산수를 배우지 않았는가?(RFM, 93쪽)

    산수 **명제들**을 말한다는 생각 없이, 곱셈과 명제 사이의 유사성을 떠올리지 않고서 산수를 할 수는 없겠는가? […] 우리는 "2 곱하기 2는 4이다"라고 말하고는 한다. '이다' 때문에 저것은 명제로 간주되며 우리가 '명제'라고 부르는 모든 것과 외관상으로는 밀접한 유사성을 확립한다. 그러나 그것은 아주 피상적인 관계에 불과하다.(RFM, 117쪽)

우리는 명제화하지 않고도 연산법칙을 익힐 수 있으며(RFM, 233쪽), 또한 순수 수학의 어떠한 명제도 가지고 있지 못하면서도 모종의 예측을 위한 계산의 기술은 가지고 있는 종족을 상상할 수 있다(RFM, 265쪽).

비트겐슈타인은 수학이 규칙을 다루는 규범적인 학문임을 인정한다(RFM, 199, 425쪽). 그러나 수학을 수학적 명제의 규칙인 문법과 동일시할 수는 없다. 수학은 언어이기 이전에 활동이자 기술이기 때문이다(RFM, 232쪽). 수학이 문법이라는 견해는 비트겐슈타인에서는 『철학적 고찰』의 시기에 국한될 뿐 그 이후에는 적용될 수 없다. 그의 후기 수학철학에 '문법으로서의 수학'이라는 이름을 부여하고 있는 슈뢰더의 해석은 잘못된 것이다(Schroeder 2021, 6장).

수학을 언어의 문법인 규칙으로 보는 『철학적 고찰』에서 비트겐슈타인은 규칙과 그 적용 사이의 메꿀 수 없는 간극을 인정하고 있다(PR, 198쪽). 이로부터 크립키가 부각한 바 있는 규칙 따르기의 역설이 발생한다(Kripke 1982). 그러나 『탐구』에서 비트겐슈타인은 이것이 오해임을 밝히면서 규칙 따르기가 하나의 실천임을 강조한다(PI, §202; 이승종 2002, 5장 참조).[107]

규칙 따르기가 실천임을 강조함으로써 규칙 따르기의 역설을 해소하는 비트겐슈타인의 태도는 수학이 활동임을 강조함으로써 문법으로서의 수학 개념에서 탈피하는 것과 궤를 같이한다. 수학을 문법으로 국한해볼 때 규칙으로서의 문법과 그 적용 사이에는 간극이 생긴다. 그러나 수학을 규칙과 그 적용을 한데 아우르는 활동으로 이해할 때 저러한 간극은 문제가 되지 않는다.[108] 문제는 어떤 이론이나 논증에 의해 해결되는 것이 아니라 관점과 태도의 전환에 의해 해소되는 것이다. 수학이 활동이라 함은 수학이라는 활동을 주제로 하는 수학적 이론을 염두에 두고 있는 것이 아니라, 수를 세거나, 계산하거나, 방정식을 풀거나, 정리를 증명하거나, 물리학이나 공학의 분야에 응용하는 등의 적용이 곧 수학(함)임을 환기하는 것일 뿐이다.

5. 괴델/비트겐슈타인 논쟁

『수학의 기초에 관한 고찰』에서 괴델의 불완전성 정리와 증명에 대한 비트겐슈타인의 고찰은 그 분량이 많지 않은데다, 수학에 대한 그의 고찰 대부분이 그러한 것처럼 극단적으로 함축적이다. 그렇지만 자신의 수학관을 비교적 충실히 개진한 『수학의 기초에 관한 강의』에

---

107 이에 대해서는 8장에서 상론할 것이다.
108 언어와 그 언어가 얽혀 있는 활동들을 묶는 언어게임이라는 개념도 이러한 맥락에서 창안되었다고 할 수 있다(PI, §7).

서도 괴델에 대한 이렇다 할 언급이 없기에,[109] 우리는『수학의 기초에 관한 고찰』에 의존할 수밖에 없는 형편이다.

괴델에 대한 비트겐슈타인의 고찰을 텍스트로 한 연구의 접근법이 다양한 것도 고찰 자체의 희소성과 함축성 때문으로 여겨진다. 기존의 연구는 비트겐슈타인이 우리가 앞으로 곧 살펴볼 괴델 문장에 대한 괴델 자신의 해석을 의심한 것으로 보는 견해(Shanker 1988), 비트겐슈타인의 해석과 괴델의 해석을 양립 가능한 것으로 보는 견해 (Floyd 1995), 비트겐슈타인이 괴델의 해석뿐 아니라 증명 자체를 비판했다는 견해(Rodych 1999), 비트겐슈타인이 괴델 문장을 무용한 것으로 보았다는 견해(Kienzler and Grève 2016) 등으로 나뉜다.

우리는 기존의 해석들을 거론하거나 새로운 해석을 제시하기보다, 과연 비트겐슈타인이 자신의 고찰에서 괴델과 어떠한 토론을 하려 했는지를 그의 텍스트에 입각해 살펴보겠다. 여기서 텍스트란『수학의 기초에 관한 고찰』의 1부, 보론 3에 실린 20개의 짤막한 고찰들을 가리킨다.

비트겐슈타인은 문장 일반을 주제로 한 네 개의 고찰로 시작한다. 이는 괴델을 주제로 한 고찰치고는 의외의 시작으로 여겨질 수 있다. 그러나 우리는 불완전성 정리와 증명을 다룬 괴델의 논문 제목이 『프린키피아 마테마티카(*Principia Mathematica*)』[110]와 관련 체계들의 형식적으로 결정 불가능한 문장에 관하여」임에 주목할 필요가 있다. 즉 괴델은 러셀의 체계(『프린키피아』)에 속하는 어떤 문장을 주제로 삼은

---

109 47, 56, 188~189쪽에서 괴델의 정리와 증명을 암시하는 구절을 찾을 수 있는 정도이다.

110 이하『프린키피아』로 줄여 부른다.

것이다. 앞으로 보겠지만 그 문장은 우리가 괴델 문장이라 부를 P이고, 그에 대한 괴델의 해석은 "P는 러셀의 체계에서 증명될 수 없다"라는 것이다.

『프린키피아』는 수리논리학의 체계인데 괴델은 자신의 작업을 그 체계를 배경으로 수행하고 있으며, 그가 만든 문장 P나 그에 대한 괴델 자신의 해석도 그 체계의 기호법을 따르고 있다. 비트겐슈타인은 수학을 논리적 문장으로 일의적으로 번역하는 러셀의 체계가 저지르고 있는 왜곡을 우려해서, 괴델에 대한 자신의 고찰을 문장의 다양한 형식과 쓰임에 대한 통찰(通察)로 시작한다. 러셀의 체계와 기호법을 따르는 한 괴델 역시 러셀의 왜곡으로부터 자유롭지 못하다고 판단한 것으로 보인다. $2 \times 2 = 4$와 같은 수학 공식을 "2 곱하기 2는 4이다"라는 문장으로 번역할 수는 있지만, 둘 사이의 유사성은 피상적일 뿐이다(RFM, 117쪽). 저런 번역이 없어도 수학은 잘 굴러가기 때문이다.

문장 일반에 대한 비판적 고찰을 마친 비트겐슈타인은 5번에서 괴델에게 다음과 같은 본격적인 질문을 던진다. (1) "러셀의 체계에서는 참이지만 그 체계에서 증명될 수 없는 문장은 존재하는가?" 텍스트에 괴델의 응답은 생략되어 있지만 우리는 그가 긍정적으로 답변할 것임을 안다. 비트겐슈타인은 다시 다음과 같이 질문한다. (2) "그렇다면 러셀의 체계에서는 무엇이 참인 문장으로 불리는가?"

6번에서 비트겐슈타인은 5번의 (2)에 대해서 이렇게 답한다. "p[111]는 참이다 = p" 즉 러셀의 체계에서 저 두 표현은 호환 가능하다. 그런

---

[111]   출간본에는 'p'로 되어 있지만 이는 유고(遺稿)에는 없는 오식(誤植)이다. Kienzler and Grève(2016), 95쪽 참조.

데 러셀의 체계에서 참인 문장은 증명의 끝에 놓이게 되거나 근본 법칙으로 사용되거나 둘 중의 하나이다. 증명의 끝에 놓인다 함은 참인 그 문장이 증명된 문장임을 뜻한다. 러셀의 체계에서 참인 문장이 증명된 문장이라면 5번의 (1)에 대한 대답은 괴델의 긍정과는 달리 부정이어야 한다.

7번에서 비트겐슈타인은 참인 문장 중에 러셀의 체계에서 증명 가능하지 않은 문장은 존재할 수 없는지를 묻는다. 다른 체계에 속하는 참인 문장은 러셀의 체계에서 증명 가능하지 않을 것이다. 예컨대 해는 동쪽에서 뜬다는 문장은 참이지만 러셀의 체계에서 증명 가능한 문장은 아니다. 이는 삼각형의 내각의 합은 180도이다라는 문장이 유클리드 체계에서는 증명 가능한 참인 문장이지만, 비유클리드 체계에서는 거짓인 문장인 것과 유사한 맥락이다. 이로부터 비트겐슈타인은 다음과 같이 결론짓는다. "러셀의 체계에서 증명될 수 없는 문장은 『프린키피아』의 문장과는 다른 의미에서 '참'이거나 '거짓'이다."

플로이드(Juliet Floyd)와 퍼트남이 "악명 높은 단락"(Floyd and Putnam 2000; 2008; Floyd 2001)이라고 부른 8번에서는 괴델을 상대로 한 비트겐슈타인의 본격적인 토론이 전개된다. 비록 원문에서 비트겐슈타인이 괴델의 이름을 직접 언급하지는 않지만, 우리는 둘 사이의 논쟁을 텍스트의 흐름대로 다음과 같이 재구성해본다.[112]

괴델 저는 러셀의 기호법으로 된 한 문장 P를 만들었습니다. 그런데 그 문장은 어떤 정의들과 변형 규칙들에 의해서 다음과 같이 말하는 것으로

---

112 괴델도 다음에서 이와 유사한 논증을 전개하고 있다. Gödel(1931), 147~149쪽.

해석될 수 있습니다. "P는 러셀의 체계에서 증명될 수 없다."[113]

비트겐슈타인 어떤 체계에서의 증명 말입니까?

괴델 러셀의 체계에서입니다.

비트겐슈타인 어느 체계에서 참입니까?

괴델 러셀의 체계에서입니다.

비트겐슈타인 어떻게 말입니까?

괴델 P가 거짓이라고 가정하면 그것이 증명 가능하다는 것은 참이 됩니다. 그리고 그런 경우는 확실히 있을 수 없습니다.

비트겐슈타인 왜 그렇습니까?

괴델 "P는 증명 가능하다"는 "P는 참이다"를 의미하므로 P는 거짓이면서 참이 됩니다. 그리고 그런 경우는 확실히 있을 수 없습니다. 따라서 P는 참이어야 합니다.

비트겐슈타인 계속하십시오.

괴델 또한 P가 증명된다면 그것이 증명 가능하지 않다는 것이 증명됩니다. 그리고 그런 경우는 확실히 있을 수 없습니다.

비트겐슈타인 왜 그렇습니까?

괴델 왜냐하면 그렇다면 P는 증명되었으면서도 증명 가능하지 않게 되기 때문입니다.

비트겐슈타인 계속하십시오.

괴델 따라서 그것은 오직 참이지만 증명 불가능할 수 있을 뿐입니다.[114]

비트겐슈타인 저는 그렇게 생각하지 않습니다.

113　Gödel(1931), 147쪽.
114　Gödel(1931), 149쪽.

괴델 말씀해보시지요.

비트겐슈타인 제가 당신을 따라 P가 거짓이라고 가정하면 이는 그 부정이 러셀의 체계에서 증명됨을 의미합니다. 그 부정은 P가 증명 가능함을 의미하고요.

괴델 계속하십시오.

비트겐슈타인 그것이 당신의 가정이라면 당신은 이제 "P는 증명 가능하지 않다"라는 해석을 아마도 철회하게 될 것입니다.

괴델 계속하십시오.

비트겐슈타인 당신이 P가 러셀의 체계에서 증명 가능하다고 가정하면 그것은 P가 러셀의 체계에서 참임을 의미합니다. 그리고 "P는 증명 가능하지 않다"라는 해석은 다시금 철회해야 합니다.

괴델 왜 그렇습니까?

비트겐슈타인 P가 러셀의 의미에서 참이라고 가정한다면 "P는 증명 가능하지 않다"라는 해석은 마찬가지로 모순에 의해 반증될 것입니다.

괴델 계속하십시오.

비트겐슈타인 그것이 당신의 가정이라면, 당신은 이제 "P는 증명 가능하지 않다"라는 해석을 아마도 철회하게 될 것입니다.

괴델 계속하십시오.

비트겐슈타인 토론을 시작할 때 동의한 바에 대해 반대한다면 모를까, 당신이 제시한 해석을 유지할 길은 없습니다.

괴델 계속하십시오.

비트겐슈타인 P가 러셀의 의미와는 다른 의미에서 참이거나 거짓이라고 한다면 이는 P가 러셀의 체계에서 증명되거나 증명되지 않는다는 것과 모순되지 않습니다.[115]

비트겐슈타인의 관심은 괴델이 만든 문장 P를 어떻게 받아들여야 할 것인가에 집중되어 있다. 괴델에 의하면 그 문장은 어떤 정의들과 변형 규칙들에 의해서 "P는 러셀의 체계에서 증명될 수 없다"를 말하는 것으로 해석될 수 있다는 것인데, 비트겐슈타인은 괴델의 이러한 해석이 난센스(nonsense)라고 본다. P가 러셀의 체계에 속하기 위해서는 P는 그 체계에서 증명되어야 한다. 그런데 그렇게 P가 증명된다면 토론을 시작할 때 동의한 바에 대해 반대한다면 모를까, "P는 러셀의 체계에서 증명될 수 없다"를 말하는 것으로 해석될 수는 없다는 것이다. 여기서 토론을 시작할 때 동의한 바는 5번에서의 (2)와 이에 대한 6번에서의 대답, 즉 러셀의 체계에서 참인 문장은 곧 증명된 문장이라는 점이다.

비트겐슈타인은 9번에서 P와 "P는 증명 불가능하다"를 동일한 문장으로 보는 괴델의 해석이 의미하는 바를 문제 삼는다. 비트겐슈타인에 의하면 저것이 의미하는 바는 저 두 문장이 러셀의 기호법에 의해 단일한 표현을 가진다는 것이다. 비트겐슈타인이 보기에는 괴델의 해석이 철회될 수밖에 없는 이유도 저 두 문장을 동일시하는 데서 비롯된다. 러셀의 체계에서 P는 "P는 참이다"와 동일하고, 이는 곧 P가 증명됨을 의미하는데 그 P를 "P가 증명 불가능하다"와 동일시할 수는 없기 때문이다.

『수학의 기초에 관한 고찰』에는 빠져 있지만 비트겐슈타인은 9번에 대한 댓글에서 P를 "P가 증명 불가능하다"와 동일시하는 괴델의 해

---

115 텍스트의 이 구절에서 비트겐슈타인은 P가 다른 의미에서 거짓인 경우만을 거론하고 있지만 우리는 이를 위와 같이 확장해 재구성해보았다. Kienzler and Grève(2016), 95쪽 참조.

석이 초래하는 난센스를 다음과 같이 패러디하고 있다.

이제 누군가가 내게 "'P'는 증명 가능한가?"라고 물었고 — 내가 "P"라고 답했다고 가정해보자. 명백히 이는 답변이 아니다. 우리말에서 나는 "'P' 는 증명 불가능하다"라고 답했어야 했다. 그러나 누군가가 저 다른 기호법 으로 "P?"라고 물었다고 가정해보자 — 나는 뭐라고 대답해야 하는가?(MS 118, 111쪽)

러셀의 체계하에서 러셀의 기호법으로 만든 P에 대한 괴델의 해석 이 저지르고 있는 우리말 파괴는 수학을 논리적 문장으로 번역하는 같은 체계가 저지르고 있는 오류에 버금간다.

비트겐슈타인은 10번에서 괴델에게 반론권을 주면서 8번에서의 논 쟁을 이어나간다. 다음의 논쟁 역시 텍스트의 흐름대로 재구성해보 았다.

괴델 그러나 확실히 P는 증명될 수 없습니다. 왜냐하면 그것이 증명된다 면 그것이 증명 가능하지 않다는 그 문장이 증명되는 셈이기 때문입니다.
비트겐슈타인 계속하십시오.
괴델 따라서 "P는 증명 가능하지 않다"라는 저의 해석은 철회될 필요가 없습니다.
비트겐슈타인 계속하십시오.
괴델 따라서 "P는 증명 가능하지 않다"라는 저의 해석은 모순이나 역설 을 초래하지 않습니다.
비트겐슈타인 그러나 P가 증명된다면 왜 저는 그 증명을 타당한 것으로 간주하고 나서 "P는 증명 가능하지 않다"라는 해석을 철회해야 한다고 말해서는 안 됩니까?

11번에서 비트겐슈타인은 P의 증명 불가능성이 러셀의 체계에서 증명되는 경우 이는 곧 P가 증명된 것임에 해당한다는 점을 부각한다. 그렇다면 P는 러셀의 체계에 속하면서 동시에 속하지 않게 되는 모순이 발생한다. 이는 9번에서 보았듯이 P를 구성할 때 초래되는 것이기도 하다. 그러나 비트겐슈타인은 모순이 여기에서 어떤 해를 끼치는지를 반문하면서 모순에 대한 자유방임적 태도를 보인다.

12번에서 비트겐슈타인은 거짓말쟁이 역설을 예로 들며 모순에 어떠한 해로운 점도 없다고 말한다. 괴델도 시인하고 있듯이(Gödel 1931, 149쪽; 1934, 362~363쪽) P가 초래하는 상황은 거짓말쟁이 역설과 유사하다. 즉

(거짓말쟁이) 나는 거짓말을 하고 있다. — 따라서 나는 거짓말을 하고 있지 않다. — 따라서 나는 거짓말을 하고 있다.

(괴델) 나는 P를 증명했다. — 따라서 나는 P가 증명 불가능함을 증명했다. — 따라서 나는 P가 증명 가능함을 증명했다.

저러한 추론을 행해서는 안 될 이유는 없지만 비트겐슈타인이 보기에 "그것은 쓸데없는 기술(技術)이다!" 거짓말쟁이 문장이 그러하듯 괴델 문장도 "쓸모가 없다."

비트겐슈타인이 『수학의 기초에 관한 고찰』에서 괴델을 거론한 부

분에 대한 견해를 문의한 멩거(Karl Menger)에게 괴델은 다음과 같은 회신을 보냈다.

결정 불가능한 명제에 대한 저의 정리에 관해 선생님이 인용한 구절로 볼 때 비트겐슈타인이 그것을 이해하지 **못했다**는 것은 (혹은 이해하지 못한 체 했다는 것은) 분명해 보입니다. 그는 그것을 일종의 역설로 해석하고 있지만 사실은 그 반대인 것입니다. 즉 그것은 유한수론이나 조합론과 같이 수학에서 완전히 이론의 여지가 없는 부분에 속하는 수학적 정리인 것입니다. 그런데 선생님이 인용한 그의 말, 예컨대 "모순에 대한 수학자들의 미신적인 공포"[116]는 제게는 전부 헛소리 같습니다.[117](Gödel 1972, 133쪽)

괴델 자신이 불완전성 정리를 거짓말쟁이 역설에 견주었다는 점을 감안할 때 의아하기는 하지만, 저것이 괴델의 최종적인 견해라면 P에 대한 비트겐슈타인과 괴델의 견해 차이는 결국 P가 일종의 역설 문장인지의 여부에서 갈린다고 할 수 있다.

14번에서 비트겐슈타인은 괴델의 증명을 기하학에서의 작도 불가능성 증명과 유사한 것으로 본다. 우리는 0, 1, 2, 3, 4, 5, 6, 7 … 로부터 각 수에 각각 상응하는 정0각형, 정1각형, 정2각형, 정3각형, 정4각형 … 을 떠올려본다. 기하학의 기본을 익힌 사람에게 앞의 세 도형이 불가능하다는 사실을 깨닫는 것은 그리 어려운 일이 아니다. 그런데 정3각형 이후의 정다각형은 모두 작도 가능한가? 그렇지 않다.

---

116 이 표현은 앞으로 살펴볼 17번으로부터의 인용이다.
117 같은 시기에 괴델이 비트겐슈타인의 수학철학에 대해 하오 왕(Hao Wang)에게 한 말은 더 거칠다.

정다각형의 작도 가능성과 불가능성은 숫자(3, 4, 5 …)나 용어(정3각형, 정4각형 …)의 표면에는 드러나지 않는다. 그럼에도 우리는 페르마 소수(素數), 거듭제곱 등의 개념과 장치를 동원해 작도 가능한 경우와 불가능한 모든 경우에 대한 수학적 규칙성을 정립할 수 있다.

기하학에서의 작도 불가능성 증명은 작도가 불가능한 것을 가능하다고 믿고 작도하려는 작업을 포기하게 하는 적절한 근거의 역할을 할 수 있다. 그런데 비트겐슈타인은 "모순은 그러한 예측으로서 사용될 수 없다"라고 말한다. 이는 괴델의 증명이 기하학에서의 작도 불가능성 증명과 같은 역할을 수행할 수 없다는 뜻인 것 같다. 그러나 비트겐슈타인은 괴델의 증명이 무모순성과 완전성이 동시에 성취 가능하다는 힐베르트(David Hilbert)의 가정을 좌절시켰다는 사실을 간과하고 있다. 기하학의 작도 불가능성 증명이 그러한 것처럼 괴델의 증명도 불가능한 것을 가능한 것으로 믿고 어떤 증명을 찾는 작업을 포기하게 하는 역할을 수행한 것이다.

17번에서 비트겐슈타인은 어떻게 P가 증명되었다고 간주할 수 있는지를 다음의 네 경우로 나누어 살핀다. (1)P가 증명 불가능성의 증

비트겐슈타인 이 사람 제정신인가? 진심으로 하는 말인가? 그는 의도적으로 무가치한 헛소리를 하고 있다.(Wang 1996, 179쪽)

괴델은 "모순으로부터는 어떠한 것도 이끌어낼 수 없다"라는 비트겐슈타인의 말을 인용하면서 다음과 같이 계속한다.

[비트겐슈타인은] 저 말이 참이 되는 논리체계의 발전을 위해 노력해야 한다. 튜링이 비트겐슈타인 같은 사람과의 토론에서 무언가를 얻을 수 있다는 사실이 놀랍기만 하다.(Wang 1996, 179쪽)

수학 기초론에 혁명을 일으킨 괴델에게도 비트겐슈타인의 수학철학은 수용불가였던 셈이다.

명에 의해 증명되는 경우, (2)P가 직접적인 방식으로 증명되는 경우, (3)~P[118]가 증명되는 경우, (4) ~P가 직접적으로 증명되는 경우. 그는 이 네 경우 모두 P의 증명이 ~P의 증명을, ~P의 증명이 P의 증명을 각각 함축하는 식으로 P와 ~P가 나란히 증명되는 것으로 귀결됨을 차례로 설명한다. 그러면서 이렇게 묻는다. "'P'인가 '~P'인가? 왜 둘 다는 안 되는가?" 비트겐슈타인은 이 절을 괴델이 앞서 인용한 문구로 마친다. "(모순에 대한 수학자들의 미신적인 공포와 숭배.)" 유고에는 이 구절이 "모순에 대한 수학자들의 미신적인 공포와 숭배는 우스꽝스럽다"(MS 118, 116쪽)로 되어 있다. 비트겐슈타인은 괴델의 작업이야말로 자신의 모순론에 부합한다고 생각했던 것 같고, 그래서 앞서 본 괴델의 격앙된 부정이 우스꽝스러웠을 것이다.

18번에서 비트겐슈타인은 P의 진리치를 재론하면서 모순을 거짓으로 금지하는 모순율에 반해 어떤 질문에 대해 종종 "그렇기도 하고 아니기도 하다"라는 유의미한 응답을 한다는 점을 들어 모순율이 거짓이라고 말한다.

19번에서 비트겐슈타인은 "P는 참이고 증명 불가능하다", 즉 "P이다"라는 괴델에 대해 그러한 주장의 용도가 무엇인지를 묻는다. 비트겐슈타인이 보기에 저러한 주장은 마치 자연 형식과 건축 양식의 원리로부터 에베레스트산 정상에 바로크풍의 성(城)이 있다는 생각을 도출하는 것과 같다. 사람이 살 수 없는 환경에 놓인 저 성이 그러하듯 괴델 문장 P도 아무 쓸모가 없다는 것이다.

---

118 출간본에는 ···"P 아님(nicht-P)"으로 되어 있지만 그 저본이 되는 유고에 있는 대로 저렇게 돌려놓았다. Kienzler and Grève(2016), 107쪽 참조.

20번에서 비트겐슈타인은 논리학의 문장들에다 다른 종류의 문장처럼 보이는 구조물을 덧붙인다면 기호 조합들의 이 체계가 어떤 쓰임새, 어떤 의미를 갖게 될지 오리무중에 빠지게 된다고 진단한다. 논리학의 문장들은 사람이 살 수 없는 에베레스트산 정상에 견줄 만한, 의미를 결여한 문장들이다. 거기에 다른 종류의 문장처럼 보이는 괴델 문장 P를 덧붙인다면 그것이 어떠한 쓰임새, 어떤 의미를 갖게 될지는 에베레스트산 정상의 바로크풍 성처럼 오리무중에 빠지게 된다는 것이다.

괴델의 증명은 괴델 넘버링이라는 새로운 혁신적 기법을 선보인 가치 있는 작업이었다. 증명 과정 중에 사용한 원시 재귀 함수는 컴퓨터 과학의 탄생 계기가 되기도 하였으며, 불완전성 정리가 수학 기초론, 집합론, 계산 이론 등에 미친 영향도 간과할 수 없다.

학술 담론에서 괴델 정리의 여파는 컸지만 그 실용적 쓰임새는 찾기 힘들다. 루카스(Lucas 1961)와 펜로즈(Penrose 1989)는 괴델 정리가 인간의 마음에는 적용이 되지 않으며 이는 인간의 마음이 형식체계와 같은 것이 아님을 보여준다는 주장을 했지만, 그들의 이러한 해석은 비과학적인 것으로 널리 받아들여지지는 않고 있다. 괴델은 자신의 정리가 플라톤주의를 정당화해준다는 듯한 말을 하기도 했지만, 이는 비트겐슈타인이 볼 때 산문(prose)에 해당하며 저 둘(괴델 정리와 플라톤주의)이 연역적 관계에 있는 것도 아니다. 무엇보다 괴델 정리는 현실 생활과 별 관련이 없다. 그런 점에서 비트겐슈타인은 괴델의 정리를 우리의 셈법(의 유용성)에 견주기 어려운 하찮은 것(예컨대 논리퍼즐 같은 것)으로 간주하였다.

8장
해석과 언어게임

1. 언어를 보는 두 관점

비트겐슈타인은 그가 주로 활동했던 영국을 위시한 유럽에서와는 달리 콰인, 퍼트남, 데이빗슨, 굿만, 크립키 등이 등장한 미국에서는 그 영향력이 쇠퇴한 편이다. 나치 독일과 2차 세계 대전을 피해 유럽에서 미국으로 건너온 논리실증주의자들이 미국의 분석철학도들을 조련한 탓에 논리실증주의자들이 지니고 있던 『논고』에 대한 호평과 『탐구』에 대한 악평이 미국의 분석철학에 그대로 이식되었다.[119] 미국의 분석철학자들도 비트겐슈타인의 영향을 받은 것은 사실이지만 그들은 자신들을 가르쳤던 논리실증주의자들이 그러했듯이 비트겐

---

119 그 대표적인 예로 유럽에서 미국으로 건너온 논리실증주의자의 한 사람인 버그만 (Gustav Bergmann)의 논문을 참조(Bergmann 1961).

슈타인의 후기 철학에 대해서는 대체로 대립각을 세운다(Hacker 1996, 2쪽).

비트겐슈타인과는 다른 길을 걸어온 미국의 분석철학이 그와 어떻게 갈라서는지, 그리고 양자를 견주어 어떠한 평가를 내릴 수 있는지를 살펴보는 것은 비트겐슈타인에 대한 보다 입체적 이해를 위해서뿐 아니라 그 자체로도 흥미롭고 의의 있는 작업이다. 그러나 미국의 분석철학이 하나의 통일적 체계를 이루고 있는 것은 아닌데다 여기서 그 전체를 비트겐슈타인과 비교할 수는 없는 까닭에, 언어를 주제로 그와의 차이가 분명히 부각되는 점에 초점을 맞추어 논의를 전개하고자 한다.

우리는 언어를 해석을 통해 그 의미를 부여받는 일련의 기호체계로 간주하는 이론적 견해가 미국의 분석철학자들에게 상당한 영향을 미쳤다고 본다. 이러한 견해의 초기 형태로는 퍼스(Charles Peirce)와 청년 비트겐슈타인이 각자 독립적으로 구상한 진리 함수 이론을 꼽을 수 있는데, 이는 한 명제가 그 명제를 구성하는 요소명제의 진리 함수임을 그 골자로 하며 진리표에 기반한 진리 계산에 의거한다(Peirce 1893; TLP). 그 이후로는 타르스키의 의미론적 진리론을 원용해 데이빗슨이 발전시킨 진리 조건적 의미론이 주목을 받았는데, 이는 한 명제의 의미가 그 명제의 진리 조건임을 골자로 하며 "한 문장 'p'는 만일 p가 성립한다면 그리고 오직 그 경우에만 참이다"라는 타르스키의 규약 T에 의거한다(Tarski 1933; Davidson 1967).

타르스키의 의미론적 진리론은 수리논리학의 의미론에 해당하는 모델 이론에 속한다. 퍼트남은 모델 이론의 뢰벤하임-스콜렘 정리가 지니는 철학적 의의에 주목한다. 같은 문장에 대한 논리적으로 동일한 다양한 해석이 있을 수 있다는 것이 그 정리의 한 함축인데, 퍼트 남은 이를 "'의도된 해석'을 유일하게 '고정'시킬 수 없음을 보이는 것 으로 확장"(Putnam 1980, 4쪽)해 해석한다. 이렇게 해석된 뢰벤하임- 스콜렘 정리는 우리가 이 장에서 거론할 콰인, 굿만, 데이빗슨, 크립 키 등의 철학에 중요한 논리적 근거가 된다.

모델 이론적 언어관은 해석하는 것과 해석되는 것 사이의 분리를 전제하고 있는데 이는 예외적인 경우[120]를 제하고는 언어의 해석을 언어로부터 분리시키지 않는 비트겐슈타인의 언어관과 대립한다.[121] 그는 언어를 실제의 쓰임과 그에 동반된 사람의 활동에 얽혀 있는 언 어게임으로 재규정하면서 이론적 언어관을 탈피해 역동적인 언어실 행에 주목한다(PI, §7).

우리는 이 장에서 모델 이론적 언어관이 다음과 같은 귀결을 초래 함을 살펴볼 것이다.

(1)콰인과 데이빗슨에 의하면 언어의 해석은 불확정적(indeterminate) 이다.[122]

---

[120] 어떤 개념들이 완전히 올바른 개념들이라고 믿고, 그와 다른 개념들을 갖는 것은 마 치 우리가 이해하는 어떤 것을 전혀 이해하지 못한다는 뜻이라고 믿는 사람에게 매 우 일반적인 어떤 자연의 사실들이 우리에게 익숙한 것과는 다르다고 상상해보게 하여 익숙한 개념들과는 전혀 다른 개념들이 어떻게 형성되는지를 이해시키는 경우 가 이에 해당한다(PPF, §366). 혹은 불분명하거나 다의적인 말의 취지를 명료히 부 연하는 경우에도 해석이 요구된다.

[121] 이 장에서 우리가 전개하는 것과는 다른 시각에서 논리와 언어에 대한 대립된 견 해를 부각하는 다음의 저술들을 참조(van Heijenoort 1967; Hintikka and Hintikka 1986, 1장; Kusch 1989).

[122] 콰인이 원초적 번역의 상황에서 초래되는 번역의 불확정성 논제를 확립하고 데이빗 슨이 이에 기반한 원초적 해석 이론을 다듬어내면서부터 번역은 콰인의 용어로 해 석은 데이빗슨의 용어로 굳어진 감이 있다. 그러나 이 장에서 우리는 콰인과 데이빗

(2) 의미, 지시체, 설명, 확증, 규칙 따르기 등의 개념은 규범적(nor-mative)이다.

(3) (2)는 콰인을 포함하는 경험주의에 대한 강력한 비판의 근거가 된다.

이어서 우리는 이에 대비되는 비트겐슈타인의 언어관이 다음과 같은 명제로 이루어짐을 살펴볼 것이다.

(1) 언어게임으로서의 언어는 우리의 삶과 세계를 이해하는 배경 틀이다.

(2) 언어게임은 문맥에 의존하고 관심에 따라 상대적이다.

(3) 우리의 삶과 세계를 이해하는 과정은 이해의 양식에 기반하는데 이는 언어게임의 실행에 반영된다.

2. 해석의 불확정성

문장이나 언어가 어떻게 세계에 연관되는지에 관한 질문으로 우리의 논의를 시작해보자. 한 문장이 외부 사태를 표상한다고 할 때 그 의미는 무엇인가? 문장이나 언어를 이해하고 그것이 의미하는 바를 안다는 것에는 무엇이 연루되어 있는가? 모델 이론적 언어관이 이 문제들에 관련해 어떠한 해답을 가지고 있는지를 살펴보자. 그에 따르면 언어는 말하는 사람이 여러 가지 목적을 위해 사용하는 기호들

순이 설정하는 원초적 상황에서 논의를 전개하거나 둘 사이의 차이에 초점을 맞추고자 하는 것이 아니기 때문에, 번역과 해석을 구분하는 대신 해석으로 용어를 통일하고자 한다.

이다. 그 말을 듣는 사람은 그로써 말하는 사람의 의도를 이해한다. 이로부터 말하는 사람과 듣는 사람, 말하는 사람의 의도와 그가 발언하는 문장이 듣는 사람에게 미칠 효과 등과 같은 화용론적 차원을 걷어내면, 낱말, 문장, 술어 표현, 지시 표현 등이 남게 된다. 이들이 사물, 사실, 혹은 사건에 어떻게 관계를 맺는지는 의미론의 탐구 주제이다. 언어적 표현이 그러한 것들과의 관계도 걷어내면, 언어적 기호들 사이의 형식적 관계만이 남게 되는데 이것이 구문론의 탐구 주제이다.

구문론의 층위에서 언어는 기호들의 집합일 뿐이며 문장은 일련의 무의미한 기호일 뿐이다. 이제 우리는 저 기호들에 의미를 부여함으로써 일군의 사실이나 사건을 이해한다. 이러한 의미 부여가 바로 해석이다. 다음의 예를 살펴보자.

(1) 고양이가 매트 위에 있다.

우리는 이 일련의 기호들을 해석의 관점에서 접근할 수 있다. 우리가 염두에 두고 있는 해석(이를 '의도된 해석'이라고 부르자)은 '고양이'가 고양이를 지시하고 '매트'가 매트를 지시하는 그런 해석이다. 그러나 이 용어들이 다른 대상을 지시하는 해석도 가능하다. 예컨대 우리는 '고양이'가 강아지를 지시하고 '매트'가 테이블을 지시하는 것으로 '위'가 아래를 지시하는 것으로 (1)을 해석할 수 있다. 그렇다면 (1)은 매트 위의 고양이가 아니라 테이블 아래의 강아지에 대한 진술이 된다. 이처럼 문장을 재해석함으로써 우리는 상이한 주제에 대한 상이한 정보를 얻을 수 있다.[123]

'고양이'가 강아지를 지시하고 '매트'가 테이블을 지시하고 '위'가 아래를 지시하는 해석은 '의도되지 않은 해석'이라는 반론이 있을 수 있다. 우리는 저러한 방식의 지시를 의도하지 않기 때문이라는 것이다. 어떻게 우리는 '의도되지 않은 해석'을 배제하고 '의도된 해석'을 가려낼 수 있는가? 무엇이 어떠한 용어의 지시체를 확정할 수 있는가?

브렌타노(Brentano 1874)와 치솜(Chisholm 1952)은 의미와 지시체를 의도를 나타내는 용어라고 생각했다.[124] 그들은 의도를 나타내는 용어를 다른 용어로 설명함으로써 지향성에서 벗어나는 것이 불가능하다고 보았다(Chisholm 1957, 11장). 그들의 이러한 주장에 대해 우리는 다음과 같은 세 종류의 태도를 생각해볼 수 있다.

(1) 브렌타노와 치솜의 견해는 옳다. 이는 의도를 나타내는 용어가 필요불가결함과 아울러 지향성에 대한 자율적 학문의 중요성을 보여준다.

(2) 브렌타노와 치솜의 견해는 틀렸다. 우리는 의도를 나타내는 용어를 다른 용어로 설명할 수 있다.

(3) 브렌타노와 치솜의 견해는 옳다. 그것은 의도를 나타내는 용어의 근거가 없으며 지향성에 대한 학문에 내용이 없음을 보여준다.

콰인과 퍼트남은 (1)에 대해 외부 대상을 지시하는, 설명되지 않는 마음의 능력을 전제로 한다는 점에서 가장 신빙성이 떨어지는 것으로 본다(Quine 1960, 221쪽; Putnam 1980, 14쪽). (2)는 두 가지 방식으

---

123 또 다른 예를 들자면 명제 계산을 전기 회로에 대한 이론으로 재해석할 수 있다. Guttenplan and Tamny(1971) 143~147쪽.

124 '의도된'은 'intended'의 번역어이고, '의도를 나타내는'은 'intentional'의 번역어이며, '의도와는 상관이 없는'은 'non-intentional'의 번역어이고, '지향성'은 'intentionality'의 번역어이다. 원어에서 보이는 네 용어의 상관성을 번역어에서는 제대로 살릴 수 없음이 유감이다. 지향성이 타입(type)이라면 의도는 토큰(token)에 해당한다.

로 풀이될 수 있다. 첫째, 그것은 의미와 지시체와 같이 의도를 나타내는 용어들이 그렇지 않은 용어로 환원될 수 있음을 시사하는 것으로 풀이될 수 있다. 그런데 의도를 나타내는 용어들의 환원 근거가 되는, 의도와 관련이 없는 용어들이란 무엇인가? 언어적 기호에 대한 우리의 실제 해석을 표현하는 용어들을 그 후보로 고려해보자. 예컨대 우리는 '고양이'라는 기호를 고양이를 의미(혹은 지시)하는 것으로 해석한다. 그러나 이로써 우리가 '고양이'로 고양이를 의미(혹은 지시)함이 확정되는 것은 아니다. 굿만(Goodman 1979, 59~83쪽)과 크립키(Kripke 1982)에 따르면 우리의 해석은 '고양이'를 다음과 같이 정의되는 '강양이'로 해석하는 것과 논리적으로 양립 가능하기 때문이다.

'강양이'는 시점 t 전까지는 고양이를 의미한다.
'강양이'는 시점 t부터는 강아지를 의미한다.

t가 우리 생전에는 도달할 수 없는 아주 먼 미래의 시점이라고 가정해보자. 그렇다면 우리 생애 동안 '고양이'에 대해 내린 우리의 유한 번의 해석은 그 기호의 지시체를 결정해주지 못한다. '고양이'라는 언어적 기호에 대한 우리의 해석과 부합하면서도 그 기호에 상이한 의미와 지시체를 부여하는 저런 해석을 상상할 수 있기 때문이다.

이번에는 의도를 나타내는 용어들의 환원 근거가 되는, 의도와 관련이 없는 용어들의 후보로 우리 의식의 내적 상태를 표현하는 용어들을 고려해보자. 그러나 그것도 우리가 의미하는 바를 결정해주지는 못한다. 그것 역시 다양한 해석에 열려 있기 때문이다. 마찬가지 이유에서 우리가 의도와 관련이 없는 어떠한 용어들을 고려한다 해도 그것들은 의도를 나타내는 용어들의 해석을 결정해주지 못한다. 의도와 관련이 있는 용어들이나 없는 용어들이나 다양한 해석에 열려 있기는 매한가지이기 때문이다. 따라서 의도를 나타내는 용어들을 의도와 관련이 없는 용어들로 환원하려는 시도는 실패하게 된다.

이제 (2)에 대한 둘째 방식의 풀이를 살펴볼 차례이다. 이 풀이는 의도를 나타내는 용어들이 아니라 그 용어들에 대한 '설명'이 의도와 관련이 없는 용어들로 환원될 수 있다고 본다. 예컨대 의도와 관련이 없는 용어 n이 의도를 나타내는 용어 i와 일정한 관계 R로 맺어질 때 n은 i를 설명한다. 다만 R이 설명의 관계임이 전제되지 않으면 n이 i에 대해 R의 관계에 있다는 사실로부터 n이 i를 설명함은 따라 나오지 않는다. 더구나 우리가 이를 인정한다 해도 R은 다양하게 해석될 수 있다. 따라서 의도를 나타내는 용어들에 대한 설명을 의도와 관련이 없는 용어들로 환원하려는 시도는 실패하게 된다(Putnam 1983a, 292~296쪽).

(2)에 대한 이러한 분석은 브렌타노와 치솜의 견해가 옳음을 보여준다. 의도를 나타내는 용어들을 다른 용어들로 설명할 수는 없는 것이다. 의도를 나타내는 용어들 및 의도와 관련이 없는 용어들에 대한 여러 해석들 중 어느 하나를 확정할 수 없기 때문이다. 그러나 이는 확정할 게 없음을 보여주는 것으로도 간주될 수 있다. 그리고 이것이 바로 콰인이 지지하는 (3)의 요지이다(Quine 1960, 221쪽).

우리가 '고양이'로 고양이를 지시함이, 같은 용어로 강양이를 지시함과 논리적으로 양립 가능한 경우를 다시 살펴보자. 브렌타노와 치솜은 우리의 마음이 단 하나의 확정적 대상을 지시(의도/의미)하는, 즉 '고양이'로 고양이를 지시하는 능력을 지니고 있다고 주장할 것이다. 그러나 모든 가능한 해석의 실행과는 독립된, 우리의 지향성의 대상인 진정한 지시체와 같은 어떤 것이 있다는 것에 의심을 품을 수 있다. 설령 '고양이'가 고양이를 지시(혹은 의미)하는 주어진 고정된 해석이 있다 해도 '고양이'는 강양이를 지시(혹은 의미)할 수 있으며, 주어진 해석은 그러한 대안적 해석과 논리적으로 양립 가능하다.

콰인(Quine 1960)의 용어를 빌리자면 '고양이'의 지시체는 실제로 고양이와 강양이 사이에서 불가투시적이다. 우리의 지향성이 고양이와 강양이 중에서 어느 것을 지시(혹은 의미)하는지에 대해 불확정적이라고 말할 수 있다. 이는 의미와 지시체에 대한 확정성의 옹호자들뿐 아니라 지향성의 옹호자들에게도 재앙이 아닐 수 없다. 우리가 당면한 불확정성은 내포와 외연을 관통한다. 지향성에 대한 완벽한 방식의 탐구는 허사가 되고 만다.

3. 극단적 일반화

지금까지 우리가 살펴본 불확정성은 언어철학에서의 의미와 지시체에 국한하지 않는다. 동일한 종류의 불확정성을 동일한 방식으로 철학의 다른 영역에서 생성해낼 수 있다. 첫째로, 과학철학과 인식론에서의 확증에 불확정성을 이식할 수 있다. 우리는 지금까지 발견된 모든 에메랄드가 초록색이었기에 모든 에메랄드는 초록색이라고 믿는다. 이제 굿만(Goodman 1979, 59~83쪽)을 좇아 다음과 같이 정의되는 '초랑색'이라는 용어를 도입해보자.

'초랑색'은 시점 t 전까지는 초록색을 의미한다.

'초랑색'은 시점 t부터는 파랑을 의미한다.

지금까지 발견된 모든 에메랄드가 초록색이었다는 사실과 '초랑색'의 정의에 의거해 우리는 "모든 에메랄드는 초랑색이다"라는 진술이 귀납적으로 확증된다고 말하게 된다. 따라서 우리는 시점 t부터 발견되는 에메랄드 역시 초랑색일 것이라고 예측해야 한다. 그리고 '초랑색'의 정의에 의해 이로부터 그 에메랄드는 파랑색일 거라는 예측이 따라 나온다. 그러므로 우리는 지금까지 발견된 모든 초록색 에메랄드가, 미래에(시점 t부터) 발견될 에메랄드가 파랑일 거라는 진술에 대해서도 근거가 된다는 귀결에 이르게 된다. 즉 지금까지 발견된 에메랄드가 초록색이라는 사실은 "모든 에메랄드가 초록색이다"라는 진술과 "모든 에메랄드는 초랑색이다"라는 진술 중에서 어느 진술을 확증하는지에 대해 불확정적인 것이다.

둘째로, 수학철학과 행위철학에서의 규칙 따르기에 불확정성을 이식할 수 있다. 우리는 '+'로 표기되는 '더하기'를 익혀 68 더하기 57이 얼마냐는 질문에 "125"라고 답한다. 그러나 크립키(Kripke 1982)에 따르면 '+'의 실행은 '+*'로 표기하고 다음과 같이 정의되는 '겹하기'의 실행과 논리적으로 양립 가능하다.

$x +^* y = x + y$ (x와 y가 n보다 작을 경우)
$x +^* y = 5$ (그 외의 경우)

n이 우리의 생전에는 접하지 못할 만큼 큰 수라고 가정해보자. 그렇다면 우리 생전의 수학적 실행은 더하기와 겹하기 중에서 우리가

어느 셈법을 실행하는지에 대해 불확정적이다.

확증이나 규칙 따르기 자체를 다른 용어로 환원할 수도 없다. 예컨대 설령 우리가 경험적 증거 e가 우리의 지식 k와 일정한 관계 R로 맺어질 때 e가 k를 확증한다고 전제해도, 왜 확증이 R의 관계와 동치인지가 설명되지 않은 채로 남게 되며 R 자체도 다양하게 해석될 수 있다.

우리는 이로부터 어떠한 철학적 교훈을 얻을 수 있는가? '규범적'이라는 표현과 '존재적(ontic)'이라는 표현 간의 구분을 도입해 해당 사안을 서술해보기로 하자. 우리는 '규범적'이라는 용어를 따라야 하는 규칙에 연관되는 것으로 사용하고자 한다. 예컨대 추론은 규칙에 따라 하나의 진술로부터 다른 진술을 이끌어내는 활동이라는 점에서 규범적이다. 우리는 '존재적'이라는 용어로 '비(非)규범적'임을 뜻하고자 한다. 그것은 규범의 주체인 사람과 관련이 없는 사물, 사실, 사건 등에 속하는 속성을 지시한다. 존재적 속성은 규범에 독립해 존재한다.

우리는 의미, 지시체, 설명, 확증, 규칙 따르기에 관한 논의가 '규범적'일 뿐 존재적이지 않고 존재적 차원으로 환원 가능하지도 않다고 본다. 어떤 자연적 속성이 의미나 지시체라거나 설명이나 확증, 혹은 규칙 따르기라는 것은 성립할 수 없는 말이다. 그들은 행위에 연관된 규범적인 것이다.

우리가 살펴본 주제들은 의미와 지시체와 같이 의도를 나타내는 용어들에 관한 것이거나, 설명과 확증과 같이 규범적 용어들에 관한 것이었다. 그러나 저 주제들을 콰인, 데이빗슨, 굿만, 크립키가 그랬던 것처럼 존재 일변도로 파악할 때 그들의 논의는 극단적으로 일반화될 수 있다. 어느 용어의 의미와 지시체가 불확정적이라는 사실은 우리가 어떠한 용어에 대해서도 상이한 해석을 적용할 수 있음을 의미한다. 요컨대 우리는 어떠한 것에 대한 해석도 불확정적이 되게끔 할 수 있다(Putnam 1983a, 292~296쪽).[125]

4. 경험주의 비판

의미, 지시체, 설명, 확증, 규칙 따르기에 관한 존재적 논의의 한 진원지는 경험주의이다. 경험주의는 일종의 증거론이다(Quine 1981b, 39쪽). 경험주의는 실재의 지식에 대한 합당한 주장의 궁극적 근거로 감각 경험이라는 자료에 호소한다. 경험주의는 우리의 모든 지식의 원천은 감각 소여일뿐더러 종국에는 그것이 우리의 모든 지식에 대한 증거가 된다고 본다.

콰인에 의하면 경험주의는 몇 차례에 걸쳐서 변모를 거듭해왔다(Quine 1981a). 경험주의는 탐구의 방향을 관념으로부터 낱말로 전환하는 첫 번째 변모로 환골탈태하였다. 이른바 언어적 전회(linguistic turn)를 달성한 것이다. 이는 관심의 초점을 주관에 흐를 위험을 안고 있는 어슴푸레한 직관의 대상에서 보다 용이하게 접근이 가능한 공적 표상으로 전환시켰다는 의의를 갖는다.

이어서 경험주의는 낱말에서 문장으로 탐구의 주제를 옮아가는 두 번째 변모를 겪게 된다. 이에 따라 경험주의는 20세기에 들어와 낱말

---

125 퍼트남은 우리가 규범적이라고 부른 의미, 지시체, 설명, 확증, 규칙 따르기에 관한 논의를 인식적이라고 부른다. 그러나 인식론의 헤게모니를 부정하고 언어의 규범성에 초점을 둔 비트겐슈타인의 입장에서 볼 때 이는 옳은 용어 선택으로 볼 수 없다.

이 아닌 문장의 의미에 관심의 초점을 맞추게 된다. 경험주의자는 감각이라는 증거를 의미론의 토대로도 삼았다. 프레게와 함께 분석철학의 창시자로 꼽히는 러셀의 언어철학은 이러한 변모를 집대성하고 있다.

세 번째 변모는 문장에서 문장의 체계로의 초점 이동이다. 경험주의자는 "하나의 온전한 문장조차도 경험적 의미를 담는 독자적 단위로서는 부족함"(Quine 1981a, 70쪽)을 인지하게 된 것이다. 문장이 아니라 언어의 상당 부분이 그런 단위의 역할을 수행할 수 있다. 콰인은 이 단계에 이른 경험주의를 대표한다. 그는 이렇게 말한다.

외부 세계에 대한 우리의 진술은 감각 경험이라는 법정에 개별적으로가 아니라 총체적으로 출두하게 된다.(Quine 1951, 41쪽)

이 마지막 단계에서 증거론으로서의 경험주의는 세계가 언어의 증거가 되는 방식으로 언어와 세계의 관계를 해석한다. 이로부터 다음과 같은 경험주의적 의미론의 논제가 성립된다.

의미는 어떤 방식으로든 경험으로 소급되어야 한다.(Davidson 1983, 313쪽)

콰인은 심지어 "언어적 의미에 관한 한 확실히 우리는 경험주의자가 될 수밖에 없다"(Quine 1969a, 81쪽)라고 선언한다.

그러나 증거론이나 의미론으로서의 경험주의는 성립할 수 없다.

(1) 증거라는 용어는 사실적이 아니라 규범적이다. 어떤 것의 증거가 된다고 함은 그것을 설명하거나 정당화할 수 있음을 의미한다. 어

떤 것을 설명하거나 정당화하기 위해서 그는 진술을 해야 한다. 그러나 경험은 스스로 진술할 수 없다. 감각 경험이 우리의 경험적 지식에 증거를 부여하는 규범적 역할을 할 수 있다는 생각은 잘못되었다 (Davidson 1988, 46쪽). 경험주의적 증거론은 존재적인 감각 경험을 규범적인 증거로 간주하는 오류를 범하고 있다.

(2) 의미 또한 규범적이다. 그것은 존재적인 어떠한 경험으로도 환원 불가능하다. 콰인의 번역 불확정성론과 짝을 이루는 의미 불확정성론이 시사하듯이 의미는 해석 틀에 따라 상대적이고 어느 해석 틀이 옳은지를 확정해줄 결정적 사실은 없다.

(1)은 진술의 증거로 간주되는 모든 것이 진술들의 총체에서 나옴을 보여준다. 즉 증거도 진술에 속하는 것이다. 이는 우리의 진술이 진술들의 총체 외부의 경험이나 실재와 같은 증거의 궁극적 원천으로 간주되는 어떤 것에 근거해 있다는 생각을 버려야 함을 시사한다. (2)는 낱말의 의미로 간주되는 모든 것이 세계로부터 직접 유래하는 것은 아님을 보여준다. 이는 낱말의 의미가 언어의 외부로 소급된다는 생각을 버려야 함을 시사한다.

우리의 문제의식은 어떻게 문장이나 언어가 세계와 관계 맺는가 하는 것이었다. 그러나 (1)과 (2)는 우리의 문제의식이 지닌 전제가 성립할 수 없음을 보여준다. 언어가 세계와 분리될 수 없음을 시사하고 있기 때문이다. 그에 따르자면 언어는 일정한 의미에서 이미 세계를 포함하고 있는 자족적인 개념이다. 이제 언어가 세계와 마주하지 않는 이 대안적 언어관을 살펴볼 차례이다.

5. 언어게임

대안적 언어관은 비트겐슈타인의 규칙 따르기 논의에 대한 크립키의 논증에서 비롯된다. 논증의 핵심은 규칙 따르기의 실행을 규칙으로부터 분리하면 비트겐슈타인이 적시한 다음과 같은 역설에 빠진다는 것이다.

어떤 행위 방식도 하나의 규칙에 의해 결정될 수 없을 것이다. 왜냐하면 모든 행위 방식은 그 규칙과 일치하도록 맞춰질 수 있기 때문이다. [⋯] 만일 모든 행위 방식이 그 규칙과 일치하도록 맞춰질 수 있다면, 또한 그 규칙과 모순되도록 맞춰질 수도 있다. 따라서 여기에는 일치도 모순도 없을 것이다.(PI, §201)

마찬가지로 우리가 언어의 해석을 언어로부터 분리하면 같은 역설에 빠진다. 우리는 낱말로 어떤 것도 의미할 수 있으며, 또한 아무것도 의미할 수 없다. 크립키는 다음과 같이 말한다.

그렇다면 회의론적 논증은 답변되지 않은 채로 남아 있다. 어떤 낱말로 무언가를 의미한다는 것은 있을 수 없다. 각각의 새로운 적용은 모험이다. 어떠한 현재의 의도도 우리가 선택할지도 모를 어떤 것에 일치되도록 해석될 수 있을 것이다. 그래서 일치도 모순도 있을 수 없다.(Kripke 1982, 55쪽)

크립키는 이 역설들을 비트겐슈타인에게 귀속시킨다. 그러나 다음에서 보듯이 비트겐슈타인은 그와 달리 규칙 따르기를 문제로 보지 않는다.

그 자체로는 자신의 쓰임을 포함하지 않는 기호에 규칙을 부과해야 한다는 것에서 우리는 어려움을 느낀다. 규칙과 그 적용 사이에는 간극이 있기 때문이다. 그러나 이는 문제가 아니라 정신 경련(mental cramp)이다. 이것이 그러함은 언제 이것이 문제가 되는지를 보면 알게 된다. 우리가 규칙을 설정하거나 적용할 때가 아니라 규칙을 특정한 이상한 방식으로 바라볼 때에만 우리는 저러한 문제로 고심하게 된다.(AWL, 90쪽)

크립키에 의하면 우리가 규칙 따르기의 실행을 규칙으로부터 분리하면 역설이라는 문제 상황에 빠진다. 그러나 비트겐슈타인에 의하면 이는 문제가 아니라 '정신 경련'일 뿐이다.[126] 일상의 삶에서 그런 역설은 일어나지 않는다. 그는 다음과 같이 말한다.

어떤 규칙이 제대로 지켜졌는지 아닌지에 대해서는 […] 전혀 논쟁이 일어나지 않는다. 사람들은 이 문제로 가령 치고받고 싸우지 않는다. 이것이 우리의 언어가 작동하는 (예컨대, 기술(記述)을 하는) 토대 가운데 하나이다.(PI, §240)

---

[126] 그러나 이를 비트겐슈타인이 규칙 따르기의 중요성을 부인하는 것으로 오해해서는 안 된다. "규칙 따르기는 우리 언어게임의 **기초이다**"(RFM, 330쪽). 규칙과 규칙 따르기를 분리시키는 크립키의 역설은 저러한 기초를 부정한다는 점에서 정신 경련인 것이다.

사람들이 규칙의 준수에 관해 지속적으로 일치를 보지 못한다면 규칙은 초점을 잃게 된다. 우리가 규칙을 같은 방식으로 준수함이 규칙 따르기에 있어서는 필수 불가결하다.

'일치'라는 낱말과 '규칙'이라는 낱말은 **연관되어** 있다. 그들은 사촌 간이다. 일치의 현상과 규칙에 부합하는 행위는 서로 잘 들어맞는다.(RFM, 344쪽)[127]

이는 규칙이 규칙 따르기로부터 독립해 있는 어떤 것이어서 사람들이 후자에서 극단적인 차이를 보이면서도 전자에 대해서는 여전히 일치를 볼 수 있다는 뜻이 아니다. 오히려 사람들이 규칙에 대해서 일치를 본다 함은 규칙 따르기에 있어서 일치를 본다는 것에 본질적으로 의존해 있다(LFM, 42쪽). 따라서 어떤 규칙이 제대로 지켜졌는지 아닌지에 대한 논쟁은 사람들이 동일한 규칙을 따른다는 사실에 의해 배제된다. 부정식(modus tollens)[128]에 의하여 우리는 규칙 따르기를 규칙으로부터 분리할 수 없다는 귀결을 얻는다.[129]

언어의 쓰임의 경우에도 사정은 다르지 않다. 어느 것이 언어적 기호의 올바른 쓰임인지에 대해서는 논쟁이 일어나지 않는다. 사람들

---

127 PI, §224 참조.
128 조건문을 포함하는 다음과 같은 타당한 논증 형식.

$$x \supset y$$
$$\sim y$$

$$\therefore \sim x$$

129 앞의 각주에서 x에 "규칙 따르기를 규칙으로부터 분리한다"를, y에 "역설이 발생한다"를 대입하면 역설이 발생하지 않음은 $\sim y$에 해당하므로 부정식에 의해 $\sim x$, 즉 규칙 따르기를 규칙으로부터 분리할 수 없음이 도출된다.

이 어떤 기호의 쓰임에 관해 종종 일치를 보지 못한다면 그 기호는 소통에 적합한 수단이 되지 못할 것이다. 비트겐슈타인은 다음과 같이 말한다.

사람들이 일치하는 것은 그들의 **언어** 속에서이다. 이것은 의견에서의 일치가 아니라, 삶의 형식에서의 일치이다.

언어를 통한 의사소통을 위해서는 정의(定義)에서의 일치뿐 아니라 […] 판단에서의 일치도 필요하다.(PI, §§241~242)

2절과 3절의 여러 예들에서 보았듯이 정의(定義) 그 자체는 다양하게 해석될 수 있으므로 의미를 결정하지 못한다. 따라서 낱말들이 어떻게 사용되는지, 즉 판단에서의 일치도 있어야 하는 것이다. 이는 낱말들이 어떻게 사용되어야 하는지에 대해 우리가 같은 의견이라는 것이 아니다. 그보다는 언어의 성립과 작동이 우리 삶의 형식에 의존한다는 것을 의미한다(McGinn 1984, 55쪽 참조).

지금까지의 논의를 통해 우리는 언어로써 무언가를 의미하고 지시함을 해석되지 않은 언어적 기호를 해석하는 것으로 보지 않을 수 있는 실마리를 얻었다. 이는 언어에서의 의미와 지시가 언어의 해석과 연관된 사안이 아님을 시사한다. 이와 관련해 비트겐슈타인은 다음과 같이 말한다.

모든 해석은 그것이 해석하는 대상과 함께 해결되지 않은 상태에 있으며, 그것이 해석하는 대상에 어떤 도움도 되지 못한다. 해석들만으로는 의미

를 결정하지 못한다.(PI, §198)

비트겐슈타인에 따르면 기호를 해석한다는 것은 하나의 기호를 다른 기호로 대체하는 것일 뿐이다(PI, §201). 그러나 대체는 의미나 지시체를 결정하지 못한다. 대체되는 기호 역시 특정한 방식으로 이해해야 하기 때문이다.

> 문장은 언어 체계의 일부로서 생명을 얻는다고 말할 수 있다. 그러나 우리는 문장에 생명을 부여하는 것이 문장에 동반되는, 신비한 영역에 속하는 어떤 것이라고 상상하는 유혹에 빠지게 된다. 그러나 그것에 동반하는 것이 무엇이든 간에 우리에게는 그냥 또 하나의 기호일 뿐이다.(BB, 5쪽)

해석은 기호에 동반하는 것이고 그 동반의 과정도 해석을 요한다는 점에서 기호와 같은 위상에 놓여 있다(Davidson 1973, 129쪽 참조). 해석이 의미를 결정한다는 해석론은 의미의 문제를 종결하는 특권을 부여받은 기호들이 있어서 그러한 기호들로 대체되면 의미는 결정된다는 것인데, 이는 별로 유익한 제안이 못 된다. 이 책 6장에서 살펴본 플라톤주의의 오류를 답습하고 있기 때문이다.

해석(혹은 규칙 따르기)이 불확정적이라는 전제는 역설을 낳는다. 이 전제에 따르자면 기호(혹은 규칙)와 해석(혹은 규칙 따르기) 사이에는 어떠한 관계도 없기 때문이다. 그 전제를 받아들이지 않으면 우리는 역설을 낳는 (기호와 해석 사이, 혹은 규칙과 규칙 따르기 사이의) 간극을 말소하는 셈이다. 그럼으로써 우리는 언어에 접근하는 다른 방식에 이르게 된다. 비트겐슈타인은 다음과 같이 말한다.

이를 통해 우리가 보여주는 것은 말하자면 규칙을 파악하는 방법이 있다는 점이다. 그런데 그것은 **해석이 아니라**, 그때그때 적용의 경우들에서 우리가 '규칙 따르기'와 '규칙 위반하기'라고 부르는 것에서 드러난다.(PI, §201)

우리는 기호(혹은 규칙)와 그 해석(혹은 규칙 따르기)을 서로 분리하는 전제를 바꿔야 한다. 언어와 세계라는 의미론적 성분들을 분리하지 않은 채 다루어보는 것이다. 비트겐슈타인은 이를 하나로 묶는 새로운 언어관을 도입한다.

또한 나는 언어와 그 언어가 얽혀 있는 활동들로 구성된 전체도 '언어게임'이라고 부를 것이다.(PI, §7)

그리고 그는 언어게임의 개념에 대해 다음과 같이 부연한다.

여기서 '언어**게임**'이라는 낱말은 언어를 **말하는 일**이 어떤 활동의 일부, 또는 삶의 형식의 일부라는 사실을 강조하기 위해 사용된다.(PI, §23)

언어게임의 활동에 참여함으로써 우리는 해석이 아닌 방식으로 언어를 파악한다. 그랬을 때 우리는 언어와 그 규칙을 해석의 대상으로 파악함으로써 생겨나는 온갖 문제들이 원리적으로는(de jure) 가능하지만, 언어와 규칙에 대한 실제의(de facto) 사용을 위협하는 것은 아님을 깨닫게 된다. 양자가 서로 다른 차원에 속하므로 전자의 차원에서 생겨나는 문제들은 후자의 차원에서는 문제시되지 않는다.(우리는 일상의 삶에서 고양이를 의미할 때 그것이 강양이일 가능성을 고려하지 않으며, 더하기를 할 때 그것이 겹하기일 가능성을 고려하지 않는다. 그럴 필요가 없는 것이다.) 전자 없이는 후자도 없다거나 전자에서 생겨나는 문제들을 후자에서도 반드시 고려해야 한다는 주장은 양자 사이에 위계를 설정하려는 편견을 표현하고 있을 뿐이다.

언어는 일상적인 사용에서는 문제없이 작동한다. 비트겐슈타인에 의하면 "우리 언어의 모든 문장은 '있는 그대로 정돈되어 있다'라는 사실이 분명하다"(PI, §98).[130] 규칙 따르기나 해석과 관련된 철학적 수수께끼들은 일상 언어 사용자의 관심 밖이다.

철학적 수수께끼들은 우리의 일상의 삶과 무관하다. 그것들은 **언어**의 수수께끼들이다. 본능적으로 우리는 언어를 바르게 사용한다. 그러나 식자에게는 이 사용이 수수께끼인 것이다.(LWL, 1쪽)

강양이, 초랑색, 겹하기 등에 연관된 철학적 수수께끼들은 뢰벤하임─스콜렘 정리가 함축하는 의도하지 않은 해석의 경우로 볼 수 있다. 요컨대 저러한 수수께끼들은 언어를 특정한 해석의 관점에서 파악할 때에 발생하는 것이다. 그것들에 대한 비트겐슈타인의 태도는 이론적 해결책을 강구하는 것이 아니라, 실제 언어사용을 통찰함으로써 수수께끼 자체를 해소하는 것이다.

비트겐슈타인이 이처럼 일상적 삶의 맥락과 거기서의 언어사용을

---

130 비트겐슈타인의 이러한 신념은 전·후기에 걸쳐 일관된 것으로 다음에서 보듯이 『논고』에서도 나타난다.

우리 일상 언어의 모든 명제들은 사실상, 있는 그대로, 논리적으로 완벽하게 정돈되어 있다.(TLP, 5.5563)

중시한 까닭은 어떠한 철학도 구체적 삶의 현장과 거기서 통용되는 언어를 완전히 벗어날 수는 없다는 생각에서였다. 앞서의 철학적 수수께끼들은 언어의 일상적 사용을 다시 해석할 것을 요구한다는 점에서 정당화에 대해서 다시 그 근거를 요구하는 회의주의와 닮은꼴이다. 무한퇴행의 자가당착으로 이끄는 저러한 수수께끼들은 고르디우스의 매듭과 같은 것이고, 비트겐슈타인에게 저러한 수수께끼들에 대한 논의는 공리공담으로 보였을 것이다. 알렉산더 대왕이 그러했듯이 매듭은 풀려 하기보다 칼로 끊어버리는 것이 더 바람직할 수도 있는 것이다.

6. 문법

언어게임으로서의 언어관은 언어와 세계의 관계를 어떻게 해소하는가? 비트겐슈타인은 그 실마리로 '문법'의 개념을 도입한다. 언어학에서 문법은 통상적으로 구문론적 규칙을 의미하지만[131] 그는 이를 언어게임의 규칙으로 확장한다. 그렇게 되면 문법은 언어뿐 아니라 그 언어가 얽혀 있는 활동의 규칙 역할을 하는 셈이다. 해당 언어게임에 내재된 문법적 규칙은 언어게임을 통해 구현된다. 우리가 언어게임의 실행을 익힐 때 우리는 그 문법을 익히는 것이다.

[131] 청년 비트겐슈타인도 『논고』에서 문법을 구문법과 동일시한 바 있다. TLP, 3.325 참조. 그러나 『논고』의 문법은 논리적 구문법이라는 점에서 언어학의 문법과는 다르다. 『논고』에 따르면 언어학과 달리 논리학은 초월적이며 논리적 형식은 언어와 세계에 공유되어 있기 때문이다(TLP, 4.12~4.121, 6.13).

비트겐슈타인은 다음에서 보듯이 언어와 세계의 연결고리를 문법으로 간주한다.

우리는 언어와 세계를 연결하는 문법의 규칙과 그렇지 않은 규칙을 구분하는 경향이 있다. 첫 번째 종류의 규칙은 "이 색깔은 '빨강'이라 부른다"이고, 두 번째 종류는 "~~p = p"이다. 이러한 구분에는 공통적인 오류가 있다. 언어는 먼저 구조가 주어지고 나중에 실재에 부가되는 어떤 것이 아니다.(PG, 89쪽)

모든 형이상학적인 것과 마찬가지로 사고와 실재 사이의 조화도 언어의 문법에서 찾아야 한다.(PG, 162쪽)

'언어와 실재'의 연결은 언어의 명료화에 의해서 이루어지며 이는 문법에 속한다. 그러므로 언어는 자족적이고 자율적이다. [⋯] 낱말과 대상의 연결은 언어를 가르침으로써 설정된다.(PG, 97쪽)

위의 첫 인용문에서 경고하고 있듯이 비트겐슈타인은 구조나 사고, 혹은 언어가 실재와 분리된 채 마주하는 것이 아니라, 나머지 인용문에서 묘사하고 있듯이 서로 조화로이 관계를 맺고 있다고 보는데 그 연결고리가 곧 문법이라는 것이다. 문법이 관할하는 언어(언어게임)는 세계와 사고와 활동을 품고 있다는 점에서 자족적이고 자율적이라는 것이다.[132]

---

132 이와 관련해 퍼트남의 다음과 같은 고찰을 주목할 필요가 있다.

비트겐슈타인은 다음과 같이 말한다.

> 문법은 언어의 적용, 즉 언어와 실재의 연결이라고 부를 수 있는 것을 기
> 술한다.(BT, 322쪽)

언어를 가르치고 적용하고 명료화할 때 낱말과 대상, 언어와 실재
는 연결된다. 우리가 고양이를 가리키면서 "저게 고양이야"라고 말함
으로써 '고양이'라는 낱말의 의미를 설명할 때, 우리는 고양이에 대해
무언가를 말하는 게 아니라 '고양이'라는 낱말의 의미를 설명하는 것
이다. 여기서 고양이는 우리의 문법이 상정(posit)한 것이다. 문법은
상정의 방법이며 고양이라는 상정물은 상정 방법의 일부를 구성한다
는 점에서 언어(의 문법)에 속하는 것으로 간주된다.(그런 점에서 언어
는 자족적이다.) 상정은 언어게임의 도구로서 의미를 설명하는 역할을
한다. 그것은 해당 낱말의 쓰임에 대한 규칙의 일부이다.

요컨대 언어와 세계라는 두 영역이 있는 것이 아니다. 우리가 세계
라고 부르는 모든 것은 상정물이다. 물리적 대상뿐 아니라 논란의 여
지가 있는 신(神), 집합, 가치, 마음 등도 마찬가지이다. 중요한 것은
그것들이 실제로 존재하는지가 아니라 그것들이 주어진 사안에 도움
이 되거나 쓸모가 있는지 하는 것이다. 상정을 규제하는 것은 오컴의
격률뿐이다. 즉 불필요하게 상정물을 늘려서는 안 된다. 저 격률의

대상과 지시체가 담론에 앞서는 것이 아니라 담론에서 비롯된다는 생각은 20세
기 분석철학과 '대륙'철학에 다양한 형태로 널리 퍼져 있다.(예컨대 가다머(Hans-
Georg Gadamer)는 대상이 담론으로부터 '발현'된다고 말한다.) (Putnam 1983b, xvi쪽)
비트겐슈타인의 언어관도 현대철학의 이러한 흐름에 합류하는 것으로 볼 수 있다.

테스트를 통과한 상정물은 우리 언어게임으로 들어와 견고히 제자리를 잡고는 언어게임의 문법을 상술할 때 사용된다. 이런 의미에서 그것은 상정의 방법에 속한다.

우리는 세계의 모든 것이 상정물이라는 사실에서 출발해서 확고하게 자리 잡은 모든 상정물이 우리 언어의 일부라는 결론에 이르렀다. 언어와 세계의 이분법은 이렇게 해소된다. 이는 언어의 각 부분을 세계에 대한 이미 준비된 그림이 아니라, 상정과 정돈의 지침이나 방안으로 볼 것을 제안한다. 예컨대 우리가 "흰 고양이가 매트 위에 있다"라고 말할 때 우리는 세계의 사실에 관한 그림을 갖는다기보다, 흰색, 고양이, 매트와 같은 다양한 상정물을 구성하고는 그들을 정돈해서 주어진 상황을 흰 고양이가 매트 위에 있는 것으로 판단하는 것이다.

상정과 정돈의 과정은 자의적이지 않다. 각각의 상정과 정돈 방법은 특정 공동체나 문화의 성원에게는 잘 확립된 관습이다. 언어게임의 문법은 삶에 깊이 착근되어 있으며, 우리는 그것을 설명에 의해서가 아니라 훈련을 통해, 규칙 체계의 형태로서가 아니라 삶의 스타일로서 익힌다. 과학의 경우에 상정과 정돈은 보편성을 추구하는 이론에 의해 수행된다. 설명의 필요에 의해 전자, 쿼크, 중력파, 유전자 등등의 가설적 존재가 상정되고, 이를 매개로 이론적 정돈이 이루어지는 것이다.

언어게임의 실행에는 이미 다양한 종류의 암묵적인 일치가 전제된다. 첫째, 언어게임에 참여하는 사람들의 행위와 반응에서의 광범위한 일치가 전제된다. 예컨대 우리가 매트 위의 고양이 앞에서 "흰 고양이가 매트 위에 있다"라고 말할 때, 우리가 고양이를 물구나무선 채로가 아니라 정상적인 자세로 봄이 전제된다. 둘째, 주변 조건에 대한 일치가 전제된다. 예컨대 우리가 고양이를 통상적인 조명하에서 본다는 것이 전제된다. 셋째, 사람의 인류학적 본성에서의 일치가 전제된다. 예컨대 우리는 보고 먹고 번식하는 등의 특성을 공유하고 있다. 넷째, 우리가 언어를 사용하는 배경이 되는 세계가 지구라는 일치가 전제된다. 배경 세계가 달라진다면 우리는 어떤 언어게임은 더 이상 행하지 않게 될 것이다. 그 언어게임이 틀려서가 아니라 그것을 실행하는 것이 더 이상 의미가 없기 때문에, 혹은 그것을 실행하는 목적이 더 이상 성취될 수 없기 때문이다(Baker and Hacker 2009, 211쪽; LFM, 42쪽; LPE, 306쪽; RFM, 51쪽). 언어게임은 문맥 의존적이다.

다른 한편으로 우리의 언어게임은 우리의 관심에 따라 상대적이다. 예컨대 "흰 고양이가 매트 위에 있다"라는 우리의 진술을 고찰해보자. 우리는 색깔을 하양, 검정, 노랑 등으로 구분하기에 '흰'이라는 범주를 갖는 것이다. 우리는 세계를 생물과 무생물로, 생물을 동물과 식물로, 동물을 '고양이', '새', '개' 등으로 구분하기에 '고양이'라는 범주를 갖는 것이다. 우리는 무생물을 인공물과 인공물 아닌 것으로, 목적과 기능에 따라 만들어진 인공물을 '매트', '의자', '침대' 등으로 구분하기에 '매트'라는 범주를 갖는 것이다. 우리는 공간적 관계에 관심이 있기에 '위에', '안에', '밑에' 등의 범주를 갖는 것이다.

하나의 진술이 그에 연관되는 상황과 관계 맺는 데에는 색깔, 동물의 분류, 목적, 공간에 관한 범주가 동원된다. 이 범주들은 사람이 고안한 것으로 세계에서는 발견되지 않는다. 세계는 우리의 언어적 활동과 독립해 이러한 범주들로 사전 정돈되어 있지 않다. 이 범주들을 가지고 우리는 세계를 이러저러한 방식으로 정돈하고 판단한다. 이러한 범주들에 관심이 없는 외계인에게 "흰 고양이가 매트 위에 있다"라는 진술은 먹혀들지 않을 것이다(Putnam 1981, 201~202쪽). 요컨대 진술은 객관적일 수 없는 우리의 관심을 반영한다. 그런 점에서 범주들의 사용 규칙인 상정의 방법으로서의 문법은 사람의 자연사에서 아주 중요한 역할을 담당한다고 할 수 있다. 그것이 세계에 대한 우리의 체험의 형식을 규정하기 때문이다. 문법으로 말미암아 비트겐슈타인의 자연주의는 사람의 얼굴을 한 자연주의가 되는 것이다.

7. 이해의 양식

언어와 세계의 관계와 같은 철학적 문제는 우리가 2장에서 살펴본 이해(intelligibility)라는 이상에 의존하고 있다. 이 이해가 표현되는 양식은 언어이다. 우리는 언어사용을 통해 삶과 세계를 이해한다. 우리가 언어 개념을 확장해 언어에 얽혀 있는 활동까지 포함한다면, 즉 우리가 언어를 언어게임으로 본다면, 언어가 우리의 이해에 배경 틀이나 관점이 됨을 깨닫게 된다. 우리는 삶과 세계를 이 틀을 통해 경험한다. 우리가 하나의 언어를 가지고 있다 함은 우리가 삶과 세계를 이해하는 특정한 양식을 가지고 있음을 함축한다.

그러나 이는 언어가 이론이며 언어의 습득이 이론의 구성이라는 콰인(Quine 1951), 데이빗슨(Davidson 1973), 촘스키(Chomsky 1959)의 주장과는 구별되어야 한다. 설명과 예측을 지향하는 무모순적 이론과는 달리 언어는 어떠한 것도 설명하거나 예측하지 않으며 모순에 대해서도 개방적이다. 설명과 예측은 언어가 제공하고 이론에 포섭되는 특정 문장들의 역할에 국한된다. 유한개의 문장으로도 정리가 가능한 이론과는 달리 언어는 그러한 방식으로 정리되지 않는다. 언어는 문장을 구성하는 문법적 규칙으로부터 생성되는 무수한 문장을 포괄하기 때문이다. 아울러 모국어를 습득하는 어린이는 이론가도 언어학자도 아니며, 언어 이론을 구성하지도 않는다. 대신 그는 모방과 반복 연습 훈련을 통해 규범적 실행의 기술(technique)을 배우는 것이다(Baker and Hacker 1984, 291쪽).

언어 자체가 이론은 아니지만 이론은 언어의 한 사용 사례이다. 이론은 언어로 구성되므로 언어의 성격이 반영된다. 우리가 타 문화의 언어를 연구함으로써 배우게 되는 것은 해당 언어에 대한 숙달만이 아니다. 더 중요한 것은 우리가 삶과 세계를 이해하는 다른 가능성, 그 이해와 연관되는 다른 생각과 관심을 갖게 된다는 점이다. 요컨대 우리는 다른 이해의 양식을 알게 된다(Winch 1964, 182쪽). 언어에 심겨 있는 이 이해의 양식을 숙지하는 것이 그 언어를 익히는 데 필요하며 그 역도 참이다.

언어와 세계의 이분법이 성립할 수 없다는 사실은 우리가 상정되거나 개념화되지 않은 세계에 접근할 수 없음을 의미한다. 상정의 방법을 사용하지 않고서는 우리는 아무 말도 할 수 없는 무력한 상태에 처하게 된다(Goodman 1978, 92쪽). 왜냐하면 그로써 우리는 언어뿐 아니라 우리의 삶과 세계에 대한 이해를 잃게 되기 때문이다. 세계는 사람의 상정물로서 언어에 진입해 그 자체로는 어떠한 사실이나 관찰에 의해 지배되지 않는 언어게임에 내재한 이해의 양식에 의해 개념과 판단에 스며들게 될 때에야 비로소 우리에게 의미를 지니게 된다.

언어에 내재한 이해의 양식은 언어 사용자인 우리가 세계를 경험하고 정돈하는 근본 양식이기도 하다. 언어게임의 실행에 반영된 상이한 이해의 양식의 활동은 상이한 정돈을 낳는다. 우리는 이해의 양식에 의존해 삶과 세계를 이해하지만, 그렇다고 그 객관성이 보장되는 것은 아니다. 이해의 양식은 삶과 세계에 대한 이해를 추구하는 사람이 믿고 행하는 바와 불가피하게 연관되어 있기 때문이다. 즉 우리가 이해의 양식으로 삶과 세계를 이해하지만, 그 양식 자체는 사람의 삶과 실행을 반영하고 있다. 그것은 사람의 삶과 실행이 그러하듯이 모든 정당화의 근본 토대가 되기에 스스로는 정당화되지 않는다.

8. 보론: 홉킨스의 데이빗슨적 모델

홉킨스(Jim Hopkins)는 "기대와 충족은 언어 속에서 접촉한다"(PI, §445)라는 비트겐슈타인의 말을 의식의 지향성, 언어의 규범성, 사실의 인과성을 하나로 묶는 명제로 해석한다. 홉킨스는 저 명제로써 사람, 언어, 세계 사이의 연관이 다음과 같은 두 단계를 걸쳐 설정되는 것으로 본다. 첫째, 우리는 낱말과 문장을 사물과 상황에 연관 짓는 법을 타르스키의 규약 T의 형식으로 배워 익힌다. 둘째, 우리는 이 문장들을 우리의 동기 및 그와 연관되는 상황에 연관 짓는 법을 진리 개념을 매개로 배워 익힌다. 이 과정에서 우리는 행위의 내적 원인을 문장으로 기술된 상황으로 이해함으로써, 표상하는 마음을 표상된 환경에 연관 짓게 된다. 이로써 우리는 이 원인을 의미론적 용어로 생각하게 되고, 동기와 세계의 연관에 대해 더 분명하게 생각하게 된다(Hopkins 1999, 269쪽).

데이빗슨의 영향하에 홉킨스는 자신의 해석을 다음과 같은 모델로 부연한다.[133] 우리는 음료수를 보고 그것을 집어 들고 마시려는 사람 A를 보고 있다. 홉킨스는 이 상황을 다음과 같이 기호화한다.

P: A 주변에 음료수가 있다.
Q: A가 음료수를 집는다.
R: A가 음료수를 마신다.

이를 바탕으로 홉킨스는 그가 실천이성의 패턴이라 부른 다음과 같은 도식을 형식화한다.

A는 P를 원한다 & A는 Q이면 P임을 믿는다 ― [야기한다[134]] → A는 Q를 원한다

홉킨스는 이로써 원함과 믿음이라는 명제 태도가 사람(의 지향성)과 언어(의 규범성)를 연관 짓고 있으며 이것이 다시 야기함이라는 사실적 인과성과 연관됨을 보여주려는 것 같다. 그는 이로부터 다음과 같은 기대 충족의 패턴으로 이행한다.

A는 P를 원한다 ― [야기한다] → P
그는 이로써 원함이라는 명제 태도가 사실적 인과성과 연관됨을

---

133   데이빗슨은 홉킨스의 모델에 아낌없는 지지를 표명한 바 있다(Davidson 1999). 그러나 앞으로 보겠지만 홉킨스의 모델은 데이빗슨의 지지가 무색하게 오류투성이다.
134   cause를 이렇게 번역하였다.

보여주려는 것 같다. 그러나 이는 대입(substitution)의 오류를 저지르고 있는 잘못된 형식화이다. A가 원하는 것은 P가 아니라 R이고, A가 믿는 것은 Q이면 P라는 것이 아니라 Q이면 R이라는 것이기 때문이다. 따라서 올바른 형식화는 다음과 같아야 할 것이다.

A는 R을 원한다 & A는 Q이면 R임을 믿는다 — [야기한다] → A는 Q를 원한다

같은 맥락에서 올바른 기대 충족의 패턴은 다음과 같아야 할 것이다.

A는 R을 원한다 — [야기한다] → R

저렇게 교정된 홉킨스의 모델은 사고, 언어, 객관적 진리 개념의 상호 의존성을 삼각 측량의 논증으로 입증하려는 데이빗슨의 이론화 작업(Davidson 1982b; 1992; 1997)이나, 언어를 익히고 지향성을 인과적 행위로 구현하려는 인공지능 로봇의 프로그래밍에는 유용할 수 있을 것이다.[135] 인공지능의 프로그래밍에 대한 언급은 없지만 홉킨스의 모델은 P에서 R에 이르는 과정을 8단계로 나누어 알고리듬 형태로 상술하고 있다(Hopkins 1999, 270쪽 이하).

"기대와 충족은 언어 속에서 접촉한다"라는 인용 때문에 비트겐슈

---

135   폴록(John Pollock)이 구상한 OSCAR가 이러한 취지의 프로그램이다(Pollock 1988; Pollock and Cruz 1999, 6장).

타인에게서 영감을 얻어 구성한 듯한 착각을 주기는 하지만, 그리고 데이빗슨 자신의 갈망처럼(Davidson 1999, 286~287쪽) 비트겐슈타인과 데이빗슨을 서로 만나게 하고 있지만, 홉킨스의 모델은 비트겐슈타인의 대척점에 놓인다. 비트겐슈타인은 기대와 충족을 기대와 충족이라는 언어게임의 관점에서 해명하려 할 뿐이지, 기대와 충족에 대한 이론적 설명을 추구하지 않을 것이기 때문이다. 언어게임의 행위자의 눈높이에서는 이론적 목적으로 만들어진 저러한 모델은 불필요하다. 저 모델은 언어게임의 행위를 설명을 위해 사후적으로 재구성한 것인데 반해, 실제 행위자는 그에 구애받지 않고 자신의 기대를 충족시키는 행위를 할 것이다. 기대를 충족시키기 위한 행위의 초점과 기대의 충족 과정에 대한 설명 모델의 초점은 서로 일치하지 않는다. 전자가 후자로 환원된다는 믿음은 과학주의의 투사일 따름이다.

III부 　모순

9장
모순론

1. 모순의 물음

비트겐슈타인은 헤르츠의 『역학의 원리』를 매우 높이 평가했다. 헤르츠의 책이 비트겐슈타인에게 미친 영향은 그의 『논고』와 후기 저작에 깊이 각인되어 있다. 예컨대 비트겐슈타인의 대표적 후기 저작인 『탐구』의 초고는 다음과 같은 헤르츠의 말을 첫머리로 삼고 있다.

이 고통스러운 모순이 제거될 때 물음은 [⋯] 대답되지 않을 것이다. 그러나 우리의 마음은 더 이상 그것에 휘둘리지 않겠기에 불합리한 물음을 묻지 않을 것이다.(Hertz 1894, 8쪽)

헤르츠가 그랬듯이 비트겐슈타인도 철학적 난제에 연루된 모순이나 역설의 해결이 아닌 해소[136]를 강조했다. 그러나 이 해소는 철학적 난제를 야기하는 바로 그 물음이 성립될 수 없음을 밝히는 것이다.

언어에 한계를 그음으로써 무엇이 의미 있고 없는지를 선명히 하려는 이념은 비트겐슈타인의 저작 전체에 반영되어 있다. 가령 그는 『논고』의 서두에서 다음과 같은 목표를 설정하고 있다.

이 책은 생각에, 아니 그보다는 ― 생각이 아니라 생각들의 표현에 한계를 그을 것이다. 왜냐하면 생각에 한계를 긋기 위해서는 우리가 이 한계의 양편을 모두 생각할 수 있어야 (그래서 생각할 수 없는 것도 생각할 수 있어야) 하기 때문이다.(TLP, 3쪽)

생각에 한계를 긋는다는 이념은 역설적이다. 왜냐하면 이를 위해서 우리는 생각할 수 없는 것을 생각할 수 있어야 하기 때문이다. 이러한 조건은 성립할 수 있는가? 비트겐슈타인은 다음과 같이 말한다.

철학은 생각할 수 있는 것에 한계를 그어야 하고, 그렇게 함으로써 생각할 수 없는 것에 한계를 그어야 한다.(TLP, 4.114)

비트겐슈타인의 전략은 생각할 수 있는 것을 고찰함으로써 생각할 수 없는 것에 한계를 긋는 것이다. 말하거나 생각할 수 있는 것의 한계는 언어 내에서 설정된다. 그렇다면 그 한계를 넘어서는 것이 말할 수 없는 것이다.

---

136 문제는 그것이 적절하게 대답될 경우 해결되고, 문제가 불합리하거나, 무관하거나 무시해도 좋은 것으로 판명될 때 해소된다. Garver(1970), 123쪽 참조.

말할 수 있는 것과 없는 것에 관한 비트겐슈타인의 생각의 여정을 추적함에 있어서 우리는 그의 철학의 변모 과정을 세 시기로 구분하고자 한다.

(1) 비트겐슈타인의 전기는 그가 『노트북』과 『논고』를 집필한 시기에 해당한다.

(2) 그의 중기는 전기의 『논고』 시기와 후기의 『탐구』 시기 사이에 해당한다.

(3) 그의 후기는 그가 『탐구』와 『확실성에 관하여』를 집필한 시기에 해당한다.

말할 수 있고 없고를 가르는 기획이 모순의 지위에 대한 비트겐슈타인의 태도에 긴밀히 연결되어 있으므로 우리는 그가 모순을 다루는 방식에 특별히 유의하고자 한다. 따라서 우리의 전략은 그가 취한 전략과 정반대이다. 즉 모순을 연구함으로써 우리는 말할 수 있는 것에 접근하려는 것이다.

2. 전기의 모순론

1) 형식적 명제론

우리는 비트겐슈타인 철학의 중심 문제의 하나인 "무엇을 말할 수 있는가?" 하는 문제를 규명해보고자 한다. 하나의 답은 '명제'이다. 비트겐슈타인은 "나의 **모든** 과제는 명제의 본성을 설명하는 것"(NB, 39쪽)이라고 말한다. 그는 명제에 대해 두 가지 이론을 구상했다. 형식적 명제론과 의미론적 명제론이 그것이다. 두 명제론을 차례로 살펴보자.

형식적 명제론의 핵심은 명제만이 의미와(TLP, 3.3) 참/거짓의 진리치(NB, 94쪽)를 갖는다는 것이다. 한 명제의 의미를 이해하는 것은 그것이 참일 경우와 거짓일 경우를 아는 것이다(TLP, 4.024; NB, 112쪽). 이상의 논의는 다음과 같은 세 논제로 요약될 수 있다.

⟨1⟩ 명제만이 의미를 갖는다.

⟨2⟩ 진리치를 갖는 것은 의미를 갖는다.

⟨3⟩ 모든 명제는 진리치를 갖는다.

비트겐슈타인은 기호에 관한 최소한의 원리를 매개로 형식적 명제론을 전개한다. 형식적 명제론은 (1) 요소명제와 (2) 'N'이라고 불리는 조작만으로 이루어져 있다. 조작 N은 임의의 수의 명제들에 대한 동시 부정을 산출한다(TLP, 5.502~5.52; 이승종 2002, 33~35쪽 참조). 요소명제들은 조작 N의 대상으로서 필요하다. 조작 'N'은 조작의 대상인 요소명제들에서 명제들을 산출한다. 요소명제에 대한 이러한 조작에서 산출되는 명제의 진리치는 조작의 대상이 되는 요소명제의 진리치의 함수이다.

모든 명제가 요소명제들의 진리 함수라는 주장은 흥미로운 결과를 야기한다. 진리 조건들의 가능한 집단들 중에서 우리는 다음과 같은 두 가지 극단적인 경우와 만나게 된다.

한 경우에서는 명제가 요소명제들의 모든 진리 가능성들에 대해서 참이다. 우리는 그 진리 조건들이 **동어반복적**이라고 말한다.

두 번째 경우에서는 명제가 요소명제들의 모든 진리 가능성들에 대해서 거짓이다. 그 진리 조건들은 **모순적**이다.

첫 번째 경우의 명제를 우리는 동어반복(tautology)이라 부르고, 두 번째 경우의 명제는 모순이라고 부른다.(TLP, 4.46)

모순은 명제인가? 위의 인용문은 다음의 두 이유를 들어 이 질문에 대해 긍정적인 답을 준다. 첫째, 모순은 요소명제들에 조작 N을 적용함으로써 얻어진다.[137] 둘째, 모순은 진리치를 갖는다. 모순은 가능한 모든 경우에 항상 거짓이다.

위의 두 고찰과 앞서의 〈1〉, 〈2〉, 〈3〉은 다음을 함축한다.

〈4〉 모순은 명제이다.

〈5〉 모순은 의미를 갖는다.

〈6〉 모순은 진리치를 갖는다.

2) 의미론적 명제론

지금까지 살펴본 바에 의하면 비트겐슈타인은 모순을 다른 명제들과 차이가 없는 것으로 간주했던 것처럼 보인다. 그러나 그의 저작 가운데에는 이러한 해석과 맞지 않는 구절들이 눈에 띈다.

동어반복과 모순은 의미를 결여하고 있다.(TLP, 4.461)

동어반복과 모순이 퇴화된 명제라는 램지(Frank Ramsey)의 말은 옳다.(PG, 317쪽)[138]

---

137 예컨대 'p · ~p'와 같은 모순은 'N(p, N(p))'와 논리적으로 동치이다.
138 Ramsey(1927), 151쪽 참조.

형식적 명제론에 의하면 모순은 요소명제에 대한 조작 N으로부터 아주 정당한 방식으로 도출되는 명제이다. 그러므로 그것들은 "음악은 빨갛다"나 "빨갛음악은다"와 같은 무의미와 구별된다. 비트겐슈타인은 이러한 맥락에서 모순을 무의미하지(unsinnig) 않다고 말한다(TLP, 4.4611). 무의미는 의미의 영역 바깥에 놓여 있지만 모순은 그렇지 않다. 모순은 의미의 영역 가장자리에 위치하며 의미를 결여하고 있다(sinnlos).[139] 그 까닭은 명제를 구성하는 가장 근본적인 방식, 즉 형식적 명제론에서 연유하는 불가피한 것이다.

비트겐슈타인은 자신의 형식적 명제론과는 구별되는 의미론적 명제론을 전개한다. 그는 다음과 같이 말한다.

명제의 의미는 사태의 존립 및 비존립의 가능성과 명제와의 일치와 불일치이다.(TLP, 4.2)

[명제]의 의미와 실재와의 일치나 불일치에서 그것의 참이나 거짓이 성립한다.(TLP, 2.222)

두 번째 인용문을 먼저 살펴보자. 명제가 참이라면 사태는 존립한다. 명제가 거짓이라면 사태는 존립하지 않는다(TLP, 4.25). 따라서

---

139 나의 책 『비트겐슈타인이 살아 있다면』에서는 문맥에 따라 'Unsinn(nonsense)'은 '난센스'나 '비의미로', 'Sinnlosigkeit(senselessness)'는 '의미의 결여'나 '무의미로 번역하였다. 그러다 보니 '비의미하다'와 같은 비문(非文)을 허용하는 문제가 생겨났다. 따라서 이 책에서는 'Unsinn(nonsense)'은 '무의미로', 'Sinnlosigkeit(senselessness)'는 '의미의 결여'나 '의미 없음'으로 번역하기로 한다.

우리는 이 인용문을 다음과 같은 두 명제로 나누어볼 수 있다.

명제 p는 p의 의미가 실재와 일치할 경우, 그리고 오직 그 경우에 한해 참
이다.

명제 p는 p의 의미가 실재와 일치하지 않을 경우, 그리고 오직 그 경우에
한해 거짓이다.

첫 번째 인용문의 경우, "일어나는 일, 즉 사실이 사태들의 존립"
(TLP, 2)이므로 우리는 이를 다음과 같이 정리할 수 있다.

명제 p는 p에 해당하는 경우가 일어나거나 안 일어나는 것이 논리적으로
가능할 경우, 그리고 오직 그 경우에 한해 의미를 갖는다.

명제 p는 p에 해당하는 경우가 일어나거나 안 일어나는 것이 논리적으로
불가능할 경우, 그리고 오직 그 경우에 한해 의미를 결여한다.

의미론적 명제론을 기억해둔 다음 형식적 명제론에 의해 산출된
명제들을 다시 살펴보자. 형식적 명제론에 의하면 모든 진리 함수는
진리표에서 일련의 명제들로 배열될 수 있다. 그리고 그것들은 다음
의 두 부류로 구분된다.

(1) 일군의 진리 함수는 각 진리 함수에 해당하는 경우가 일어나거
나 안 일어날 가능성을 갖는다. 이러한 우연성을 갖는 명제가 진정한
명제이다.

(2) 일군의 진리 함수는 그 진리치가 모든 경우에 거짓이거나 혹은 모든 경우에 참이다. 전자는 모순이고 후자는 동어반복이다. 모순에 해당하는 경우가 일어나는 것은 논리적으로 불가능하고, 동어반복에 해당하는 경우가 일어나지 않는 것도 논리적으로 불가능하다.

명제의 의미 기준을 위의 두 경우에 적용해보면 (1)에 속하는 명제만이 의미를 지니며 모순과 동어반복은 의미를 결여함을 알게 된다. 모순은 의미 있는 명제들이 결합하여 이루어지지만, 정작 그 결합의 산물인 모순은 의미를 결여하고 있다. 즉 모순은 (동어반복도 마찬가지이다) 각각의 구성 부분들의 의미를 의미 있는 전체로 결합하지 못하고 있다는 점에서 명제의 실제적 내지는 본질적 결합이 아닌 것이다 (Carruthers 1989, 60쪽 참조).

모순에 대한 이러한 고찰을 앞서의 〈1〉, 〈2〉, 〈3〉에 더하면 다음과 같은 귀결이 따라 나온다.

〈4〉 모순은 의미를 결여하고 있다.

〈5〉 모순은 명제가 아니다.

〈6〉 모순은 진리치를 갖지 않는다.

이는 모순의 본성에 대한 형식적 명제론의 귀결과 서로 모순된다.

3) 유추

우리는 비트겐슈타인의 형식적 명제론과 의미론적 명제론이 모순의 본성에 대해 서로 모순되는 귀결을 산출함을 보았다. 이는 모순에 대한 그의 태도가 상이한 방식으로 해석될 수 있음을 함축한다. 형식적 명제론이나 의미론적 명제론이나 모두 비트겐슈타인이 구상한 것이므로 모순에 대한 어느 해석이 옳은지에 대한 문제는 그의 사유 안에서는 해결을 볼 수 없다. 우리가 당면한 상황은 다음의 경우에 비견될 수 있다(Flannery 1988 참조). 이차원 공간은 아래와 같은 도형의 존재 가능성을 허용한다.

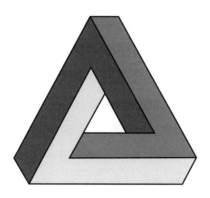

이 삼각형을 이차원 공간에서 그리는 것은 가능하다. 삼차원적 도형의 이차원적 재현이 가능하기 때문이다. 그러나 이차원적 재현은 삼차원의 세계가 허용하지 못하는 어떤 가능성을 허용한다. 위의 삼각형에서 세 변에 해당하는 각각의 막대는 있을 수 있지만 이들이 삼차원 공간에서 모여 위의 삼각형을 이루는 것은 불가능하다.

이 유추의 논점은 이것이다. 우리가 이차원에서 위의 삼각형을 이해할 수 있는 것처럼, 우리는 형식적 명제론에서 모순을 의미와 진리치를 갖는 명제로 이해할 수 있다. 그러나 우리가 삼차원에서 위의 삼각형을 이해할 수 없는 것처럼, 우리는 의미론적 명제론에서 모순을 의미와 진리치를 갖는 명제로 이해할 수 없다. 삼차원이 허용하지 않는 어떤 것들을 이차원이 허용하는 것처럼, 의미론적 명제론이 허용하지 않는 어떤 것들을 형식적 명제론은 허용한다.

이러한 유추는 두 명제론에 의거한 모순에 대한 두 해석이 개별적으로는 건전한 것임에도 불구하고 비트겐슈타인 사상의 한 측면만을 대변하고 있음을 보여준다. 모순의 지위는 우리가 형식적 명제론과 의미론적 명제론 중의 어느 이론을 배경 이론으로 택하느냐에 따라 달리 보일 수 있다. 위의 유추를 빌려 말하자면 그의 두 명제론은 그의 사상에서 서로 다른 차원에 속한다.

3. 중기의 모순론

1) 형식적 명제론의 해체

비트겐슈타인은 철학적 편력의 중기에 접어들면서 명제나 모순의 조건을 설정하는 것이 자의적임을 깨닫게 되었다. 그는 형식적 명제론이 명제들을 실제의 쓰임에서 유리시켜 명제들 사이의 기계적 관계만을 다루고 있다는 점에서 치우친 이론이라는 생각에 이르게 된 것 같다(RPP I, §38; LRKM, 177쪽). 그의 비판의 주된 표적은 형식적 명제론에서의 모순이었다. 그는 다음과 같이 말한다.

동어반복은 아무것도 말하지 않는다. 당신이 명제에 동어반복을 부가한다면 당신은 그 명제가 말하는 바에 아무것도 덧붙인 바가 없는 셈이다. (기호로 표현하자면 p · 동어반복 = p; p · 모순 = p) (LWL, 56쪽)

비트겐슈타인은 동어반복에 대해 다음과 같이 말한다.

그것은 모두 의미를 결여하고 있다. 진리표의 모든 자리가 T로 표기되는 명제는 명제라고 부르지 않는 것이 합당하다.(AWL, 137쪽)

같은 맥락에서 진리표의 모든 자리가 F로 표기되는 모순은 명제라고 부르지 않는 게 합당하다는 것이 중기 비트겐슈타인의 견해이다. 『논고』의 형식적 명제론은 위의 인용문에서 통렬히 비판되고 있다. 비트겐슈타인은 논리적으로 허용 가능한 어떠한 명제의 결합도 다 의미를 갖는다는 것이 자동적으로 전제될 수 없다고 본다. 요소명제에 조작 N을 적용한 모든 결과가 다 명제로 불릴 수는 없다는 것이다. 형식적 명제론의 유일한 조작인 N에 대한 이러한 제한은 진리 함수의 이념 전체를 훼손시킨다. 이러한 맥락에서 모순과 동어반복이 명제인지에 대한 어떠한 결정도 자의적이라는 비판을 면하기 어렵다. 그것들이 요소명제의 진리 함수임을 보이는 진리표의 방법이 이 경우에 적용될 수 있는지를 문제 삼을 수 있기 때문이다.

2) 명제의 논리적 증명과 논리학에서의 증명

모순이 명제가 아니라는 논제로부터 전혀 다른 종류의 문제가 야기된다. 논리학에 따르면 모순은 모든 명제를 함축한다. 그리고 명제만이 명제를 함축할 수 있다. 그렇다면 모순은 명제라는 귀결이 따라 나온다. 물론 비트겐슈타인은 이를 수용할 수 없었다. 그의 대안은 모순이 모든 명제를 함축함을 부정하는 것이었다.

비트겐슈타인이 모순으로부터는 어떤 것도 따라 나올 수 없다고 본 이유는 '의미 있는 명제의 논리적 증명'과 '논리학에서의 증명'에 대한 그의 구분과 연관되어 있다. 비트겐슈타인은 『논고』에서 이 구분에 대해 다음과 같이 설명하고 있다.

의미 있는 명제가 다른 명제로부터 **논리적으로** 증명될 수 있고, 논리적 명제도 **역시** 그렇게 될 수 있다면 이것은 실로 매우 주목할 만한 일일 것이다. 의미 있는 명제의 논리적 증명과 논리학**에서의** 증명이 전혀 다른 두 가지여야 한다는 것은 애초부터 분명하다.(TLP, 6.1263)

논리적 명제와 진정한 명제의 구분이 함축하는 바를 다음의 논증을 예로 살펴보자.

$$p \cdot {\sim}p$$
$$? \, a$$

여기서 'a'는 임의의 진정한 명제를 지칭한다. 문제는 논증의 전제가 모순이라는 점이다. 모순은 진정한 명제가 아니므로 이 논증이 하나의 진정한 명제로부터 다른 진정한 명제의 추론에 해당한다고 볼 수 없다. 비트겐슈타인은 위의 논증이 논리학 내에서 다루어졌을 때 그 타당성과 그 효율성을 부정하지 않는다. 앞의 논증은 타당하다.

명제의 의미에 신경을 쓰는 사람들이 보기에 모순으로부터 어떠한 진정한 명제도 연역될 수 있다는 주장은 매우 이상하게 들릴 것이다. 일상적 상황에서는 아무런 명제나 다 모순에서 무작위로 추론될 수 있다는 것은 말이 되지 않는다. 그러나 이러한 형태의 추론을 허용하는 게임을 만드는 것이 불가능한 것만은 아니다. 바로 이러한 게임이 '논리학에서의 증명'인 것이다. 그 게임은 추론을 기계적으로 운용해서 얻은 결과가 논리학자들에게 유용함을 보장하기 위해 만든다. 그렇다면 우리는 모순으로부터 어떠한 명제도 추론할 수 있다는 규칙이 모순 그 자체의 내재적 특성이 아니라 '논리학'이라 불리는 게임의 일부라는 사실에 의존하고 있음을 분명히 알게 된다.

그러나 비트겐슈타인은 '논리학 내에서'의 증명보다는 '생활 속에서' 진정한 명제의 논리적 증명에 더 관심을 가지고 있다. 일상생활에서의 추론이 논리학에 많이 의존하고 있는 것은 사실이지만 언제나 그러한 것은 아니다. 가령 일상생활에서는 논리학에서와는 달리 모순으로부터 더 이상의 추론을 하지 않는다. 그러나 일상생활에서의 추론을 논리학에서의 추론과 다르다는 이유로 비논리적인 것으로 보아도 안 되고 논리학에서의 추론을 절대적인 것으로 신성시해서도 안 된다는 것이 비트겐슈타인의 견해이다(PI, §38).

3) 거친 땅으로 돌아가자!

후기 비트겐슈타인은 자신의 초기 저술들에서 논리학을 고상한 학문으로 숭상하는 경향을 발견한다(PI, §94). 『논고』는 논리학을 철학적 난제들을 해명하는 촉매제로 보고 있다. 논리학은 모든 실재의 구조로, "세계가 반영된 상(像; image)"(TLP, 6.13)으로 물화(物化)된다. 논리적 구문법에 지배되는 오직 한 종류의 기호 언어만이 존재함에 따라(TLP, 3.325) 명제에 대한 완전한 분석은 오직 하나밖에 없다는 것이다(TLP, 3.25).

논리학을 수정처럼 순수한 학문으로 숭상하고 있는 이 모든 언명들은 비트겐슈타인의 후기 저작에서 비판의 표적이 된다. 그는 다음과 같이 말한다.

우리가 실제의 언어를 정밀하게 검토하면 할수록, 그것과 우리의 요구 사이의 갈등은 더욱 심해진다.(결정체와도 같은 논리학의 순수성은 물론 내게 **주어진** 것이 아니라 하나의 요구였다.) 갈등은 허용 범위를 넘어 이제 그 요구가 공허한 것이 되고 말 위기에 처한다. ― 우리는 마찰이 없는 미끄러운 얼음판으로 들어선 것이다. 그리고 마찰이 없는 상태는 어떤 의미에서는 이상적이지만, 바로 그 때문에 우리는 또한 걸을 수 없게 된다. 우리는 걷고 싶다. 따라서 우리에게는 **마찰**이 필요하다. 거친 땅으로 돌아가자!(PI, §107)

실제 언어의 작동이 그것을 위해 미리 마련된 프로크루스테스의 침대에 언제나 들어맞는 것은 아니다. "거친 땅으로 돌아감"은 우리의 삶에서 언어와 그 사용의 사실에 대한 치우침 없는 기술(記述)로 이루어진다.

이를 위한 첫 번째 조처는 논리학이 어떠한 마찰로부터도 면제된 고상하고 이상적 주제가 아님을 깨닫는 것이다. 비트겐슈타인은 "논리학이 러셀, 프레게, 그리고 내가 생각했던 것과는 다른 역할을 함"(M, 261쪽)을 시인한다. 그가 이런 말을 했을 때 그는 아마 다음과 같은 자신의 논리관을 염두에 둔 것 같다.

생각을 생각이게 하는 것은 **인간적인** 어떤 것, 인간의 본성과 구조에 연관된 어떤 것이 아니라 순전히 논리적인 어떤 것, 즉 생물의 자연사(natural history)에서 독립된 어떤 것이다.(MS 108, 217쪽)

다음의 인용을 앞의 인용과 비교해보자.

생각과 추론(가령 계산)은 물론 자의적 정의에 의해서가 아니라 우리가 생활에서 생각과 추론이라 부르는 것의 자연적 한계에 의해서 그 테두리가 정해진다.(RFM, 80쪽)

우리는 삶의 일상적 담론을 논리학의 미리 준비된 선험적 틀에서 바라보기보다 우리의 일상 언어에서 일어나는 실제 담론의 관점에서 논리학을 점검해야 한다.

4) 의미론적 명제론의 해체

『논고』의 형식적 명제론에 자의적인 데가 있음을 인정한 중기 비트겐슈타인은 의미론적 명제론의 경우에도 사정은 마찬가지라는 점을 시인하게 된다(RFM, 377쪽). 그의 평생의 화두는 명제에 의미를 부여하는 것이 무엇인지를 규명하고 그가 종종 말했던바 의미의 '한계'를 긋는 일이었다. 그러나 그는 자신이 '의미'라는 표현에 잘못 인도되었음을 깨닫게 되었다(M, 273쪽). '의미'는 '명제'에 연관되므로 '명제'가 '분명히 한계 지어지지' 않는다면, '의미'도 "분명히 한계 지어지지 않게 된다"(M, 273쪽).

비트겐슈타인은 더 이상 한 문장이 모순의 형식을 지녔다는 사실이 그 문장이 명제가 되지 못하기에 충분하다고 보지 않는다. 실로 그는 모순의 형식을 지닌 문장도 경우에 따라서는 명제로서 사용될 수 있다고 주장한다. 즉 어떤 경우에는 모순도 언어게임에서 사용될 수 있으며 그렇게 사용될 때 모순은 의미 있는 명제가 된다는 것이다. 그는 심지어 명백한 모순도 때로는 쓰임새가 있다고 주장한다. 예컨대 "이것은 아름답고 이것은 아름답지 않다"라는 문장은 모순이지만 누군가 저 문장에 두 번 등장하는 '이것'으로 각각 다른 대상을 가리킨다면 저 문장도 쓰임새가 있는 것이다(RPP I, §37). "들린다. 안 들린다"도 청각적 상상의 표현으로서 쓸모가 있다(RPP I, §885; LFM, 175쪽 참조).

4. 후기의 모순론

1) 논리에서 문법으로

비트겐슈타인은 "『논리-철학논고』의 저자를 포함해"(PI, §23) "카르납과 다른 이들이 생각했던 것보다 훨씬 더 많은 언어게임들이 있음"(RPP I, §920)을 인정하게 된다. 우리가 행하는 언어게임의 엄청난 다양성을 다루기 위해서는 그들의 다양한 문법을 고찰해야 하는데 문법은 『논고』의 논리가 아니라 언어게임 그 자체에서 연원한다. 비트겐슈타인은 자신의 초기 저술에 따르자면 '논리'라는 용어를 써야 할 자리에 '문법'이라는 용어를 사용하기 시작한다(Garver 1994b, 221쪽; Hallett 1977, 169쪽).

가버가 정확히 지적하고 있듯이 비트겐슈타인이 말하는 문법은 낱말이나 문장 그 자체보다 다양한 상황에서 그것들을 발언하는 행위에 관한 것이다(Garver 1994b, 227쪽). 이는 말할 수 있는 것과 없는 것 사이의 구분에 대한 후기 비트겐슈타인의 견해를 이해하는 데 유익한 고찰이다. 즉 저 구분은 우리의 말함과 행함이 일어나는 상황과 그것들이 이끄는 후속 담화에 영향을 받는다. 예컨대 "내일 비가 올 거야"라는 문장이 의미를 갖는 다양한 상황이 있겠지만 저 문장은 수학의 정리로서는 부적합하다. A가 저 문장을 말하고 B가 "나는 그걸 의심해"라거나 "왜 그렇게 생각해?"라고 응답하는 것은 말이 되지만, A가 "집에 가"라거나 법정에서 "피고에게 1년 징역형을 언도합니다"라고 말하고 이에 대해 B가 저런 응답을 하는 것은 말이 되지 않는다 (Garver 1994b, 227~228쪽).

2) 『탐구』 §301

비트겐슈타인의 후기 저술에서 모순의 역할을 살펴보자. 우리는 이미 그가 『논고』에서와는 달리 모순이 의미를 갖는 언어게임이 있을 수 있음을 인정함을 보았다. 그는 언어의 복잡한 사용 메커니즘을 해부해 그 흥미로운 세부사항의 전 영역을 탐사하면서 모순에 해당하는 각각의 경우를 논한다. 개별 모순들의 세부사항은 언어사용의 세부사항과 밀접히 연관되어 있다. 철학에서의 모순은 구체적인 철학적 문제와 얽혀 있어 문제에서 분리시켜 접근할 수 없는 까닭에 그 선명한 전체적 그림에 초점을 맞추기가 쉽지 않다. 그러나 비트겐슈타인의 후기 저술에서 모순에 대한 논의는 철학적 문제의 본성에 대한 관심을 반영하고 있다.

모순에 대한 후기 비트겐슈타인의 논의를 개괄하기보다는 그중 하나의 예를 택해 이를 집중적으로 살펴보겠다. 그는 우리가 지니는 사적 감각에 대해 다음과 같이 말한다.

그것은 **어떤 것**(something)은 아니지만 그렇다고 **아무것도 아닌 것**(nothing)은 아니다! (PI, §304)

이 말은 "그 분명한 용도가 없기에"(RPP II, §290) 분명 자기 모순적이다. 비트겐슈타인 연구자들은 저 말에 당혹한 나머지 우리가 사적 감각을 지칭하거나 그것에 관해서 언급한다는 사실 자체를 비트겐슈타인이 부정하고 있다는 잘못된 해석을 내놓기도 했다(Pitcher 1964, 298쪽 이후). 그러나 저 자기 모순적 문장은 사적 감각의 지시체를 탐구함으로써 사적 감각에 관한 철학적 문제를 해결할 수 있다는 생각이 그릇된 것임을 보여주기 위한 것이다.

사적 감각에 관한 표현에 대응하는 지시체가 존재한다는 생각은 사적 감각을 하나의 사물로 간주하는 데서 비롯된다. 그러한 생각은 사적 감각이 어떤 것이어야 한다는 생각에 이르게 한다. 비트겐슈타인은 우리가 사적 감각을 지칭하고 그것에 관해서 언급한다는 점을 부정하지 않는다. 우리가 자주 저런 지칭과 언급을 함을 감안할 때 그러한 부정은 어리석은 짓이다. 그러나 사적 감각을 지칭할 때 우리는 대상을 지칭하는 것이 아니라고 그는 주장한다. 이 점을 설명하기 위해 그는 다음과 같은 상황을 고안한다.

모든 사람이 저마다 상자를 하나씩 가지고 있으며 그 안에 어떤 것이 들어 있다고 하자. 그것을 '딱정벌레'라고 부르기로 하자(PI, §293). 그러나 아무도 다른 사람의 상자 안에 무엇이 있는지 알 수 없기에, 사람들이 '딱정벌레'에 관해서 말하고 있을 때, 그것이 상자 안에 있는 것일 수 없다. "여기서 모든 사람이 각자 자신의 상자 안에 서로 다른 사물을 가질 수도 있을 것이다"(PI, §293). 사실상 상자가 비어 있다고 해도 문제가 될 것은 없다(PI, §293). 요컨대 '딱정벌레'라는 낱말이 어떤 쓰임을 갖는다면 그것은 상자 안에 있는 것과 아무런 연관이 없는 것이다.

마찬가지로 '감각'이라는 낱말의 의미의 유일한 원천이 사람들 저마다의 서로 다른 사적 감각에 대한 지시체라면 그 낱말에 대한 공통적인 의미는 있을 수 없다. 그러나 '감각'이라는 낱말은 일상의 문맥에서 사용되고 있다. 이는 그것의 의미가 사적 감각에 관한 지시체로부터 비롯되는 것이 아님을 시사한다. 비트겐슈타인은 다음과 같이 말하고 있다.

> 우리가 감각을 표현하는 문법을 '대상과 지칭'의 모형에 따라 구성한다면, 대상은 우리의 고찰로부터 무관한 것으로 떨어져 나간다.(PI, §293)

즉 의사소통이 가능하다면 사적 대상은 쓸모가 없게 된다. 거꾸로 사적 대상이 어떤 역할을 하게 되면 의사소통은 불가능해진다(Hacker 1986, 270쪽).

위의 분석이 시사하는 메시지는 사적 감각을 지칭하거나 그것에 관해서 언급함에 대한 부정이 아니라 다음과 같은 것이다.

> 아무것도 아닌 것은 그것에 대해 아무것도 말할 수 없는 어떤 것과 똑같은 역할을 한다. 우리는 여기서 우리에게 집요하게 강요되는 문법을 거부했을 뿐이다.(PI, §304)

우리가 지칭의 모형에 기초하여 감각 표현의 문법을 설명하는 한 "(사적 감각은) 어떤 것은 아니지만 그렇다고 아무것도 아닌 것은 아니다"(PI, §304)라는 비트겐슈타인의 주장은 자기 모순으로 남는다. 그러나 이 문법을 거부하면 문제 되는 모순은 해소된다.

3) 모순의 철학

모순의 궁극적 기준이나 의의를 찾아내는 것이 아니라 어떻게 그리고 왜 모순이 발생하는지를 철학적으로 이해하는 것이 모순에 대한 후기 비트겐슈타인의 태도에 대한 올바른 접근이다. 이는 말할 수 있는 것과 없는 것 사이의 복잡하고 유동적인 관계에 대한 인식을 포함한다. 이 인식이 성취되면 우리는 모순에 대한 후기 비트겐슈타인의 저술들이 주는 당혹감에서 벗어나게 된다. 거꾸로 말하자면 모순에 대한 성찰을 통해 우리는 철학적 문제와 수수께끼의 본성을 올바로 보게 된다. 우리는 모순에 주목할 때 말할 수 있는 것과 없는 것의 경계, 즉 의미의 테두리의 본성을 이해하게 된다. 모순에 대한 성찰은 그의 후기 저술들에서 그 테두리를 해명하는 역할을 하는 것이다.

5. 보론: 다시 찾은 케임브리지 1939

1939년 케임브리지 대학에서 비트겐슈타인이 행한 수학의 기초에 관한 강의에서는 모순을 둘러싼 열띤 논쟁이 그와 수강생들 사이에 벌어졌다. 이 논쟁은 수강생들이 받아 적은 노트로 구성된 『수학의 기초에 관한 강의(LFM)』에 고스란히 담겨 있는데 그 학술적 가치는 가히 플라톤의 대화에 견줄 만하다.[140] 수강생들 중에서 튜링만이 비

---

140 다이아몬드(Cora Diamond)가 편집해 출간한 이 책이 완벽한 것은 아니다. 일단 수강생들의 신원 파악에서부터 오류가 있다(LFM, 7쪽). 그녀가 수강생으로 명기한 핀들리(J. N. Findlay)와 툴민(Stephen Toulmin)은 저 강의에 참석하지 않았으며(Findlay 1972~1973, 173쪽; Janik and Toulmin 1973, 11쪽), 후에 비트겐슈타인에 대한

트겐슈타인에 대적할 의도나 역량을 지니고 있었던 것처럼 보인다는 치하라(Charles Chihara)의 주장 때문에 저 강의가 마치 두 사람의 대결로 일관한 것으로 오해받았지만(Chihara 1977, 325쪽),[141] 실제의 강의는 그렇게 전개되지 않았다. 수강생이었던 맬컴(Norman Malcolm)은 강의 내용을 거의 아무것도 이해하지 못했다지만(Malcolm 1958, 23쪽), 실제의 강의는 평이한 수준의 수학과 논리학이 원용되면서 비트겐슈타인과 수강생들 사이의 활발한 토론으로 진행되었다. 맬컴이 겪었던 어려움은 강의의 내용이 전문적이어서가 아니라, 비트겐슈타인의 견해가 낯설어서였기 때문이었을 것이다.[142]

결함이 있는 수학을 사용해 건설한 다리는 무너질 수 있을 것이라는 주장은 튜링의 견해로 알려져 있지만,[143] 강의 중에 이를 제일 먼저 피력한 수강생은 튜링이 아니라, 수학자 왓슨(Alister Watson)[144]이었다(LFM, 109~110쪽). 튜링은 왓슨이 말하는 결함이 있는 수학을 모순

회상록을 출간한 케임브리지 대학의 철학자이자 영문학자인 레드패스(Theodore Redpath)가 강의 참석자 명단에서 누락되어 있다(Redpath 1990 참조).(이는 아마 그가 강의의 토론에 한 번도 등장하지 않은 데 연유한 것 같다.) 그리고 그녀가 신원 미상으로 분류한 커닝햄과 프린스는 M. A. Cunningham과 Derek Prince이다(Klagge 2019, 45쪽).

141 이에 대해서는 다음의 논문에도 책임이 있다. 이승종(1993a).

142 나는 연세대 철학과의 학부와 대학원에서 각각 한 학기 동안의 강의를 통해 비트겐슈타인의 저 강의록을 수강생들과 함께 읽었는데, 강의에 참여한 학부생들이나 대학원생들이나 내용이 딱히 어려웠다는 반응은 없었다. 비트겐슈타인의 저 강의를 이해하지 못했다는 맬컴도 토론에는 참여한 것으로 보아, 그의 말은 겸손의 표현이거나 비트겐슈타인에 대한 (지나친) 경외감의 표현이 아닌가 싶다. 맬컴은 강의 중 네 차례에 걸쳐 질문과 논평을 하였다.

143 이에 대해서는 같은 주제에 대한 이승종-박정일 논쟁에도 책임이 있다. 이승종 (2002) 8장; 박정일(2002) 참조.

144 다이아몬드는 그의 이름을 Alastair Watson으로 잘못 표기하고 있다(LFM, 7쪽).

을 포함하는 수학으로 구체화했고, 그러한 방식의 수학을 사용해 건설한 다리는 그렇지 않은 방식의 수학을 사용해 건설한 다리와는 달리 무너지게 됨을 역설하였다(LFM, 212쪽). 프린스는 이를 손질해 저두 방식 중 하나로 적재량의 무게를 계산해내고 다른 방식으로 청동막대의 강도를 계산했을 때, 우리의 예측과는 달리 청동막대가 실제로 무너진다는 주장을 하였다(LFM, 216쪽). 비록 다리에 대한 언급은 없지만 막대를 다리로 치환하면 모순을 포함하는 수학의 사용으로 말미암아 다리가 무너짐을 보인 셈이다. 역시 튜링의 견해로 알려져 있으며 비트겐슈타인의 모순론과 대척점에 놓인 폭발원리(principle of explosion)[145]도 강의에서는 튜링이 아닌 비트겐슈타인에 의해 처음 소개되었다(LFM, 209쪽).[146]

같은 학기에 같은 주제로 케임브리지 대학에서 별도의 강의를 하고 있던 튜링이 비트겐슈타인에게서 특별한 대접을 받고[147] 그가 일정 부분 비트겐슈타인과의 토론을 주도한 면은 있지만, 사실 비트겐슈타인의 모순론에 대한 튜링의 비판은 수학자와 논리학자의 전통적 태도를 답습하고 있을 뿐 새로운 것은 없다. 즉 강의 중에서의 대결은 비트겐슈타인과 튜링 양자의 대결이 아니라 비트겐슈타인과 수강생들의 대결이었고, 이를 통해 비트겐슈타인은 모순에 대한 수학자

---

145 모순으로부터는 무엇이든 따라 나올 수 있다는 원리. 이는 형식논리학의 기법으로 간단히 증명될 수 있다. 이승종(2002), 119~120쪽 참조.

146 최근에 출간된 다음의 책도 저 원리의 강의 중 출처를 튜링으로 잘못 명기하는 오류를 답습하고 있다. Schroeder(2021), 194쪽.

147 비트겐슈타인은 튜링이 강의에 당분간 참석하지 못하게 됨을 알리면서 튜링이 동의하지 않을 것을 그가 결석하는 동안 수강생들에게 동의하도록 하는 것은 아무 소용이 없으리라고까지 말했다(LFM, 67~68쪽).

와 논리학자의 전통적 견해에 맞선 형국이었다고 할 수 있다.

나는 『수학의 기초에 관한 강의』에서 개진된 모순에 대한 비트겐슈타인의 견해를 『비트겐슈타인이 살아 있다면』의 4장에서 상세히 거론한 바 있다. 앞에서 보았듯이 비트겐슈타인의 강의에서 수강생들이 제기한 반론은 모순에서는 무엇이든 따라 나올 수 있으며(폭발원리) 그로 말미암아 모순된 계산법으로 건설한 다리는 무너질 수 있다는 것이었다.

그러나 폭발원리는 프레게-러셀류의 표준적 형식논리학에서만 받아들여질 뿐, 수학이나 일상에 적용하기는 어렵다.[148] 예컨대 산수에 모순이 발견될 경우 그로 말미암아 2 × 2가 369가 된다거나 이전에 행한 우리의 모든 계산이 무효화하는 것은 아니며,[149] "앉아라, 그리고 앉지 마라"라는 명령이 "나가라"라는 명령을 함축하는 것도 아니다. 이는 마치 배분법칙을 위반하는 양자논리가 미시 세계에서의 입자들의 운동을 설명하는 데에는 유효할지 몰라도 가시적 일상의 세계에서는 적용되기 어려운 것과 마찬가지이다.[150] 요컨대 폭발원리는

---

[148] 러셀에 의해 모순이 발견된 칸토어의 집합론과 프레게의 수리논리학은 여전히 사용되고 가르쳐지고 있다. 저 이론들에서 모순을 해소하려는 다양한 노력이 있었지만, 그것과는 무관하게 저 이론들은 그 중요성을 인정받고 있는 것이다. 이는 거짓말쟁이 역설을 초래하는 일상 언어가 저 역설을 해소하려는 노력과는 무관하게 여전히 사용되고 가르쳐지고 있는 것과 같은 맥락이다.

[149] 부르바키(Nicolas Bourbaki) 그룹에 속하는 일군의 수학자들도 이와 유사한 입장이다 (Schroeder 2021, 202쪽). 우리에게 익숙한 산수는 그것의 무모순성 증명과는 무관하게 수천 년간 아무 탈 없이 사용되어왔다는 사실만으로도 이미 충분히 검증되었다고 할 수 있다.

[150] 퍼트남은 양자역학의 눈부신 성취에 힘입어 양자논리가 표준논리를 대체해야 한다는 제안을 하기도 했지만, 양자논리의 이러한 문제 때문에 그의 제안은 학계에 널리 수용되지는 못했다. Putnam(1968) 참조.

실제의 계산이나 어법에 맞지 않는 과장된 것이다. 이처럼 실제로는 쓸모가 없는 저 원리에 집착해 모순에 대한 공포에 휩싸일 이유가 없다. 모순에 대한 보다 자연스러운 태도는 그로부터 무언가를 이끌어 내는 것이 아니라, 일종의 막다른 골목으로 여겨 그로부터는 아무것도 할 수 없다고 여기는 것이다. 모순을 자신이 속한 체계를 폭발시키는 기폭제나 모든 가능성에 개방된 조커로 여길 필요는 없다.

모순된 계산법을 다리의 건설에 적용한다는 것은 이미 수학의 차원을 떠난 사안이다. 그 계산법에 의거해 계산해서 건설한 다리가 무너진다면 우리는 건설 과정에서 발생하는 이런저런 문제를 그 이유로 꼽을 수 있을 것이다. 그중에는 아마 다리 건설에 모순된 계산법이 아닌 다른 계산법을 적용해야 했다는 점도 있을 수 있다. 이는 예컨대 거시 세계에서의 시공간 현상을 설명하기 위해 구축한 이론이 제대로 작동하지 않을 때, 그 이유로 유클리드 기하학이 아닌 리만 기하학을 적용해야 했다는 점을 꼽는 아인슈타인의 경우에 견줄 수 있다. 두 경우 공히 모순된 계산법이나 유클리드 기하학 자체가 문제가 된 것이 아니라, 계산법과 기하학의 선택이 잘못된 것이다. 그 선택은 공학자(다리 건설)나 물리학자(상대성 이론의 구축)가 각자 자신의 영역에서 하는 행위이지 수학자의 몫은 아니다. 그리고 그들은 폭발 원리(가 속한 논리학)를 자신들의 작업에 사용하지도 않는다. 따라서 모순(된 계산법) 때문에 다리가 무너졌다거나 유클리드 기하학 때문에 어떤 물리학 이론이 현상의 설명에 실패했다는 표현은 성립할 수 없다. 모순된 계산법은 틀렸다거나 결함이 있는 것이 아니라 실용성이 부족할 뿐이다.

10장
모순과 타당성

1. 1913년 6월 15일

비트겐슈타인이 모순으로부터는 어떠한 명제도 따라 나올 수 없
다는 생각을 자신의 철학 편력 중기에 신중한 사고와 평가 없이 불쑥
내놓은 것이 아님은 그가 이 생각을 일찍부터 품고 있었다는 사실에
서 알 수 있다. 실제로 중기의 모순론은 그 연원이 전기에 해당하는
1913년 6월 15일로까지 소급된다. 그날의 일기에서 그는 다음과 같
이 말한다.

"q로부터 p가 따라 나온다"가 q가 참이면 p도 참이어야 함을 의미한다면,
'p · ~p'로부터 어느 것이나 다 따라 나온다고 말할 수 없다. 왜냐하면
'p · ~p'가 참이라는 가설은 성립할 수 없기 때문이다. (NB, 59쪽)

그 유래에 대한 논의 없이는 중기 비트겐슈타인의 모순론에 대한 연구가 온전하다고 보기 어렵다. 그러므로 우리는 저 구절을 상세히 살펴볼 필요가 있다. 논의의 편의를 위해 저 구절을 WN이라고 부르기로 하자.

비트겐슈타인은 WN을 『논고』에서 반복하고 있는 것처럼 보인다. 거기서 그는 요소명제들을 명제들의 진리독립변항으로 규정한 다음 (TLP, 5.01), 명제를 참되게 만드는 변항들의 진리가능성을 그 명제의 진리근거들이라고 부른다(TLP, 5.101). 이에 기초하여 그는 다음과 같이 말한다.

명제 'q'의 모든 진리근거들이 명제 'p'의 진리근거들이라면, 'p'의 참됨은 'q'의 참됨에서 나온다.(TLP, 5.12)

모순의 진리근거는 없으므로 모순으로부터는 어떠한 명제도 따라 나오지 않음을 추론할 수 있다.

추론은 전제와 결론으로 이루어진 논증에서 전자로부터 후자를 이끌어내는 행위의 의미로 사용된다. 이에 근거해 우리는 WN을 다음과 같은 논증으로 재구성해봄 직하다.[151]

---

151 WN을 논증에 가까운 것으로 해석하는 학자로 골드스타인(Lawrence Goldstein)이 있다(Goldstein 1986, 47, 50쪽). 그가 『논고』에 의거해 비트겐슈타인에게 귀속시키는 논증은 다음과 같이 구성될 수 있다.

정의: 한 명제의 진리근거는 그 명제를 구성하는 요소명제들의 진리가능성이다.
1. 명제 'q'의 모든 진리근거들이 명제 'p'의 진리근거들이라면, 명제 'p'의 참됨은 'q'의 참됨에서 나온다.
2. 모순의 진리근거는 없다.

1. "q로부터 p가 따라 나온다"는 "q가 참이면 p도 참이어야 함"을 의미한다.

2. 'p · ~p'가 참이라는 가설은 성립할 수 없다.

? 'p · ~p'로부터 어느 것이나 다 따라 나온다고 말할 수 없다.

그러나 위의 논증은 WN과는 차이가 있다. WN은 논증이 아니라 1과 2를 전건으로, ?를 후건으로 하는 조건문으로 보는 것이 맞다. 그리고 논증에서의 전제와 결론과는 달리 조건문에서의 전건과 후건은 반드시 추론으로 연결되는 것만은 아니다. 예컨대 "연고전에서 연세대가 승리하면 내가 맥주를 사겠어. 왜냐하면 나는 연세대생이니까"라는 말은 WN과 형식을 공유하지만 전건에서 후건이 추론되지는 않는다.

2. 비트겐슈타인 vs. 타르스키

추론은 논증의 타당성을 가늠하는 중요한 논리적 행위이다. 추론이 의지하는 타당성의 기준은 다음과 같은 타르스키의 버전이 널리 알려져 있다.[152]

? 어떠한 명제도 모순으로부터 따라 나오지 않는다.

[152] 에체멘디(John Etchemendy)에 따르면 타르스키의 버전은 논리학계에서는 상식에 해당하는 정의로 자리 잡았다(Etchemendy 1990, 1쪽). 타르스키의 다음 논문이 그러한 정의의 원조에 해당한다. Tarski(1936).

논증은 전제가 참이고 결론이 거짓인 해석이 없는 경우, 그리고 오직 그 경우에만 타당하다.

이는 다음과 같이 표현할 수 있다.

논증은 전제가 참이고 결론이 거짓임이 불가능할 경우, 그리고 오직 그 경우에만 타당하다.

비록 WN이 논증은 아니라 해도 우리는 거기서 비트겐슈타인이 논증의 타당성 기준을 제시하고 있는 것으로 해석해본다. 우리가 보기에 다음이 그의 타당성 기준이다.

"q로부터 p가 따라 나온다"는 "q가 참이면 p도 참이어야 함"을 뜻한다.

q가 참임을 q_t로, p가 거짓임을 p_f로 표기하면 이는 다음과 같이 표현되고 기호화될 수 있다.[153]

[A] q가 참이면 p가 거짓임이 불가능할 경우, 그리고 오직 그 경우에만 p는 q로부터 따라 나온다.

$q \vdash p$ iff $q_t \supset \sim \Diamond p_f$

---

153   $\Diamond$는 가능성, $\square$는 필연성을 각각 표현하는 양상연산자이다.

타르스키의 타당성 기준은 저 방식에 맞춰 다음과 같이 표현되고 기호화될 수 있다.

[B] q가 참이고 p가 거짓임이 불가능할 경우, 그리고 오직 그 경우에만 p는 q로부터 따라 나온다.

$$q \vdash p \text{ iff } \sim\Diamond(q_t \cdot p_f)$$

우리는 논증의 타당성에 대한 비트겐슈타인의 기준과 타르스키의 기준의 논리적 동치(logical equivalence) 여부를 살펴보고자 한다. 이는 [A]와 [B]가 논리적으로 동치인지에 달려 있다.

3. 논리학의 방법

두 명제가 서로를 함축할 경우에 그리고 오직 그 경우에만 논리적으로 동치이다. 따라서 [A]와 [B]가 논리적으로 동치인지의 여부를 가리기 위해서는 다음 두 논증의 타당성 여부를 가려야 한다.

[1] $q_t \supset \sim\Diamond p_f$ [2] $\sim\Diamond(q_t \cdot p_f)$

? $\sim\Diamond(q_t \cdot p_f)$? $q_t \supset \sim\Diamond p_f$

논증이 타당함을 보이려면 결론이 전제로부터 따라 나옴을 보이면 되고, 부당함을 보이려면 해당 논증과 형식을 공유하면서 전제가 참이고 결론이 거짓인 논증을 보이면 된다. 논증의 부당함을 보이는 방법은 다음의 둘을 통합하는 것이다(Corcoran 1989, 31쪽).

1) 사실의 방법: 전제가 참이고 결론이 거짓인 모든 논증은 부당하다.

2) 형식의 원리: 부당한 논증과 형식을 공유하는 모든 논증은 부당하다. 두 논증이 서로 간의 내용 개념들 사이에 같은 범주 내에서 하나를 다른 하나로 변환시키는 일대일 대응이 성립할 경우 형식을 공유한다고 말한다.

논증의 타당성을 가릴 앞으로의 모든 연역은 양상논리학의 체계 T 아래에서 수행될 것이다. 체계 T는 지금까지 살펴본 방법들을 포함하는 표준논리학을 존중하면서 거기에 다음을 추가한 것이다(Hughes and Cresswell 1996, 2장).

(1) 필연성의 공리: 필연적으로 참인 모든 것은 참이다.

$$\Box p \supset p$$

(2) 체계 T는 □를 원초적 기호로 삼고 이를 사용해 ◇를 다음과 같이 정의한다.

$$\Diamond p =_{Df} \sim \Box \sim p$$

(3) (1)로부터 다음을 연역할 수 있다.

1. $\Box p \supset p$

? $p \supset \Diamond p$

2. $\Box \sim p \supset \sim p$	1. 대입(substitution)[154]
3. $\sim\sim p \supset \sim\Box\sim p$	2. 이항(移項; transposition)[155]
4. $p \supset \sim\sim p$	동어반복(tautology)
5. $p \supset \sim\Box\sim p$	3, 4. 가언적 삼단논법(hypothetical Syllogism)[156]
6. $p \supset \Diamond p$	5. 정의(definition)
Q.E.D.	

다음의 사항도 알아두면 유익하다.

(4) '$p \supset \sim\Diamond q$'는 '$p \cdot \Diamond q$'와 논리적으로 동치이다. 그 증명은 다음과 같다.

실질함축(material implication)[157]에 따르면,

'$\sim(p \supset \sim\Diamond q)$'는 '$\sim(\sim p \vee \sim\Diamond q)$'와 논리적으로 동치이다.

드모르간(Augustus De Morgan)의 정리[158]에 따르면,

'$\sim(\sim p \vee \sim\Diamond q)$'는 '$\sim\sim p \cdot \sim\sim\Diamond q$'와 논리적으로 동치이다.

---

154 1의 p에 ~p를 대입하여 2를 얻는다.

155 $(x \supset y) \equiv (\sim y \supset \sim x)$

156 다음과 같은 타당한 논증 형식.

$x \supset y$

$y \supset z$

∴ $x \supset z$

157 $(x \supset y) \equiv (\sim x \vee y)$

158 $\sim(x \cdot y) \equiv (\sim x \vee \sim y)$

$\sim(x \vee y) \equiv (\sim x \cdot \sim y)$

이중부정[159]에 따르면 '$\sim\sim p \cdot \sim\sim\Diamond q$'는 '$p \cdot \Diamond q$'와 논리적으로 동치이다.

Q.E.D.

(5) 대우(對偶; contraposition)： q가 p를 함축한다면 p의 부정은 q의 부정을 함축한다.[160]

4. 타당성 증명

이제 [1]과 [2]의 타당성을 차례로 점검해보자.

[1] $q_t \supset \sim\Diamond p_f$
? $\sim\Diamond(q_t \cdot p_f)$

대우에 따르면 [1]은 다음과 같이 표현된다.

 $\sim\sim\Diamond(q_t \cdot p_f)$
? $\sim(q_t \supset \sim\Diamond p)$

이중부정, 실질함축, 드모르간의 정리에 따르면 이는 다음과 같이

---

159 $x \equiv \sim\sim x$

160 대우와 이항은 혼동되기 쉽지만, 전자는 논증에 대한 것이고 후자는 조건문에 대한 것이라는 점에서 다르다.

표현된다.[161]

$$\Diamond(q_t \cdot p_f)$$
$$? (q_t \cdot \Diamond p_f)$$

단순화[162]에 의해 이는 다음과 같이 표현된다.

$$\Diamond(q_t \cdot p_f)$$
$$? \, q_t$$

위의 논증에다 "율곡은 영국인이다"를 q_t에 "러셀은 영국인이다"를 p_f에 대입하면 우리는 다음과 같은 논증을 얻는다.

율곡이 영국인이고 러셀이 영국인임은 가능하다.
? 율곡은 영국인이다.

이 논증은 [1]과 형식을 공유하며 그 전제는 참이고 결론은 거짓이다. 따라서 이 논증과 [1]은 부당하다.[163]

161　$? \sim(q_t \supset \sim \Diamond p) \equiv \ ? \sim(\sim q_t \lor \sim \Diamond p) \equiv \ ? (q_t \cdot \Diamond p_f)$
첫 번째 동치는 실질함축에 따른 것이고 두 번째 동치는 드모르간의 정리에 따른 것이다.

162　$x \cdot y$
──────
$\therefore x$
이를 '$? (q_t \cdot \Diamond p_f)$'에 대입하면 '$? q_t$'가 도출된다.

163　전제가 참이고 결론이 거짓인 논증은 모두 부당하며(사실의 방법), 부당한 논증과

같은 방법에 의해 우리는 [2]도 부당함을 증명할 수 있다.

[2] $\sim \diamond(q_t \cdot p_f)$

? $q_t \supset \sim \diamond p_f$

이는 대우에 따르면 다음과 같다.[164]

1. $q_t \cdot \diamond p_f$

? $\diamond(q_t \cdot p_f)$

2. $q_t \supset \diamond q_t$ 앞서 증명한 정리[165]

3. q_t 1. 단순화

4. $\diamond q_t$ 2, 3. 긍정식(modus ponens)[166]

5. $\diamond p_f$ 1. 단순화

6. $\diamond q_t \vee \diamond p_f$ 4, 5. 첨가법(addition)[167]

? $\diamond(q_t \cdot p_f)$

형식을 공유하는 논증은 모두 부당하기 때문이다(형식의 원리).

164 $\sim(q_t \supset \sim \diamond p_f) \equiv \sim(\sim q_t \vee \diamond p_f) \equiv (q_t \cdot \diamond p_f)$
첫 번째 동치는 실질함축에 따른 것이고 두 번째 동치는 드모르간의 정리에 따른 것이다.

165 $(p \supset \diamond p)$의 p에 q_t를 대입한 것이다.

166   다음과 같은 타당한 논증 형식.

    $x \supset y$

    x
    ―――――
    $\therefore y$

167 x

    ―――――
    $\therefore x \vee y$

이로써 [2]는 다음과 같이 표현된다.

$$\Diamond q_t \lor \Diamond p_f$$
$$? \Diamond(q_t \cdot p_f)$$

위의 논증에서 q_t에 "율곡은 영국인이다"를, p_f에 "율곡은 영국인이 아니다"를 대입하면 우리는 다음과 같은 논증을 얻는다.

율곡이 영국인임이 가능하거나 율곡이 영국인이 아님이 가능하다.
? 율곡이 영국인이고 영국인이 아님이 가능하다.

이 논증은 [2]와 형식을 공유하며 그 전제는 참이고 결론은 거짓이다.[168] 따라서 이 논증과 [2]는 부당하다.

우리는 [1]과 [2]가 타당한 논증이 아님을 보았다. 이는 [A]와 [B]가 논리적으로 동치가 아님을 의미한다. 즉 논증의 타당성에 대한 비트겐슈타인의 기준과 타르스키의 기준은 논리적으로 동치가 아닌 것이다.

---

[168] 율곡이 영국인이고 영국인이 아니라는 명제는 모순이고 모순은 불가능성을 나타내기에 불가능한 일이 가능하다는 명제는 거짓이다.

5. 상호 독립성 증명

좀 더 살펴보면 비트겐슈타인의 [A]와 타르스키의 [B]는 상호 독립적임을 알 수 있다. 두 명제는 (1) 서로를 함축하지 않고, (2) 서로 모순되지도 않으며, (3) 둘의 부정이 일관적일 때, 그리고 오직 그 경우에만 상호 독립적이다. 모순과 일관성은 함축에 의해 다음과 같이 정의된다.

두 명제는 한 명제가 다른 명제의 부정을 함축할 경우, 그리고 오직 그 경우에만 모순이다.

두 명제는 한 명제가 다른 명제의 부정을 함축하지 않을 경우, 그리고 오직 그 경우에만 일관적이다.

[A]와 [B]가 상호 독립적인지를 가리기 위해서는 다음과 같은 여섯 논증을 살펴야 한다.

(1) [A]와 [B]는 서로를 함축하는가?

[1] $q_t \supset \sim \Diamond p_f$ [2] $\sim \Diamond (q_t \cdot p_f)$

? $\sim \Diamond (q_t \cdot p_f)$? $q_t \supset \sim \Diamond p_f$

(2) [A]와 [B]는 서로 모순되는가?

[3] $q_t \supset \sim \Diamond p_f$ [4] $\sim \Diamond (q_t \cdot p_f)$

? $\Diamond (q_t \cdot p_f)$? $(q_t \cdot \Diamond p_f)$[169]

(3) [A]와 [B]의 부정은 일관적인가?

[5] $q_t \cdot \Diamond p_f$ [6] $\Diamond (q_t \cdot p_f)$

? $\sim \Diamond (q_t \cdot p_f)$? $(q_t \supset \sim \Diamond p_f)$

다음의 그림은 위의 여섯 논증의 관계를 보여준다.

함축의 방향

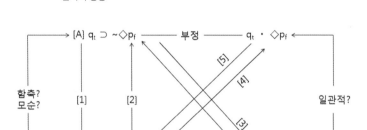

위의 여섯 논증 중에서 [1]과 [2]는 상호 독립성의 조건 (1)에, [3]과 [4]는 조건 (2)에, [5]와 [6]은 조건 (3)에 관한 것이다.

우리는 이미 [1]과 [2]가 부당함을 보았다. 그리고 대우에 따르면

[169] $\sim (q_t \supset \sim \Diamond p_f) \equiv \sim (\sim q_t \lor \sim \Diamond p_f) \equiv (q_t \cdot \Diamond p_f)$
첫 번째 동치는 실질함축에 따른 것이고, 두 번째 동치는 드모르간의 정리에 따른 것이다.

[3]과 [4]는 같은 논증이며 [5]와 [6]도 같은 논증이다. 그러므로 우리는 [3]과 [4] 중에 하나, [5]와 [6] 중에 하나만을 살피면 된다. 그중에서 우리는 임의로 [3]과 [5]를 택하기로 한다. 둘은 다음에서 보듯이 부당한 논증이다.

[3] $q_t \supset \sim\!\Diamond p_f$
? $\Diamond(q_t \cdot p_f)$

대우에 따르면 [3]은 다음과 같이 표현된다.

$\sim\!\Diamond(q_t \cdot p_f)$
? $q_t \cdot \Diamond p_f$

단순화에 의해 이는 다음과 같이 표현된다.

$\sim\!\Diamond(q_t \cdot p_f)$
? q_t

위의 논증에다 "비만이 아닌 사람은 비만이다"를 q_t에, "비만인 사람은 비만이 아니다"를 p_f에 대입하면 우리는 다음과 같은 논증을 얻는다.

비만이 아닌 사람이 비만이고 비만인 사람이 비만이 아닌 경우는 불가능하다.

? 비만이 아닌 사람은 비만이다.

이 논증은 [3]과 형식을 공유하며 그 전제는 참이고 결론은 거짓이다. 따라서 이 논증과 [3]은 부당하다.

[5]의 경우도 마찬가지이다.

1. $q_t \cdot \Diamond p_f$

? $\sim \Diamond (q_t \cdot p_f)$

2. $q_t \supset \Diamond q_t$ 앞서 증명한 정리[170]

3. q_t 1. 단순화

4. $\Diamond q_t$ 2, 3. 긍정식(modus ponens)[171]

5. $\Diamond p_f$ 1. 단순화

6. $\Diamond q_t \vee \Diamond p_f$ 4, 5. 첨가법(addition)[172]

? $\sim \Diamond (q_t \cdot p_f)$

이로써 [5]는 다음과 같이 표현된다.

---

170   $(p \supset \Diamond p)$의 p에 q_t를 대입한 것이다.

171   다음과 같은 타당한 논증 형식.

     $x \supset y$

     x

     ―――

     $\therefore y$

172   x

     ―――

     $\therefore x \vee y$

$$\Diamond q_t \vee \Diamond p_f$$
$$? \sim \Diamond (q_t \cdot p_f)$$

위의 논증에서 q_t에 "율곡은 영국인이다"를 p_f에 "러셀은 영국인이다"를 대입하면 우리는 다음과 같은 논증을 얻는다.

율곡이 영국인임이 가능하거나 러셀이 영국인임이 가능하다.
? 율곡이 영국인이고 러셀이 영국인임은 불가능하다.

이 논증은 [5]와 형식을 공유하며 그 전제는 참이고 결론은 거짓이다. 따라서 이 논증과 [5]는 부당하다.

요약하자면 [A]와 [B]는 상호 독립적이다. 즉 논증의 타당성에 대한 비트겐슈타인의 기준과 타르스키의 기준은 상호 독립적이다.

6. 비트겐슈타인과 타당성

논증의 타당성에 대한 비트겐슈타인의 기준과 타르스키의 기준이 상호 독립적이라는 말은 전자가 후자를 거부함을 의미하는가? 이를 논하기에 앞서 논증의 타당성을 가리는 표준적 방법에 대한 비트겐슈타인의 태도를 먼저 살펴보기로 하자. 그 방법에 따르면 논증의 타당성은 논증의 결론을 그 전제로부터 이끌어내는 연역의 유무로 가려진다. 비트겐슈타인은 다음에서 보듯이 저 방법을 수용한다.

p가 q로부터 따라 나온다면 'p'의 의미는 'q'의 의미에 포함되어 있다.(TLP, 5.122)

논증의 부당성을 가리는 방법 역시 다음에서 보듯이 비트겐슈타인의 기준과 부합한다. 그 기준에 의하면 "p가 q로부터 따라 나온다면 q가 참이면 p가 거짓임이 불가능하다." 이항에 따르면 저 조건문은 후자의 부정을 전건으로, 전자의 부정을 후건으로 하는 조건문과 논리적으로 동치이다. "q가 참이면 p가 거짓임이 불가능하다"의 부정은 "q는 참이고, p가 거짓임은 가능하다"와 논리적으로 동치이다.[173] "p가 q로부터 따라 나온다"의 부정은 "p가 q로부터 따라 나오지 않는다"이다. 따라서 이항에 따른 결과를 정리하면 다음과 같다. "q는 참이고, p가 거짓임이 가능하다면(여기까지가 전건이다), p는 q로부터 따라 나오지 않는다."

앞서 증명한 바 있듯이 p가 거짓이라면 p가 거짓임이 가능하므로[174] q가 참이고, p가 거짓이라면 q가 참이고 p가 거짓임이 가능하다. 이를 이항에 따른 결과의 정리에 연결 지으면 "q가 참이고 p가 거짓이라면 p는 q로부터 따라 나오지 않는다"가 도출된다. 그리고 이는 q와 p를 전제와 결론으로 하는 논증의 부당성을 가리는 방법의 핵심이기도 하다.

---

173   $\sim(q_t \supset \sim \diamond p_f) \equiv \sim(\sim q_t \lor \sim \diamond p_f) \equiv (q_t \cdot \diamond p_f)$

174   $p \supset \diamond p$

7. The Summing Up

지금까지의 논의를 요약하자면 다음과 같다. 첫째, 비트겐슈타인은 모순에서는 어떠한 명제도 따라 나올 수 없다는 생각을 아주 일찍부터 가지고 있었다. 둘째, 논증의 타당성에 대해 비트겐슈타인은 타르스키와는 다른 '기준'을 가지고 있었다. 셋째, 그럼에도 비트겐슈타인은 논증의 타당성과 부당성을 가리는 표준적 '방법'을 수용했다. 넷째, 비트겐슈타인에서 저 '방법'의 수용은 자신의 '기준'과 상충하는 것이 아니었다.

11장
모순 논쟁[175]

이 장에서는 나의 책 『비트겐슈타인이 살아 있다면』에 대한 박정일, 이희열 교수의 비판을 논쟁에 부치고자 한다. 1절과 2절에서는 박정일 교수의 비판과 그에 대한 나의 답론을, 3절과 4절에서는 이희열 교수의 비판과 그에 대한 나의 답론을, 5절에서는 이희열 교수의 재비판에 대한 나의 답론을 각각 개진한다.

---

175 이 장은 나의 책 『비트겐슈타인이 살아 있다면』에 대한 논문들의 요약과 발췌 및 답론을 옮긴 것이다. 이 외에 김영건(2004), 이상수(2002), 남기창(2002a; 2002b; 2005), 이윤일(2002), 양은석(2003), 박병철(2003) 교수 등의 서평과 논문도 나의 책을 집중 거론하고 있다.

1. 박정일 교수[176]의 서평 논문 「비트겐슈타인이 살아 있다면?」[177] 요약

박정일 교수는 나의 저서 『비트겐슈타인이 살아 있다면』을 다음과 같은 네 가지 논점을 중심으로 비판하고 있다.

(i) 『논고』에 대한 나의 비판은 허수아비 공격의 오류를 범하고 있는 것이 아닌지 의심스럽다. 박정일 교수는 『논고』에 대한 나의 해석을 다음과 같이 요약한다.

(1) 모든 명제는 동시 부정에 의해 구성된 명제 조합이고, 또 이러한 명제 조합은 모두 명제이다.

(2) 모든 명제는 세계의 어떤 사태와 그림 관계를 갖는다.

(3) 모순은 동시 부정에 의해 구성된 명제 조합이며, 세계의 어떤 사태와도 그림 관계를 갖지 않는다.

(4) 그러므로 모순은 명제이고 또 명제가 아니다.

박정일 교수는 비트겐슈타인이 『논고』에서 모순이나 동어반복이 매우 특수한 경우라는 것을 분명하게 강조하고 있음을 환기시킨다 (TLP, 4.46~4.4661). 그에 의하면 (2)와 (3)은 다음과 같이 재해석해야 한다.

(2*) 모든 **진정한** 명제는 세계의 어떤 사태와 그림 관계를 갖는다.

(3*) 모순은 **매우 특수한 경우로서**, 동시 부정에 의해 구성된 명제

---

176 숙명여대 기초교양학부 교수.
177 『아카필로』(2003) 8호.

조합이며, 세계의 어떤 사태와도 그림 관계를 갖지 않는다.

(ii) 비트겐슈타인의 '색깔 배제의 문제'의 문제에 대한 나의 몇몇 핵심적인 주장은 충분한 근거를 결여하고 있거나 부적절하다.

(1) 박정일 교수는 1929년의 논문 「논리적 형식에 대한 몇 가지 견해」(RLF)에서 비트겐슈타인이 주장하고자 했던 것은 "한 점이 동시에 빨갛고 파랗다"와 같은 명제에서의 '그리고(and)'는 진리 함수 논리의 '그리고'와는 완전히 다르다는 점이라고 본다. 박 교수는 색깔 명제들의 연접을 진리 함수 논리의 연접과는 판이한 것으로 보면서 내가 이를 간과하고 있다고 비판한다. 그에 의하면 비트겐슈타인이 말한 것은 저 명제에 "모순이 존재한다면, 그 모순은 그러그러한 진리표(RLF, 37쪽 참조)로 표기해야 하는데 이 진리표가 무의미"하다는 것이다.

(2) 박정일 교수는 1929년의 논문에서 비트겐슈타인이 '배제'와 '모순'의 개념을 분명하게 구분하면서 위의 명제를 모순이 아닌 것으로 엄밀하게 분석하고 있는데(RLF, 36~37쪽), 내가 이 점을 간과하고 있다고 비판한다. 그는 내가 바로 이 점에서 『논고』와 1929년의 논문이 상충한다는 것은 도외시한 채 비트겐슈타인이 "A는 빨간색이다"와 같은 명제를 요소명제로 간주했다는 것만을 강조한다면서, "이는 사태를 지나치게 **단순화**시킨 것에 불과하다"라고 비판한다.

(3) 박정일 교수는 두 명제의 연접이 'p · ~p'의 형식을 갖는다는 사실이 연접되는 두 명제가 모순의 관계에 있기 위한 충분조건이 아니라는 내 "주장의 **근거**는 거짓이며, 만일 이를 비트겐슈타인의 생각이라고 간주한다면 이는 심각한 왜곡이 될 것"이라고 비판한다. 만일 "이것은 빨간색이고, 이것은 빨간색이 아니다"라는 명제에서 '이것'이

각각 **다른** 물체를 지칭한다면 그 명제는 'p · ~p'의 형식을 갖지 **않는다**는 것이다.

(iii) 형식주의자에 대한 비트겐슈타인의 생각 및 모순에 관한 비트겐슈타인/튜링 논쟁에 대한 나의 몇몇 핵심적인 주장은 비트겐슈타인의 사유를 잘못 파악한 데서 연유한다.

(1) 박정일 교수는 내가 "모순에 대한 수학자들의 공포와 숭배"가 게임의 비유를 수학에 무비판적으로 적용한 데서 비롯된다고 비트겐슈타인이 보았다고 주장하지만, 그러한 주장은 전혀 근거가 없다고 비판한다. 박 교수는 내가 '수학자'와 '형식주의자'를 혼동하고 있으며, '**게임**'이나 '**게임**의 비유'로부터는 그러한 공포나 숭배가 나올 수 없다는 것이다. 아울러 박 교수는 비트겐슈타인의 『철학적 문법』 304쪽에 대한 나의 해석이 적절하지 않음을 지적한다.

(2) 박정일 교수는 모순에 관한 비트겐슈타인/튜링 논쟁의 쟁점을 모순이 있는 계산체계로 지은 다리가 무너졌다면, 그러한 체계로 다리를 지은 사람들이 그 체계를 제대로 적용한 것으로 간주할 수 있느냐 하는 것으로 파악한다. 비트겐슈타인의 대답은 이는 '정의의 문제'라는 것이다. 박 교수는 내가 '정의의 문제'를 '정의에 의한 참'으로 잘못 파악했고, 결과적으로 그의 의도와는 달리 이 점에 관한 한 튜링의 손을 들어주고 있다고 비판한다(박정일 2002).

(iv) 수학 기초론과 관련된 나의 몇몇 핵심적인 주장은 그 근거와 해명이 불충분한 것으로서 전문적인 논리학자들에게는 역효과를 불러일으키지 않을까 우려된다.

(1) 박정일 교수는 '수학 기초론'과 관련된 나의 논의와 주장이 이 책에서 가장 많은 보완이 요구되는 부분이라고 생각한다. 나는 "수학이 논리학의 한 방법"(TLP. 6.234)이라는 비트겐슈타인의 말이 수학이 논리학에서 비롯된다는 말과는 다르다고 보았는데, 박 교수는 나의 논의가 불충분하고 공허하다고 비판한다. 내가 인용한 비트겐슈타인의 저 말은 그가 논리주의를 옹호한 것으로 해석될 수도 있다는 것이다.

(2) 박정일 교수는 내가 비트겐슈타인이 괴델의 불완전성 정리를 어떻게 보았는지를 해명하고자 시도하는 부분이 대단히 미흡하며 어떤 명백한 오류를 범하고 있는 것은 아닌지 의심스럽다고 우려한다. 나는 비트겐슈타인에게 괴델 정리의 핵심은 어떠한 기호 체계도 그 자체 내재적으로 자기 스스로에게 적용되거나 의미 있을 수 없는 것이라고 보았는데, 이는 옳지 않다는 것이다. 박 교수는 그 이유로 비트겐슈타인이 여러 곳에서 수학이 자기 자신에 적용되는 경우를 다루고 있으며(LFM, 48쪽, 111쪽), 괴델의 불완전성 정리에 대한 증명에는 일종의 자기 지시 문장이 사용되고 있음을 들고 있다.

(3) 박정일 교수는 자기 지시적 문장이 동일한 두 문장의 중첩 구조로 이루어져 있다는 나의 분석을 통해서는 결코 거짓말쟁이 역설이 '해소'되지 **않는다**고 주장한다. 그는 "이 문장은 참이다"와 "이 문장은 거짓이다"가 자기 지시적으로 사용될 경우, 왜 후자에서만 역설이 발생하고 전자에서는 그렇지 않은지를 묻는다.

2. 답론

박정일 교수는 나의 책 『비트겐슈타인이 살아 있다면』(이승종 2002)에 대해 아주 비판적인 서평 논문을 발표하였다. 그가 제기한 다양한 문제들은 모두 오랜 시간을 두고 깊이 생각해볼 만한 매우 중요하고 본질적인 것들이다. 이 절에서는 그가 제기한 문제의 일부에 대한 답론을 전개해보겠다.

1) 『논고』와 모순

박정일 교수는 『논고』에 대한 나의 비판이 허수아비 공격의 오류를 범하고 있다고 비판한다. 그는 『논고』에서 "모순은 동시 부정에 의해 구성된 명제 조합이며, 세계의 어떤 사태와도 그림 관계를 갖지 않는다"라는 것으로 나의 견해를 요약한 다음, 비트겐슈타인이 『논고』에서 말한 것은 더 정확하게는 "모순은 **매우 특수한 경우로서**, 동시 부정에 의해 구성된 명제 조합이며, 세계의 어떤 사태와도 그림 관계를 갖지 않는다"라는 것이라고 반박한다. 내가 모순의 이러한 특수성을 놓치고 있는 반면에 비트겐슈타인은 이러한 특수성을 "분명하게 강조하고 있다"라는 것이다.

그러나 박정일 교수와 비트겐슈타인이 강조했고 내가 간과했다는 모순의 특수성은 내가 언급한바, 즉 "모순은 동시 부정에 의해 구성된 명제 조합이면서도 세계의 어떤 사태와도 그림 관계를 갖지 않는다"라는 **바로 그것**이다. 나는 모순의 이러한 특수성이 『논고』를 비롯한 청년 비트겐슈타인의 저작에서 과연 무모순적으로 유지될 수 있는지를 물었고, 그것이 불가능함을 논증하려 했다. 반면 박정일 교수는 정작 내가 제시한 논증은 거론하지 않은 채, 모순의 특수성만을 되풀이해 강조하고 있다. 특수성에의 호소가 그 특수성이 무모순적으로 유지될 수 있음을 절로 함축하는 것은 아니다.

2) 색깔과 모순

박정일 교수는 비트겐슈타인이 『논고』에서 벗어나는 과정에서 '색깔 배제의 문제'와 관련된 비트겐슈타인의 사유를 내가 소개할 때, 소개 차원을 넘어 어떤 것을 주장하려는 상황에서 제기한 몇몇 핵심적인 주장은 충분한 근거를 결여하고 있거나 부적절하다고 비판한다.

(1) 박정일 교수는 "한 점이 동시에 빨갛고 파랗다"라는 것이 무의미하다는 나의 주장은 잘못되었다고 비판한다. 1929년의 논문에서 비트겐슈타인이 말한 것은 그 명제에 "모순이 존재한다면, 그 모순은 그러그러한 진리표로 표기되어야 하는데 **이 진리표**가 무의미"하다는 것이다. 그러나 비트겐슈타인은 바로 이어서 "한 점이 동시에 빨갛고 파랗다"와 같은 **구성**이 무의미하다고 말하고 있다(RLF, 37쪽). 이는 문제 되고 있는 1929년 논문의 서두에서도 강조되고 있다(RLF, 31쪽). 거기에서 구성은 진리표가 아니라 무의미한 사이비 명제들을 지칭하는 것으로 아주 분명하게 명시되어 있다.

(2) 박정일 교수는 비트겐슈타인의 1929년 논문에서 "눈앞의 이 점은 파란색이다"와 같은 명제가 요소명제라는 나의 견해에 대해 "수들이 요소[원자]명제들의 형식에 들어가야 한다"라는 비트겐슈타인의 말을 인용하면서 "눈앞의 이 점은 파란색이다"와 같은 명제에서는 **어디에** 수가 들어가 있느냐고 반문한다. 비록 비트겐슈타인이 요소명제의 실례를 들지는 않았지만, 모든 명제가 요소명제의 진리 함수

임이 진리표를 통해 보일 수 있어야 하므로 기호 언어상으로는 진리표의 맨 좌측 열에 오는 p나 q를 요소명제로 간주할 수 있을 것이다.[178] 그런데 비트겐슈타인의 1929년 논문에서 "눈앞의 이 점은 빨간색이다"와 "눈앞의 이 점은 파란색이다"는 각각 "R P T"와 "B P T"로 기호화되어 각각 p와 q의 자리에 등장하고 있다. 이것이 내가 "눈앞의 이 점은 파란색이다"를 요소명제로 간주하게 된 이유 중의 하나이다. 여기서 R과 B는 각각 빨간색과 파란색을, P와 T는 각각 장소와 시간을 지칭한다. 수는 P와 T에 들어가 있다. 예컨대 1929년 논문에서 비트겐슈타인은 "수들이 요소[원자]명제들의 형식에 들어가야 한다"라고 말한 다음 바로 이어서 빨간색 조각[점]이 놓인 위치를 좌표계를 사용해 "[6-9, 3-8] R"로 표시하고 있다(RLF, 33쪽). 이것이 내가 "눈앞의 이 점은 빨간색이다"를 요소명제로 간주하는 또 하나의 이유이다.

(3) 박정일 교수는 "이것은 빨간색이고 이것은 빨간색이 아니다"라는 명제에서 '이것'이 각각 **다른** 물체를 지칭한다면 그 명제는 나의 주장과는 달리 'p · ~p'와 같은 모순의 형식을 갖지 **않는다**고 비판하면서 "도대체 일상 언어의 영역에서 어떻게 그 명제가 'p · ~p'의 형식을 지니는가?"라고 반문한다. 아울러 만일 이를 비트겐슈타인의 생각이라고 간주한다면 이는 심각한 왜곡이 될 것이라고 경고한다. 나의 주장은 바버(Kenneth Barber)가 지적하고 있듯이 "대입 규칙을 위반"(이승종 2002, 307쪽)하고 있다는 것이다. 그러나 비트겐슈타인은 이 문제에 대해 다음과 같이 말하고 있다.

---

178 이승종(2002) 35쪽 참조.

내가 (서로 다른 사물을 가리키면서) "이것은 아름답고 이것은 아름답지 않다"라고 말한다면 이는 모순일까? "이것"이라는 두 낱말이 각기 다른 것을 뜻하니까 그것은 모순이 아니라고 말해야 하는가? 아니다. 두 "이것"은 **같은 것**을 뜻한다. '오늘'은 오늘이나 어제나 같은 것을 뜻하고 '여기'는 여기서나 저기서나 같은 것을 뜻한다. […] "이것은 아름답고 이것은 아름답지 않다"는 모순**이다**. 그러나 그것은 쓰임을 갖는다.(RPP I, §37)

나는 인용문의 마지막 문장을 형식적 구문론의 관점에서 'p · ~p'와 같은 모순 형식의 적형식도("'이것은 아름답고 이것은 아름답지 않다'는 모순**이다**") 의미론과 화용론의 관점에서는 모순이 아닌 것으로 달리 해석될 수 있다("그러나 그것은 쓰임을 갖는다"라는 뜻으로 읽는다. 형식논리의 영역과 일상 언어의 영역 사이의 비대칭성도 이런 연유에서 비롯된다고 본다.

비트겐슈타인은 대입 규칙의 위반 시비에 대해서 다음과 같이 답변하고 있다.

그러나 두 '이것'이 각기 다른 고유명사에 의해 대체될 수 있으므로 서로 다른 뜻을 갖는다는 것이 분명하지 않은가? — 대체된다고? '이것'은 한번은 'A'를, 한번은 'B'를 뜻하지 않는다. — 물론 그 스스로에 의해서는 아니고 가리키는 몸짓과 함께 그렇다. — 좋다. 그것은 '이것'이라는 낱말과 하나의 몸짓으로 이루어진 기호와 '이것'이라는 낱말과 다른 몸짓으로 이루어진 기호는 서로 다른 뜻을 가짐을 말할 뿐이다.

그러나 이는 물론 말속임에 불과하다. 당신의 말은 "이것은 아름답고 이것은 아름답지 않다"라는 당신의 문장이 그것에 동반하는 몸짓을 가져야 하기 때문에 완전한 문장이 아니라는 것이다. ─ 그러나 그 경우에 그것은 왜 완전한 문장이 아니란 말인가? 그것은 예컨대 "해가 뜬다"와는 종류가 다른 문장이다. 그것은 전혀 다른 쓰임을 갖는다.(RPP I, §39)

위의 인용문에서는 '─'를 구분선으로 해서 비판자가 먼저 포문을 열고 이에 비트겐슈타인이 응수하는 순으로 열띤 공방이 진행되고 있다.(각 단락의 도입부는 모두 비판자의 목소리이다.) 이 과정에서 비트겐슈타인은 대입 규칙을 위반하고 있는 것이 아니라, "이것은 아름답고 이것은 아름답지 않다"라는 문장의 쓰임이 그 문장에 포함된 동일한 지시대명사를 각각 상이한 (것을 가리키는) 몸짓에 동반하여 사용해야 한다는 점에서 여타의 문장들의 쓰임과 다르다는 것을 부각하고 있다.

3) 수학과 모순

(1) 박정일 교수는 형식주의자에 대한 비트겐슈타인의 생각과, 또 모순에 관한 비트겐슈타인과 튜링의 논쟁에 대한 나의 몇몇 핵심적인 주장은 비트겐슈타인의 사유를 잘못 파악한 데서 연유한 것이라고 비판한다. 그는 "모순에 대한 수학자들의 공포와 숭배"가 게임의 비유를 수학에 무비판적으로 적용한 데서 비롯된다고 비트겐슈타인이 보았다는 나의 주장에 대해 그러한 주장은 전혀 근거 없는 것이라고 비판한다. 박정일 교수는 "수학자에게든 형식주의자에게든 (남용을 하든 오용을 하든 그들이 합리적인 한) '게임'이나 '게임의 비유'로부터는 그러한 공포나 숭배가 나올 수 없다"라고 주장한다. 그러나 나는 "모순에 대한 수학자들의 공포와 숭배"는 게임의 비유로부터 나온 것이 아니라 게임의 비유를 수학에 무비판적으로 적용한 데서 나온 것

이며, 게임의 비유에 대한 그들의 남용과 오용 자체가 불합리하다는 점을 지적하려는 것이었음을 다시 한번 강조하고 싶다. 즉 모순을 두려워할 아무런 이론적 근거가 없다는 점을 지적하려는 것이다. 이론적 근거가 없는 상황에서 모순에 대해 우리가 취할 수 있는 것은 모종의 태도일 뿐이다. 아울러 아무리 합리적인 견해라도 그것을 남용하고 오용하는 것은 불합리한 처사임을 우리는 잊어서는 안 된다.

(2) 박정일 교수와 나는 비트겐슈타인의 다음 구절에 주목한다.

"규칙은 모순을 범해서는 **안 된다**"는 "시계 바늘이 느슨해서는 안 된다"라는 명령과 유사하다. 우리는 이유를 예상한다. 왜냐하면 그렇지 않다면 … 그러나 첫 번째 경우에서 그 이유는 다음과 같아야 할 것이다. 왜냐하면 그렇지 않다면 그것은 규칙이 아닐 것이기 때문이다. 다시 한번 우리는 논리적 근거를 들 수 없는 문법적 구조와 마주하게 된다.(PG, 304쪽)

나는 인용문의 첫 문장이 모순을 금지와 동일시하는 태도를 표현하고 있으며, 그 이하의 문장들은 이러한 태도가 (논리적) 이유나 근거를 결여하고 있음을 말하고 있다고 해석한 바 있다(이승종 2002, 209쪽). 박정일 교수는 "도대체 **어떤 의미에서** 위의 첫 번째 문장이 '모순을 금지와 동일시하는 태도를 표현하고' 있다는 것인가?" 하고 되묻는다. 나는 (논리적) 이유나 근거를 결여하고 있다는 의미에서 첫 문장이 태도를 표현하고 있는 것으로 보았다.

박정일 교수는 비트겐슈타인이 "마지막 문장에서 어떤 '**문법적 구조**'에 대해서 우리가 '논리적 근거를 들 수 없다'라고 말하고 있지, 어떤 '**태도**'에 대해서 그렇다고는 말하고 있지 않다"라고 반박한다. '모순을 금지와 동일시하는 태도'와 '문법적 구조'는 전혀 다르다는 것이다. 나는 (논리적) 이유나 근거를 결여하고 있다는 점에서는 둘이 서로 다르지 않다고 본다. 하나가 다른 하나를 반영할 수 있는 것이다. 인용한 구절이 놓여 있는 전후 문맥은 둘 사이의 관계를 잘 보여주고 있다.[179]

(3) 박정일 교수는 수학 기초론과 관련된 나의 논의와 주장이 나의 책에서 가장 많은 보완이 필요한 부분이라고 말한다. 이는 박 교수뿐 아니라 양은석(2003) 교수도 지적하고 있는 바이며, 나도 이에 전적으로 동감한다. 박 교수는 비트겐슈타인이 여러 곳에서 수학이 자기 자신에 적용되는 경우를 다루고 있으며(LFM, 48쪽, 111쪽), 괴델의 불완전성 정리에 대한 증명에 일종의 자기 지시 문장이 사용되고 있음을 들어, 비트겐슈타인에게 괴델 정리의 핵심은 어떠한 기호 체계도 그 자체 내재적으로 자기 스스로에게 적용되거나 의미 있을 수 없는 것이라는 나의 해석이 틀렸다고 비판한다.

박정일 교수가 나에 대한 비판의 근거로 명기한 『비트겐슈타인의 수학의 기초에 관한 강의』(LFM)의 해당 쪽들을 차례로 살펴보자.

"실수의 개수는 유리수의 개수보다 크다."— 우리는 이 명제와 '2 + 2 = 4'의 차이는 전자가 수학적 명제일 뿐 아니라 수학에 관한 명제인 것처럼 보이는 것이라고 생각할 수 있다. 마치 전자는 이미 그 적용을 수학 내부에 지니고 있어서 다른 적용을 찾을 필요가 없는 것처럼 보인다. [⋯] 그러나 나는 이 진술들이 '2 + 2 = 4'와 똑같은 방식으로 규칙임을 입증할 것

---

[179] 나는 이 문맥에 해당하는 비트겐슈타인의 『철학적 문법』, 2부 3장 14절(303~305쪽)을 우리말로 옮겨 나의 책에 수록한 바 있다. 이승종(2002) 218~222쪽 참조.

이다.(LFM, 48쪽)

박정일 교수는 이 구절을 수학이 자기 자신에 적용되는 경우에 해당하는 것으로 읽고 있지만, 비트겐슈타인은 정반대의 말을 하고 있다. 그렇게 보이는 경우도 사실은 여타의 수학적 명제와 똑같은 방식으로 규칙임을 입증하겠다는 것이 비트겐슈타인의 입장이다.

박정일 교수가 명기한 또 다른 쪽에서 비트겐슈타인은 자신의 목적을 다음과 같이 밝힌다.

수학적 명제들의 사용과 그와 꼭 닮은 수학적이지 않은 명제들의 사용 사이의 본질적인 차이를 입증하기.(LFM, 111쪽)

'5 × 5 = 25'는 수학적 명제이고 "사과 다섯 개짜리 다섯 묶음을 취하면 당신은 스물다섯 개의 사과를 얻는다"는 수학적이지 않은 명제이다. 후자는 전자의 응용이지만, 전자와는 달리 후자는 사과에 관한 진술이다(LFM, 113쪽).

지금까지 우리는 박정일 교수가 나에 대한 비판의 근거로 명기한 『비트겐슈타인의 수학의 기초에 관한 강의』(LFM)의 해당 쪽들을 확인해보았다. 첫 구절에서 우리는 박 교수가 비트겐슈타인을 잘못 읽고 있음을 보았고, 두 구절 모두에서 나의 해석을 반증할 어떠한 근거나 관련성도 찾지 못했다. 박 교수에게 남은 근거는 괴델의 불완전성 정리에 대한 증명에 일종의 자기 지시 문장이 사용되고 있다는 것뿐인데, 나는 바로 그 문장의 사용에 대한 비트겐슈타인의 고찰을 해석해본 것이었다.

(4) 박정일 교수는 한 걸음 더 나아가 거짓말쟁이 역설에 대한 나의 논의를 문제 삼는다. 나의 논의로는 "이 문장은 참이다"와 "이 문장은 거짓이다"가 자기 지시적으로 사용될 경우 왜 후자에서만 역설이 발생하고 전자에서는 그렇지 않은지를 설명하지 못한다는 것이다. 그러나 이 두 경우의 차이와 역설의 발생 여부에 대해서는 사실 책에서 이미 설명했다(이승종 2002, 263~264쪽). 나의 설명을 간추려보면 다음과 같다.

논의의 편의를 위해 "이 문장은 참이다"를 (E)로 표기하자. 여기서 '이'는 문장 (E) 자체를 지시한다. 나는 이 문장을 다음의 두 문장이 중첩된 경우로 본다.

(E1) "이 문장은 참이다."

↗

(E2) "이 문장은 참이다."

(E1)이 참이면 (E2)는 참이고, (E1)이 거짓이면 (E2)도 거짓이다. 이 경우 역설은 발생하지 않는다.

논의의 편의를 위해 "이 문장은 거짓이다"를 (F)로 표기하자. 여기서 '이'는 문장 (F) 자체를 지시한다. 나는 이 문장을 다음의 두 문장이 중첩된 경우로 본다.

(F1) "이 문장은 거짓이다."

↗

(F2) "이 문장은 거짓이다."

(F1)이 참이면 (F2)는 거짓이고, (F1)이 거짓이면 (F2)는 참이다. 이 경우 역설이 발생한다.

"이 문장은 참이다"와 "이 문장은 거짓이다"가 자기 지시적으로 사용될 경우 위에서 보듯이 후자에서만 역설이 발생한다.

나는 이를 바탕으로 자기 지시적 문장과 그렇지 않은 문장의 두 가지 차이점을 밝혔다. 첫째, 자기 지시적 문장 (F)의 경우 우리가 역설에 직면하는 이유는 (F) 자체에서가 아니라 (F)에 대한 논리학자들의 사용에서 발견된다. 그들은 (F)를 자기 지시적으로 사용하면서도 여전히 그 진리치가 그것이 지시하는 문장의 진리치에 의존되어 있다고 보기 때문에 역설에 빠지게 되는 것이다.

둘째, (F)가 참이면 (F)는 거짓이고, (F)가 거짓이면 (F)는 참이라는 주장에서 (F)가 참이라는 전제, 그리고 (F)가 거짓이라는 전제는 각각 무엇을 의미하는지 명확하지 않다.

나는 자기 지시적 문장이 동일한 두 문장의 중첩 구조로 이루어져 있다는 분석을 통해 거짓말쟁이 역설을 해소하려 했다.

박정일 교수는 이 두 가지 차이점으로는 위의 두 문장("이 문장은 참이다"와 "이 문장은 거짓이다")의 차이를 구별할 수 없다고 말한다. 이러한 지적은 내가 책에서 언급한 두 가지 차이점이 자기 지시적 문장에서 역설이 발생하기 위한 충분조건은 아니라는 것을 함축한다. 나는 이 점을 인정한다. 그러나 이를 토대로 거짓말쟁이 역설에 대한 나의 논의가 "역설을 '해소'하고 있지 않으며, 오히려 새로운 문제를 만들어내고 있다"라는 박정일 교수의 단정은 부당하다고 본다. "이 문장은 거짓이다"가 왜 역설을 일으키는지에 대한 나의 논의는 박 교수에 의해 충분히 비판되었다고 생각하지 않는다.

3. 비트겐슈타인의 색깔 배타성 문제에 관한 연구[180] (이희열)[181]

1) 기존의 연구 경향

비트겐슈타인의 논문 「논리적 형식에 관한 몇 가지 견해」(이하 「견해」로 줄여 부른다)는 저자와 세간의 평가가 엇갈리는 작품이다. "빈약하고 몰개성적"이라는 저자 자신의 혹평에도 불구하고(RLF, 31쪽의 각주) 이 논문은 비트겐슈타인 연구에 있어 매우 중요한 문헌으로 인정받아왔다. 많은 연구자는 이 논문에서 전개되고 있는 색깔 배타성[182] 문제에 관한 비트겐슈타인의 입장이 『논고』에서의 입장과 차이가 있으며, 이 차이는 『논고』에 대한 비트겐슈타인 자신의 근본적인 비판에서 비롯되었다고 본다. 그들이 보기에 색깔 배타성 문제에 관한 한 「견해」의 입장은 중기 비트겐슈타인의 생각을 반영하고 있으며, 그의 전환기적 사고를 엿볼 수 있는 최초의 문헌이라는 점에서 「견해」는 매우 귀중한 자료로 간주된다.

물론 색깔 배타성에 대한 비트겐슈타인의 입장 변화를 설명하는 문제가 연구자들 사이에서 완전히 합의된 것은 아니다. 가령 시버트는 비트겐슈타인이 이 문제에서 『논고』와 「견해」뿐 아니라 『탐구』에 이르기까지 일관된 입장을 취했다고 본다(Sievert 1989). 그러나 연구자

---

180 이 절은 나의 책 『비트겐슈타인이 살아 있다면』의 3장을 거론하고 있는 다음의 논문에서 발췌한 것이다. 이희열, 「비트겐슈타인의 색깔 배타성 문제에 관한 연구」, 『철학』 74집 (2003).
181 울산과학기술원(UNIST) 인문학부 교수.
182 이 글에서 '배타성(exclusion)'은 문맥에 따라 '배제'라고도 번역되었다.

들은 대체로 『논고』와 「견해」의 차이점을 인정하는 데 이견이 없는 듯하다.[183] 이들은 공통적으로 「견해」의 색깔 배타성 논의가 『논고』의 논리학이 가지고 있는 문제점을 해결하기 위해 고안되었다고 본다.

연구자들이 대체로 합의하는 또 다른 사항은 색깔 배타성 문제에 대한 「견해」의 입장과 「견해」 이후의 입장 사이의 유사성이다. 이에 따르면 「견해」 이후에 보이는 색깔 배타성 논의는 「견해」의 논의와 본질적으로 차이가 없기 때문에 서로 구분되지 않거나[184] 「견해」의 논의를 발전시킨 것에 불과하다(Park 1998, 75~76쪽). 결국 색깔 배타성 논의에 대한 기존의 연구 경향은 『논고』와 「견해」 사이의 차이점들과 「견해」와 「견해」 이후의 유사성을 강조하는 것으로 요약된다.

그러나 필자[185]는 색깔 배타성 문제의 올바른 이해를 위해서는 오히려 『논고』와 「견해」 사이의 유사성과 「견해」와 「견해」 이후의 차이점들을 부각해야 한다고 본다. 색깔 배타성에 대한 비트겐슈타인의 근본적인 입장 변화는 「견해」 이후의 논의들에 나타나 있다고 보기 때문이다. 본고에서는 이 점을 논증하기 위해 먼저 『논고』와 「견해」에 나타난 색깔 배타성 논의들을 비교하면서 기존에 양자의 차이점으로 간주했던 것들을 어떻게 재해석할 수 있는지를 검토할 것이다. 다음으로 「견해」 이후의 색깔 배타성 논의의 특징들을 분석하면서 여기에 반영된 비트겐슈타인의 새로운 사유 체계가 어떻게 「견해」와의 차이를 만들어내는지를 설명할 것이다. 결과적으로 이러한 작업은 중기 철학의 진정한 출발점이 「견해」가 아니라 「견해」 이후가 되어야 한다

---

183 특히 Park(1998) 67~78쪽; 이승종(2002) 62~98쪽; Austin(1980).

184 이 관점을 잘 보여주는 논의로는 Kenny(1973) 103~119쪽을 참조.

185 이 절에서의 필자란 일관되게 이희열 교수를 지칭한다.

는 사실을 보여줄 것이다.

2)『논고』의 색깔 배타성 논의

색깔 배타성 문제의 발단은『논고』의 다음 두 구절이다.

필연성에는 오직 **논리적** 필연성만이 있듯이, 불가능성에도 오직 **논리적** 불가능성만이 있다.(TLP, 6.375)

두 색깔이 동시에 시야의 한 장소에 있는 것은 불가능하다.(TLP, 6.3751)

이로부터 우리는 두 색깔이 동시에 시야의 한 장소에 있는 것은 논리적으로 불가능하다는 것, 즉 모순이라는 결론에 이른다. 시야의 한 점이 어느 한 가지 색깔에 의해 점유되어 있음을 진술하는 문장을 색깔 문장이라고 부르자. 그리고 색깔 문장인 "이것은 빨간색이다", "이것은 파란색이다"를 각각 p와 q로 기호화해보자. 이제 서로 다른 두 색깔 문장 사이의 관계에 대한『논고』의 입장은 '(p · q)는 모순'이라는 말로 요약된다.

(p · q)가 모순이라는 비트겐슈타인의 주장은 색깔 문장은 요소명제가 아니라는 또 다른 주장으로 이어진다.『논고』, 6.3751에서 비트겐슈타인은 다음과 같이 말한다.

(두 요소명제의 논리적 곱이 동어반복일 수도 모순일 수도 없다는 점은 분명하다. 시야의 한 점이 동시에 상이한 두 색깔을 가진다는 진술은 모순이다.)

우리는 이 두 문장을 결론이 생략된 생략 삼단논법(enthymeme)의 한 사례로 간주할 수 있다. p와 q를 이용하여 이를 삼단논법의 형태로 재구성해보면 다음과 같다.

P1 어떠한 두 요소명제의 연접도 모순이 아니다.
P2 (p · q)는 모순이다.

C 색깔 · 문장인 p나 q는 요소명제가 아니다.

『논고』에서 색채에 관한 비트겐슈타인의 입장은 결국 다음 두 명제로 압축된다.

① 서로 다른 두 색깔 문장은 상호 모순적이다.
② 색깔 문장은 요소명제가 아니다.

3) 「견해」의 색깔 배타성 논의

「견해」에서 비트겐슈타인은 입장을 바꾸어 p나 q와 같은 색깔 문장이 더 이상 분석될 수 없는 요소명제라고 주장한다.[186] 이는 앞에서 분석한 색깔 배타성에 대한 『논고』의 결론들 중 ②와 모순될 뿐만 아니라 ①과도 배치된다. 요소명제들이 상호 독립적인 한 그것들은 서로 모순될 수 없기 때문이다.[187] 이에 대해 비트겐슈타인은 모순과 배제의 개념을 구분하고 서로 다른 두 색깔 문장은 『논고』에서처럼 상

---

[186]   RLF, 35쪽. 이에 대한 보다 상세한 해설은 이승종(2002) 67~69쪽을 참조.

호 모순적이 아니라 상호 배제적이라고 주장한다.

> 나는 여기서 "모순된다"라고 말하는 대신 일부러 "배제한다"라고 말한다. 이 두 개념 사이에는 차이가 있기 때문이다. 원자 명제들은 비록 모순될 수는 없지만 서로 배제할 수는 있다.(RLF, 35쪽)

「견해」에 따르면, 모순의 진리표가 (FFFF)(p, q)인 데 반해 배제의 진리표는 (FFF)(p, q)라는 점에서 두 개념은 구분된다(RLF, 36~37쪽). 그리고 두 색깔 문장은 동시에 참일 수 없기 때문에 p와 q의 연접 (p · q)의 진리표는 (FFFF)(p, q)가 아니라 (FFF)(p, q)가 되어야 한다. 비트겐슈타인은 "(p · q)가 모순이라는 진술"이 p와 q가 모두 참일 경우를 제외시키지 않고 있다는 점에서 "무의미"라고 주장한다(RLF, 37쪽).

많은 연구가들은 p와 q가 상호 모순적이 아니라 상호 배제적이라는 비트겐슈타인의 주장이 『논고』의 논리학에 대한 전적인 포기를 의미한다고 해석했다. 이들은 (p · q)가 모순이라는 『논고』의 주장이 진리표에서 p와 q가 모두 참일 경우를 원천적으로 배제할 수 없기 때문에 「견해」에서 비트겐슈타인 자신에 의해 비판받는다고 본다. [⋯] 이승종은 『논고』에서는 두 색깔 문장 p, q의 연접에 대한 진리표가 (TFFF)(p, q)로 나타나는 데 반해 「견해」에서는 (FFF)(p, q)로 나타난다는 점에서 이 두 논의가 차이를 보인다고 말한다(이승종 2002,

---

187 TLP, 4.211. 요소명제들은 서로 함축하거나 모순되지 않고 그것들의 부정이 서로 모순되지 않을 경우, 그리고 오직 그 경우에만 상호 독립적이다(이승종 2002, 30~32쪽). 따라서 색깔 문장이 요소명제라면 두 색깔 문장은 모순될 수 없다.

69~71쪽). 그리고 이를 근거로 『논고』의 색깔 배타성 논의를 다음과 같이 비판한다.

『논고』의 형식적 명제론에서는 "A가 빨간색이다"와 "A는 파란색이다"라는 명제는 상호 독립적이었다. 형식적 명제론은 상호 독립적인 명제들 사이에 존재하는 내적 '배제' 관계를 설명할 수 없었다. (이승종 2002, 85쪽)

『논고』와 「견해」의 색깔 배타성 논의에 대한 위와 같은 해석들은 『논고』의 논리학은 그것이 담고 있는 논리적 결함 때문에 필연적으로 해체될 수밖에 없었으며, 그 결함은 「견해」의 논의를 통해 직접적으로 드러난다고 본다. 필자는 『논고』의 논리적 결함을 강조하는 이러한 해석에 동의하지 않는다. 우리는 앞에서 두 색깔 문장의 연접은 모순이라는 것이 『논고』의 입장임을 보았다. 모순되는 두 문장은 상호 독립적일 수 없으므로, 『논고』에서 비트겐슈타인은 이승종이 지적하고 있는 바와는 달리 색깔 문장들을 상호 독립적이라고 보고 있지 않다. 그렇다면 『논고』의 논의가 색깔 문장들 사이의 내적 '배제' 관계를 설명할 수 없다는 그의 비판은 오도된 것이다. 『논고』의 논의는 두 색깔 문장 사이의 배제 관계 자체를 설명하지 못하는 것이 아니고 단지 이 관계를 '내적' 배제 관계로 보고 있지 않을 뿐이다. 이 점은 곧 설명될 것이다.

『논고』의 색깔 배타성 논의에 대해 박병철과 이승종이 공유하고 있는 비판의 핵심은 그것이 p와 q가 모두 참일 수 있는 가능성을 배제하고 있지 않기 때문에 잘못이라는 것이다. 그리고 그들이 보기에 이러한 비판은 '완전한 표기법하에서는' p와 q가 모두 참인 진리표의 항이 아예 제외되어야 한다는 「견해」의 새로운 주장으로 연결된다. 이는 『논고』에서는 비트겐슈타인이 두 색깔 문장 사이의 관계를 모순이라고 보는 데 반해 「견해」에서는 배제라고 본다는 사실에 근거한 것이다. 그러나 필자가 보기에 이러한 비판은 최소한 두 가지 점에서 잘못되었다. 첫째, 『논고』가 p와 q가 모두 참일 수 있는 진리치의 항을 허용하고 있다는 이들의 주장은 참이 아니다. 따라서 『논고』의 논리학이 논리적으로 문제가 있다는 이들의 주장은 사실상 근거 없는 것이 되고 만다. 둘째, 두 색깔 문장 사이의 관계에 관한 한 『논고』에서의 모순 개념과 「견해」에서의 배제 개념은 본질적으로 다르지 않다. 따라서 「견해」에서 비트겐슈타인이 두 색깔 문장을 배제 관계로 보고 있다는 것을 근거로 하여 『논고』와 「견해」의 색깔 배타성 논의를 구분하고 있는 이들의 관점은 타당하지 않은 것이다.

이제 이 논점들을 입증해 보도록 하자. 『논고』에서 한 명제는 모든 진리 가능성들에 대해 거짓인 경우, 그리고 오직 그러한 경우에만 모순으로 정의된다(TLP, 4.46). 박병철이나 이승종의 입장을 따른다면 『논고』에서 두 색깔 문장의 연접 $(p \cdot q)$의 진리표는 다음과 같아야 한다.

〈표 1〉

p	q	p·q
T	T	F
T	F	F
F	T	F
F	F	F

여기서 〈표 1〉은 p와 q가 모두 참인 경우를 포함하고 있다. 그런데 p와 q가 모두 참일 수는 없다. 이들의 비판은 불가능한 경우를 허용하는 『논고』의 논리학 자체에 논리적인 결함이 있다는 것이다. 그러나 필자가 보기에 이들은 『논고』에서 비트겐슈타인이 색깔 문장을 요소명제로 간주하지 않았다는 점을 간과하고 있다. 『논고』에서 p나 q는 요소명제가 아니며 상호 독립적이지도 않다. p와 q가 상호 독립적이 아니라는 것은 이 두 명제 사이에 특정한 논리적 관계가 성립할 수 있음을 의미한다. 이 관계는 서로 양립할 수 없는 관계, 즉 둘 중 어느 한쪽이 참일 때 다른 한쪽은 반드시 거짓인 관계이다. 이는 $p \supset \sim q$ 혹은 $q \supset \sim p$로 기호화된다. 이 점을 고려하여 다시 진리표를 그려보면 다음과 같다.

〈표 2〉

$p \supset \sim q$	p	q	p·q
T	F	T	F
T	F	F	F
T	T	F	F

〈표 3〉

$q \supset \sim p$	p	q	p·q
T	T	F	F
T	F	F	F
T	F	T	F

〈표 2〉와 〈표 3〉에서 우리는 다음과 같은 사실들을 확인할 수 있다. 첫째, 이 진리표들은 (i) p가 거짓이고 q가 참인 경우, (ii) p가 참이고 q가 거짓인 경우, (iii) p와 q가 모두 거짓인 경우가 p와 q가 가질 수 있는 진리 가능성의 전부임을 보여준다. 따라서 『논고』의 논리가 p와 q가 모두 참일 수 있는 경우를 허용하고 있다는 이승종과 박병철의 주장은 사실이 아니다.

둘째, 〈표 2〉와 〈표 3〉에 의하면 두 색깔 문장들의 연접은 (FFF)(p, q)로 나타나는데, 이는 「견해」에서 두 색깔 문장의 배제 관계를 진리표로 나타낸 것과 정확하게 일치한다. 따라서 우리는 두 색깔 문장 사이의 관계에 관한 한 비트겐슈타인이 『논고』와 「견해」에서 같은 입장을 견지했음을 알 수 있다.

그렇다면 비트겐슈타인은 왜 동일한 관계에 대해서 모순과 배제라는 다른 말을 사용했을까? 해답의 열쇠는 색깔 문장은 요소명제인가라는 물음에 대해 『논고』와 「견해」가 상반된 입장을 취하고 있다는 데 있다. 「견해」에서는 색깔 문장을 요소명제로 본다. 그런데 모든 요소명제들은 상호 독립적이므로 색깔 문장들 역시 상호 독립적이어야 한다. 이는 색깔 문장들이 서로 모순될 수 없음을 의미한다. 색깔 문장을 요소명제로 간주할 경우, 만일 p와 q가 서로 모순된다면 그 진리표는 (FFFF)(p, q)가 되어야 한다. 그러나 앞에서 보았듯이 「견해」에서 비트겐슈타인은 이를 무의미하다고 본다. 이를 방지하기 위해서는 이 진리표의 가장 첫 항을 제외시키는 구문(syntax)을 도입해야 한다. 이에 따라 (p · q)의 진리표는 (FFF)(p, q)가 된다. 그러나 만일 『논고』에서처럼 p와 q를 요소명제로 간주하지 않을 경우에는 p와 q 사이에 p ⊃ ~q 혹은 q ⊃ ~p의 관계가 성립한다는 정보를 부가함으로써 p와 q가 모두 참인 경우를 배제시킬 수 있다. 이 경우에 (p · q)는 p와 q의 모든 진리 가능성에 대하여 거짓이므로 모순이다. 비트겐슈타인이 (FFF)(p, q)라는 공통된 진리표에 대해 모순과 배제라는 서로 다른 표현을 쓰고 있는 이유는 『논고』에서는 p와 q를 복합 명제로 보는 반면 「견해」에서는 그것들을 요소명제로 보기 때문이다.

결국 「견해」에 나타난 색깔 배타성 논의는 다음 세 명제들로 압축된다.

① 색깔 문장은 요소명제이다.
② 두 색깔 문장 사이의 관계는 모순 관계가 아니라 배제 관계이다.
③ 요소명제들은 상호 독립적이다.

4) 「견해」 이후의 색깔 배타성 논의

앞에서 살펴본 것처럼 「견해」의 색깔 배타성 논의는 색깔 문장이 요소명제라는 비트겐슈타인의 입장 변화에서부터 시작된다. 상호 독립성 원칙을 적용한다면 요소명제들은 모순될 수 없으므로 색깔 문장들 또한 서로 모순되어서는 안 된다. 그런데 두 색깔 문장이 서로 모순되지 않는다는 것이 그것들이 상호 독립적임을 함축하는 것은 아니다. 두 명제가 모순되지 않아야 한다는 것은 그 명제들이 상호 독립적이기 위한 세 조건 중 단지 하나의 필요조건에 지나지 않기 때문이다. 색깔 문장들이 상호 독립적이라는 것을 입증하기 위해서 우리는 나머지 두 조건도 따져 보아야 한다.

"색깔 문장들은 상호 독립적인가?"에 대한 상이한 답변을 우리는 오스틴(James Austin)과 이승종의 논의에서 발견한다. 먼저 오스틴의 입장을 살펴보기로 하자. 오스틴은 다음과 같이 말한다.

색깔 문장인 R과 G는 상호 독립적이 아니다. 왜냐하면 이 두 문장은 서로 배제 관계에 있기 때문이다. 그리고 (R · G)는 모순이 아니다.(Austin 1980, 209쪽)

그런데 그는 그 두 색깔 문장이 상호 독립적이기 위한 조건들 중 어떤 조건을 위배하고 있는지에 대해 분명하게 밝히고 있지 않다. 그는 다만 두 색깔 문장이 서로 모순되지 않는다고만 말하고 있을 뿐이다.

이와 달리 이승종은 두 색깔 문장들이 상호 독립적이기 위한 세 가지 조건들을 제시하고 서로 다른 두 색깔 문장이 이 조건들을 만족시키는지를 검토하고 있다. 그 세 조건들은 우리가 앞에서 살펴본 요소 명제의 상호 독립성 조건들과 동일하다. 두 색깔 문장은 (i) 서로 연역되지 않고, (ii) 서로 모순되지 않고, (iii) 부정했을 때 서로 모순되지 않을 경우, 또한 오직 그러할 경우에만 상호 독립적이다. 그는 "A는 빨간색이다"와 "A는 파란색이다"라는 두 색깔 문장은 이 세 가지 조건들을 만족시키기 때문에 상호 독립적이라고 주장한다(이승종 2002, 78~79쪽).

이승종은 이 주장을 증명하기 위한 논증을 그다지 상세하게 전개하고 있지 않다. 그는 단지 이 두 색깔 문장이 진리 함수적으로 서로를 함축하거나 모순되지 않으며, 이들의 부정인 "A가 빨간색이 아니다"와 "A가 파란색이 아니다"는 양립하기 때문에 서로 모순되지 않는다고 말하고 있을 뿐이다(이승종 2002, 79쪽). 여기서 그는 두 색깔 문장의 부정이 양립한다는 점으로부터 그것들이 모순되지 않는다는 것

을 추론하고 있다. 그렇다면 우리는 그의 의도를 살려서 그 증명 과
정을 더 정밀하게 재구성해볼 수 있다. 그 증명은 다음과 같이 전개
된다. 먼저 위의 두 색깔 문장들 중 어느 하나로부터 다른 하나가 연
역되지 않는다는 것은 쉽게 알 수 있다. A가 빨간색이라는 것으로부
터 그것이 파란색이라는 것이 따라 나오지 않고, A가 파란색이라는
것으로부터 그것이 빨간색이라는 것이 따라 나오지 않기 때문이다.

〈표 4〉

p	q
T	F
F	T

두 문장은 서로 모순되지도 않는다. 두 문장이 모순되기 위한 필요
충분조건은 둘 중 어느 하나가 참이면 다른 하나는 반드시 거짓이고
어느 하나가 거짓이면 다른 하나는 반드시 참이라는 것이다. 따라서
서로 모순되는 두 문장들은 〈표 4〉에서 보듯이 서로 반대의 진리치
를 가져야만 한다. 그런데 "A는 빨간색이다"와 "A는 파란색이다"라
는 두 색깔 문장들의 경우, 〈표 5〉에서 보듯이 만일 A가 빨간색도 파
란색도 아닌 다른 색이라면(예컨대 노란색이라면) 두 문장의 진리치는
서로 반대되지 않는다.

〈표 5〉

	A는 빨간색이다.	A는 파란색이다.
A가 빨간색일 때	T	F
A가 파란색일 때	F	T
A가 노란색일 때	F	F

두 색깔 문장이 상호 독립적이기 위한 마지막 조건에 대해서도 우리는 마찬가지 논의를 펼칠 수 있다. "A는 빨간색이다"와 "A는 파란색이다"의 부정은 각각 "A는 빨간색이 아니다"와 "A는 파란색이 아니다"가 될 것이다. 이 때 〈표 6〉에서 보듯이 만일 A가 빨간색도 파란색도 아니라면 두 문장의 진리치는 서로 반대되지 않는다.

〈표 6〉

	A는 빨간색이 아니다.	A는 파란색이 아니다.
A가 빨간색일 때	F	T
A가 파란색일 때	T	F
A가 노란색일 때	T	T

이상의 논의에서는 두 색깔 문장 혹은 그 문장들의 부정이 양립할 수 있다는 점으로부터 그것들은 서로 모순되지 않는다는 점이 추론되고 있다. 이 점에서 위의 논증은 두 색깔 문장의 부정은 양립하기 때문에 서로 모순되지 않는다는 이승종의 주장과 동일하다. 따라서 그는 위의 논증을 받아들일 것이다. 그러나 위의 논증은 타당하지 않다. 위의 논증에서 잘못된 부분은 두 색깔 문장과 그것들의 부정이 서로 모순되지 않음을 증명하는 부분이다. 위의 논증은 "A는 빨간색이다"와 "A는 파란색이다"라는 두 색깔 문장이 서로 반대의 진리치를 가지지 않을 수도 있다는 점을 근거로 들어 이 두 문장 혹은 이 두 문장의 부정이 서로 모순되지 않는다고 주장하고 있다. 달리 말하면 위의 논증에서 그렇게 주장하는 근거는 〈표 5〉과 〈표 6〉의 세 번째 항에서 이 두 색깔 문장 혹은 이들의 부정이 같은 진리치를 가진다는 것이다.

그런데 두 색깔 문장이 모순되지 않을 수도 있다는 것과 그것들이 모순되는 것이 불가능하다는 것은 다르다. 그리고 여기에서 정작 증명되어야 할 것은 두 색깔 문장(혹은 그것들의 부정)이 모순되지 않을 수도 있다는 것이 아니라 두 색깔 문장(혹은 그것들의 부정)이 모순되는 것은 불가능하다는 것이다. 두 명제가 상호 독립적이기 위한 조건들 중의 하나는 그 두 명제가 서로 모순되지 않는다는 것, 즉 그 두 명제가 서로 모순되는 것이 불가능하다는 것이기 때문이다. 따라서 위의 논증에서는 〈표 5〉과 〈표 6〉의 세 번째 항이 성립 가능하다는 것이 아니라 그 첫 번째와 두 번째 항이 성립 불가능하다는 것을 보였어야 했다. 그런데 〈표 5〉과 〈표 6〉은 그 두 항이 성립 가능하다는 것을 보여주고 있다. 즉 〈표 5〉과 〈표 6〉은 두 색깔 문장(혹은 그것들의 부정)이 〈표 4〉와 같은 진리치의 항들을 가질 수 있음을 보여주고 있다. 따라서 우리는 두 색깔 문장(혹은 그것들의 부정)이 모순될 수 있다고 보아야 한다. 『논고』에서 비트겐슈타인은 상호 독립성에 관하여 다음과 같이 말하고 있다.

한 원자 사태(Sachverhalt)의 존립 또는 비존립으로부터 다른 원자 사태의 존립 또는 비존립이 추론될 수는 없다.(TLP, 2.062)

원자 사태의 언어적 짝이 요소명제이므로, 우리는 위 인용문을 두 요소명제가 상호 독립적이기 위해서는 한 요소명제가 참이라는 것으로부터 다른 요소명제가 참이라는 것을 추론하는 것이 불가능함은 물론 한 요소명제가 참이라는 것으로부터 다른 명제가 거짓이라고 추론하는 것 또한 불가능해야 한다는 내용으로 해석할 수 있다. 그런데 우리는 A가 빨갛다는 사실로부터 A가 파랗지 않다는 사실을 추론할 수 있다. 따라서 "A는 빨간색이다"와 "A는 파란색이다"는 상호 독립적이 아니다.

지금까지의 논의는 색깔 문장의 상호 독립성에 관한 오스틴과 이승종의 상반된 견해 중 오스틴의 견해가 옳음을 입증해준다. [⋯]

4. 답론 I

이희열 교수는 『논고』에서 "A는 빨간색이다"(p)와 "A는 파란색이다"(q)와 같은 두 색깔 문장의 연접 (p · q)의 진리표는 이승종의 입장을 따른다면 다음과 같아야 한다면서 이를 문제 삼는다.[188]

〈표 1〉

p	q	p · q
T	T	F
T	F	F
F	T	F
F	F	F

나는 〈표 1〉이 p와 q가 모두 참인 경우를 포함하고 있는데 p와 q가 모두 참일 수는 없으므로 불가능한 경우를 허용하는 『논고』의 논리학

---

188 이희열 교수는 이 점에 대해 나와 박병철 교수를 나란히 비판하고 있다. 이 교수가 거론하는 박병철 교수의 저술은 다음과 같다. Park(1998).

자체에 논리적인 결함이 있다고 보았다. 이러한 진단은 비트겐슈타인의 1929년 논문에 의거한 것이며 곧 설명될 것이다. 그러나 이희열 교수는 내가 『논고』에서 비트겐슈타인이 색깔 문장을 요소명제로 간주하지 않았다는 점을 간과하고 있음을 지적한다. 이 교수에 의하면 『논고』에서 p나 q는 요소명제가 아니고 상호 독립적이지도 않다. p와 q가 상호 독립적이 아니라는 것은 이 두 명제 사이에 특정한 논리적 관계가 성립할 수 있음을 의미한다. 이 교수에 의하면 이 관계는 서로 양립할 수 없는 관계, 즉 둘 중 어느 한쪽이 참일 때 다른 한쪽은 반드시 거짓인 관계이다. 그는 이 관계를 '$p \supset {\sim}q$' 혹은 '$q \supset {\sim}p$'로 기호화하고 이에 대한 다음과 같은 진리표를 제시한다.

〈표 2〉

$p \supset {\sim}q$	p	q	p·q
T	F	T	F
T	F	F	F
T	T	F	F

〈표 3〉

$q \supset {\sim}p$	p	q	p·q
T	T	F	F
T	F	F	F
T	F	T	F

이희열 교수는 〈표 2〉와 〈표 3〉을 다음과 같이 해석한다. 첫째, 이

진리표들은 (i) p가 거짓이고 q가 참인 경우, (ii) p가 참이고 q가 거짓인 경우, (iii) p와 q가 모두 거짓인 경우가 p와 q가 가질 수 있는 진리 가능성의 전부임을 보여준다. 따라서 『논고』의 논리가 p와 q가 모두 참일 수 있는 경우를 허용하고 있다는 이승종의 주장은 사실이 아니다. 둘째, 〈표 2〉와 〈표 3〉에 의하면 두 색깔 문장들의 연접은 (FFF)(p, q)로 나타나는데, 이는 1929년의 논문에서 비트겐슈타인이 두 색깔 문장의 배제 관계를 진리표로 나타낸 것과 정확하게 일치한다. 따라서 두 색깔 문장 사이의 관계에 관한 한 비트겐슈타인은 『논고』와 1929년의 논문에서 같은 입장을 견지했음을 알 수 있다.

그러나 『논고』와 1929년의 논문 사이의 유사성을 강조하는 이희열 교수의 해석은 1929년의 논문에 나타나 있는 비트겐슈타인의 반성과 어울리지 않는다. 그 논문의 말미에서 비트겐슈타인은 〈표 1〉에 대해 다음과 같이 말하고 있다.

> 그러나 이는 무의미하다. 왜냐하면 첫 줄, 즉 'T T F'는 그 명제에 실제의 가능성보다 더 많은 논리적 다수성을 부여하고 있기 때문이다. 우리의 기호법이 그러한 무의미한 구성의 형성을 허용하고 있다는 것은 물론 우리 기호법의 결함이다.(RLF, 37쪽)

여기서 그가 비판하는 결함 있는 기호법은 다름 아닌 『논고』의 논리학이다. 이희열 교수의 해석과는 달리 비트겐슈타인은 1929년의 논문에서 『논고』의 논리학이 색깔 문장의 배제 관계를 제대로 해명하지 못하고 있는 결함 있는 논리학임을 스스로 인정하고 있는 것이다. 『논고』에서 비트겐슈타인은 색깔 문장의 연접을 모순으로 보았고

(TLP. 6.3751) 모순의 진리치를 (FFF)(p, q)가 아니라 (FFFF)(p, q)로 표기하고 있다(TLP. 5.101). 또한 그는 이희열 교수가 분석한 'p ⊃ ~q' 혹은 'q ⊃ ~p'와 논리적으로 동치인 '~(p · q)'의 진리치를 (TTT)(p, q)가 아니라 (FTTT)(p, q)로 표기하고 있다(TLP. 5.101).[189] 이는 이희열 교수의 비트겐슈타인 해석에 문제가 있음을 시사한다.

1929년의 논문에서 비트겐슈타인이 말하고 있는 색깔 문장의 배제 관계는 반대 관계로 해석할 수 있다. 두 문장이 모순 관계에 있으려면 두 문장은 동시에 참일 수 없고 동시에 거짓일 수도 없어야 한다. 반면 두 문장이 반대 관계에 있으려면 두 문장은 동시에 참일 수는 없지만 동시에 거짓일 수 있어야 한다. 색깔 문장 "A는 빨간색이다"와 "A는 파란색이다"는 A가 노란색일 경우 동시에 참일 수는 없지만 동시에 거짓일 수는 있다는 점에서 반대 관계에 있다.

5. 답론 II

이희열 교수는 나의 답론 I의 초고에 대한 답변을 발표한 바 있다(이희열 2007). 이 절에서는 그의 답변을 요약하고 이에 대해 답변해 보겠다. 그는 『논고』에서 비트겐슈타인이 "A는 빨간색이다"(p)와 "A는 파란색이다"(q)와 같은 두 색깔 문장을 복합명제로 보면서도 이에

---

[189] 이 연장선상에서 비트겐슈타인은 'p · q'의 진리치를 (TFFF)(p, q)로 표기하고 있다 (TLP. 5.101). 형식적 명제론에 의거한 이러한 조처는 〈표 1〉과 상충되는 것으로 보일 수 있다. 그러나 p와 q가 모순인 경우에 비트겐슈타인은 그 진리치를 (TFFF)(p, q)가 아니라 (FFFF)(p, q)로 표기하고 있는데(TLP. 5.101) 이는 〈표 1〉과 일치한다.

대한 진리 함수적 분석을 제시하지 않고 있음에 주목한다. 이 교수는 비트겐슈타인이 하지 않은 이 분석을 스스로 해본 다음, p와 q의 연접은 모순이지만 p와 q는 서로 반대의 관계에 있다고 주장한다. 두 명제의 연접이 모순이라는 사실에서 두 명제가 서로 모순관계에 있다는 사실이 따라 나오지는 않는다는 것이다. 그러나 이는 비트겐슈타인이 하지 않은 이 교수의 분석에 근거한 것이다. 나는 이 교수의 저러한 추론이 타당한지 의심한다.『논고』에서 두 색깔 문장의 연접 (p · q)의 진리표가 〈표 1〉이 아니라 〈표 2〉, 〈표 3〉이라는 대목도 여전히 석연치 않다. 그 이유는 다음과 같다.

나는 이희열 교수의 분석이 1929년의 논문에서 비트겐슈타인이 보여준 바와 어울리는 구석이 있다고 본다. 그런 점에서 그의 분석을 일정부분 기여하는 바가 있는 것으로 평가한다. 그런데 이 교수는 한 걸음 더 나아가 자신의 분석을『논고』에 적용하면 〈표 1〉에서 첫째 줄을 제외시키는 것이 가능하다고 주장한다(이희열 2007, 250쪽). 그러나 비트겐슈타인은『논고』에서 그러한 가능성을 실현해 보여주지 않았다. 오히려 그는 1929년의 논문에서 이를 적시하며 "우리의 기호법이 그러한 [즉 〈표 1〉의 첫째 줄과 같은] 무의미한 구성의 형성을 허용하고 있다는 것은 물론 우리 기호법의 결함이다"라고 술회하고 있다(RLF, 37쪽). 이 교수와 달리 비트겐슈타인은 자신의 기호법이 〈표 1〉의 첫째 줄을 제외시키지 않고 허용했음을 시인하고 있는 것이다. 나의 답론 I에 대한 이 교수의 답변은 비트겐슈타인의 이러한 반성과 어울리기 어렵다. 이 교수의 답변대로라면 비트겐슈타인은 1929년의 논문에서 괜한 말을 한 셈이며, 우리는『논고』에서 기호법의 결함이 무엇인지를 알 수 없게 된다.

IV부 토론

12장
칸트와 비트겐슈타인

1. 한국칸트학회에서의 토론[190]

정대현 발표자는 자연주의를 심각한 의미로서보다는 하나의 은유
로 사용하고 있는 것 같습니다. 관건은 비트겐슈타인의 『심리철학』,
§§365~366을 어떻게 읽을 것인가에 달려 있습니다. 이승종 선생은
저 구절들의 내용을 (1) 자연사가 변하면 우리의 개념 체계도 변한다,
(2) 개념과 자연의 사실들 사이의 대응이 존재한다고 해석하고, 이를
바탕으로 비트겐슈타인의 비판철학을 자연주의로 규정하고 있습니

---

190 이 절은 이 책 2장의 초고를 주제로 1993년 12월 9일 이화여자대학교에서 있었던
한국칸트학회의 토론을 옮긴 것이다. 토론 참가자는 다음과 같다. 정대현(이화여대
철학과 교수), 손봉호(서울대 사회교육과 교수), 김혜숙(이화여대 철학과 교수), 김
영건(서강대 철학과 강사), 최신한(한남대 철학과 교수), 김진(울산대 철학과 교수),
강영안(서강대 철학과 교수), 엄정식(서강대 철학과 교수).

다. 그러나 제가 보기에 자연사는 개념에 직접 대응하기보다는 삶의
형식의 일치에 연관됩니다.

이승종 개념들과 자연의 일반적 사실들 사이의 대응이라는 표현은
비트겐슈타인이 『심리철학』, §365에서 직접 사용하고 있습니다.

정대현 그러나 그는 바로 다음의 문장에서 그 표현을 부정하고 있습
니다.

이승종 저는 그렇게 보지 않습니다. 해당 구절은 다음과 같습니다.

> 개념들과 자연의 일반적 사실들(그 일반성 때문에 우리의 관심을 거의 끌지 못
> 하는 사실들) 사이의 대응은 물론 우리의 관심사이기도 하다. 하지만 우리
> 의 관심이 이제 개념 형성에 관한 이런 가능한 원인들로 되돌아가는 것은
> 아니다. 우리는 자연과학을 하고 있는 것도 아니고, 자연사를 하고 있는
> 것도 아니다. — 왜냐하면 우리는 실로 우리의 목적들을 위해 자연사적인
> 것을 지어낼 수도 있기 때문이다.(PPF, §365)

정대현 인용문의 후반부에서 비트겐슈타인은 개념들과 자연의 일반
적 사실들 사이의 대응을 부인하고 있습니다. 즉 위의 인용문을 저는
다음과 같이 해석합니다: 개념들과 자연의 일반적 사실들 사이의 대
응이 있다면 이는 흥미로운 일일 것이다. 그러나 사실상 그러한 대응
은 존재하지 않는다.

이승종 저는 위의 인용문에서 비트겐슈타인이 대응 자체를 부인하
고 있다고 보지 않습니다. 그는 우리의 개념 형성을 이러저러한 방식
으로 인과적으로 결정하는 가능한 원인으로의 소급이 자신의 관심사
가 아니라고 말하고 있을 뿐입니다. 이를 자연의 일반적 사실들과 우

리의 개념 형성 사이에 아무런 대응이 없다고 해석할 수는 없습니다.

비트겐슈타인은 자연과학을, 우리의 개념 체계가 어떻게 자연의 사실들에 의해 인과적으로 결정되고 또 정당화되는지를 탐구하는 학문으로 봅니다. 그는 이러한 작업이 철학의 분야가 아니라고 말함으로써 철학을 자연과학과 구별 지었습니다. 그러나 그가 자연과 개념 체계 사이의 대응 자체를 부인하는 것은 아닙니다. 인용문에 이어지는 구절에서 그는 자신의 개념 체계의 절대성을 신봉하는 사람에게, 자연사의 사실들이 달라질 경우에도 그 절대성이 유지될 수 있겠는가라고 반문하고 있습니다.

질문 "나는 다만 이렇게 하고 있을 뿐이다"(PI, §217)라는, 우리가 사람이라는 사실에의 호소는 이 글 요소요소에서 마법의 방망이처럼 사용되고 있습니다. 그리고 이는 다른 사람이 다른 의견을 제시할 때 이에 관한 토론이나 반성을 봉쇄하는 역기능을 하고 있습니다.

이승종 인용하신 문장은 의견에서의 일치가 아니라 삶의 형식에서의 일치를 환기하는 것으로 보아야 합니다. 다른 의견, 반성은 얼마든지 가능합니다. 삶의 형식에서의 일치가 다른 의견을 봉쇄하는 것으로 해석되어서는 안 될 것입니다. 그러나 의견에 대한 반성이나 정당화는 한계에 부딪치게 되고, 그 한계가 "나는 다만 이렇게 하고 있을 뿐이다"라는 자연사적 사실이라는 것입니다.

손봉호 발표자는 비트겐슈타인에서 자연의 문제를 너무 쉽게 자연과학의 문제로 귀속시키고 있지 않나 우려됩니다. 발표자는 "비트겐슈타인에서 지식의 원인으로서의 자연의 사실들 자체는 철학의 관심사가 아니다. 이는 자연과학이나 자연사의 문제일 뿐이다"(75쪽)라고 말하고 있습니다. 자연과학에서의 자연과 비트겐슈타인의 자연주의에서의 자연은 같은 것입니까? 콰인의 자연주의와 비트겐슈타인의 자연주의는 같은 것입니까?

이승종 자연주의의 개념에 혼돈이 오는 이유는 현대철학에서의 자연주의가 제가 말하고 있는 자연주의와는 다른 의미로 사용되고 있기 때문입니다. 현대철학에서의 자연주의의 기본 입장은 인식론을 포함한 철학의 제반 분과들이 자연과학에 의해 통합될 수 있다는 것입니다. 즉 자연과학의 방법론이 철학에도 그대로 적용될 수 있다는 자연과학주의인 셈입니다. 반면 비트겐슈타인의 자연주의는 사람이 일정한 자연적 조건, 이러저러한 삶의 문맥에 놓여 있다는 사실들의 환기를 목적으로 하고 있습니다. 가령 사람이 직립보행을 한다는 사실, 손가락이 열 개라는 사실, 언어를 사용한다는 사실, 희망할 수 있다는 사실 등은 사람의 삶과 행위에 깊이 연관되는 중요한 자연적 사실입니다. 그러나 이는 콰인이 보기에는 자신이 말하는 자연주의와는 무관한 하찮은 사실에 불과할 것입니다.

김혜숙 비트겐슈타인의 자연주의는 콰인의 자연주의보다는 흄의 자연주의에 더 가깝다고 생각합니다.

질문 발표자는 칸트와 비트겐슈타인 철학의 유사성을 강조하셨는데, 저는 그들 사이의 차이점에 관해 말하고 싶습니다. 비트겐슈타인이 언어게임의 최종적 근거를 이미 주어진 자연사적 사실로 기술하고 있는 데 반해, 칸트는 판단이 어떻게 가능한가를 묻고 있습니다.

이승종 철학이 비판과 반성의 작업이라는 점, 그리고 이를 통해서 사람의 한계를 규명할 수 있다는 점에서는 칸트와 비트겐슈타인이 서로 동의하고 있지만, 그 한계를 받아들이고 난 이후 그들은 서로 다른 길을 가게 됩니다. 『순수이성비판』에서 칸트는 이성의 한계 내에서의 형이상학을 정초하는 인식론이 자신의 철학의 방법이라고 생각했지만, 비트겐슈타인은 이를 좇지 않았습니다. 칸트와 비트겐슈타인은 같은 철학적 배경, 같은 비판철학적 전통에 포섭될 수 있는 인물들이지만, 그렇다고 그들의 철학이 각론에서까지 일치를 보고 있는 것은 아닙니다. 가령 선험적 종합판단의 가능성이 칸트가『순수이성비판』에서 추구했던 대명제라면, 이에 대한 비트겐슈타인의 태도는 부정적입니다.

김영건 (1)한계를 규명한 이후의 비트겐슈타인의 철학의 양상이 칸트의 경우와는 달리 인식론이 아니라면 그것은 무엇입니까? (2)발표자의 중심 개념인 한계, 인간, 자연 등에 관한 좀 더 구체적인 논의가 필요합니다. 비트겐슈타인의 전기 철학에서 한계 긋기가 쉬웠다면, 후기의 철학에서는 한계 긋기가 어려운 작업이라고 생각합니다. 아까 질문에 대한 답변 중에 자연적 사실의 예로 주로 인간에 관한 생물학적인 사실들을 열거했는데, 이에 대한 원인 설명이 가능하지 않을까요?

이승종 (1)에 대해서는 두 가지 답변이 가능합니다. 첫째로 비트겐슈타인 철학의 부정적인 국면입니다. 그의 철학의 목적은 철학을 그만두는 데 있습니다. 이는 많이 오해되고 있는 명제이기도 합니다. 가령 로티는 이 명제를 자신이 견지하는 "철학의 종언"의 선구로 봅니다. 이론, 체계, 논제로서의 철학은 비트겐슈타인이 볼 때 존재할 수 없습니다. 그들은 해체될 수 있고, 비판 앞에서 와해될 수 있는 공중누각입니다. 실제로 그의 철학적 작업의 많은 부분은 이들의 해체와 비판에 할애되고 있습니다.

둘째로 비트겐슈타인 철학의 긍정적인 국면입니다. 올바른 언어사용의 기술, 그리고 우리의 올바른 언어사용이 어떠한 양상으로 우리의 세계 이해를 규정하는가를 분석해주는 것이 그의 철학의 목적이기도 합니다.

김영건 『논고』에서의 침묵의 행방은 후기 비트겐슈타인에서 어떻게 되는 것입니까? 한계 이후의 철학은 침묵 아니겠습니까?

이승종 이론의 여백 뒤에 남는 것은 침묵이겠지요. 그러나 후기 비트겐슈타인에서 더욱 중요한 것은 침묵보다는 활동이라고 봅니다. 이를 선생님의 두 번째 질문, 즉 (2)와 연관시켜보자면 한계가 분석을 통해서 보인다는 것입니다. 즉 한계라는 것은 무엇이 한계이다라는 말을 통해 구체적으로 드러나는 것이 아니라, 올바른 언어사용의 기술과 분석을 통해 보이는 것입니다. 이러한 분석과 기술이라는 활동으로서의 철학이 『논고』에서의 침묵의 자리를 대체하고 있습니다.

김영건 자연사적 사실에 대한 원인 설명이 가능하리라 봅니다.

이승종 그러나 아까 인용한 문구에서 그것은 자연과학의 문제이지 철학의 문제가 아니라고 말하고 있습니다.

김영건 자연사적 사실에 대한 원인 설명으로서의 콰인적 자연주의가 불가능하다는 결정적인 근거 제시가 있어야 하지 않을까요?

이승종 그것이 불가능하다는 말이 아닙니다. 비트겐슈타인은 콰인과는 다른 길을 가는 것이지 콰인의 입장을 비판하고 있는 것이 아닙니다.

김영건 비트겐슈타인은 인식론을 비판하고 있습니다. 즉 인식에 대한 인과적 메커니즘을 분석하고 있는 것이 아니라, 인식론의 언어를 비판적으로 분석하고 있습니다.

이승종 비트겐슈타인의 철학에서는 고전적 의미에서의 인식론이라

부를 수 있는 작업이 발견되지 않습니다. 『논고』에서 그는 인식론을 심리철학이라고 했습니다. 『논고』가 인식론적 저작이 아님은 분명합니다. 후기에서 그는 무어의 상식 철학과 관련해 확실성과 앎의 개념을 비판적으로 분석하고 있지만, 이는 인식론에 대한 비판에 해당하는 작업이지 인식론은 아닙니다.

최신한 (1) 지식론의 이율배반에서 토대주의자, 전체주의자로 거론되고 있는 철학자들이 과연 그러한 이분법적 구분으로만 해석될 수 있는 철학자들인지 의심합니다. (2) 토대주의와 전체주의의 이율배반적 대립 구도의 근거는 무엇입니까?

이승종 (1) 칸트의 이율배반에서 라이프니츠/클락(Samuel Clarke)의 논쟁이 다루어지고 있으면서도 그들의 이름이 구체적으로 언급되지 않고 있는 것처럼, 지식론의 이율배반에 열거된 철학자들의 이름도 생략될 수 있습니다. (2) 문제는 지식의 정당화입니다. 지식론은 정당화의 게임입니다. 지식이 어떻게 정당화될 수 있는가라는 문제의식에서 두 가지 전략이 나온다고 봅니다.

첫째, 지식의 정당화를 추구하다 보면 더 이상 정당화될 수 없는 정당화의 최종 근거로서의 명증성에 도달하게 된다는 전략입니다. 그 명증성이 명제적인 것이든(원초적 명제), 경험적인 것이든(감각경험) 그것으로 정당화의 사슬이 귀착된다는 것입니다. 이것이 제가 말하는 토대주의입니다.

둘째, 그러한 정당화의 최종 근거로서의 명증성을 부정하는 입장입니다. 지식이 하나, 혹은 몇 개의 공리에서 정리들이 연역되는 방식으로 이루어지지 않았다는 것입니다. 현대철학에서 이러한 반(反)토대주의의 가장 강력한 양상은 전체주의라고 봅니다. 전체주의에 의하면 지식이 총체성을 갖는다면, 그 총체성의 어느 하나의 부분이 공리처럼 강조되어 그 밖의 다른 부분의 정당화의 근거가 되는 경우는 성립하지 않습니다. 지식의 모든 부분은 상호 유기체적으로 연관이 되어 있기 때문입니다. 그런 면에서는 제가 열거한 전체주의자들, 즉 헤겔, 브래들리, 하이데거, 가다머, 콰인, 데이빗슨, 로티 등은 하나의 범주로 묶을 수 있다고 봅니다.

최신한 토대주의와 반토대주의를 이율배반의 관계로 놓는 것은 좋지만, 반토대주의를 전체주의와 동일시하는 것은 문제가 있습니다. 헤겔과 하이데거, 하버마스를 같은 전체주의자로 보기는 어렵습니다. 문제는 지식 정당화의 사슬이 완결된다는 입장과 완결이 불가능하다는 입장의 차이, 즉 지식 정당화의 완결성과 개방성의 차이입니다.

김진 비트겐슈타인 자신은 지식론의 이율배반에 대해 어떠한 입장을 취하고 있습니까?

이승종 비트겐슈타인은 제가 제시한 이율배반 논증의 타당성을 거부하지 않을 것으로 봅니다. 그는 이율배반의 정립과 반정립 논증을 모두 수용할 것입니다.

김진 그렇다면 어떻게 비트겐슈타인이 토대주의와 전체주의를 동시에 거부할 수 있습니까?

이승종 논증의 타당성을 인정하는 것과 논증의 전제와 결론을 받아들이는 것은 별개의 문제입니다.

김진 과연 비트겐슈타인이 토대주의와 전체주의를 동시에 거부하고 있는지 저는 의심합니다. 오히려 아펠(Karl-Otto Apel)은 비트겐슈타인을 자신의 입장, 즉 최후의 근거 설정을 인정하는 입장으로 보고 있습니다. 어떤 믿음, 가령 우리가 이러저러한 언어게임을 하고 있다는 사실 자체는 더 이상 우리가 포기할 수 없는 최후의 근거입니다.

이승종 지식론의 이율배반에 대한 비트겐슈타인의 전략은 『순수이성비판』에서 이율배반에 대한 칸트의 전략과 동일합니다. 칸트는 이율배반 논증이 논리적으로 결함이 있다고 보지 않습니다. 그러나 타당한 논증일지라도 그것의 전제는 거짓일 수 있습니다.

토대주의와 전체주의를 연상케 하는 구절은 비트겐슈타인의 『확실성에 관하여』의 곳곳에서 발견됩니다. 정당화의 최종근거에 관한 자주 인용되는 구절(OC, §166, §192, §253)뿐 아니라 다음과 같은 구절도 있습니다.

> 우리가 어떤 것을 **믿기** 시작하면, 그것은 개별 명제가 아니라 명제들의 전체 체계이다.(전체의 여명이 점차로 밝아온다.) (OC, §141)

비트겐슈타인의 철학을 토대주의적으로, 혹은 전체주의적으로 해석할 수 있는 여지는 있습니다. 그러나 저는 그가 토대주의나 전체주의를 배격하고 있다고 봅니다. 그는 지식의 명석 판명한 원리나 근거, 혹은 지식의 총체성에 대해서 언급하고 있지 않습니다. 『확실성에 관하여』에서 발견되는 토대주의적, 전체주의적 명제들은 자연사적 확실성에 연관된 자연주의적 문맥에 놓여 있습니다. 궁극적으로 그는 토대주의와 전체주의를 비판하면서 자연주의를 수용하고 있습니다. 토대주의/전체주의와 자연주의는 서로 다른 지평에 놓인 상이한 담론입니다.

질문 지식론의 이율배반을 토대주의 대 전체주의로 놓기보다는, 토대주의 대 전체주의/회의주의로 놓을 수도 있지 않을까요?

이승종 흥미 있는 구상이고 또한 비트겐슈타인적 구상이기도 합니다. 그는 회의주의에 대해서도 거부하는 입장이기 때문입니다. 회의주의와 그에 대한 비트겐슈타인의 비판도 지식론의 이율배반에서처럼 논증적인 양식으로 구성해볼 수 있을 것입니다.

손봉호 발표자는 언어의 자기 지시성에서 비롯되는 모순을 비트겐슈타인이 분석을 통해 해소하고 있다고 말하고 있는데, 이를 예를 들어 구체적으로 설명해주십시오.

이승종 다음과 같은 예를 살펴보겠습니다.

(1) 이화여대는 남학생만 선발한다.

(2) 이 문장은 거짓이다.

(2)의 진리치는 (2)의 지시사 '이'가 지시하는 (1)의 진리치에 의존하고 있습니다. (1)이 거짓이므로 (2)는 참입니다. 그런데 (2)의 지시사 '이'가 (2) 자신을 지시할 때 역설이 발생합니다. (2)의 진리치는 (2)의 '이'가 지시하는 문장의 진리치에 달려 있으므로, (2)가 참이면 (2)는 거짓이 되고 (2)가 거짓이면 (2)는 참이 됩니다. 이에 관해서 우리는 두 가지 분석을 할 수 있습니다.

첫째, (2)의 진리치가 (2) 자신의 진리치에 의존하고 있다는 말은 매우 이상한 말입니다. 이는 지시 개념의 새로운, 그리고 비정상적인 쓰임입니다.

둘째, (2)가 참이면 (2)는 거짓이 되고 (2)가 거짓이면 (2)는 참이 된다는 주장에서 (2)가 참이라는 전제, 그리고 (2)가 거짓이라는 전제가 각각 구체적으로 무엇을 의미하는지 명확하지 않습니다.

이처럼 역설이 발생하는 상황을 통찰(通察)함으로써 우리는 왜 역설이 생기는지를 알게 되고 그로 말미암아 역설은 해소됩니다.

손봉호　그러나 어떤 크레타 사람이 "크레타 사람들이 한 말은 모두 거짓이다"라고 말할 경우 이는 분명 말이 되지 않습니까? 그리고 이 문장에서 자기 지시적으로 사용되는 지시사는 등장하지도 않고요.

이승종　거짓말쟁이의 역설로 널리 알려진 그 문장은 문장 (2)가 자기 지시적으로 사용되는 경우와 논리적으로 동치입니다.

> 모든 크레타 사람들이 한 말은 모두 거짓이다.
> 나는 크레타 사람이다.
>
> ────────────────────
>
> 따라서 내가 한 이 말도 거짓이다.

강영안　논리적으로는 그럴지 몰라도 사실 크레타 사람의 발언과 문장 (2) 사이에는 큰 차이가 있습니다. 크레타 사람의 발언은 충분히 가능한 자연스러운 문장인 데 반해, 문장 (2)는 매우 인공적인 구성으로서 실제 상황에서는 전혀 사용되지 않는 문장 아닐까요?

이승종　바로 그것이 문제입니다. 역설은 어떤 문장이나 개념을 아직까지 한 번도 사용해보지 않은 방식으로 사용할 때 생겨나곤 합니다. "이 문장은 거짓이다"라는 문장이 자기 지시적으로 사용되기 전까지는 아무도 그것이 역설적으로 사용될 수 있다고 생각하지 않았을 것입니다. 러셀이 발견한 집합론의 역설에 대한 비트겐슈타인의 분석도 이와 같습니다. 러셀 이전에는 집합론에서 자신이 자신의 원소가 아닌 모든 집합들의 집합에 대해서 아무도 미처 생각해보지 않았습니다. 그것은 집합 개념의 자연스러운 사용에서 벗어나 있기 때문입니다. 이처럼 집합 개념을 인위적인 방식으로 사용했기에 — 여기서도 인위적인 방식은 자기 지시적인 방식입니다 — 역설이 발생하게 된 것입니다. 아무도 가지 않은 길을 갔을 때 문제가 발생하는 것은 어찌 보면 당연한 귀결인지도 모릅니다.

비트겐슈타인은 이러한 문제를 이론을 제시함으로써 — 러셀의 유형 이론, 타르스키의 대상 언어와 메타 언어의 구분 등 — 해결하는 것이 진정한 해결이 될 수 없다고 보았습니다. 그가 볼 때 이는 문제에 문제를 덧붙이는 격입니다.

김혜숙 칸트와 비트겐슈타인의 철학이 모두 자기 지시적 철학이라는 발표자의 견해에 동의합니다. 그러나 양자 간에는 이에 관해서도 방법론적 차이가 존재합니다. 비트겐슈타인이 언어에 계층을 나누는 것을 배격한 데 반해, 칸트는 선험적 지평과 경험적 지평의 계층을 도입하고 있습니다. 이는 두 철학자의 철학이 전개되는 양상을 가르는 계기가 되기도 합니다. 칸트의 인식론은 계층의 도입에 의해서 전개되고 있고, 비트겐슈타인은 이러한 구분을 거부함으로써 인식론의 이율배반을 해소시키고 또 인식론의 언어게임 자체에서도 빠져나오고 있는 것입니다. 이를 통해 그는 언어비판이라는 새로운 철학적 지평을 개척하고 있습니다.

손봉호 과연 칸트가 이 세계를 두 세계로 나눔으로써 문제를 해결하려 했을까요? 저는 칸트 철학에 변증법적 요소가 있다고 봅니다. 이성에 의한 이성의 비판 작업에서 비판하는 이성과 비판되는 이성 사이에 ….

김혜숙 비판하는 이성은 반성적 이성이죠.

손봉호 둘 다 이성 아닙니까?

김혜숙 그렇죠.

강영안 비판하는 이성도 비판의 대상이 되어야 하겠죠?

김혜숙 그렇습니다.

강영안 따라서 칸트의 비판철학은 무한소급의 위험에 봉착합니다. 칸트에서 비판하는 이성은 재귀적(self-reflective)이고 선험적인 성격을 갖습니다. 즉 대상을 산출할 수 있고 대상을 규정할 수 있는 능력을 갖고 있습니다. 그런데 이것 자체는 비판의 대상이 될 수 없다고 보고 있습니다.

김혜숙 따라서 칸트의 비판적 작업은 일정한 수준에서 멈추고 있다고 볼 수 있습니다.

엄정식 자신의 작업이 자연사도, 자연과학도 아니라는 발언으로부터 비트겐슈타인과 칸트 사이의 유사성이 마련됩니다. 즉 자연사도 자연과학도 아니라면 그것은 선험적이고 아프리오리(a priori)하다는 말로 해석할 수 있습니다. 저는 이것이 자기 지시성의 규명에도 빛을 던진다고 봅니다. 의식이 심리학적인 것이 아니라는 비트겐슈타인의 주장도 마찬가지입니다. 비트겐슈타인의 부정 뒤에 남는 긍정은 종종 칸트적인 것입니다. 존재론적으로는 누메나(noumena), 인식론적으로는 선험성이 칸트와 비트겐슈타인이 만나는 장소입니다. 즉 그들은 비록 서로 다른 용어를 사용하고 있지만, 실제로 그들이 염두에 두고 있는 것은 상당히 유사하다고 봅니다.

2. 비트겐슈타인은 자연주의자인가?[191] (김영건)

[…] 이승종은 […] 다음과 같이 말하고 있다.

언어게임에서 의미/무의미의 지층을 규제하는 이상은 […] 이해 (intelligibility)이다. 이해의 이념은 의미의 테두리를 형성한다. 그리고 이 해의 문법이 바로 이 테두리, 즉 삶의 형식이다. 사람의 삶의 형식에서 보 았을 때 자연의 일반적 사실들에 얽혀 있는 사람의 행위가 확실성의 최종 지평이 된다. 여기서의 자연은 사람과 독립해 있는 것이 아니라 사람의 삶과 언어게임에 연관된, 즉 사람의 얼굴을 한 자연이다. 이처럼 비트겐 슈타인의 자연주의는 사람의 얼굴을 한 자연주의이다.(75~76쪽)

비트겐슈타인의 철학을 '사람의 얼굴을 한 자연주의'로 규정하고 있는 이승종의 기본적 논변은 다음처럼 정리될 수 있다. (1) 참된 지 식을 추구하는 정당화의 언어게임이나 정당화의 언어게임의 규칙으 로서의 합리성의 문법은 이차적 문법이며, 그것들을 하나의 언어게 임으로서 기능할 수 있도록 하는 것이 바로 일차적 문법으로서의 의 미와 이해의 문법이다. (2) 의미와 이해의 문법이 바로 삶의 형식이 다. (3) 자연의 일반적 사실들에 얽혀 있는 사람의 행위가 바로 삶의 형식이며, 이것이 확실성의 최종 지평이다. (4) 이런 의미에서 비트겐

---

191 이 절은 이 책 2장의 초고를 주제로 한 다음의 논문에서 발췌한 것이다. 김영건, 「비 트겐슈타인은 자연주의자인가?」, 『철학적 분석』, 7호(2003). 이 책에서 답이 이루어 졌다고 생각하여 답론을 생략하였지만, 이 책이 전개하는 자연주의적 해석에 대한 중요한 점들을 토론하고 있다.

슈타인에게서 자연은 사람의 언어게임에 연관된, 즉 사람의 얼굴을 한 자연이다. 이렇게 정리될 수 있는 비트겐슈타인의 철학을 '사람의 얼굴을 한 자연주의'라고 했을 때, 그것은 무엇을 함축하고 있으며, 또 어떤 문제점을 노정하고 있는 것일까?

칸트의 철학, 또는 선험주의는 바로 우리 경험의 정당성을 문제 삼고 있다. 우리 경험의 객관성과 사실성의 근거는 무엇이란 말인가? 따라서 경험의 가능성과 그 한계성의 논리적 조건을 규명하는 것이 바로 칸트 선험철학의 핵심이다. 선험철학이 경험적 판단과 지식이라는 인식론적 측면에서 추구될 수 있지만, 하이데거 등에서 볼 수 있듯이 선험철학은 존재에 대해서 추구될 수 있는 형이상학적 측면도 지니고 있다. 나아가 칸트 자신이 보여주었듯이 사람의 도덕성이나 심미적 체험에서도 그것들의 가능성과 한계를 묻는 선험적 작업이 가능할 수 있다. 선험철학을 너무나 인식론 중심으로 또는 지식의 언어게임으로 이해하고 있는 태도는 바로 정당성을 묻는 비트겐슈타인의 철학의 기본적 모습을 흐리게 만든다. 정당성의 문제가 단지 참의 문법이라는 이차적 언어게임 속에서만 가능하기 때문에, 의미의 문법이라는 일차적 언어게임 속에서는 오직 확실성과 자연사적 사실만이 부각된다. 바로 이 점에서 이제 우리에게 중요한 것은 삶의 확실성을 지니고 있는 자연사적 사실의 탐구이리라.

가버는 바로 이 점에서 아리스토텔레스의 자연주의와 유사한 자연주의를 표명하고 있고, 그것을 파악할 수 있는 독특한 인간 이해의 능력을 요구하고 있다. 이러한 능력으로서 우리는 '편안한 확실성'을 이해할 수 있고, 바로 이것 때문에 철학은 한갓된 자연과학으로부터 벗어날 수 있다.

그러나 이러한 비트겐슈타인의 해석은 어떤 측면에서 그의 철학이 가지고 있는 특색을 적절하게 반영하면서도 동시에 또 다른 특성을 무시하거나 과장하게 만드는 위험성이 있다. 과연 자연사적 사실 또는 편안한 확실성을 이해하기 위해 그에 상응하는 어떤 인지 능력을 비트겐슈타인이 주장하고 있는 것일까? 따라서 어떤 의미에서 언어의 한계를 넘어 언어의 의미에 테두리를 주는 그 삶의 형식이 지니고 있는 일종의 내용성이 부각되어야만 하는 것일까? 비트겐슈타인 철학의 핵심은 바로 『논고』에서 주장된 것처럼 말할 수 있는 것과 말할 수 없는 것의 경계를 짓고, 말할 수 없는 것에 대해서 침묵할 수밖에 없는 사람의 '자연적' 한계를 인정하기를 우리에게 권유 또는 강제하는 데에 있다. 바로 이러한 측면이 소홀히 되는 경향을 비트겐슈타인을 자연주의로 바라보는 견해 속에서 발견한다.

　　비트겐슈타인의 철학을 '자연주의'로 명명하는 경우, 도대체 이 자연주의의 구체적 모습이 무엇일까? 이승종은 이 자연주의를 해체주의와 대비해서 사용하고 있다. 우리 개념 속에 나타나는 이분법의 근거를 부정하면서 해체하는 해체주의와 다르게, 자연주의는 어떤 근원적이고 자연적인 것을 주어진 것으로 용인한다(이 책, 4장). 이 경우 '자연주의'는 '소여주의(Givenism)'라고 말할 수 있을 것이다. 물론 여기에서 소여는 단지 인식론적 개념으로만 이해되는 것은 아니다. 오히려 소여는 존재론적이며 형이상학적 함축을 더 지니고 있다. 비트겐슈타인에 의하면 우리에게 주어진 소여를 소여로서 파악하는 것이 바로 철학의 중요한 임무의 하나이다. 언어의 한계, 내 삶의 한계, 주어진 이 복잡한 삶의 형식들, 즉 다양한 기능을 하는 언어들, 이 모든 것들이 우리에게 주어진 채로 우리의 사유와 행동을 형성시키는 가능적 조건으로 작용하고, 나아가 그 속에서 규범적 필연성조차 주어져 있다. 이 주어진 규범적 필연성을 어떤 방식으로 정당화할 수 있는가? 바로 여기에서 비트겐슈타인의 철학이 시작된다.

이 규범성, 또는 필연성은 이미 우리 언어 속에 주어져 있다. 따라서 크립키의 주장과 다르게 의미론적 사실이 주어져 있다. 바로 이런 의미에서 이 규범성은 윤리적인 것을 의미하기보다는 인식론적 혹은 의미론적 규범성이다. 동시에 그것이 바로 언어를 사용하면서 규칙을 따르는 우리 인간 존재의 본성을 규명해주고 있다는 점에서 존재론적 규범성이기도 하다. 그러나 이 자명한 규범성을 우리는 어떻게 정당화할 수 있는가? 크립키가 보여준 것처럼 그것에 대한 해석을 기반으로 한 이론적 정당화는 불가능하다. 또한 그가 보여준 것처럼 우리의 성향은 우리 언어가 지니고 있는 규범성이나 필연성을 정당화하지 못한다. 비트겐슈타인에 의하면 이러한 규범성은 비이론적으로, 실천적으로, 우리 삶의 형식과 사실로서 작용할 수 있을 뿐이다. 적어도 이런 의미에서 자연사적 사실로부터 규범이 구성되는 것은 아니다. 오히려 자연사적 사실은 이미 규범성을 포함하고 있다.[192]

---

[192] 이승종은 장자와 비트겐슈타인을 모두 자연주의자로 바라보고 있다(이승종 2018, 5장). 그는 "『장자』의 전편에 무수히 등장하는 하층의 천민들이나 불구자들은 한편으로는 삶이라는 거친 땅을 밟고 걸으면서, 다른 한편으로는 추상적이고 사변적인 사유 문법과 논리로 세계를 관조하는 피안의 선험주의자들을 조롱하는 지혜의 수행자들"(이승종 2020b, 242쪽)이라고 말하고 있다. 이 점에서 "자신의 젊은 날을 사로잡았던 논리적 선험주의의 허구성을 깨닫고 거친 현실의 땅으로 되돌아오는 여정에서" 거친 근거로 되돌아가자고 고백한 비트겐슈타인도 마찬가지이다. 바로 이런 의미에서 "도는 선험적으로 주어지는 것이 아니라 현실의 지평을 떠나지 않는 […] 지속적인 실천[…]에 의해 자연스레 형성되고 체득되는 것이다"라고 주장하고 있다. 논리적 선험주의의 허구성을 비트겐슈타인이 깨달았겠지만, 그렇다고 그것이 선험주의의 허구성을 깨달은 것처럼 생각되지는 않는다. 이런 의미에서 도는 추상적이고 사변적

그러나 규범성을 포함하고 있는 자연사적 사실은 사소하거나 공허한 내용에 불과하다. 자연사적 사실은 도대체 무엇인가? 이승종이 적절하게 인용하면서 설명하였듯이 비트겐슈타인은 다음과 같이 말한다.

우리는 때로 이렇게 말한다: 동물들은 정신 능력이 없기 때문에 말을 하지 않는다. 그리고 이것은 다음을 의미한다: "동물들은 생각하지 않는다. 말을 하지 않는 이유도 이 때문이다." 그러나: 동물들은 그저 말을 하지 않을 뿐이다. 또는 […] 동물들은 언어를 사용하지 않는다. — 명령하고, 질문하고, 이야기하고, 잡담하는 일은 걷고, 먹고, 마시고, 노는 일과 마찬가지로 우리 자연사(自然史)의 일부이다.(PI, §25)

우리가 제시하고 있는 것은 실제로 사람의 자연사(自然史)에 관한 견해들이다. 하지만 그것은 어떤 특이한 것이 아니라, 항상 우리 눈앞에 있기 때문에 아무도 의심하거나 주목하지 않았던 사실들을 확인하는 것이다.(PI, §415)

만일 개념 형성이 자연의 사실들에 의해 설명될 수 있다면, 우리는 문법보다는 자연에서 그것의 토대를 이루고 있는 것에 관심을 기울여야 하지 않을까? — 개념들과 자연의 일반적 사실들(그 일반성 때문에 우리의 관심을 거의 끌지 못하는 사실들) 사이의 대응은 물론 우리의 관심사이기도 하다. 하지만 우리의 관심이 이제 개념 형성에 관한 이런 가능한 원인들로

으로 주어지지는 않겠지만, 그럼에도 선험적으로 주어지는 것처럼 생각된다. 이렇게 주어진 도는 아마도 지속적인 실천을 통해 체득될 수 있으리라고 생각된다.

되돌아가는 것은 아니다. 우리는 자연과학을 하고 있는 것도 아니고, 자연사(自然史)를 하고 있는 것도 아니다. ― 왜냐하면 우리는 실로 우리의 목적들을 위해 자연사적인 것을 지어낼 수도 있기 때문이다.(PPF, §365)

이승종은 삶의 형식의 개념을 해명하는 자리에서 그것이 단순히 형식적인 것만이 아니라 중요한 내용을 담고 있다는 근거로서 비트겐슈타인이 언급한 이 구절들을 예시하고 있다. 그러나 걷고, 마시고, 노는 것과 마찬가지로 우리가 언어를 사용한다는 저 자연적 사실은 기껏해야 우리 모두가 다 알고 있는 사소한 것에 지나지 않는다. 적어도 이런 의미에서 자연사적 사실에 대한 탐구는 큰 의미를 지니지 못할 것이다. 또한 비트겐슈타인이 우리가 하고 있는 이 철학적 작업이 바로 자연사의 그것이 아니라고 분명히 말하고 있지 아니한가? 오히려 자연사적 사실들은 비트겐슈타인이 주장하듯이 언제나 우리 눈앞에 있었기에 우리의 고려로부터 무시되었던 어떤 관찰에 공헌한다. 그 관찰이란 무엇일까?

철학은 모든 것을 우리 앞에 내놓을 뿐, 아무것도 설명하거나 추론하지 않는다. ― 모든 것이 숨김없이 드러나 있으므로 설명할 것이 아무것도 없다. 숨겨져 있는 것은 무엇이든 우리의 관심사가 아니기 때문이다.

또한 우리는 '철학'을 모든 새로운 발견과 발명에 **앞서** 가능한 것이라고 부를 수 있을 것이다.(PI, §126)

우리 눈앞에 열려 있지만 우리가 보지 못하거나 소홀하게 여기는 것, 그것이 바로 자연사적 사실일 수 있다. 또한 이러한 사실들의 기술이 바로 후기 비트겐슈타인이 말하는 철학의 방법일 수 있다. 그러나 이러한 사실들에 대한 기술에서 끝나는 것이 아니라 이러한 사실들의 의미를 설명하거나 연역하려고 하는 경향이 혹시 자연주의 속에서 발견되는 것은 아닐까? 오히려 중요한 것은 비트겐슈타인이 모든 발견이나 고안 이전에 가능한 것들에 '철학'이라는 이름을 부여하고 있다는 것이다.

> 우리의 탐구는 현상이 아니라 현상의 '가능성들'이라고 부를 수 있는 것을 지향한다.(PI, §90)

만약 자연사적 사실들이 중요하다면, 바로 이 문맥, 즉 가능성의 문맥에서 중요한 기능을 하고 있을 것이다. 이 문맥 속에서 자연사적 사실들은 모든 가능한 것들의 근거로서 작용한다. 즉 그것은 일종의 선험적 기능을 하고 있다. 따라서 중요한 것은 자연사적 사실의 사소한, 또는 모든 것을 담고 있는 사실적 중요성이 아니라, 그것이 담당하고 있는 형식적 기능, 또는 문법적 기능이라고 할 수 있다. […]

13장
의미와 진리[193]

1. 이영철 교수의 논평 「의미와 진리, 그리고 비트겐슈타인과 데이빗슨」 요약

이영철 교수에 의하면 후기 비트겐슈타인은 자신의 의미 그림 이론을 포기하면서, "한 명제가 뜻을 가지느냐는 다른 한 명제가 참이냐에 달려 있다"라고 보았다. 이 교수는 이를 "논리(문법)의 문제가 존재 사실의 문제에 영향받게 된다는 것이기도 하다"라고 해석한다.

---

193 이 장의 1, 2, 3절은 이 책 2장의 초고를 주제로 1994년 12월 17일 숭실대학교에서 있었던 한국분석철학회에서의 논평 요약, 답론, 토론을 옮긴 것이다. 토론 참가자는 다음과 같다. 이영철(부산대 철학과 교수), 백도형(숭실대 철학과 교수), 엄정식(서강대 철학과 교수), 남경희(이화여대 철학과 교수), 송하석(아주대 다산학부대학 교수), 이좌용(성균관대 철학과 교수), 정대현(이화여대 철학과 교수), 조인래(서울대 철학과 교수), 원만희(성균관대 학부대학 교수), 김혜숙(이화여대 철학과 교수), 정인교(고려대 철학과 교수), 이종권(중앙대 철학과 교수), 정연교(경희대 철학과 교수).

여기서 존재 사실이란 "언어 공동체적 세계 속에서의 다양한 규범적 실천을 포함하는 자연사적 사실이다." 의미와 논리의 문제가 한 언어 공동체의 실천적 삶과 얽히기 때문에, 비트겐슈타인은 이를 드러내기 위해 언어게임의 개념을 도입한다.

이영철 교수는 유의미한 명제들로 이루어진 하나의 언어게임이 많은 명제의 진리에 의존해야 한다면서 이 진리를 두 종류로 대별한다. 첫째, "정당화가 필요 없을 정도로 너무 기본적인" 진리들이 있다. 그것들은 명시적으로 주장되거나 학습되지 않으며 "언어게임의 일상 행위들 속에서 표출된다." "그것들은 하나의 확고한 세계상을 형성한다." 언어게임은 세계상을 기반으로 성립하기 때문에, 세계상이 다르면 공통의 언어게임은 불가능하고 의사소통은 이루어질 수 없게 된다. 이 교수는 의사소통을 위해 필요한 것으로 비트겐슈타인이 강조한 '판단들의 일치'를 바로 이러한 세계상을 이루는 기본 진리들에서의 일치를 말하는 것으로 해석한다. 세계상은 언어게임의 구체적 실천들 속에서 표출되므로, "이 '판단들의 일치'는 또한 실천의 일치, 삶의 형식의 일치를 요구하는 것이기도 하다."

둘째, "세계상 위에서 구분되는 참과 거짓에 속하는" 좀 더 실질적인 진리들, 즉 "언어게임의 실제에 등장하는 진술들(또는 '동작들')의 진리(또는 올바름)"들이 있다. 이들 역시 "광범위하게 참이라야 한다." 그래서 "하나의 언어를 이해한다는 것은 많은 진리를 앎을 요구하는 것"이다. 따라서 거짓된 진술들은 예외로서만 존재 가능하다. "한 언어게임에서의 거짓된 진술들의 증가는 그 언어게임의 이해 가능성을 손상시키고, 급기야는 그 성립 자체를 위협"하기 때문이다.

이영철 교수는 열거한 두 종류의 진리의 구별이 절대적이거나 명확한 것은 아니라고 본다. 언어게임은 시간과 더불어 변화하는데, "저 두 종류의 진리 구별은 이러한 언어게임의 변화에 상대적"이라는 것이다.

이해의 문제에서 의미와 진리의 관계에 관해 후기 비트겐슈타인이 취한 견해는 이영철 교수가 보기에 데이빗슨으로 계승된다. 데이빗슨의 진리 조건적 의미론은 자비의 원리를 방법론적 원리로 도입하는데, 이 원리는 "해석자와 피해석자의 일치를 최적화하는 방식으로 해석해야 한다는 것이다." 그 핵심이 "피해석자에게 전반적 정합성과 진리를 부여하는 것"인 자비의 원리를 적극 수용함으로써, 데이빗슨은 비트겐슈타인과 유사한 입장에 서게 된다. 데이빗슨의 경우 피해석자에게 잘못을 부여한다 해도 그것은 부분적으로 이루어질 수밖에 없다. 피해석자를 지나치게 비합리적인 사람으로 간주하면, 그가 무엇에 관해서 그처럼 비합리적인지를 우리가 이해할 수 없게 되기 때문이다. "(그러므로 전면적 회의주의는 비트겐슈타인에게서와 마찬가지로 원천적으로 성립될 수 없다.)"

2. 답론

1. 이영철 교수는 비트겐슈타인의 『논고』의 다음 구절을 인용하고 있다.

만일 세계가 실체를 갖고 있지 않다면, 한 명제가 의미를 갖는지의 여부는 다른 명제가 참인지의 여부에 의존할 것이다.

그러면 세계의 그림(참된 또는 거짓된)을 그리는 것은 불가능할 것이다.(TLP, 2.0211~2.0212)

이에 대해 이영철 교수는 다음과 같이 말하고 있다.

주지하다시피 후에 비트겐슈타인은 세계의 실체, 즉 "일어나는 일과 독립해서 존립하는 것"(TLP, 2.024)의 존재를 부정하게 된다. 그리고 그 결과는 저 첫 문장의 후건을 인정하는 쪽으로 나타나게 된다. 즉 한 명제가 뜻을 가지느냐는 다른 한 명제가 참이냐에 달려 있다는 것이다.(논평문, 1쪽)

논리적 관점에서 보았을 때 이영철 교수의 추론은 전건 긍정의 원리(the principle of affirming the antecedent)에 의해 타당한 것으로 지지받는다. 그러나 나는 후기 비트겐슈타인이 위에서 인용된 조건문을 긍정하고 있는지 자체를 의심한다. 과연 후기 비트겐슈타인이 세계가 실체를 갖고 있지 않기 때문에 한 명제가 의미를 갖는지의 여부가 다른 명제가 참인지의 여부에 의존한다고 보았을까?

2. 이영철 교수는 다음과 같이 계속한다.

그런데 한 명제의 유의미성이 다른 명제의 참에 의존한다면, 유의미한 명제들로 이루어진 하나의 언어게임은 많은 명제들의 진리에 의존해야 한다.(논평문, 1쪽)

이를 비트겐슈타인이 쓴 다음의 구절과 비교해보자.

그러나 근거 짓는 것, 증거를 정당화하는 것에는 끝이 있다; — 그러나 그 끝은 어떤 명제가 우리에게 직접적으로 진리인 것으로 알려지는 것이 아니다. 즉 그것은 우리 편에서의 일종의 **봄**이 아니다; 그것은 우리의 **행위**이다. 그 행위가 언어게임의 기저에 놓여 있는 것이다.

근거 지어진 것이 진리라면, 그 토대는 **진리**도 거짓도 아니다.(OC, §§204~205)

이영철 교수는 왜 하나의 언어게임이 많은 명제들의 진리에 의존해야 한다고 말할까? 그는 "세계상에 속하는 것들은 언어게임의 흔들리지 않는 기초인 한에서 진리이다"라고 말한다. 그리고 그 문헌적 근거로 『확실성에 관하여』의 §403, §§205~206을 참조하라고 조언한다. 그러나 §403의 주어는 세계상이 아니고, §§205~206은 진리의 토대가 참도 거짓도 아님을 말하고 있다.

이영철 교수가 말한 세계상에 속하는 흔들리지 않는 언어게임의 기초란 무엇인가? 비트겐슈타인은 다음과 같이 말한다.

세계상을 기술하는 명제들은 일종의 신화에 속할 수 있다. 그리고 그것들의 역할은 게임의 규칙과 같은 것이다; 그리고 그 게임은 순수하게 실천적으로, 어떠한 명백한 규칙을 배움이 없이 가르칠 수 있다.(OC, §95)

또한 그는 "규칙은 참도 거짓도 아니다"(AWL, 70쪽)라고 말하고 있다. 반면 이영철 교수는 언어게임의 규칙들을 진리로 보고 있는 셈이다. 나는 이 점에서 그와 의견을 달리한다. 만일 그가 이 점에서 데이

빗슨이 비트겐슈타인의 계승자라고 본다면, 나는 이 점에서 양자가 구분된다고 말하고 싶다.[194]

비트겐슈타인은 인용한 구절에 바로 앞서 다음과 같이 말하기도 한다.

그러나 내가 나의 세계상을 갖는 이유는 그것의 옳음을 스스로 확신해서도 남이 납득시켜주어서도 아니다. 그것은 전수받은 배경이며 그것에 의해 나는 참과 거짓을 구분한다.(OC, §94)

비트겐슈타인은 세계상에 속하는 명제들을 참이라고 하지 않았다. 세계상은 내가 참과 거짓을 구분하는 배경이므로 그 자체로 참이거나 거짓일 수는 없는 것이다.

또한 비트겐슈타인은 다음과 같이 말한다.

근거 지어진 믿음의 토대에는 근거 지어지지 않은 믿음이 있다.(OC, §253)

우리의 믿음에 토대가 없음을 알아차리는 것이 어려운 일이다.(OC, §166)

근거 지어진 믿음은 그 토대에 의해 합당한 진리치를 부여받는다. 그러나 그렇지 않은 믿음은 진리치를 결여한다. 전자는 지식의 범주

---

194 글록은 비트겐슈타인과는 달리 데이빗슨이 진리(말)를 의미(뜻)에 앞세우는 본말전도의 오류를 범하고 있다고 비판한다. 비트겐슈타인이 적시했듯이 의미가 진리에 앞서는 까닭은 발언의 진위를 판별하기 위해서는 먼저 그 발언의 의미를 이해해야 하기 때문이라는 것이다(Glock 1996b, 169쪽).

에, 후자는 확실성의 영역에 귀속되며, 전자가 아닌 후자가 앞서 인용한 바 있는 "세계상을 기술하는 명제들"이다. 그리고 비트겐슈타인은 그것들이 "게임의 규칙과 같은" 역할을 한다고 했다. 그러한 믿음이나 명제들에 토대가 없음을 알아차리는 게 어려운 까닭은 그것들을 확실한 것으로 당연시해왔기 때문이다.

비트겐슈타인에게 확실성과 토대 없음은 상호 양립 불가능한 표현이 아닌 것이다. 자연(사)의 일반적 사실들(예컨대 자연의 획일성(PI, §§472~482)), 사람의 자연스러운 반응과 능력(예컨대 화상을 두려워함(PI, §§473~474), 무언가를 희망할 수 있음(PPF, §1)), 훈련에 따른 사람의 실행(예컨대 자연수열을 전개함(PI, §§143~154)) 등 다양한 것들이 토대 없는 확실성을 이룬다.

3. 한국분석철학회에서의 토론

이영철 제 논평에 대한 이승종 박사의 답변에 대해 답하고자 합니다. 이승종 박사는 『논고』, 2.0211의 조건문을 후기 비트겐슈타인이 긍정하고 있는지를 의심한다고 말했습니다. 후기 비트겐슈타인이 세계가 실체를 갖고 있지 않기 때문에 한 명제가 의미를 갖는지의 여부를 다른 명제가 참인지의 여부에 의존한다고 직접 말한 적은 없습니다. 그러나 『논고』, 2.0211의 조건문을 바탕으로 이렇게 해석하는 사람들도 있습니다. 맬컴(Norman Malcolm)이 그 한 예입니다. 저도 여러 모로 보아 후기 비트겐슈타인의 입장이 바로 이 입장이라고 봅니다. 비트겐슈타인 전·후기에서 달라진 점이 하나 있다면 그것은 다음과 같습니다.

한 명제가 의미를 갖는지의 여부는 다른 한 명제가 참인지에 의존할 것이다. (TLP, 2.0211)

여기서 다른 한 명제란 무엇인가? 『논고』 시절에는 그것이 우리가 한 명제를 분석했을 때 나타나는 (요소)명제였지만, 후기에 가면 그것은 한 명제가 함의하는 언어게임 내의 다른 명제들을 의미하는 것으로 확대된다고 볼 수 있습니다.

"하나의 언어게임은 많은 명제들의 진리에 의존해야 한다." 이승종 박사는 과연 이것이 비트겐슈타인의 입장인지를 의심합니다. 오히려 하나의 언어게임은 진리의 여부를 말할 수 없는 실천적 행위들에 의존해 있다고 보아야 한다는 것입니다. 물론 비트겐슈타인은 "태초에 행위가 있었다"라는 괴테의 말을 인용하면서 우리의 실천이 가장 근본적인 것이라고 말하고 있습니다. 비트겐슈타인은 또 실천이 말에 의미를 준다고 말하고 있습니다. 이처럼 비트겐슈타인이 근본으로 삼는 것은 실천입니다.

그러나 그 실천에서 드러나는 어떤 세계상이 있습니다. 다시 말하자면 오늘날 교과서에 실려 있는 여러 가지 지식들이 있죠. 옛날에는 지구가 둥근지에 대해 많은 논란이 있었지만 오늘날에는 그렇지 않습니다. 또한 교과서에서 배우지도 않았지만 생각해보면 실천을 통해서 드러나는 세계상이 있습니다. 무어는 이러한 것을 기술하면서 이러한 것을 "안다"라고 말했지만, 아무도 그것을 안다고 주장하지는 않습니다. 그러나 누가 오늘날 "지구는 둥글다"라고 말하면, 우리는 그의 말이 진리라고 보아야 할 것입니다.

비트겐슈타인이 말하는 기본적인 세계상이라는 것은 자기가 자기의 두 손을 바라보며 "나는 두 손을 가지고 있다"라고 말하는 차원뿐 아니라, 우리 사회가 이루어놓은 가장 기본적인 지식들도 포함합니다. 이것들은 그 사회 내에서는 이미 기본적인 것이기 때문에, 그렇게 이야기는 하지 않지만 굳이 말한다면 그 세계상을 서술하는 명제들은 진리입니다. 그러나 그것은 우리에 의해 입증된 것이 아니라 물려받은 것이어서 일종의 신화라는 것입니다.

이승종 박사는 74쪽에서 "자연사의 사실이 변하면 개념 체계도 변함을 의미한다"라고 말하고 있습니다. 자연사의 사실이 변하는 것은 진리 차원의 사실이 변하는 것입니다. 이것은 의미/무의미의 문제가 아닙니다. 자연사의 사실을 명제로 기술한다면 그것이 바로 진리일 것입니다. 진리로 표현되어야 할 어떤 사실이 변하면 개념 체계가 변한다는 말은, 진리가 변함에 따라서 개념 체계의 의미가 변한다고 — 이승종 박사의 해석과는 정반대로 — 해석해야 할 것입니다.

이승종 박사는 70쪽에서 "참/거짓의 판단을 형성하고 있는 의미의 지평"이라는 표현을 쓰고 있는데 이는 논문의 전체적 기조와 어울리지 않습니다. 이승종 박사는 판단에서의 일치를 논하면서 이를 의미와 무의미에 관한 판단으로 국한시키고 있는데, 저는 그럴 필요가 없다고 봅니다. 판단은 여러 내용을 담을 수 있습니다. 참/거짓의 판단도 고려해야 할 것입니다.

백도형 의미의 문제가 진리의 문제에 선행한다는 이승종 박사의 논의와, 이를 부인하는 이영철 교수님의 논의는 서로 대립되는 입장 같아 보이지는 않습니다. 저는 두 입장이 서로 충분히 양립 가능하다고 봅니다. 『논고』에는 이승종 박사와 이영철 교수님의 입장을 각각 뒷받침하는 다음과 같은 구절이 나옵니다.

명제는 그 의미를 **보여준다.**
　명제는, 그것이 참될 **때** 사례가 어떠한가를 **보여준다.** 그리고 명제는 사례가 그러하다**는 것**을 **말한다.**(TLP, 4.022)

　한 명제를 이해한다는 것은 그 명제가 참될 때 사례인 것을 안다는 것을 뜻한다.(그러므로 우리는 그 명제가 참된지 여부를 모르면서도, 그 명제를 이해할 수 있다.) (TLP, 4.024)

　한 명제는 낡은 표현을 가지고 새로운 의미를 전달해야 한다.
　명제는 우리에게 한 상황을 전달하기 때문에 **본질적으로** 상황과 연관되어야 한다.(TLP, 4.03)

한 명제가 참된지 여부를 모르면서도 그 명제를 이해할 수 있다고 할 때에도, 그 명제를 이해하기 위해서는 무언가를 이미 알고 있어야 함을 전제하고 있습니다. 따라서 이승종, 이영철 두 분의 주장은 서로 모순되거나 반대되는 것이 아닙니다.

이영철　그런 면도 있습니다. 그러나 내가 "나는 여자다"라고 사람들에게 말한다면, 사람들은 내가 '여자'라는 말을 과연 알고서 하는 말인지 의심할 것입니다.

백도형　그러나 그것도 문맥 여하에 달려 있습니다. 예컨대 "엄정식 교수님은 짜장면이다"라는 말은, 식당에서 엄 교수님으로부터 주문을 받을 때 사용될 경우에는 말이 됩니다. 마찬가지로 제가 이영철 교수님께 "무엇을 가장 좋아하십니까?"라는 질문을 드렸을 때 교수님께서 "나는 여자다"라고 말씀하신다면 이는 말이 됩니다. 맥락을 볼 때 무언가 알고 있는 것이 분명히 전제된다면 우리는 그것을 이해할 수 있고, 그것이 참인지 거짓인지는 그다음의 문제가 됩니다.

엄정식(사회자) 오늘의 주제가 자연주의이므로 비트겐슈타인의 '사람의 얼굴을 한 자연주의'가 설령 콰인의 자연주의와는 다르다고 해도 과연 자연주의라고 불릴 수 있는 것인지를 논의해야 할 것입니다.

이영철 저는 자연주의라는 말을 강하게 거부하진 않았습니다. 데이빗 페어스(David Pears)도 비트겐슈타인을 자연주의자로 보고 있습니다. 코라 다이아몬드(Cora Diamond)는 실재론적 정신(Realistic Spirit)이란 말로 비트겐슈타인의 입장을 표현하고도 있습니다. 의미와 진리의 문제에 관해 비트겐슈타인이 자연주의자인 까닭은 다음과 같습니다. 한 명제가 의미를 갖는지의 여부가 다른 명제가 참인지의 여부에 의존한다고 할 때, 의미의 문제가 어떤 면에서 의존한다고 하는 존재 사실이라는 것은 『논고』 시절에는 우리의 의지와는 아무 상관이 없습니다. 그러나 후기에서 그것은 인간의 실천입니다. 그리고 그 실천이 자연사적 사실입니다. 이처럼 비트겐슈타인이 의미가 의존되어 있는 사실을 자연사적 사실로 보았다는 점에서, 그를 의미에서의 자연주의자로 볼 수 있다고 생각합니다. 그러나 자연주의는 자연주의 인식론, 과학주의, 객관주의를 연상하게 하므로 저는 '현실주의'라는 표현을 더 선호합니다.

남경희 자연주의는 물리주의를 연상하게 하므로 '자연언어주의'라는 표현이 비트겐슈타인과 더 잘 어울린다고 볼 수도 있습니다. 그러나 자연언어에는 심적 술어(mental predicates)가 들어가기 때문에 문제가 생깁니다. 비트겐슈타인이나 데이빗슨은 모두 심적 언어가 불가능하다고 보았습니다. 제가 보기에 두 사람 모두 의사소통에서 자비의 원리를 요청하고 있는 것 같습니다. 비트겐슈타인도 판단에서의 일치를 강조하고 있기 때문입니다.

데이빗슨에서 자비의 원리는 해석의 원리입니다. 타자가 발언한 한 문장을 이해하기 위해서는 나와 타자가 믿음에서 전반적으로 일치해야 한다는 것입니다. 그래야만 믿음의 네트워크 속에 믿음의 존재와 내용이 담기게 되며 해석이 가능하게 된다는 것입니다. 비트겐슈타인은 정의(定義)와 판단에서의 일치를 요청하는데, 그다음의 어떤 단계가 있어야만 의사소통이 가능하지 않겠습니까? 그다음의 단계가 어떤 단계인지 말씀해주십시오.

이승종 비트겐슈타인의 『탐구』, §139 이후에는 다음과 같은 메모가 나옵니다.

나는 그림 하나를 본다. 그것은 지팡이에 의지해 가파른 길을 오르는 노인을 묘사하고 있다. ― 어떻게? 만일 노인이 그런 자세로 아래쪽으로 내려오고 있었다 해도, 그 그림은 똑같아 보이지 않았을까? 아마도 화성인이라면 그 그림을 그렇게 기술할지도 모른다. 나는 왜 **우리가** 그것을 그렇게 기술하지 않는지 이유를 설명할 필요가 없다.

우리가 사람인 한에서 ― 어떠한 문화, 어떠한 사회에 속해 있는지에 상관없이 ― 그 그림을 언제나 노인이 가파른 길을 오르는 것으로 판단한다는 것에서의 일치가 바로 삶의 형식에서의 일치입니다. 그렇다면 비트겐슈타인이 말하는 일치는 반드시 언어적인 것만으로 보기보다는, 이처럼 우리가 세계를 이해할 때 개입하는 기본적인 양상에서의 일치로 보아야 할 것입니다. 그리고 거기에서의 일치에서 우리가 사람임을 상호 확인할 수 있다는 것입니다.

그런데 제가 확실히 하고자 했던 것은 여기에서의 일치가 반드시 우리가 참이라고 믿고 있는 것을 다른 사람들도 참이라고 믿어야 한다는 것으로, 즉 진리에서의 일치로 해석할 필요는 없다는 것이었습니다. 왜냐하면 비트겐슈타인에 의하면 참, 거짓의 문제는 언제나 지식, 정당화, 논박에 연관되는 것이고, 정당화의 게임은 일치보다는 불일치가 허용되는 공적인 토론의 게임, 담론이기 때문입니다. 따라서 일치의 문제는 참, 거짓에 관한 것이 아니라, 세계의 이해에, 그리고 그 이해에 스며드는 "무엇이 의미 있다, 없다"라는 지층에서의 일치에 관한 것이며, 그것이 더 근본적이고 중요한 것이라고 생각합니다.

이영철 남경희 교수님의 질문은, 비트겐슈타인이 언어를 이해하는 것이 삶의 형식을 이해하는 것이라고 보고 있으니까 삶의 형식을 일치시킨 뒤에 어떤 단계가 수반되어야 하느냐는 질문입니까?

남경희 이승종 박사는 삶의 형식에서의 일치가 곧 삶의 조건에서의 일치이므로 사람들은 거의 대부분 같은 방식으로 본다고 말했는데 ….

이영철 일치를 시켜나가는 방법은 원초적 언어게임 같은 경우에는 어린이를 데려다가 훈련을 시키는 거죠.

남경희 삶의 형식에서의 일치란 너무 모호한 표현입니다. 데이빗슨의 입장에서는 이렇게 질문할 수 있습니다. 믿음의 내용을 어떻게 확인하는가? 전통적인 입장, 플라톤, 칸트, 러셀, 『논고』에서의 비트겐슈타인에 이르기까지는 대응설에 입각한, 언어와 그에 대응하는 사태와의 관계에서 그 실마리를 찾으려 했습니다. 『탐구』에 오게 되면 그러한 대응은 없다고 저는 봅니다. 거기에서는 믿음의 내용은 다른 믿음들과의 네트워크 속에서밖에 확인이 안 됩니다. 자비의 원리는 이를 인정합니다. 의사소통이 가능하려면 나의 믿음의 네트워크와 타자의 믿음의 네트워크가 중첩되어야 한다는 것입니다. 의사소통에 대한 이러한 단계적 설명에 관해 비트겐슈타인의 경우에는 중요한 단계가 빠져 있는 것이 아닌가 하는 ….

엄정식 비트겐슈타인은 그러한 것을 중요하게 보고 있는 것 같지 않습니다. 이미 만들어진 개념들이 일치하느냐가 아니라, 어떻게 그 개념들이 형성되어왔는지의 과정 자체의 일치를 문제 삼고 있는 것입니다. 그래서 배움에 관심을 많이 두는 것입니다. 배움의 과정 자체의 일치를 강조하기 때문입니다.

송하석 사람의 얼굴을 한 자연주의라는 표현이 매우 혼란스럽습니다. 사람의 삶의 형식에서의 일치 때문에 비트겐슈타인을 사람의 얼굴을 한 자연주의자로 보고 있는데, 삶의 형식이란 과연 무엇입니까?

이승종 사람의 얼굴을 한 자연주의라는 표현이 혼란스럽게 느껴지는 까닭은 자연주의라는 개념의 사용에 대한 독점이 이루어져왔기 때문이라고 봅니다. 그 독점은 콰인에 의해 이루어진 것인데 그 이후 자연주의를 과학주의와 동일시하는 경향이 주류를 이루었습니다. 저는 그러한 유행을 우리가 반드시 추종해야 한다고 생각하지는 않습니다. 자연주의를 콰인식으로만 받아들여야 할 이유는 없습니다. 자연주의는 콰인이 발명한, 그의 고유한 표현이 아니기 때문입니다.

자연주의를 과학주의에 대한 해독제로서 회복시켜주기 위해 사람의 얼굴을 한 자연주의를 말하려는 것입니다. 비트겐슈타인의 후기 철학을 자연주의로 볼 수 있는 근거들이 많이 있습니다. 그의 자연주의는 자연과학이 아니라 자연사에서 비롯되고 있습니다. 그는 자연사, 특히 사람의 자연사에 상당한 관심을 보이고 있습니다. 가령 그는 다음과 같이 말하고 있습니다.

> 우리가 제시하고 있는 것은 실제로 사람의 자연사에 관한 견해들이다. 하지만 그것은 어떤 특이한 것이 아니라, 항상 우리 눈앞에 있기 때문에 아무도 의심하거나 주목하지 않았던 사실들을 확인하는 것이다.(PI, §415)

여기서 자연사의 사실이란 구체적으로 말하면 자연과학적인 정당화와 논박의 게임에 제한을 주는, 혹은 그것을 가능하게 하는 명약관화한 전제조건들을 가리킵니다. 구체적으로 예를 든다면

> 명령하고, 질문하고, 이야기하고, 잡담하는 일은 걷고, 먹고, 마시고, 노는 일과 마찬가지로 우리 자연사의 일부이다.(PI, §25)

그중에서 언어를 사용하고 있다는 것은 특히 매우 중요한 자연사의 사실입니다. 언어와 문법은 모두 자연사적 사실입니다. 거기에 주목하는 것이 과학주의에 대한 해독제로서의 새로운 철학의 가능성이라고 보았습니다.

비트겐슈타인의 자연주의가 선험적인 것이 모두 탈락된 형태의 자연주의냐는 질문이 있을 수 있습니다. 저는 그 질문에 대해 부정적인 편입니다. 그의 철학에는 칸트적 의미에서의 선험적인 요소들이 있습니다. 그런데 이 선험적이라는 표현을 잘 해석해야 할 것입니다.

초자연적인 것이라는 의미에서의 선험적이라는 것이 아닙니다.

실재하는 모든 것들은 자연 안에서 이루어지는 것들입니다. 중요한 모든 철학적 항목들은 다 자연 안에 있습니다. 언어도, 문법도, 삶의 형식도, 사람의 삶도 다 자연 안에서 이루어지는 것입니다. 그런데 비트겐슈타인에서 선험적인 요소들은 자연과학에 대해 선험적입니다. 사람의 삶이라는 자연사적 사실을 자연과학이 독점할 수 없다는 것입니다. 그리고 그것에 대한 대안으로서 자연과학을 초월하는 기술적(descriptive) 철학이 있을 수 있고, 그것이 비트겐슈타인이 천착하고자 하는 철학의 참다운 모습이었습니다.

이좌용 이승종 박사는 인간적 삶의 일치와 의미 있는 게임에 대해 논의하였습니다. 그렇다면 사람이 아닌 어떤 자연종(自然種)이 게임을 할 수 있는 가능성은 부인되는 겁니까? 사람이 다른 자연종의 행태를 보고 "저것은 게임이다. 그러나 나는 그것을 이해할 수 없다"와, "나는 저것을 이해할 수 없다. 따라서 저것은 게임일 수 없다. 저것은 게임을 할 수 있는 존재자가 아니다"라는 두 견해가 있다고 할 때, 어느 것이 비트겐슈타인의 입장입니까?

게임은 규칙 따르기이니까 규범적이고 문화적인 것입니다. 그런데 그 근거를 자연종의 일치된 역사에서 찾는다면 다른 종의 행태는 우리가 이해할 수 없으므로 그것을 게임으로 볼 수 없고, 따라서 그 종은 게임할 수 있는 존재자가 아닌 것으로 보게 되는 것 아닙니까? 그렇다면 사람의 얼굴을 한 자연주의는 다른 존재자의 의미 활동의 가능성을 부인하는 인간중심주의가 아니겠습니까?

이승종 삶의 형식이 단수인지 복수인지의 논쟁을 중심으로 실마리를 풀어보겠습니다. 삶의 형식은 비트겐슈타인이 쓴 4만여 쪽의 글에서 단수로 등장하는 경우도 있고 복수로 등장하는 경우도 있습니다. 그래서 주석가들 사이에 과연 삶의 형식이 하나이냐 다수이냐의 논쟁이 있었는데,[195] 정리해보면 이렇습니다. 비트겐슈타인이 삶의 형식을 단수로 사용하는 경우의 문맥을 잘 살펴보면 언제나 사람을 지칭하고 있고, 복수로 사용하는 경우는 다른 자연종의 지위를 인정해줄 때입니다. 그래서 사실은 아무런 논란도 일어날 필요가 없습니다. 사람에게는 단 하나의 삶의 형식이 주어져 있지만, 각각의 다른 생물종에게는 제 나름의 삶의 형식이 있는 것입니다.

이좌용 제가 묻고 싶었던 것은 다른 삶의 형식을 갖고 있는 다른 존재자도 게임을, 의미 활동을 할 수 있는데 우리가 그를 이해할 수 없다는 것인지 하는 것이었습니다.

이영철 비트겐슈타인이 다른 종이 게임을 할 수 있는지에 대해 명백한 대답을 하지는 않았습니다. 설령 게임을 할 수 있다 해도 이해할 수 없다는 것이 그의 입장이었지요.

> 사자(獅子)가 말할 수 있다고 해도, 우리는 사자를 이해할 수 없을 것이다. (PPF, §327)

그러나 이는 사자가 말할 수 있다는 것도, 없다는 것도 함축하지 않습니다.

이좌용 이해할 수 없다면 그것을 게임이라고 말할 수도 없어야 하지

---

[195] 할러(Rudolf Haller)와 가버의 논쟁이 그 대표적인 예이다. Haller(1984); Garver(1994b) 참조.

않을까요?

이승종 데이빗슨은 그렇게 보겠지요. 그러나 비트겐슈타인은 아마 이렇게 답할 것입니다. 이해는 언제나 언어와 짜여 들어갑니다. 언어 사용은 사람이라는 생물 종이 가지고 있는 고유한 특징이자 사람 삶의 형식의 핵심입니다. 다른 동물들이 언어를 사용하고 게임을 할 수 있느냐는 질문은 이미 사람의 입장에서 다른 동물들에 사람의 이미지(image)를 투사하는 역할을 하고 있습니다. 삶의 형식은 주어진 것이지 설명될 수 있는 것이 아닌데다 사자와 사람은 삶의 형식이 서로 다르므로, 설령 사자가 말할 수 있다 해도 우리는 사자를 이해할 수 없는 것입니다.

정대현 자연주의라는 표현의 선택에 대해 묻겠습니다. 비트겐슈타인의 후기 철학의 문제 상황을 오른편에 초자연주의, 왼편에 과학주의를 두고서 언어의 이해와 의미론을 펴는 것으로 이해한다면 자연주의라는 표현을 사용해도 무방할 것 같은데, 이승종 박사는 자연주의라는 표현을 자연사, 그리고 태도에서의 일치에 강조를 두고 선택했습니다. 제가 볼 때 이승종 박사와 이영철 교수의 입장에는 확연한 차이가 있습니다. 요약하자면 의미와 진리 중 어느 것이 앞서느냐의 차이입니다.

후기 비트겐슈타인에서 의미가 사실적이냐, 진리론적이냐, 형이상학적이냐? 전부 아닙니다. 그런데 이승종 박사는 자연사를 강조하고 있습니다. 그러나 비트겐슈타인이 자신이 제거한 여러 주장에 대한 대안으로 제시하고 있는 것은 언어 공동체, 실천입니다. 물론 그 실천, 쓰임의 논리가 무엇인지, 그것을 어떻게 설명할 수 있는지에 대해 많은 논란의 여지가 있습니다. 그리고 여기에서 자연사적 사실에

의 참조가 도움이 될 수 있습니다. 그러나 여전히 후기 비트겐슈타인에서 가장 중요한 것은 언어 공동체요 실천입니다.

물론 자연주의라는 용어 선택의 문제가 철학적으로 중요한 것은 아닙니다. 그러나 철학사적으로 볼 때 자연주의는 유물론, 물리주의의 순으로 계승되어온 지적 전통을 의미합니다.

엄정식 저는 사실 개인적으로 비트겐슈타인과 가장 거리가 먼 것이 자연주의라고 생각해왔습니다. 이승종 박사가 강조한 것은 언어의 즉자성이라고 생각합니다. 서양 사람들은 그것을 'suchness'라고 표현합니다. 그런데 공교롭게도 이는 동양에서의 자연 개념과 유사합니다.

체질적으로 주의를 싫어한 비트겐슈타인을 과연 자연주의라고 불러야 할지요. 그리고 자연주의를 아무리 광범위하게 사용해도 그것은 닫힌 체계(closed system), 체계화가 가능하다는 의미가 있기 때문에 오해의 소지가 있지 않나 생각합니다.

조인래 이승종 박사는 정당성의 문제를 계속 추구하다 보면 그 바닥에서는 결국 삶의 형식의 문제에 부딪치게 되고, 왜 그러한 삶의 형식을 추구하느냐는 질문에 대해서는 우리가 사람이라는 고백을 하는 도리밖에 없다고 말씀하셨습니다. 그런데 우리가 알고 있는 게임의 규칙들이 자의적인 데 반해, 삶의 형식은 사람이 자의적으로 선택하는 사안은 아니지 않은가 생각합니다. 오히려 우리에게 강제성을 띠고 요구되는 것이지 않나 하는 생각이 듭니다. 결국 왜 사느냐는 질문에 대해서는 사람의 생존하려는 기본적 성향(drive)을 댈 수밖에 없고 그것과 관련해서 우리에게 필요한 여러 조치를 취하게 될 터인데, 그 조치가 정당화될 수 있느냐 하는 것은 생존의 기본적 조명하에서 보아야 할 것입니다.

삶의 형식은 정당성 문제를 물을 수 없는 대상인지, 아니면 그것조차도 정당성의 물음이 제기될 수 있는 것인지, 어느 쪽인지요?

이영철 더 이상 정당화될 수 없고 주어져 있는 것이기 때문에 어떤 의미에서 그것을 자연주의라고 부를 수 있다고 생각합니다. 아까 동양적 자연주의의 이야기가 잠깐 나왔는데, 자연(自然)이라는 것이 스스로 그러하다는 뜻 아닙니까? 정당화의 측면에서 보자면 더 추구될 수 없는 것이 삶의 형식입니다. 그러나 그 원인은 따져볼 수 있습니다. 인간이 왜 이렇게 살고 있느냐 하는 문제는 인간의 진화론적 발생 과정을 살펴봄으로써 어느 정도 원인 규명을 할 수 있을 것입니다. 인과적 설명 자체를 비트겐슈타인이 부인하는 것은 아닙니다. 스스로 그러해서 더 이상 정당화를 요구할 수 없는 것에 토대해서 의미가 성립한다는 것입니다. 주어진 것이 사람의 얼굴을 한 자연이지요.

원만희 이승종 박사는 의미가 먼저라고 했고 이영철 교수는 진리가 먼저라고 하셨는데, 저는 둘의 선후 관계를 따져볼 수 없다고 생각합니다.

이영철 저의 입장은 진리가 의미에 선행한다는 것이 아니라, 의미라는 것이 많은 진리를 전제로 하지 않고서는 성립될 수 없는 개념이라는 것입니다. 진리만 있고 의미는 아직 형성되지 않은 경우는 동물의 차원에서는 가능하겠지요. 그러나 인간과 같이 고도의 기능과 사회적 형태를 갖춘 삶의 형식에서는 그렇게 말하기 어려울 것입니다.

이승종 이영철 교수님은 하나의 언어게임이 많은 명제들의 진리에 의존해야 한다고 말씀하셨는데 비트겐슈타인은 그것을 진리라고 말하지 않고 게임의 규칙이라고 말했습니다(OC, §95). 규칙을 진리라고 부르는 것은 비트겐슈타인과 부합하지 않는다는 것이 제 입장입니다.

원만희　의미와 진리가 밀접히 연관된 개념이라는 것에 두 분은 모두 동의하십니까?

이영철　우리가 기초로 삼고 있는 삶의 형식에는 이미 많은 진리가 들어 있습니다. 삶의 형식을 기초로 하여 이루어지는 실천 하나하나에도 오류라는 것은 오직 예외적으로만 있다고 비트겐슈타인은 말하고 있습니다.

조인래　진리가 전제된다면 진리란 어차피 정당화의 문제가 제기될 수밖에 없는 속성이 있을 텐데요.

이영철　『확실성에 관하여』, §403에서 비트겐슈타인은 세계상에 속하는 것들은 언어게임의 흔들리지 않는 기초인 한에서 진리라고 말하고 있습니다. 이승종 박사는 그 구절의 주어가 세계상이 아니라고 지적했는데, 그 주어를 잘 해석해보면 세계상에 속하는 것임을 알 수 있습니다. 무어의 명제들을 말하고 있기 때문이지요. 그리고 『확실성에 관하여』, §§205~206에서 비트겐슈타인은 다음과 같이 말하고 있습니다.

근거 지어진 것이 진리라면, 그 토대는 **진리**도 거짓도 아니다.

누군가 우리에게 "그러나 그것은 **진리**인가?"라고 묻는다면 우리는 그에게 "예"라고 답할 것이다.

남경희　그렇다면 이영철 교수는 언어게임이 이루어진 틀 자체도 진리치를 갖는다는 말씀입니까?

이영철　세계상을 서술하는 어떤 명제가 주어지면 그 명제는 참이거나 거짓입니다. 만일 지구는 둥글다는 명제가 우리의 세계상에 속하는 명제라면 그것은 참이거나 거짓입니다.

남경희 그러나 언어게임의 장과 언어게임의 장이 마련된 이후에 이루어진 판단은 구분해볼 수 있지 않을까요?

엄정식 그것은 'Lebensform'을 삶의 형식으로 번역해야 할지 삶의 형태로 번역해야 할지에 연관되는 중요한 문제라고 생각합니다.

이영철 저는 삶의 형식은 형식이므로 내용은 빠져 있다고 보지 않습니다. 삶의 형식은 인간이 한 사회 공동체 속에서 행하고 있는 실천의 총체입니다. 그러므로 내용이 빠질 수 없죠.

엄정식 그렇게 보는 것은 자유이지만 근본적인 차이가 있는 것 같습니다. 내용을 강조하면 칸트와의 비교가 상당히 설득력이 약해집니다.

김혜숙 몇몇 분들은 비트겐슈타인을 자연주의자로 보는 것이 오해라고 생각하시는 것 같은데, 사실 비트겐슈타인을 자연주의자로 보는 것이 이승종 박사 혼자만은 아닙니다. 예컨대 스트로슨(P. F. Strawson)도 비트겐슈타인을 흄의 전통을 계승하는 자연주의자로 보고 있습니다.

이승종 박사는 오늘의 발표 후반부에 자기 지시성을 논의하는 과정에서 비트겐슈타인의 자연주의에 대해서는 발표 전반부의 비판적 전통을 논의하면서 강조했던 자기반성의 메스를 가하지 않고 있는데, 이는 지적 방기가 아닐까요? 더 이상 어쩔 수 없다, 사람으로선 어쩔 수 없다는 고백은 자포자기로 들립니다.

이승종 제 발표에서 다룬 칸트와 비트겐슈타인으로 대변되는 비판철학과 현대 해체주의의 가장 큰 차이점이 바로 거기에 있다고 봅니다. 비판철학의 특징은 모든 것을 비판하는 것이 아니라 비판을 하기 위해 철학 외적인 어떤 확실한 주어진 것에 근거, 혹은 발판을 두고 시작합니다. 칸트에서는 유클리드 기하학, 아리스토텔레스 논리학, 뉴턴 물리학, 신앙이 그에 해당합니다. 비트겐슈타인에서는 너무나 자명해서 우리가 한 번도 제대로 관심을 가져보지 않았던, 사람의 자연사적 사실과 삶의 형식이 그에 해당합니다. 그것들을 바탕으로 해서 잘못된 철학들을 비판하고 해독제 역할을 하는 자기반성을 실천하는 것이 비판철학이라면, 그 어떠한 최후 보루도 남겨서는 안 된다는 것이 해체주의입니다. 비트겐슈타인은 이 점에서는 해체주의와 구별되는 비판철학의 전통에 속하는 사람이라고 볼 수 있습니다. 그러나 그것이 반성으로서의 철학의 임무를 방기하는 것이라고 보지는 않습니다. 비판이라는 것은 주어진 발판을 전제로 하지 않고서는 불가능한 작업이기 때문입니다.

정대현 현대철학의 흐름에서 자연주의를 어떻게 전망하고 있습니까?

이승종 비트겐슈타인은 『탐구』의 서문에서 20세기를 암흑기라 부르고 있습니다. 다른 곳에서 그는 자신의 철학을 시대에 역행하는 철학이라 불렀습니다. 제가 볼 때는 그가 전망한 암흑기가 이 세기에 그대로 실천되고 있지 않나 싶습니다. 그가 가장 우려한 것은 자연과학, 수학, 논리학이 철학을 침해하는, 철학의 영역을 간섭하는 것이었습니다. 물론 그가 자연과학, 수학, 논리학에서의 성과와 업적에 대해서 폄하한 적은 없고 오히려 상당한 관심을 보이긴 했지만, 그는 자연과학, 수학, 논리학적 정신이 철학적 정신을 대체하는 사태가 발생하지 않을까 우려했습니다.

비트겐슈타인이 내린 이러한 시대적 전망은 러셀과 비교됩니다. 러셀은 철학이 과학에 대해 가설의 역할을 하고 과학은 그 가설이 확증되어서 이론의 수준으로 정착된 것이라고 말한 적이 있습니다. 비트겐슈타인은 러셀의 이러한 태도를 비난했습니다. 심지어 그는 러셀을 깊이가 없는 철학자라고까지 혹평했다고 합니다.

철학적 문제가 존재하고 그 해결에 과학에서의 업적이 응용되거나 큰 도움을 준다는 생각이 러셀, 라이헨바흐(Hans Reichenbach), 콰인 등의 생각이었습니다. 역사적인 사례를 들자면 심신의 상호작용이 송과선에서 이루어진다는 데카르트의 어색한 주장이 경험과학에 의해 부인된 경우가 이에 해당합니다. 그것이 심리철학의 진보를 이루어왔다는 해석에 대한 비트겐슈타인의 태도는 다음과 같습니다. 과연 고유한 철학적 문제가 있는가? 만일 그러한 문제가 있다면 그것은 자연과학적 업적, 이론에 의해 해결될 수 있는가? 이에 대한 긍정과 부정이 포퍼(Karl Popper)와 비트겐슈타인 사이의 대립의 요점이었습니다.

『탐구』에서 모토로 사용된 네스트로이(Johann Nestroy)의 경구, "진보는 대체로 그 실제보다 훨씬 위대해 보이는 법이다"라는 말은 비트겐슈타인의 입장을 대변하고 있습니다. 비트겐슈타인에 의하면 철학의 역사는 과학의 역사에서처럼 문제를 제기하고 그 문제를 해결하는 계몽주의적 역사가 아니라, 사람의 소질(칸트가 형이상학을 사람의 소질에서 비롯된다고 말한 의미에서)에 의해 제기되는, (철학적으로) 가려운 곳을 긁어주어 온 역사입니다. 가려운 곳을 아무리 긁어준다 해도 그로 말미암아 진보가 이루어진다고 할 수는 없습니다.

지금까지 살펴보았듯이 철학과 과학의 관계에 대한 비트겐슈타인의 견해는 하나가 다른 하나에 간섭하는 것이 아니라, 공존하는 것이라고 요약할 수 있습니다. 그런데 수학과 논리학을 위시한 과학이 지나치게 강력해져서 철학적 정신을 대체하는 월권행위가 이루어지는 시대가 그가 말한 암흑기이고, 과학주의적 자연주의는 암흑기를 구현하고 있다고 볼 수 있습니다.

엄정식 러셀은 철학과 과학의 상호 보완을 하나의 당위로 강조한 사람입니다. 그는 철학이 야심이 없어졌을 때 과학의 시녀가 되고, 야심이 너무 강해지면 오히려 과학에 대해 우월 의식을 느끼는 것을 우려했습니다. 비트겐슈타인도 과학주의에 대해서는 반대하지만, 과학이 실재에 대한 많은 정보를 제공해준다는 점에서 과학을 아주 소중한 학문으로 생각했던 것 같습니다. 그가 우려한 암흑기는 과학주의가 지배하는 시대입니다.

현대 과학은 자동 기계적 이미지를 탈피해 자기 규제적인 기능 (self-regulative function), 자기반성적 기능을 갖기에 이르렀습니다. 이러한 시대에서야말로 철학과 과학의 위상 정립이 시급한 과제라 아니할 수 없습니다. 그러나 카벨의 비트겐슈타인 해석에 의하면, 과학이 우리에게 제공하는 것은 객관적 지식이지 자기 지식(self-knowledge)은 아니라는 것입니다.

이좌용 이승종 박사가 비트겐슈타인의 자연주의적 성격을 드러낼 때 이야기하고 있는 것은 정당화가 끝나는 실천, 자연사이므로 여전히 자연에 닻을 내리고 있다고 봅니다.

김혜숙 비트겐슈타인이 말하는 자연사의 사실은 자연과학이 규정한 자연적 사실과는 구별해야 합니다. 그 구별을 무시하는 것은 모든 사실은 자연과학이 규정한다는 과학주의의 전제를 암암리에 불러 들여오는 것에 해당하기 때문입니다.

이좌용 두 믿음에 대해 자연적 사실에서의 차이가 없이 인식적 속성을 달리 귀속시킬 수 있습니까? 두 믿음이 갖고 있는 자연적 속성이 같으면 인식적 평가 속성도 같다고 보아야 하지 않겠습니까? 하나는 정당하지 않은데 다른 하나는 정당하다고 말할 수 없지 않습니까? '자연적'이라는 말은 존재나 사실에 붙는 말이 아니라 용어, 방법, 학문에 붙는 서술어입니다. 인식적 속성은 자연적 속성에 수반한다고 봅니다.

비트겐슈타인이 말하는 자연사에 들어가는 실천은 과학 용어가 아닙니다. 실천, 행동 등은 자연적 용어가 아니기 때문입니다. 비트겐슈타인의 자연주의는 자연과학이 서술하는 세계가 존재 세계의 전부라는 의미에서의 자연주의는 아닙니다.

정대현 비트겐슈타인이 말하는 실천은 썰(John Searle)이 말하는 언어 공동체의 집합적 의도의 실천입니다. 그것은 합의에 의한 것이 아니라 자연적인 것입니다.

이좌용 그 말은 진리나 정당화를 문제 삼다가 나온 것이 아니라, 규칙을 따르는 것에 대한 정당화를 문제 삼다가 나온 것이죠.

이영철 이승종 박사와 저와의 차이는 세계상에 속하는 명제를 진리라고 할 수 있느냐 없느냐 하는 것입니다. 『확실성에 관하여』, §83에서 비트겐슈타인은 다음과 같이 말하고 있습니다.

어떤 경험 명제의 **진리**가 우리의 준거 체계에 속한다.

이 구절은 세계상에 관한 것으로 볼 수 있습니다. 의미를 쓰임으로 보는 입장, 언어에 대한 전체주의적 관점 등은 콰인에게도 계승됩니다. 콰인이 보기에 지식의 총체의 가장자리에는 경험 명제가 놓이게 됩니다. 체계 내부로 들어갈수록 논리적인 것들이 자리하게 됩니다. 콰인은 논리적인 것들도 다른 것들이 다 변하면 변할 수 있다고 봅니다. 비트겐슈타인과 콰인의 차이점은 콰인은 총체의 핵심에 형식적, 논리적인 것들이 있다고 보는 반면, 비트겐슈타인은 그 핵심에 경험명제의 진리가 놓여 있다고 본다는 점입니다.

이좌용 비트겐슈타인은 자연과학, 수학, 논리학의 지적 활동만이 지적 활동의 전부가 된다면 그것이 바로 암흑기라는 것입니까?

정인교 그러한 암흑기가 전기 비트겐슈타인이 의도했던 바 아니겠습니까?

이영철 현대는 과학시대 운운하고 있지만 사실은 그전 시대보다 훨씬 더 야만적이라는 뜻입니다.

정인교 결국 자기 자신(전기 비트겐슈타인)에 대한 비판으로 한 말 아닙니까?

이승종 최근에 출간된 더밋의 『형이상학의 논리적 기초(*The Logical Basis of Metaphysics*)』는 그 제목이 비트겐슈타인의 다음 구절을 연상하게 합니다.

철학은 논리학과 형이상학으로 이루어져 있으며 전자가 그 기초이다. (NB, 106쪽)

이 구절에서의 비트겐슈타인의 생각이 70여 년이 흐른 후에 더밋의 책 제목으로 재등장했다는 점은 많은 것을 생각하게 합니다. 그러나 이러한 피상적 유사성 밑에는 오해의 소지와 차별성이 있다고 봅니다. 더밋이 생각하는 논리학과 비트겐슈타인이 생각하는 논리학에는 차이가 있습니다. 더밋이 생각하는 논리학은 우리가 논리학 시간에 배우고 가르치는 표준논리 — 형식논리학, 수리논리학 — 입니다. 그러나 비트겐슈타인이 생각하는 논리학은 그런 것만은 아니었습니다. 그가 가졌던 논리학의 개념은 점점 더 동시대 논리학자들의 생각과 불화를 일으키게 됩니다. 심지어 그는 수리논리학을 암적 존재로까지 단정했습니다. 비트겐슈타인은 앞으로의 철학이 수리논리학에 의해 침해될 것이라고 우려했습니다.

괴델의 불완전성 정리가 나왔을 때 비트겐슈타인은 철학자들이 이 정리에 열광할 필요가 없다고 보았습니다. 괴델의 정리가 철학과 무관하다는 것이었습니다. 비트겐슈타인의 이러한 언행으로 말미암아 그는 후대의 분석철학에서 따돌림당하거나 잊히게 됩니다.

그렇다면 과연 비트겐슈타인이 생각한 논리학은 무엇이며, 후기 철학에서 그것의 행방은 어떠한가라는 질문이 제기됩니다. 그의 논리학은 우리가 논리학 시간에 다루는 표준논리라기보다는, 언어와 더욱 밀접한 연관을 갖는 논리입니다. 『논고』에서 논리와 언어와 세계는 하나의 동일한 구조로 이루어져 있습니다. 10년간의 공백 끝에 그는 논리를 사람이 언어를 사용할 때 언어에 내재되는 문법으로 보게 됩니다. 그리고 문법은 자연사적 사실의 일부입니다. 비트겐슈타인이 논리의 문제에 관심을 가졌고 그 방향으로 자신의 철학을 천착하는 것에는 변함이 없었음에도, 그의 철학은 초기의 분석철학자들이 가졌던 수리논리학, 형식논리학에의 추구와는 다른 방향으로 흘러가게 됩니다. 문법이 자연적인 것이라는 그의 언명이 그를 자연주의자로 볼 수 있는 또 하나의 중요한 실마리라고 생각합니다. 이는 20세기 후반에 수리논리학에 의해 주도된 분석철학의 흐름과는 상당한 거리를 가지고 있고요.

엄정식 정인교 선생이, 비트겐슈타인이 말한 암흑기가 자기반성의 차원에서 나온 표현이냐고 물었는데『논고』에 다음과 같은 구절이 있습니다.

> 현대의 모든 세계관은 이른바 자연법칙이라는 것이 자연현상에 대한 설명이라는 망상에 근거해 있다.
>
>   그래서 오늘날의 사람들은, 옛날 사람들이 신과 운명을 범할 수 없는 것으로 보고 거기에 멈춰 섰던 것처럼, 자연법칙을 범할 수 없는 것으로 보고 거기에 멈춰 선다.
>   그리고 그들은 사실 둘 다 옳기도 하고 그르기도 하다; 그러나 새로운 체계는 **모든 것**이 설명된 것처럼 보이게 하려 하는 반면, 옛날 사람들은 분명한 종점을 인지하고 있는 한에서, 옛날 사람들이 보다 더 분명하다.(TLP, 6.371~6.372)

여기서 볼 수 있듯이 전기 비트겐슈타인이 자연과학을 신봉했고 후에 그것을 자기반성한 것이라고 해석하기는 어렵습니다.

저는 이승종 박사의 의견과는 달리 전기 비트겐슈타인과 러셀/프레게의 논리학이 크게 다르지 않다고 봅니다. 전기 비트겐슈타인은 러셀/프레게의 영향하에 논리학을 배우고 생각했던 사람입니다. 『논고』는 빈(Wien)에서의 생각을 이들의 언어로 담아낸 작품입니다. 그는 과학적 자연주의의 입장, 즉 자연과학이 실재에 대해 가장 완전한 정보 제공자라는 입장에 단서를 붙였던 사람입니다. 그 단서가 비트겐슈타인에서의 선험적 측면입니다.

이좌용 문법이 자연적이라고 했을 때 그 '자연적'이라는 말의 의미는 무엇입니까? 문법이 자연적이라고 말함으로써 문법에 어떤 속성을 부여하는 겁니까?

이승종 문법이 사람이 언어를 사용하고 있다는 구체적이고도 평범한 자연적 사실에 연관된다는 것입니다.

이좌용 자연적이라는 말은 인공적, 규범적, 초자연적이라는 말에 대비되는 말인데 이승종 박사의 말은 인공적이라는 말에 대비되는 '자연적'은 아니군요.

정대현 자연언어의 문법은 자연적이고 형식언어의 문법은 인공적이라는 것이죠. 형식언어는 논리학자들이 체계를 만듦으로써 얻어지는 언어입니다. 공리, 규칙, 변형 규칙을 동원해서 말입니다. 반면 자연언어는 집합적 의도에 의해 만든 것이지, 합의나 의견 충돌을 거쳐 만든 것이 아닙니다. 비트겐슈타인의 암흑기라는 표현은 두 언어의 문법의 차이를 염두에 둔 것은 아닌지요? 세계에 대한 철학적 이해가 외적 언어에 의해 규명되는 것이 아니라는 것이 후기 비트겐슈타인의 입장인 반면, 수리논리학자들은 외적 언어 말고 다른 언어가 과연 존재하는가 하는 태도가 아니었는지요?

정인교 인공언어의 문법을 만든 목적은 엄밀성의 추구에서 찾아야 할 것입니다. 자연언어에서 유의미성의 기준도 사람이 만들었다는 점에서는 인공적입니다. 따라서 인공성과 자연성의 차이에서 인공언어와 자연언어의 문법에 차이가 있는 것이 아니라, 사용 방법과 목적에 차이가 있는 것입니다.

이종권 자연주의의 논의는 자연적인 것과 규범적인 것과의 대비가 핵심입니다. 규범적이란 말은 경험을 넘어 이성에만 고유하게 적용되는 것의 존재를 인정할 때 사용되는 표현입니다. 전기 비트겐슈타인에서의 문법은 논리적 문법입니다. 즉 문법은 고유한 논리의 영역에 귀속됩니다. 반면 자연주의자들은 자연과학의 영역 이외의 모든 영역의 존재를 부정하려 합니다. 후기 비트겐슈타인의 철학적 문법은 전기의 초월적 논리의 영역을 부정하고 생활세계의 관습으로 귀착됩니다. 저는 이를 피할 수 없는 결론이라고 봅니다. 결국 전기 비트겐슈타인은 플라톤의 길을 걸었고, 후기 비트겐슈타인은 소피스트의 길을 걸은 것입니다. 후기 비트겐슈타인이 수리논리학을 비난한 이유는 초월적인 것에 대한 그의 전반적 혐오와 부정에서 비롯된다고 봅니다. 비트겐슈타인 전·후기의 가름은 초월적인 것을 받아들이는지 안 받아들이는지에 의해서 구별되는 것입니다.

이승종 여러 논평과 질문에 대해 그것이 제기된 차례대로 답변해보겠습니다.

전기 비트겐슈타인의 논리학이 프레게/러셀의 영향하에 형성되었다는 엄정식 교수님의 지적은 옳습니다. 그런데 비트겐슈타인과 이들의 대비는 그 논리학을 어떻게 보는가 하는 해석상의 차이에서 비롯됩니다. 중기 비트겐슈타인의 수학 기초론에 대한 강연에서 나타나는 일관된 태도도 절대로 수학자, 논리학자 들의 작업에 간섭하지 않는다는 것입니다. 단지 그는 수학자, 논리학자 들이 자신의 작업에 철학적 해석의 옷을 입히려 할 때, 거기서 파생되는 환상을 일소하는 것을 자신의 과제로 여겼습니다. 수학자, 논리학자 들의 잘못된 철학적 태도를 바로잡겠다는 것이었습니다.

문법이 자연적이라는 후기 비트겐슈타인의 견해는 『논고』에서의 논리학에 대한 자신의 견해를 수정하는 데서 비롯됩니다. 『논고』에서는 참된 명제들의 총체를 자연과학의 명제들의 총체와 동치시켰습니다(TLP, 4.11). 자연과학의 명제들의 총체의 한계가 곧 언어의 한계요 세계의 한계라고 보았습니다. 그렇다면 자연과학의 명제 이외의 것들, 예컨대 종교, 미학, 윤리, 철학, 논리는 모두 초월적인 것으로 떨어지게 됩니다. 요컨대 논리는 세계 밖에 있는, 혹은 세계의 한계를 그어주는 초월적인 것입니다. 논리는 세계의 안에 들어오는 것이 아닙니다.

비트겐슈타인은 후기에 와서 논리의 문제를 문법의 문제로 대체시키면서 논리, 문법이 초월적이라는 생각을 버리게 됩니다. 그것은 사람이 언어를 사용하는 지평에서 발견되는, 사람의 자연사적 삶의 양상에서 드러나는 것입니다. 초월적이지 않기 때문에 자연적인 것입니다.

비트겐슈타인이 생각하는 논리학과 수학의 기초는 20세기 전반기의 수학 기초론과는 상당히 다릅니다. 가령 사람이 사용하는 자연수의 기초는 수학 기초론자에게는 페아노의 공리체계이겠지만, 비트겐슈타인의 경우에는 사람이 수를 어떻게 세어 나가느냐 하는 사실에서 풀려야 한다는 것입니다. 수학 기초론이 수학의 기초를 이론과 체계로 설명하려는 데 반해, 비트겐슈타인은 실제로 사람이 일상생활에서 수를 어떻게 사용하고 있느냐에 주목하고 또 이를 기술하려 합니다.

이영철 교수님의 지적에 답하겠습니다. 이 교수님께서 인용하신 『확실성에 관하여』, §83으로부터 몇 쪽 뒤에 보면(OC, §§96~99) 헤라클레이토스를 연상하게 하는 강물의 은유가 나옵니다. 흐르는 강물의 표면에 떠 있는 것은 강물이 흐르는 대로 부침을 계속합니다. 또한 강바닥에 침전되는 것들도 있습니다. 맨 아래 쌓이는 것일수록 변화의 가능성이 작은 것이겠죠. 수로 자체의 변경은 어지간해서 일어나지 않습니다. 우리 언어의 성격도 이에 비유됩니다. 제일 많이 부침을 겪는 것들이 논박에 의한 정당화와 반증에 열려 있는 경험적 명제들이겠고, 그중에서도 비교적 단단한 것과 그렇지 않은 것이 있습니다.

『확실성에 관하여』, §83의 경험적 명제는 아주 단단한 것을 지칭하고 있겠지요. 그리고 수로에 해당하는 것이 비트겐슈타인이 말하는 문법적 명제입니다. 수로가 그러한 것처럼 문법적 명제는 언어의 한계를 규정하는 규칙에 해당하는 명제입니다. 물론 여간해서는 그렇지 않지만 원칙적으로 수로도 변화할 수 있듯이 문법적 명제도 변화할 수 있습니다. 문법적 명제와 경험적 명제의 구분도 고정된 것은 아닙니다. 그러나 문법적 명제를 참이라고 부르는 것은 비트겐슈타인과 어울리지 않습니다. 우리는 규칙을 참이라고 부르지 않기 때문입니다.

정연교 자연종이 저마다의 삶의 형식을 가지고 있다는 주장, 그리고 언어사용을 사람의 본질로 삼는 것은 종에 국한된(species restricted) 본질주의 아닙니까?

이승종 언어사용이 사람의 본질이라 할 때 그 본질은 내용적인 것이 아니라 형식적인 것입니다. 여기서의 언어는 영어, 독어, 불어 등의 특정 언어일 필요가 없으며 모든 언어에 공통적인 보편 문법이 존재한다는 주장과도 구별되어야 합니다. 비트겐슈타인은 사람이 언어를 사용한다는 평범하고도 구체적인 사실에 주목한 것뿐입니다. 만일 비트겐슈타인의 이러한 관심을 본질주의라고 부른다면, 그것은 인식론적 본질주의, 형이상학적 본질주의와는 구별되어야 할 것입니다. 비트겐슈타인의 본질주의 비판은 바로 이러한 유형의 본질주의들을 겨냥한 것입니다.

4. 연세대에서의 토론[196]

홍사현 비트겐슈타인에게서의 문법은 무엇입니까? 문법을 참의 문법과 의미의 문법으로 나누어 설명하셨는데 그것은 논리와 같은 것입니까? 그렇게 나뉜 문법은 세계뿐 아니라 가능성의 세계에도 적용됩니까? 비트겐슈타인이 말하는 문법이나 논리는 우리가 알고 있는 일반적 문법이나 논리와는 다른 것 같습니다. 그리고 수학의 세계는 논리의 세계가 아니라고 봅니다.

이승종 비트겐슈타인의 강의를 청강한 그의 스승 무어가 비트겐슈타인에게 물었습니다. "자네가 말하는 문법이란 무엇인가?" 비트겐슈타인의 대답은 예상과는 달리 "그 말이 지니는 통상적 의미와 다르지 않습니다"였습니다. 그 말의 의미를 잘 새겨야 합니다. 그는 말과 글 모두를 하나하나 저울에 달아 정확하고 밀도 있게 사용했던 철학

---

[196] 이 절은 이 책 2장의 초고를 주제로 2006년 4월 13일 연세대학교에서 있었던 서산 철학강좌의 토론을 옮긴 것이다. 토론 참가자는 다음과 같다. 이장희(경인교대 윤리교육과 교수), 홍사현(연세대 철학과 강사), 박해영(연세대 철학과 학생), 조대호(연세대 철학과 교수), 김민성(연세대 철학과 대학원생), 선우환, 문창옥(이상 연세대 철학과 교수).

의 플로베르(Gustave Flaubert)였기 때문입니다. 문법이 특별한 것이 아니라는 말은 그가 문법이라는 낱말을 사용한 이유와 직결됩니다. 『논고』를 집필하던 당시만 해도 비트겐슈타인을 사로잡은 주제는 문법이 아니라 논리였습니다. 그는 논리가 세계를 반영한다고 생각했습니다. 세계에 대한 형이상학적 문제는 논리의 문제로 귀착이 됩니다. 세계와 가능성의 세계 사이의 구분이 이 당시의 문제였기 때문에 『탐구』에서의 문법과 직접 연관되지는 않습니다.

그렇다면 비트겐슈타인이 관심사를 문법으로 돌린 이유는 무엇인가? 『논고』 이후 비트겐슈타인은 초등학교 교사로 있으면서 두 번째 책을 출간하게 됩니다. 이것이 그가 생전에 출간한 책의 전부인데 그의 두 번째 책은 그 어느 철학자도 읽거나 언급하지 않는 초등학생용 독일어 사전이었습니다. 사전을 편찬하면서 그는 당연히 언어의 사용에 좀 더 주목하게 되었고, 이 과정에서 자신이 청년시절에 가졌던 논리에 대한 생각이 지나친 이상주의였음을 깨닫게 됩니다. 세계를 반영한다는 거창한 초월적 논리가 아니라 사용을 통해 그 의미가 풀리는 일상 언어의 문법에 관심을 갖게 된 것입니다. 문법에 대한 무어의 질문에 비트겐슈타인이 싱거운 답변을 한 것은 청년시절 자신이 논리에 부여했던 엄청난 지위를 문법에는 부여하지 않고 있다는 증거입니다.

홍사현 선생님은 수학의 세계가 논리의 세계가 아니라고 본다고 말씀하셨는데 이 문제에 답변해보겠습니다. 프레게와 러셀은 수학이 논리학으로 환원된다고 믿었습니다. 이때의 수학은 우리가 일반적으로 알고 있는 수학이고, 논리학은 그들이 만들어낸 수리논리학입니다. 환원의 실제를 보여준 작업은 화이트헤드와 러셀이 공저한 『프린키피아 마테마티카』라는 방대한 저술입니다. 러셀은 이 저술을 통해 수학이 논리학으로 환원됨을 입증했다고 믿었습니다. 그러나 비트겐슈타인은 그러한 작업에 관심을 갖지 않았고 환원이 가능하다고 보지도 않았습니다. 수학이 논리학으로 환원된다는 믿음은 형식주의, 직관주의와 더불어 3대 수학 기초론으로 불리는 논리주의의 입장인데, 그 이후의 수학사(數學史)가 보여주듯이 실패한 시도로 평가되고 있습니다. 오늘날에 와서는 오히려 논리학이 수학의 일부라는 견해가 득세하고 있습니다. 비록 논리학이 수학으로 환원됨이 증명된 것은 아니지만 많은 수학자, 논리학자들이 암암리에 저런 견해에 동조하고 있는 것으로 여겨집니다.

박해영 언어게임이라는 말이 나오는데 비트겐슈타인은 왜 굳이 게임이라는 낱말을 썼습니까? 그 용어가 문법이나 삶의 형식과는 어떻게 연관되는가요?

이승종 비트겐슈타인은 『탐구』에서 언어게임을 언어와 그 언어가 얽혀있는 활동들로 구성된 전체라고 정의하고 있습니다. 언어가 얽혀있는 '활동'에서 '게임'이라는 낱말과의 연관의 실마리를 찾을 수 있습니다. 게임이 바로 활동이기 때문입니다. 예컨대 야구선수들이 야구를 할 때 야구라는 게임이 성립합니다. 그 게임의 규칙에 언어게임의 규칙인 문법이 비유적으로 대응하는 것입니다. 비트겐슈타인이 언어게임을 중요한 개념으로 강조한 첫 번째 이유는 이처럼 언어를 사용한다는 것이 사람의 독특한 활동임을 부각시키려는 것이었습니다. 다음 두 번째 이유는 게임의 다양성에 언어사용의 다양성을 비유로서 대응시키려는 것이었습니다. 게임마다 규칙이 서로 다른데 그럼에도 그 다른 게임들을 다 게임이라고 말할 수 있는 까닭은 서로 비숫한 점들이 엇갈려 있기 때문입니다. 비트겐슈타인은 이를 가족 유사성 개념으로 묘사합니다. 그리고 이러한 통찰을 언어게임에도 적용합니다. 인사하기, 기도하기, 증명하기, 사실을 서술하기 등 다양한 언어게임이 있습니다. 그런데 비트겐슈타인은 자신이 청년 시절에는 사실을 그려내는 언어게임에만 집착해 언어의 다양성을 두루 살피지 못했음을 반성하게 됩니다.

삶의 형식, 언어게임, 문법은 서로 어떻게 다르고 어떻게 연관되는지에 대한 질문에 답해보겠습니다. 우리는 문법이 언어게임의 규칙임을 보았습니다. 삶의 형식과 언어게임은 형식과 내용으로 구분됩니다. 즉 사람의 단일한 삶의 형식을 채우는 다양한 내용이 바로 다양한 언어게임들입니다. 사람의 삶의 형식이 다른 삶의 형식과 구분되는 가장 중요한 이유는 사람만이 언어를 사용하기 때문입니다. 다른 동물도 언어를 사용한다는 반론이 있겠지만 이른바 말하는 동물의 언어는 사람의 언어와 그 분절(articulation)의 정도에서 비교가 될 수 없는 아주 소박한 것입니다.

홍사현 삶의 형식과 언어게임을 형식과 내용으로 구분하는 것은 오히려 비트겐슈타인의 초기 입장 아닌가요?

이승종 청년 시절에 비트겐슈타인은 삶의 형식이나 언어게임이라는 용어를 사용하지 않았습니다. 대신 이와 구분되는 논리적 형식이라는 용어를 사용했습니다. 당시 그가 직접 사용한 표현은 아니지만 비트겐슈타인은 언어가 사실을 그리는 언어게임을 후에 그림 이론으로 알려진 구상을 통해 서술하려 했습니다. 물론 그림 이론이라는 표현역시 비트겐슈타인 자신의 것은 아닙니다. 그는 이론에 대해서는 일관되게 강한 거부감을 가지고 있었기 때문입니다. 어쨌든 언어게임이나 삶의 형식은 모두 후기 비트겐슈타인의 용어들입니다.

조대호 저는 비트겐슈타인이 말하는 사람의 삶의 형식을 다원적인 것으로 이해해왔습니다. 언어게임들이 저마다 서로 다른 문법을 갖는 이유가 삶의 형식의 다양성에 기반을 두고 있는 것이라고 생각해 왔습니다. 59~60쪽을 보면 언어게임과 관련해 삶의 문맥이라는 개념이 나오는데 저는 삶의 문맥과 삶의 형식을 같은 것으로 생각해왔습니다.

이승종 비트겐슈타인은 사람이라는 하나의 종(種) 안에서 각 문화나 시대마다의 사람들의 생활 스타일을 말할 때 삶의 양식이라는 용어를 사용하고 있습니다. 반면 사람과 동물, 혹은 사람과 외계인이 구별되는 지점을 말할 때, 양자 사이의 근원적이고 인류학적인 차이를 언급하며 삶의 형식이라는 용어를 사용하고 있습니다. 즉 문화 상대주의는 삶의 양식의 차원에는 귀속될 수 있을지 몰라도 삶의 형식의 차원에는 귀속될 수 없습니다. 그리고 비트겐슈타인은 전자보다는 후자의 차원에 더 많은 관심을 보이고 있습니다.

질문 삶의 형식은 자연사(自然史)와 독립적인 것입니까? 삶의 형식은 여럿일 수 있는 것인지요? 그 경우 의사소통은 가능하다고 봅니까? 그리고 삶의 형식이 계속 변한다면 혹시 그로 말미암아 의사소통이 불가능한 것은 아닌지요?

이승종 비트겐슈타인에 의하면 사람은 세계-내-존재입니다. 여기서 세계는 사람의 눈앞에 전개되는 일상적 현상 세계입니다. 그래서 그는 한동안 자신의 철학이야말로 현상학적이라고 자칭하기도 했습니다. 우리 눈앞에 드러나는 자연사적 사실들은 먹고 마시는 등 언어와 직접 연관이 없는 사실들과, 명령하고, 질문하고, 이야기하고, 잡담하는 것처럼 언어와 관련이 있는 사실들로 이루어져 있으며 이들이 통시적으로 한데 어우러져 사람의 자연사가 전개됩니다. 자연사에 사람의 자연사만 있는 것은 아니지만, 비트겐슈타인은 사람의 자연사와 사람의 삶의 형식에 관심을 가졌습니다. 사람의 삶의 형식은 다른 생명체의 삶의 형식이 그러하듯이 자연사의 한 부분입니다. 따라서 자연사는 삶의 형식의 상위 개념입니다. 삶의 형식과 자연사의 구분 역시 형식과 내용의 구분을 가지고 정리할 수 있습니다. 즉 사람의 자연사는 사람 삶의 형식의 내용을 채우면서 파노라마처럼 전개되는 흐름(flux) 같은 것입니다. 그것의 중요한 부분이 언어게임입니다.

김민성 의사소통에서 의미/무의미가 원초적 개념이라고 하셨는데, 제 생각에는 참/거짓이 더 원초적인 것인 것 같습니다. 의사소통은 소통의 상대가 하는 말이 전반적으로 참이라는 믿음에서만 가능하기 때문입니다.

이승종 이 문제는 비트겐슈타인에게는 역사를 지니고 있는 문제입니다. 러셀이 "어떻게 거짓인 문장이 의미를 갖는가"의 문제에 몰두해 있던 상황에서 비트겐슈타인이 등장합니다. 비트겐슈타인은 러셀의 문제를 "참/거짓을 모르는 상태에서 어떤 문장이 의미를 지니는지를 알 수 있는가"라는 문제로 이해했습니다. 비트겐슈타인의 문제의식은 다음과 같은 예에 비추어볼 때 올바른 것임을 알 수 있습니다. 우리는 수학에서 "파이(π)의 전개과정에서 9가 아홉 번 연이어 등장하는 경우가 있다"라는 문장의 진리치를 알 수 없지만, 그럼에도 그 문장의 의미를 이해합니다. 비트겐슈타인은 의미/무의미의 문제가 참/거짓의 문제에 선행한다고 생각했습니다. 그는 러셀의 문제를 해결하기 위해 사실로 이루어진 세계와 대상으로 이루어진 세계의 실체를 가르는 이원론적 존재론을 구축합니다. 그리고 명제의 참/거짓의 문제는 전자와, 의미/무의미는 후자와 연관지어 해명합니다. 그러나 비트겐슈타인은 후에 이러한 구분이 지나치게 인위적인 것이었다고 생각하게 되었고 이를 폐기하게 됩니다. 저는 러셀의 문제에 대한 후기 비트겐슈타인의 최종적 입장을 문법의 두 차원을 가지고 정리해보았습니다. 참/거짓의 문법과 의미/무의미의 문법이 서로 다른 차원에 속한다는 저의 해석은 지식과 확실성을 서로 다른 범주에 두는 비트겐슈타인의 입장에 근거해 있습니다. 저는 전자의 문법이 지식에, 후자의 문법이 확실성에 연관되어 있다고 보았습니다. 확실성의 문제가 비트겐슈타인이 최후까지 천착했던 화두였음을 감안할 때, 그 화두에 직접 연관되는 의미/무의미의 문제가 참/거짓의 문제에 선행한다는 저의 견해에 정당성이 있다고 생각합니다.

선우환 의미의 문제가 진리의 문제에 선행한다는 논제는 두 가지 서로 다른 의미에서 이야기될 수 있는 것 같습니다. 어떤 문장이 참인지를 알지 못하는 상태에서 이미 그 문장이 무슨 의미인지를 알 수 있다는 점에서 분명 청년 비트겐슈타인처럼 의미가 진위에 선행한다고 말할 수 있습니다. 그러나 다른 한편으로는 한 문장의 의미를 안다는 것은 그 문장이 참일 경우에 성립하는 사태가 어떤 것인지를 아는 것이라는 측면에서는 진리 개념이 의미 개념에 선행할 수 있는 여지가 전혀 없는 것은 아니라고 봅니다.

이승종 비트겐슈타인이나 제가 선우환 교수님께서 간략히 소개하신 진리 조건적 의미론의 도전에서 완전히 자유롭다거나 혹은 그러한 비판에 충분히 대응했다고 생각하지는 않습니다. 크립키는 진리 조건적 의미론에 경합하는 주장 조건적 의미론이 후기 비트겐슈타인의 입장과 어울릴 수 있는 이론이라고 해석합니다. 비록 비트겐슈타인은 어떠한 의미론도 자기와는 상관이 없는 것으로 여겼지만 말입니다. 그러나 선우환 교수님의 논평은 비트겐슈타인 철학의 문제라기보다는 진리 조건적 의미론과 주장 조건적 의미론 사이의 논쟁과 연관이 있는 문제 같습니다.

질문 59쪽에 보면 쓰임을 바로잡는다는 표현이 나오는데 이것이 과연 가능한가요? 언어의 쓰임이 다양한 삶의 문맥을 전제로 하고 있고 이 문맥은 하나로 규정지을 수가 없는데, 그렇다면 이러한 상황에서 쓰임을 바로잡는 것이 가능한가요? 가능하다면 그 의미는 무엇인지요?

이승종 비트겐슈타인은 일상 언어가 있는 그대로 정돈되어 있다고 보았습니다. 그것이 그와 프레게/러셀이 분명히 구분되는 분기점입니다. 프레게/러셀은 일상 언어를 혼동으로 가득 찬 부정확하고 애매모호한 언어라고 생각했기 때문입니다. 그들은 일상 언어를 수리논리학의 형식언어로 대체해야 한다고 보았습니다. 반면 비트겐슈타인은 하이데거와 더불어 수리논리학의 대두야말로 계산이 사유를 대체하는 이 시대의 어두움의 본질이라고 보았습니다. 20세기는 과학의 시대이고 수리논리학의 시대입니다. 둘은 사유의 암흑기를 초래한다는 점에서 서로 다르지 않습니다.

그렇다면 비트겐슈타인은 왜 일상 언어가 있는 그대로 정돈되어 있다고 생각했으면서도 이를 바로잡는 것이 필요하다고 했을까요? 그의 언명은 일상인들이 아니라 일상 언어를 남용하고 오용하는 철학자들을 겨냥한 것입니다. 그들이 쌓아올린 형이상학 이론들이 모래 위에 쌓은 성임을 폭로하고 이를 일소하는 것이 그가 말한 언어의 쓰임을 바로잡는 일입니다.

질문 비트겐슈타인이 의사소통에서 중요한 것은 의미라고 했는데, 그 의미의 공유 방법에는 무엇이 있습니까?

이승종 비트겐슈타인은 논리철학자, 언어철학자로 알려져 있고 의사소통의 문제에 빛을 던져준 사상가로 알려져 있는데, 사실 그는 이론적 문제에 몰두하는 강단 철학자는 아닙니다. 그는 교수직에 미련을 갖고 있지도 않았고 자신의 구원과 같은 종교적인 문제에 빠져 있던 사람입니다. 논리와 언어에 대한 그의 성찰도 그것이 지니는 이러한 영적인 측면과 결부시키지 않는다면 핵심을 놓친 맥 빠진 이야기가 되어버릴 수 있습니다. 그는 이렇게 말한 적이 있습니다.

> 그를 대하는 나의 태도는 영혼에 대한 태도이다. 나는 그에게 영혼이 있다는 **견해**를 지니고 있지는 않다.(PPF, §22)

비트겐슈타인은 우리가 대화 상대자와 나 사이에 의미 전달이 어떻게 이루어지는지를 보기에 앞서, 상대에 대해 먼저 영혼에 대한 태도를 취한다고 봅니다. 그렇다고 해서 그가 영원불멸의 영혼을 정말로 가지고 있다거나 하는 주장을 하려는 것이 아니라, 사람에 대한 태도는 다른 사물에 대한 태도와 본질적으로 다르다는 점을 부각시키려는 것입니다. 공자의 『논어』에는 다음과 같은 구절이 있습니다.

> 문을 나서면 귀한 손님을 맞는 듯 행동하고, 백성에게 일을 시킬 때에는 큰 제사를 올리는 것처럼 하라.[197]

비트겐슈타인의 앞의 구절과 일맥상통한다고 봅니다. 비트겐슈타인이 의사소통의 문제에 관심을 갖는 이유는 의미론이나 의사소통 이론의 정립을 목표로 하기 때문이라기보다는, 사람과 사람 사이의 진정한 영적인 교류가 어떻게 가능한가 하는 종교적 관심 때문이라고 생각합니다.

문창옥 일상 언어 규정의 언어게임과 형이상학적 논의에서의 언어게임을 구별하는 근거는 삶의 형식이라는 그 기조에서 나오는 게 아니라 보편적인 인간학적 근거에서 나오는 것 같습니다. 일상 언어게임에만 의미를 두고, 형이상학적 언어게임에는 의미를 두지 않는 근거가 무엇입니까? 이에 대한 언급이나 증명은 삶의 형식에 대한 비트겐슈타인의 성찰에 없는 것 같습니다.

이승종 비트겐슈타인이 볼 때 사람이 상대에게 인사하고, 기도하고, 질문하고, 답변한다는 것은 놀라운 현상입니다. 그의 표현을 빌려 말하자면 "신의 영광"이라 할 수 있습니다. 그는 자신이 종교인은 아니지만 세상을 종교적 관점에서 보지 않을 수 없다고 말한 적이 있습니다. 비트겐슈타인은 다른 동물에게는 결여되어 있는 일상적 행위나 언어활동들이 사람에게는 어떻게 왜 가능한가를 묻는 대신 이를 사실로 겸허히 받아들이려 했습니다. 받아들여야 할, 주어진 것이 **삶의 형식들**이라는 그의 언명은 이러한 종교적 함축을 지니고 있다고 봅니다. 칸트에 비교해 표현하자면 비트겐슈타인의 정언명법은 "너의 삶을 진지하게 받아들여라"가 될 것입니다.

반면 비트겐슈타인은 철학 이론을 차급의 작업에 불과한 것으로

---

197 『論語』, 「顏淵」, 2: 出門如見大賓 使民如承大祭

보았습니다. 그가 보기에 철학에서 어떤 문제를 만들고 그 문제에 답을 주려는 행위는 다 차급의 것입니다. 이러한 행위의 해악은 사람들이 그로 말미암아 모든 문제에는 답이 있고 이 답은 전문가의 몫이라고 생각하게 된다는 것입니다. 그리고 이른바 그 전문가들이 다른 사람의 위에 군림하려 한다는 것입니다. 비트겐슈타인은 이와는 다른 길을 걸었습니다. 삶에 답은 없습니다. 삶은 이론으로 해결될 수 있는 것이 아니라 각자 짊어지고 가야 하는 것입니다.

자연과학의 이론은 각 분야의 특수한 부분에 국한해서 문제를 제기하고 해결하기 위해 고안된 것입니다. 삶을 다루는 철학은 이와는 다른 것입니다. 그런데 형이상학자들은 이러한 차이를 무시하고 자신의 형이상학에 의해 삶의 문제가 해결된다고 주장합니다. 그러한 주장은 우리로 하여금 삶을 진지하게 받아들일 수 없게 만듭니다. 삶마저 전문가의 몫이라고 생각하게 만드니까요. 결국 형이상학자들과 비트겐슈타인 사이의 갈등은 이론적 차원에서의 갈등이 아니라 사람과 삶에 대한 태도에서의 갈등이라고 생각합니다.

14장
삶과 자연[198]

이철우 삶의 형식에 대한 비트겐슈타인의 사유도 결국은 이성, 의식, 자기의식 등 근대철학의 주제들과 관련되어 있다고 봅니다. 즉이 주제들을 근거 짓는 것을 그는 삶의 형식이라고 보았던 것이 아닌지요.

이승종 비트겐슈타인은 그 주제들의 중요성을 부정하지 않습니다. 다만 전통철학이 그 주제들을 협소하게 일방적으로 해석해왔다고 비판합니다. 칸트의 순수이성비판이 철저하지 못한 미완의 비판이라는 것입니다. 비트겐슈타인은 이성, 의식, 자기의식 등의 용어가 실제로 어떻게 사용되고 있는지를 있는 그대로 보자는 대안을 제시합니다.

---

198 이 장은 이 책 3장의 초고를 주제로 2013년 10월 24일 계명대학교에서 있었던 목요 철학 콜로키움의 토론을 옮긴 것이다. 토론 참가자는 다음과 같다. 이철우(계명대 철학과 강사), 안세권(계명대 철학과 교수), 임수무(계명대 철학과 명예교수), 백승균(계명대 철학과 명예교수), 홍순희(계명대 Tabula Rasa College 교수, 독문학).

비트겐슈타인의 철학에서 삶의 형식이 근대철학의 주제들을 근거 짓고 있다는 선생님의 해석은 옳습니다. 다만 그 근거지음은 인식론적인 것이 아니라, 그가 수행하고 있는 봄의 맥락에서 이해되어야 할 것입니다.

안세권 비트겐슈타인은 『철학적 고찰』의 서문에서 자신의 사유가 유럽 및 미국의 문명과는 다른 것이라고 말한 바 있습니다. 그가 말한 다름이 삶의 형식과 사람의 자연사에 대한 그의 통찰과는 어떻게 연관되는 것입니까?

이승종 비트겐슈타인의 고뇌는 시대와의 불화에 기인한 것입니다. 그는 물질주의, 과학주의로 요약되는 시대의 흐름에서 타락의 징후를 보았고, 그 철학적 표현인 분석철학에 대해서도 거부감을 지니고 있었습니다. 그 자신이 이 철학을 대표하는 학자 중 한 명으로 꼽히고 있음에도, 그는 오히려 이와는 대척점에 서 있는 톨스토이나 키에르케고르에게서 더 동질감을 느꼈습니다. 비트겐슈타인은 자신의 사유가 오해되고 있으며, 어느 학문 공동체에도 속하지 않는다는 것을 알고 있었습니다. 그는 시대에 절망한 고독한 사람이었고 이를 견디기 위해 구원을 갈망했습니다.

사람은 다른 동물들과는 달리 세상을 의미와 가치의 관점에서 이해하는 영성(靈性)을 지니고 있습니다. 사람을 존재가 드러나는 터(Dasein; 현존재)로 이해한 하이데거의 철학도 이러한 취지에서 크게 벗어나 있지 않습니다. 사람을 바로 봄으로써 우리는 시대와 세계에 대해 바로 보게 되는 것입니다. 비트겐슈타인은 그 모든 것의 출발점이자 실마리가 되는, 사람에 대한 물음을 던지는 과정에서 사람의 삶의 형식과 자연사에 대한 있는 그대로의 기술(記述) ─ 그는 이를 현상학이라 불렀습니다 ― 을 철학의 방법으로 삼게 된 것입니다.

질문 비트겐슈타인 전·후기의 치유 개념은 서로 같은 것입니까? 전기에서 그는 철학적 명제들이 거짓은 아니지만 무의미한 것이며, 이를 해소하는 것을 치유로 보았던 것으로 기억합니다.

이승종 철학이 치유제이긴 한데 아무리 좋은 약도 소화되지 않고 위장에 계속 남아 있으면 독이 됩니다. 그런 점에서는 철학도 마찬가지입니다. 청년 비트겐슈타인이 자신의 말들을 사다리에 빗대어 그 사다리를 오른 사람은 그것을 차버리라고 하거나, 후기 비트겐슈타인이 철학의 목적을 철학을 그만두는 것으로 보았던 역설적인 이유도 여기에 있습니다. 무의미한 선문답이 선승에게 깨달음을 초래하듯이, 철학도 자신의 변화를 초래하는 무의미입니다. 그래서 비트겐슈타인은 철학적 문제가 "나는 어떻게 해야 할지 모르겠다"라는 형식을 지닌다고 말합니다(PI, §123). "나는 어떻게 해야 할지 모르겠다"라는 고백은 철학으로 말미암아 혼동과 파국을 경험하는 상황에서 나오는 절규이고, 그것이 깨달음에 이르는 계기가 됩니다. 비트겐슈타인에서 이론에 의한 설명이나 문제 풀이는 치유가 아닙니다. 우리가 당연시하는 선입견들, 몸에 밴 삶의 양식과 세계관 등을 뒤흔드는 충격이 그의 철학이 꾀하고자 하는 바입니다.

임수무 자연을 거론하면서 왜 초월적이니 자연주의니 하는 표현을 끌어들여야 합니까? 자연 그대로가 더 나을 것 같습니다. 그런데 자연이란 무엇입니까?

이승종 비트겐슈타인의 철학은 자연에 대한 자연과학적 해석도 자연사적 해석도 아닙니다. 그는 수를 센다거나 희망한다거나 언어를 사용한다는 것과 같은, 사람에게 독특한 인류학적 현상과 그 역사,

즉 사람의 자연사를 현상학적으로 통찰(通察)하고 기술하는 데 초점을 맞추고 있습니다.

　사람의 얼굴을 한 자연주의라는 표현은 사람의 삶의 형식에 대한 사람의 자연사적 관점에서의 해석을 줄인 말입니다. 주의라는 표현은 따라야 할 강령을 거느린 이론을 연상하게 하는 까닭에 이를 혐오한 비트겐슈타인에게는 어울리지 않는 용어입니다. 그는 주의 때문에 철학이 타락했고 주의가 사람을 미혹시킨다고 비판할 것입니다.

백승균　결국 사람의 자연사에서 핵심은 사람의 삶입니다. 그 삶의 관점에서 사람의 삶의 형식을 해석하는 것이 이승종 교수의 작업일진대, 자연주의는 아무래도 부적합한 용어 선택 같습니다. 왜 삶의 양식이 아닌 삶의 형식인지에 대해서도 설명을 부탁드립니다.

이승종　국내 학계에서 데리다의 철학을 해체주의, 혹은 해체론으로 부릅니다. 엄밀하게는 둘 다 옳은 표현이 아닙니다. 주의를 탈중심화하는 것이 해체인데 여기에 주의를 붙여 해체주의라 부른다면, 이는 자가당착이 아닐 수 없습니다. 해체가 담론이 아닌 활동이라는 점에서, 해체를 담론처럼 보이게 하는 해체론도 데리다가 인정하기 어려운 표현입니다. 해체는 해체일 뿐 해체주의나 해체론일 수 없습니다. 그러나 데리다의 철학을 그냥 해체라고 부르는 것도 어색하기 때문에 어쩔 수 없이 저런 표현들이 통용되고 있습니다.

　사람의 얼굴을 한 자연주의도 유사한 저간의 사정 때문에 필요악으로 사용해본 약어일 뿐입니다. 사람의 얼굴을 한 자연사주의가 하나의 대안일 수는 있겠지만, 이 역시 전통적인 용어법에서 벗어나 있지 못한 건 마찬가지인 것 같습니다.

　삶의 양식과 삶의 형식은 비트겐슈타인 자신이 구별한 것이기에 해석자인 저로서는 이를 따를 수밖에 없습니다. 우리말로는 무겁고 현학적으로 들리는 삶의 형식도 그 원어인 독일어나 심지어 영어에서도 일상 문맥에서 통용되는 말입니다. 예컨대 외계인이 등장하는 할리우드 영화에는 'alien form of life'라는 말이 자주 등장합니다. 사실 비트겐슈타인이 사용한 전문용어는 거의 없으며, 삶의 형식도 이처럼 독일어, 영어권에서는 전문용어가 아닙니다.

임수무 자연의 '자(自)'는 '스스로'가 아니라 '절로'로 새겨야 합니다. 절로 그러함이 자연입니다. 사람의 얼굴을 한 자연보다는 사람의 절로 그러함, 본연이 더 나은 표현입니다. 시대의 이데올로기와 선입견의 때를 벗고 사람 본연의 모습을 회복하는 것이 비트겐슈타인이 추구했던 바가 아닌가 싶습니다.

홍순희 비트겐슈타인의 충격요법은 일반인이 실천하기는 매우 어려운 방법인 것 같습니다. 가버 교수의 초월적 자연주의와 이승종 교수님의 사람의 얼굴을 한 자연주의 사이에는 접점이 있을 것 같습니다. 사람이 가버 교수가 말한 의미에서 초월적 존재자이기 때문입니다.

이승종 저는 비트겐슈타인을 시대의 어두움을 역전하는 깨달음을 추구한 사람이라고 봅니다. 사실 깨달음에서 보자면 초월의 국면과 사람의 자연사의 국면 차이는 언어상의 차이에 불과할지도 모릅니다. 그러나 학문에서 보자면 그 종이 한 장의 차이도 결코 작은 차이가 아닐 수 있습니다.

안세권 가버 교수가 사용한 초월이라는 용어에 대한 거부는 이승종 교수님의 입장입니까, 아니면 비트겐슈타인 자신의 입장입니까?

이승종 비트겐슈타인이 쇼펜하우어를 통해 칸트의 영향을 받은 것은 사실입니다. 그러나 비트겐슈타인은 독일관념론의 충실한 계승자가 아닙니다. 그는 거기서도 질병적인 면모를 발견했습니다. 독일관념론에는 인식론의 헤게모니라는 모더니티가 관철되고 있으며, 그에 따른 왜곡의 그늘이 드리워져 있습니다. 『논고』 이후의 비트겐슈타인의 저술에서 초월과 같은 관념론적 용어는 더 이상 찾기 어렵습니다. 그는 관념론의 언어를 극복하고 자신만의 길을 개척하기에 이른 것입니다. 전통철학의 전문용어에서 벗어나 일상 언어 그대로의 결을 따르고자 했던 것입니다.

안세권 전통철학에서는 사람을 신과 연계하여 이해해왔는데, 비트겐슈타인은 이 문제를 어떻게 보았습니까?

이승종 비트겐슈타인은 자신이 종교인은 아니지만 모든 문제를 종교적 관점에서 보지 않을 수 없다고 말한 적이 있습니다(Drury 1976, 79쪽). 이를 뒤집으면 모든 문제를 무종교적인 관점에서 보지 않겠다는 말이 됩니다. 무종교적인 관점이 우리 시대의 사람들 대부분이 공유하는 관점일 것입니다. 세상 뭐 있어? 인생 별거야? 하는 허무주의, 냉소주의, 염세주의 등 이러한 관점에서 비롯되는 이 시대의 태도와 삶의 양식을 비트겐슈타인은 강렬하게 거부하고 있는 것입니다.

신성(神性)은 신이라는 초월자로 집약될 수도 있지만 가려진 채로 사람에게도 있음을 깨닫는 순간, 세상을 달리 볼 수 있다는 메시지가 비트겐슈타인이 환기하려는 바인 것 같습니다. 그가 말하는 종교적 관점은 어느 종교를 택해 그 종교의 신을 믿는 것보다 더 근원적인 데가 있습니다. 그는 자신의 영혼의 구원을 갈망했습니다. 그는 자신의 구원을 위해서라도 예수 그리스도는 부활하지 않을 수 없다고 믿었습니다(CV, 38~39쪽). 요컨대 그리스도의 부활은 비트겐슈타인에게는 필연적인 존재사건입니다.

질문 에어랑겐 학파에 속하는 한 독일 철학자는 비트겐슈타인을 칸트 초월철학의 완성자로 해석하고 있습니다. 비트겐슈타인에 대한 가버 교수의 칸트적 해석에 문제가 없는 것은 아니지만 독단적 형이상학을 비판하고 있다는 점에서, 지식을 넘어서는 신앙을 요청하고 있다는 점에서 칸트와 비트겐슈타인 사이에는 연계성이 있습니다. 비트겐슈타인에 대한 이승종 교수님의 자연주의적 해석은 초월주의적 해석보다 오히려 비트겐슈타인의 위상과 문제의식을 협소화시키는 것 같습니다.

이승종 칸트와 비트겐슈타인은 동질성은 있지만 급이 다른 사상가들이라고 봅니다. 칸트는 평생에 걸쳐 아주 세련되고 자기 완결적인 체계를 완성한 행복한 프로 사상가입니다. 반면 비트겐슈타인은 공학도에서 출발해 체계적으로 철학을 공부한 적이 없는 아마추어 사상가입니다. 러셀에게서 수리논리학을 배운 게 거의 전부이고, 나머지는 독학과 난독으로 섭취한 지식들입니다. 그래서인지 비트겐슈타인의 철학은 체계적이지도 제대로 정돈되어 있지도 못한 채 미완성에 그치고 있습니다. 『탐구』의 서문에서 그는 자신이 얻은 결과를 하나의 전체 안에 결집시키려고 여러 차례 시도했지만 실패했고, 결국 이것에 결코 성공할 수 없음을 깨닫게 되었다고 고백하고 있습니다.

비트겐슈타인은 칸트와 같은 집대성을 이루지는 못했지만 큰 문제들, 예컨대 철학의 본성, 수학의 기초, 모더니티 등에 대해 아주 밀도 있고 독창적인 촌철살인의 사유를 전개했다는 점에서 높은 평가를 받을 만합니다. 칸트와 비트겐슈타인의 연계성에 대한 연구는 충분히 가능하리라고 봅니다. 그러나 그 연구는 비트겐슈타인이 갔던 것과는 좀 다른 길로 우리를 인도할 것입니다. 비트겐슈타인은 자신만의 현상학적 직관(봄)을 일기 형식으로 단편적으로 기록하는 것 이상을 할 수 없었습니다. 칸트가 강단철학의 최고봉이라면 비트겐슈타인은 그 강단으로부터 스스로를 유배시킨 영원한 야인(野人)이었으며, 이것이 그들의 사유와 글쓰기의 성격에도 영향을 미쳤다고 봅니다.

15장
자연주의적 수학철학[199]

윤유석 교수님이 말씀하시는 자연사적 사실이나 자연사적 변동이 진화론자들이 말하는 진화적 발전과 연관되는 것인지요? 반프라센 (Bas van Fraassen)이 말하는 이론 간의 생존경쟁은 수학에도 적용 가능한 것인지요?

이승종 진화론은 생물학에 특화된 이론임에 반해 비트겐슈타인이 말하는 자연사적 사실이나 자연사적 변동가능성은 생물학에 국한된 것이 아닙니다. 그의 자연사론은 자연의 제일성(齊一性)이 깨지는 물리적 변동을 포함해 다양한 시나리오에 열려 있습니다. 반프라센이

---

199 이 장은 이 책 6장의 초고를 주제로 2022년 2월 3일에 온라인으로 진행한 한국논리학회 겨울 학술발표회에서의 토론을 옮긴 것이다. 토론 참가자는 다음과 같다. 윤유석(연세대 철학과 대학원생), 박병철(부산외국어대 만오교양대 교수), 선우환(연세대 철학과 교수), 조영우(연세대 사학과 학생), 김연경, 김대웅(이상 연세대 철학과 대학원생).

445

말하는 이론 간의 생존경쟁은 비유적 표현일 뿐 진화론과 직접적인 관련은 없습니다. 진화론보다 넓은 차원에서 우리에게 주어진 소여 사태로서의 자연사적 사실이 우리에게 어떠한 조건을 행사하는지, 그리고 그것이 변화했을 때 수학과 같은 개념 체계가 어떠한 방식으로 변화할 여지가 있는지를 살피는 것이 비트겐슈타인의 자연주의적 관찰입니다.

박병철 (1) 필연성에 대한 후기 비트겐슈타인의 자연주의적 해석은 그에 대한 전기 비트겐슈타인의 해석과는 어떠한 차이점이 있고 어떻게 관련될 수 있을지 궁금합니다. (2) 수학에 대한 비트겐슈타인의 논의는 색채에 대한 논의와 연동되고는 합니다. 자연사의 사실이 다르다면 수학뿐 아니라 색채에 대한 우리의 경험도 달라졌을 것으로 해석할 수 있는 구절들이 비트겐슈타인의 저술들에 나오는데, 이 둘의 연관성에 대해서 어떻게 보시는지요. (3) 비트겐슈타인은 도덕적 필연성에 대해서도 주장하고 있습니다. 자연사의 사실에 기초해서 확보되는 확실성 중에는 수학처럼 경화된 것도 있고 도덕적 확실성도 있습니다. 후자는 "살인하지 말라"라는 격률과 같이 보편성을 지니는 것과, 문화마다 다른 방식으로 적용 가능한 언어게임이나 사회적 관습, 실행과 같이 국소성을 지니는 것으로 나뉠 수 있겠습니다. 이러한 도덕적 필연성은 수학적 필연성과 어떻게 관련지을 수 있을지 의견을 듣고 싶습니다.

이승종 질문하신 순서대로 답변해보겠습니다. (1) 청년 비트겐슈타인은 캡슐화된 논리학에 머물러 그 내적 필연성에 초점을 두었습니다. 『논고』에서 스케치한 논리학의 영역에 논리적 필연성을 부여한 청년 비트겐슈타인은, 그 캡슐 바깥에 서서 캡슐화된 여러 논리학들

간의 상대성과 변동가능성을 보는 후기 비트겐슈타인과는 분명한 차이가 있습니다.

박병철 그렇다면 논리적 필연성에 대한 비트겐슈타인의 생각이 완전히 바뀌었다고 보는지요?

이승종 생각의 폭이 확대된 것으로 봅니다. (2) 비트겐슈타인에서 수학에 대한 고찰과 색채에 대한 고찰의 연관성은 흥미로운 연구주제입니다. 마침 비트겐슈타인의 『색채에 대한 고찰』을 주석한 러그(Andrew Lugg)의 *Wittgenstein's Remarks on Colour*가 최근 출간되었는데 이를 읽고 나서 토론하고 싶습니다. (3) 도덕적인 필연성에 대해서도 청년 비트겐슈타인과 후기 비트겐슈타인 사이에는 생각의 차이가 있습니다. 청년 비트겐슈타인은 예컨대 박병철 교수님이 예로 든 "살인하지 말라"를 절대적 격률로 받아들여 자기 자신의 양심의 문제로 내면화하는 절대주의적 윤리관을 가지고 있었습니다. 그러나 그는 후에 열독하고 집필한 「프레이저의 『황금가지』에 대한 고찰」에서는 활력을 잃은 사제 왕을 살해하는 네미 숲의 풍습을 부도덕한 것으로 비난하지 않고 있습니다. 오히려 비트겐슈타인은 이들을 미개인 취급하는 프레이저(James Frazer)를 비난하고 있습니다. 자신이 속한 서구 사회의 척도로 네미 숲의 풍습을 평가하려는 프레이저가 잘못되었다는 것입니다. 이를 감안할 때 비트겐슈타인은 도덕에 대해서도 상대성과 국소성을 인정하는 방향으로 전환했던 것 같습니다.

선우환 삶의 형식과 자연사가 수학에 대해서 필요조건이지만 충분조건은 아니라고 했는데 둘을 서로 다른 의미로 사용하고 있는 것 같습니다. 충분조건이 아니라는 언명은 각각의 수학에 대한 것임에 반해, 판단에서의 일치, 삶의 형식에서의 일치, 자연의 제일성 등등 일치된 삶의 형식과 자연사를 수학 전반에 대한 필요조건으로 간주하고 있습니다. 그러나 각각의 수학 체계나 수학적 실행이 각각의 삶의 형식과 자연사를 요구하는 것처럼 보이지는 않습니다. 같은 수학 체계나 수학적 실행이 다른 삶의 형식과 자연사에서 나타나는 경우를 얼마든지 상상할 수 있습니다. 그렇다면 삶의 형식과 자연사가 수학에 대해서 충분조건은 아니라는 바로 그 의미에서 필요조건인 것은 아니라고 봅니다.

이승종 필요조건과 충분조건의 용법에 대한 선우환 교수님의 세세한 지적에 동의합니다. 제 발표에서는 이 부분에 매끄럽지 못한 점이 있었던 것 같습니다. 그런데 저는 필요조건과 충분조건을 다른 방식으로 사용하기도 했습니다. 즉 저는 삶의 형식과 자연사가 수학(적 실행)의 변동에 충분조건으로 작용할 수 있다고 봅니다. 자연의 제일성이 깨지는 등 삶의 형식과 자연사에 큰 변화가 있을 때, 기존의 수학(적 실행)이 의미를 잃게 되고 전혀 새로운 수학(적 실행)이 예견된다고 보는데 이 또한 토론에 부쳐봄 직하다고 생각합니다.

조영우 삶의 형식과 자연사의 변화에도 불구하고 수학이 변화하지 않는 경우를 충분히 상상할 수 있을 것 같습니다. 예를 들어 매우 희박한 확률이겠지만 태양에서 어떠한 폭발이 일어나 지구에 중력의 변화가 생겨 지구에서 생활하는 사람의 삶의 형식과 자연사가 모두 바뀌었다고 가정하더라도, 이러한 변화된 상황을 우리가 지금 사용하고 있는 수학 체계로 완벽히 계산해내는 경우가 있을 수 있습니다. 따라서 삶의 형식과 자연사의 변화 그 자체가 수학의 변화의 충분조건이 아니라, 삶의 형식과 자연사의 변화로 인한 사람들의 새로운 수학에 대한 요구가 수학의 변화의 충분조건이지 않을까 생각합니다.

마찬가지로 삶의 형식과 자연사 자체가 수학의 실행의 필요조건이 아니라, 삶의 형식과 자연사로 인한 사람들의 수학에 대한 요구가 수학의 실행의 필요조건일 것 같습니다.

이승종 정확한 지적입니다. 그런 맥락에서 저는 비트겐슈타인의 자연주의를 사람의 얼굴을 한 자연주의로 봅니다. 자연과 수학 사이의 인과관계가 아니라 자연과 사람과 수학 사이의 해석학적 영향 관계가 탐구 과제인 것입니다. 자연과 수학 사이에 사람이 매개로 들어감이 사람의 얼굴을 한 자연주의의 골자입니다. 사람의 언어게임에 자연이 녹아들고 수학적 실행이 창출됩니다.

김연경 비트겐슈타인의 외적 강제력에 관한 질문입니다. 이승종 교수님이 해석한 비트겐슈타인에 따르면 삶의 형식과 자연사적 사실에 따라 수학A에서 수학B 등으로의 패러다임 전환이 가능합니다. 그리고 이러한 가능성에 대하여 그는 자신의 인류학적 상상력에 기초한 예시들을 말하고 있습니다. 하지만 저는 어떻게 한낱 (인류학적) 상상력에 기초하여 "경계 바깥에서 형성되는 강제력"에 의한 부정이 가능한지 의문이 듭니다. 교수님께서는 비트겐슈타인이 우리와 다른 "삶의 형식을 고안함으로써, 다른 수학적 실행의 가능성을 그려 보이고 있"지만, 동시에 그것은 "대안적 세계상의 개략적 스케치"에 그친다고 언급해주셨습니다. 하지만 저는 그러한 상상력에 근거한 그림이 애초에 스케치로서 성립할 수 있을지조차 의문입니다. 같은 맥락에서 저는 다른 수학적 실행의 가능성을 "완전히 상상하거나 이해하기란 어려운 일"이라는 표현도 잘 이해가 되지 않습니다. 여기서 '완전히'라는 말이 모호하다는 생각입니다. 나아가 설령 그것이 가능하다고 할지라도, "어느 정도의" (인류학적) 상상 혹은 이해가 수학의 실행에 대한 외적 강제력의 근거가 될 수 있는지 의문입니다. 정리하자면 저는 단지 우리의 실행과 다른 어떤 체계를 상상할 수 있다는 것이 우리가 행하고 있는 체계가 지닌 필연성(강제력)에 어떻게 영향을 줄 수 있는지 잘 납득되지 않았습니다.(저는 오히려 그러한 경계 바깥의 영역에 대하여 칸트적인 '모름'의 태도, 혹은 청년 비트겐슈타인의 '침묵'의 태도를 지향해야 하는 것이 아닌가 하는 생각입니다.)

이승종　비트겐슈타인은 이 문제를 저처럼 일반화해서 정리하기보다는 구체적인 예들을 가지고 접근했습니다. 목재 더미의 길이와 너비는 재지만 높이는 따지지 않고 가격을 매겨 파는 목재상의 경우를 예로 들어보겠습니다(RFM, 93쪽 이하; LFM, 202쪽). 우리는 저랬을 때 어떠한 문제가 발생하는지를 증명할 수도 있지만, 비트겐슈타인은 저 예를 들기에 앞서 다음과 같이 말합니다.

> 우리가 제시하고 있는 것은 실제로 사람의 자연사(自然史)에 관한 견해들이다.(RFM, 92쪽)

이어서 그는 목재상이 우리와는 다른 관습과 자연사에 놓여 있음을 보여줍니다. 이를 감안할 때에야 우리는 이상한 목재상의 셈법과 실행을 어느 정도 이해할 수 있습니다.(그것이 어느 정도의 수준에 그치는 까닭은 우리가 그의 실행을 인정할 수는 없기 때문입니다.) 그러나 그것이 비트겐슈타인의 목적이 아님은 앞선 구절에 이어지는 다음의 언명에서 알 수 있습니다.

> 하지만 그것은 어떤 특이한 것이 아니라, 항상 우리 눈앞에 있기 때문에 아

무도 의심하거나 주목하지 않았던 사실들을 확인하는 것이다.(RFM, 92쪽)

이러한 것에 대한 확인이 중요한 이유는 그 확인하는 것이 우리의 실행을 조건 짓고 있기 때문입니다. 비트겐슈타인의 진정한 관심사는 목재상의 특이한 실행이 아니라 우리의 실행에 있습니다. 그가 목재상의 경우를 예로 드는 것은 우리의 실행도 이러저러한 관습과 자연사와 무관하지 않음을 보여주려는 것입니다. 목재상의 경우와는 달리 우리의 관습과 자연사는 우리가 들이쉬는 공기처럼 자명한 것으로 당연시되었던 것인데 자신은 이에 주목하겠다는 것입니다.

김대웅 이승종 교수님께서 주장하시는 '인간의 얼굴을 한 자연주의 해석'이 과연 다른 자연주의 해석의 지지자들에게 자신들과 결이 유사한 하나의 '자연주의 해석'으로 여겨질 수 있을지 모르겠습니다. 예컨대 라이트(Crispin Wright)는 비트겐슈타인이 우리에게는 해석 없이 규칙을 파악하는 방법이 있다고 말한다는 것을 근거로 인간은 자연적으로 규칙을 파악할 수 있다고 주장하며 이에 근거하여 비트겐슈타인에 대한 자연주의 해석을 제시한 바 있습니다. 그런데 이러한 해석은 맥도웰(John McDowell)과 같은 대표적 자연주의 해석의 지지자들로부터 자연주의 해석이 아니라고 비판받은 것으로 알고 있습니다.

물론 교수님께서는 자연주의에는 아직 분명한 정의가 없다고 언급하시며 기존 통념에 따른 자연주의가 아닌 말 그대로 새로운 자연주의 해석을 제안하시지만, 이것을 자연주의 해석의 지지자들이든 자연주의 해석의 비판자들이든 긍정적으로 받아들일 수 있을지 모르겠습니다.

이에 양쪽 진영 모두에 대한 설득이 이어지는 내용에서 이루어져야 한다고 생각합니다. 특히 기존의 자연주의 해석에 대한 비판 및 설득 또한 논의에 포함이 되어야 한다고 생각합니다. 단지 다양한 자연주의 해석들 가운데 하나로 자리매김하기에는 기존의 것들과 이질적이며, 따라서 원론적인 얘기지만 이러한 해석을 자연'주의'로 명명함에 따라 얻어지는 유익이 저에게는 불분명하게 여겨집니다.

물론 발간하시는 연구서의 목적이 자연주의 논쟁 가운데 있는 것이 아니라 비트겐슈타인에 대한 새로운 독해에 있다는 것을 알고 있으나, 그럼에도 이토록 다른 자연주의 해석이 어째서 여전히 자연주의 해석들 가운데 하나일 수 있는지가 치밀하게 해명되지 않는다면 아무래도 비트겐슈타인에 대한 새로운 독해 역시 그 힘을 잃게 될까 염려됩니다.

이승종 확실성의 토대를 사람의 자연사적 사실에서 찾는다면 그것은 비트겐슈타인적 의미의 자연주의로 볼 수 있다고 생각합니다. 그 외의 사항들에 대한 차이와 변주에서 자연주의의 여러 갈래와 그들 사이의 갑론을박이 생겨나는 것 같습니다.

김대웅 '국소적/상대적 필연성'이 수학에 대한 자연사적 고찰과 어울리는 개념 또는 결론인지 모르겠습니다. 우리와는 전혀 다른 자연의 사실을 가지는 존재자들이 하는 계산은 우리와는 다를 것이라는 사실이 그들이 말하는 수학적 필연성과 우리가 말하는 수학적 필연성이 다르다는 것을 증명하지는 않는 것 같습니다. 오히려 수학적 필연성은 자연의 사실이 상대적일 수 있다는 것과는 상관없다는 것이 이러한 고찰의 타당한 결론인 것 같습니다.

이승종 비트겐슈타인은 수학의 경험 독립성과 경험 의존성을 한 자리에서 언급하고 있습니다(LFM, 41~42쪽). 이 둘을 모두 인정하는 데서 그의 자연주의적 수학철학이 성립합니다. 대웅 씨는 그중 전자만을 받아들이고 후자를 거부하는 것으로 여겨집니다.

참고문헌

1. 비트겐슈타인

비트겐슈타인의 저서, 강의록, 논문, 편지 등은 다음과 같이 약식 표기법으로 인용했다.

AWL   *Wittgenstein's Lectures, Cambridge 1932~1935*. From the Notes of A. Ambrose and M. MacDonald. Ed. A. Ambrose. Oxford: Basil Blackwell, 1980.

BB   *The Blue and Brown Books*. Oxford: Basil Blackwell, 1958.

BT   *The Big Typescript*. Ed. and trans. C. G. Luckhardt and M. A. E. Aue. Oxford: Blackwell, 2005.

CE   "Cause and Effect", PO에 재수록.

CV   *Culture and Value*. Revised 2nd edition. Ed. G. H. von Wright. Trans. P. Winch. Oxford: Blackwell, 1998; 루트비히 비트겐슈타인. 『문화와 가치』. 이영철 옮김. 서울: 책세상, 2020.

LC   *Lectures and Conversations on Aesthetics, Psychology and Religious Belief*. Ed. C. Barrett. Berkeley: University of California Press, 1966.

LF   "Letter to Ludwig Ficker", trans. B. Gillette, Luckhardt 1979에 재수록.

LFM   *Wittgenstein's Lectures on the Foundations of Mathematics, Cambridge 1939.* From the Notes of R. G. Bosanquet, N. Malcolm, R. Rhees, and Y. Smythies. Ed. C. Diamond. Ithaca: Cornell University Press, 1976.

LPE   "Wittgenstein's Notes for Lectures on "Private Experience" and "Sense−Data"", ed. R. Rhees, *Philosophical Review*, vol. 77, 1968.

LRKM *Letters to Russell, Keynes, and Moore.* Ed. G. H. von Wright. Trans. B. McGuinness. Ithaca: Cornell University Press, 1974.

LW I   *Last Writings on the Philosophy of Psychology: Preliminary Studies for Part II of Philosophical Investigations.* Vol. I. Ed. G. H. von Wright and H. Nyman. Trans. C. G. Luckhardt and M. A. E. Aue. Oxford: Basil Blackwell, 1982. 『최후 저술』로 줄여 부른다.

LWL   *Wittgenstein's Lectures, Cambridge 1930~1932.* From the Notes of J. King and D. Lee. Ed. D. Lee. Oxford: Basil Blackwell, 1980.

M   G. E. Moore's notes entitled "Wittgenstein's Lectures in 1930~33", Moore 1959에 재수록.

MS   *Unpublished Manuscripts.* von Wright 1982에서 부여된 번호에 준하여 인용.

NB   *Notebooks 1914-1916.* 2nd edition. Ed. G. H. von Wright and G. E. M. Anscombe. Trans. G. E. M. Anscombe. Oxford: Basil Blackwell, 1979.

OC   *On Certainty.* Ed. G. E. M. Anscombe and G. H. von Wright. Trans. D. Paul and G. E. M. Anscombe. Oxford: Basil Blackwell, 1969; 루트비히 비트겐슈타인. 『확실성에 관하여』. 이영철 옮김. 서울: 책세상, 2020.

PG   *Philosophical Grammar.* Ed. R. Rhees. Trans. A. Kenny. Oxford: Basil Blackwell, 1974.

PI   *Philosophical Investigations.* Revised 4th edition. Ed. G. E. M. Anscombe, R. Rhees, P. M. S. Hacker and J. Schulte. Trans. G. E. M. Anscombe, P. M. S. Hacker and J. Schulte. Oxford: Wiley−Blackwell, 2009; 루트비히 비트겐슈타인. 『철학적 탐구』. 이승종 옮김.

파주: 아카넷, 2016. 『탐구』로 줄여 부른다.

PO   *Philosophical Occasions*. Ed. J. Klagge and A. Nordmann. Indianapolis: Hackett, 1993.

PPF   *Philosophy of Psychology — A Fragment*. PI에 수록.

PR   *Philosophical Remarks*. Ed. R. Rhees. Trans. R. Hargreaves and R. White. Oxford: Basil Blackwell, 1975.

RFM   *Remarks on the Foundations of Mathematics*. Revised edition. Ed. G. H. von Wright, R. Rhees, and G. E. M. Anscombe. Trans. G. E. M. Anscombe. Cambridge, Mass.: MIT Press, 1978.

RLF   "Some Remarks on Logical Form", Copi and Beard 1966에 재수록.

RPP I *Remarks on the Philosophy of Psychology*. Vol. I. Ed. G. E. M. Anscombe and G. H. von Wright. Trans. G. E. M. Anscombe. Oxford: Basil Blackwell, 1980.

RPP II *Remarks on the Philosophy of Psychology*. Vol. II. Ed. G. H. von Wright and H. Nyman. Trans. C. G. Luckhardt and M. A. E. Aue. Oxford: Basil Blackwell, 1980.

TLP   *Tractatus Logico—Philosophicus*. Trans. D. Pears and B. McGuinness. London: Routledge and Kegan Paul, 1961; Trans. C. K. Ogden and F. Ramsey. London: Kegan, Paul, Trench, Trubner, and Co., Ltd. 1922; L. 비트겐슈타인. 『논리철학논고』. 박영식 · 최세만 옮김. 서울: 정음사, 1985. 『논고』로 줄여 부른다.

WVC   *Wittgenstein and the Vienna Circle*. Conversations Recorded by F. Waismann. Ed. B. McGuinness. Trans. J. Schulte and B. McGuinness. Oxford: Basil Blackwell, 1979.

Z   *Zettel*. Ed. G. E. M. Anscombe and G. H. von Wright. Trans. G. E. M. Anscombe. Oxford: Basil Blackwell, 1967.

2. 일반

저자명 다음의 연도는 본문에서 인용된 논문이나 저서가 처음 간행된 해를 말한다. 이들 논문이나 저서가 (재)수록된 논문집이나 번역/개정판을 준거로 인용했을 경우에는 뒤에 이에 해당하는 연도를 덧붙였다. 본문에 인용된 쪽수도 이를 준거로 하고 있다.

가버, 뉴턴 · 이승종. 2009. 「문법적 탐구와 해체」, 『철학적 분석』 20호.

김선희(편). 2006. 『정대현 철학을 토론하다』, 철학과현실사.

김영건. 1995. 「비트겐슈타인과 삶의 의미」(박영식 1995에 수록).

_____. 2003. 「비트겐슈타인은 자연주의자인가?」, 『철학적 분석』 7호.

_____. 2004. 「소여, 현상학, 모순」, 『논리연구』 7집.

김진희. 2017. 「크립켄슈타인과 크루소: 남기창과 이승종의 논쟁을 중심으로」, 『철학사상』 65호, 서울대학교 철학사상연구소.

남기창. 2002a. 「서평: 『비트겐슈타인이 살아 있다면』」, 『서평문화』 47집.

_____. 2002b. 「모순의 철학적 의의」, 『철학과 현실』 54호.

_____. 2005. 「규칙 따르기의 여러 유형」, 『철학적 분석』 12호.

박병철. 2003. 「서평: 『비트겐슈타인이 살아 있다면』」, 『철학』 76집.

박영식(엮음). 1995. 『언어철학연구 I』, 현암사.

박정일. 2002. 「튜링의 다리와 비트겐슈타인의 수학철학」, 『논리연구』 5집.

_____. 2003. 「비트겐슈타인이 살아 있다면?」, 『아카필로』 8호.

양은석. 2003. 「비트겐슈타인, 모순, 초일관성」, 『연세철학』 11호.

엄정식. 2003. 『비트겐슈타인의 사상』, 서강대학교 출판부.

이명현. 1984. 「삶의 형식의 두 가지 국면」(한국분석철학회 1984에 수록).

_____. 1989. 「언어의 규칙과 삶의 형식」(한국분석철학회 1991에 재수록).

이상룡. 2019. 「비트겐슈타인과 일목요연한 묘사」, 『대동철학』 89집.

이상수. 2002. 「서평: 『비트겐슈타인이 살아 있다면』」, 『한겨레신문』, 2002년 7월 6일.

이승종. 1984. 「Wittgenstein의 「삶의 형식」에 관한 고찰」, 『원우론집』 11집.

＿＿＿＿. 1985. 「Wittgenstein의 후기철학에 있어서 언어와 세계의 관계」, 연세대학교 철학과 석사학위 논문.

＿＿＿＿. 1993a. 「모순에 관한 튜링/비트겐슈타인 논쟁」, 『철학연구』 33집.

＿＿＿＿. 1993b. 「의미와 해석에 관한 콰인/데이빗슨 논쟁」, 『철학』 39집.

＿＿＿＿. 1994. 「자연언어와 인공지능」, 『철학연구』 34집.

＿＿＿＿. 2002. 『비트겐슈타인이 살아 있다면: 논리철학적 탐구』. 문학과지성사.

＿＿＿＿. 2003. 「자연주의, 하이데거, 비트겐슈타인」, 『철학적 분석』 8호.

＿＿＿＿. 2007. 「여성, 진리, 사회」, 『철학연구』 33집, 고려대 철학연구소.

＿＿＿＿. 2010. 『크로스오버 하이데거: 분석적 해석학을 향하여』. 생각의나무(수정증보판, 동연, 2021).

＿＿＿＿. 2018. 『동아시아 사유로부터: 시공을 관통하는 철학자들의 대화』. 동녘.

＿＿＿＿. 2020a. 「모순의 현상학」, 『칸트연구』 45호.

＿＿＿＿. 2020b. 『우리와의 철학적 대화』. 김영사.

이영철. 1995. 「비트겐슈타인의 규칙 따르기 논의와 콰인-데이빗슨의 의미 불확정성론」, 『철학』 44집.

이윤일. 2002. 「서평: 『비트겐슈타인이 살아 있다면』」, 『문학과 사회』 60호.

이희열. 2003. 「비트겐슈타인의 색깔 배타성 문제에 관한 연구」, 『철학』 74집.

＿＿＿＿. 2007. 「비트겐슈타인, 모순, 색깔에 대한 답변」, 『철학적 분석』 16호.

정대현. 1980. 「생활양식 개념」(한국사회과학연구소 1980에 수록).

＿＿＿＿. 1997. 『맞음의 철학』. 철학과현실사.

＿＿＿＿. 2001. 『심성내용의 신체성』. 아카넷.

＿＿＿＿. 2006. 「이승종의 생활양식 개념」(김선희 2006에 수록).

하상필. 2004a. 「인간의 자연사 고찰로서의 비트겐슈타인의 치료 철학」, 『철학적 분석』 9호.

＿＿＿＿. 2004b. 「후기 비트겐슈타인의 언어철학 연구」, 부산대 철학과 박사학위 논문.

_____. 2007. 「후기 비트겐슈타인의 치료 철학」, 『철학』 91집.

한국분석철학회(편). 1984. 『비트겐슈타인의 이해』. 서광사.

_____. 1991. 『비트겐슈타인과 분석철학의 전개』. 철학과현실사.

한국사회과학연구소(편). 1980. 『사회과학의 철학』. 민음사.

Ambrose, A. 1955. "Wittgenstein on Some Questions in Foundations of Mathematics". Ambrose 1966에 재수록.

_____. 1966. *Essays in Analysis*. London: George Allen and Unwin.

Anderson, A. 1958. "Mathematics and Language Game". Benacerraf and Putnam 1964에 재수록.

Arrington, R., and H.-J. Glock.(eds.) 1991. *Wittgenstein's Philosophical Investigations: Text and Context*. London: Routledge.

_____. 1996. *Wittgenstein and Quine*. London: Routledge.

Austin, J. 1980. "Wittgenstein's Solution to the Color Exclusion Problem". Shanker 1986, vol. 1에 재수록.

Baker, G. P. 1991. "*Philosophical Investigations*, Section 122: Neglected Aspects". Arrington and Glock 1991에 수록.

_____. 2004. *Wittgenstein's Method*. Ed. K. Morris. Oxford: Blackwell.

Baker, G. P., and P. M. S. Hacker. 1982. "The Grammar of Psychology — Wittgenstein's *Bemerkungen über die Philosophie der Psychologie*". Shanker 1986, vol. 2에 재수록.

_____. 1984. *Language, Sense and Nonsense: A Critical Investigation into Modern Theories of Language*. Oxford: Basil Blackwell.

_____. 2005a. *Wittgenstein: Understanding and Meaning. An Analytical Commentary on the Philosophical Investigations*. Vol. 1. Part I: Essays. 2nd, extensively revised edition. Oxford: Blackwell.

_____. 2005b. *Wittgenstein: Understanding and Meaning. An Analytical Commentary on the Philosophical Investigations*. Vol. 1. Part II: Exegesis §§1~184. 2nd, extensively revised edition. Oxford: Blackwell.

_____. 2009. *Wittgenstein: Rules, Grammar and Necessity. An Analytical*

Commentary on the Philosophical Investigations. Vol. 2. 2nd, extensively revised edition. Oxford: Wiley−Blackwell.

Barker, S. 1964. *Philosophy of Mathematics.* Englewood Cliffs, N. J.: Prentice−Hall.

Barrett, C. 1991. *Wittgenstein on Ethics and Religious Belief.* Oxford: Blackwell.

Benacerraf, P., and H. Putnam.(eds.) 1964. *Philosophy of Mathematics.* Englewood Cliffs, N. J.: Prentice−Hall.

Bergmann, G. 1961. "The Glory and the Misery of Ludwig Wittgenstein". Klemke 1971에 재수록.

Berlin, I.(ed.) 1956. *The Age of Enlightenment.* New York: Mentor Book.

Binkley, T. 1973. *Wittgenstein's Language.* The Hague: Martinus Nijhoff.

Block, N.(ed.) 1980. *Readings in Philosophy of Psychology.* Vol. 1. Cambridge, Mass.: Harvard University Press.

Bloor, D. 1973. "Wittgenstein and Mannheim on the Sociology of Mathematics", *Studies in History and Philosophy of Science,* vol. 4.

_____. 1983. *Wittgenstein: A Social Theory of Knowledge.* London: Macmillan.

Braithwaite, R. B. 1955. *An Empiricist's View of the Nature of Religious Belief.* Cambridge: Cambridge University Press.

Braver, L. 2012. *Groundless Grounds.* Cambridge. Mass.: MIT Press.

Brentano, F. 1924. *Psychologie vom empirischen Standpunkt*(1874). Leipzig: Felix Meiner.

Brice, R. 2014. *Exploring Certainty.* Lanham: Lexington Books.

Cahill, K., and T. Raleigh.(eds.) 2018. *Wittgenstein and Naturalism.* London: Routledge.

Canfield, J. 1975. "Anthropological Science Fiction and Logical Necessity". Canfield 1986에 재수록.

_____.(ed.) 1986. *The Philosophy of Wittgenstein.* Vol. 3. New York: Garland.

Carnap, R. 1932. "The Elimination of Metaphysics Through Logical Analysis of Language". Trans. A. Pap. Sarkar 1996에 재수록.

_____. 1935. *Philosophy and Logical Syntax*. London: Kegan Paul, Trench, Trübner & Co.

Castañeda, H.-N. 1959. "Arithmetic and Reality". Benacerraf and Putnam 1964에 재수록.

Cavell, S. 1962. "The Availability of Wittgenstein's Later Philosophy". Pitcher 1966에 재수록.

_____. 1979. *The Claim of Reason*. Oxford: Oxford University Press.

_____. 1988. "Declining Decline", *Inquiry*, vol. 31.

_____. 1989. *This New Yet Unapproachable America*. Chicago: University of Chicago Press.

_____. 2004. "Postscript (2002) to "The *Investigations*' Everyday Aesthetics of Itself"". De Caro and Macarthur 2004에 수록.

Chihara, C. 1961. "Wittgenstein and Logical Compulsion", *Analysis*, vol. 21.

_____. 1977. "Wittgenstein's Analysis of the Paradoxes in his *Lectures on the Foundations of Mathematics*". Shanker 1986, vol. 3에 재수록.

Chisholm, R. 1952. "Intentionality and the Theory of Signs", *Philosophical Studies*, vol. 3.

_____. 1957. *Perceiving*. Ithaca: Cornell University Press.

Chomsky, N. 1959. "A Review of B. F. Skinner's *Verbal Behaviour*". Block 1980에 재수록.

Clack, B. 1999a. *An Introduction to Wittgenstein's Philosophy of Religion*. Edinburgh: Edinburgh University Press.

_____. 1999b. *Wittgenstein, Frazer and Religion*. New York: Palgrave.

Cohen, R., and M. Wartofsky.(eds.) 1967. *Boston Studies in the Philosophy of Science*. Vol. 3. Dordrecht: Reidel.

Conway, G. 1982. "Where the Spade Turns". Ph. D. Dissertation, Department of Philosophy, Fordham University.

_____. 1989. *Wittgenstein on Foundations*. Atlantic Highlands, N. J.: Humanities Press.

Copi, I., and R. Beard.(eds.) 1966. *Essays on Wittgenstein's Tractatus*. London: Routledge and Kegan Paul.

Corcoran, J. 1972. "Completeness of an Ancient Logic", *Journal of Symbolic Logic*, vol. 37.

_____. 1974a. "Aristotelian Syllogisms: Valid Arguments or True Universalized Conditionals?", *Mind*, vol. 83.

_____. 1974b. "Aristotle's Natural Deduction System". Corcoran 1974에 수록.

_____. 1989. "Argumentations and Logic", *Argumentation*, vol. 3.

_____. (ed.) 1974, *Ancient Logic and Its Modern Interpretations*. Dordrecht: Reidel.

Crosson, F. J.(ed.) 1981. *The Autonomy of Religious Belief*. Notre Dame: University of Notre Dame Press.

Davidson, D. 1967. "Truth and Meaning". Davidson 1984에 재수록.

_____. 1973. "Radical Interpretation". Davidson 1984에 재수록.

_____. 1974. "On the Very Idea of a Conceptual Scheme". Davidson 1984에 재수록.

_____. 1982a. "Empirical Content". Davidson 2001에 재수록.

_____. 1982b. "Rational Animals". Davidson 2001에 재수록.

_____. 1983. "A Coherence Theory of Truth and Knowledge". LePore 1986에 재수록.

_____. 1984. *Inquiries into Truth and Interpretation*. Oxford: Clarendon Press.

_____. 1988. "The Myth of the Subjective". Davidson 2001에 재수록.

_____. 1992. "The Second Person". Davidson 2001에 재수록.

_____. 1997. "The Emergence of Thought". Davidson 2001에 재수록.

_____. 1999. "Reply to Jim Hopkins". Hahn 1999에 수록.

_____. 2001. *Subjective, Intersubjective, Objective*. Oxford: Clarendon Press.

Dawkins, R. 2006. *God Delusion*. Boston: Houghton Mifflin Co., 2008.

De Caro, M., and D. Macarthur.(eds.) 2004. *Naturalism in Question*. Cambridge, Mass.: Harvard University Press.

Demeter, T.(ed.) 2004. *Essays on Wittgenstein and Austrian Philosophy*. Amsterdam: Rodopi.

Derrida, J. 1967a. *Of Grammatology*. Trans. G. Spivak. Baltimore: Johns Hopkins University Press, 1976.

_____. 1967b. *Writing and Difference*. Trans. A. Bass. Chicago: University of Chicago Press, 1978.

_____. 1967c. *Speech and Phenomena*. Trans. D. Allison. Evanston: Northwestern University Press, 1973.

Desilet, G. 2020. "*Derrida and Wittgenstein* by Newton Garver and Seung-Chong Lee (1994): Critical Commentary with Focus on Derrida". https://www.academia.edu/42973235/Derrida_and_Wittgenstein_by_Newton_Garver_and_Seung_Chong_Lee_1994_Critical_Commentary_with_Focus_on_Derrida

Drury, M. O'C. 1976. "Some Notes on Conversations with Wittgenstein". Rhees 1984에 재수록.

_____. 1981. "Conversations with Wittgenstein". Rhees 1984에 재수록.

Dummett, M. 1959a. "Truth". Dummett 1978b에 재수록.

_____. 1959b. "Wittgenstein's Philosophy of Mathematics". Dummett 1978b에 재수록.

_____. 1978a. "Reckoning". Shanker 1986, vol. 3에 재수록.

_____. 1978b. *Truth and Other Enigmas*. Cambridge, Mass.: Harvard University Press.

Engel, P. 1996. "Review of Newton Garver and Seung-Chong Lee, *Derrida and Wittgenstein*", *Revue Philosophique de la France et de l'Étranger*, vol. 186.

Etchemendy, J. 1990. *The Concept of Logical Consequence*. Stanford: CSLI Publications, 1999.

Finch, H. 1977. *Wittgenstein, The Later Philosophy*. Atlantic Highlands, N. J.: Humanities Press.

Findlay, J. N. 1972~1973. "My Encounters with Wittgenstein". Flowers 1999에 재수록.

Flowers III, F.(ed.) 1999. *Portraits of Wittgenstein*. Vol. 3. Bristol: Thoemmes Press.

Floyd, J. 1991. "Wittgenstein on 2, 2, 2 …". Hintikka 1991에 재수록.

_____. 1995. "On Saying What You Really Want to Say". Hintikka 1995 에 수록.

_____. 2001. "Prose versus Proof". *Philosophia Mathematica*, vol. 9.

Floyd, J., and H. Putnam. 2000. "A Note on Wittgenstein's "Notorious Paragraph" about the Gödel Theorem". *Journal of Philosophy*, vol. 97.

_____. 2008. "Wittgenstein's "Notorious Paragraph" about the Gödel Theorem: Recent Discussions". Putnam 2012에 재수록.

Fogelin, R. 1976. *Wittgenstein*. London: Routledge and Kegan Paul.

Foucault, M. 1966. *The Order of Things*. Trans. A. Sheridan. New York: Vintage, 1970.

Frege, G. 1884. *The Foundations of Mathematics*. Trans. J. Austin. 2nd revised edition. Oxford; Basil Blackwell, 1980.

_____. 1918. "The Thought: A Logical Inquiry". Trans. A. and M. Quinton. Strawson 1967에 재수록.

Garver, N. 1970. "The Range of Truth and Falsity". Martin 1970에 수록.

_____. 1994a. "Naturalism and Transcendentality". Teghrarian 1994에 수록.

_____. 1994b. *This Complicated Form of Life*. La Salle: Open Court.

Garver, N., and Seung-Chong Lee. 1994. *Derrida and Wittgenstein*. Philadelphia: Temple University Press: 뉴턴 가버 · 이승종, 1998, 『데리다와 비트겐슈타인』, 민음사(수정증보판, 동연, 2010).

Gasché, R. 1986. *The Tain of the Mirror*. Harvard: Harvard University Press.

Gasking, D. A. T. 1940. "Mathematics and the World". Benacerraf and Putnam 1964에 재수록.

Gier, N. 1981. *Wittgenstein and Phenomenology*. Albany: State University of New York Press.

Glock, H.-J. 1996a. *A Wittgenstein Dictionary*. Oxford: Blackwell.

_____. 1996b. "On Safari with Wittgenstein, Quine and Davidson". Arrington and Glock 1996에 수록.

Gödel, K. 1931. "On Formally Undecidable Propositions of *Principia Mathematica* and Related System I". Trans. J. van Heijenoort. Gödel 1986에 재수록.

_____. 1934. "On Undecidable Propositions of Formal Mathematical Systems". Gödel 1986에 재수록.

_____. 1944. "Russell's Mathematical Logic". Gödel 1990에 재수록.

_____. 1964. "What is Cantor's Continuum Problem?" Gödel 1990에 재수록.

_____. 1972. "A Letter to Karl Menger". Gödel 2003에 재수록.

_____. 1986. *Collected Works*. Vol. I. Ed. S. Feferman *et al*. Oxford: Oxford University Press.

_____. 1987. "Ontological Proof". Gödel 1995에 재수록.

_____. 1990. *Collected Works*. Vol. II. Ed. S. Feferman *et al*. Oxford: Oxford University Press.

_____. 1995a. *Collected Works*. Vol. III. Ed. S. Feferman *et al*. Oxford: Oxford University Press.

_____. 1995b. "Texts Relating to the Ontological Proof". Gödel 1995에 수록.

_____. 2003. *Collected Works*. Vol. V. Ed. S. Feferman *et al*. Oxford: Oxford University Press.

Goldstein, L. 1986. "The Development of Wittgenstein's Views on Contradiction". *History and Philosophy of Logic*, vol. 7.

Goodman, N. 1978. *Ways of Worldmaking*. Indianapolis: Hackett.

_____. 1979. *Fact, Fiction, and Forecast*. 4th edition. Cambridge, Mass.: Harvard University Press, 1983.

Grève, S., and J. Mácha.(eds.) 2016. *Wittgenstein and the Creativity of Language*. New York: Palgrave Macmillan.

Guttenplan, S., and M. Tamny. 1971. *Logic*. New York: Basic Books.

Hacker, P. M. S. 1986. *Insight and Illusion*. Revised edition. Oxford: Oxford University Press.

_____. 1990. *Wittgenstein: Meaning and Mind. An Analytical Commentary on the Philosophical Investigations*. Vol. 3. Oxford: Basil Blackwell.

_____. 1996. "Wittgenstein and Quine". Arrington and Glock 1996에 수록.

_____. 2007. "Gordon Baker's Late Interpretation of Wittgenstein". Kahane, Kanterian, and Kuusela 2007에 수록.

Hahn, L. E.(ed.) 1999. *The Philosophy of Donald Davidson*. La Salle: Open Court.

Hahn, L. E., and P. A. Schilpp.(eds.) 1986, *The Philosophy of W. V. Quine*. La Salle: Open Court.

Haller, R. 1984. "Lebensform oder Lebensformen?" *Grazer Philosophische Studien*, vol. 21.

_____. 1988a. "The Common Behaviour of Mankind". Haller 1988b에 수록.

_____. 1988b. *Questions on Wittgenstein*. London: Routledge.

Hallett, G. 1977. *A Companion to Wittgenstein's "Philosophical Investigations"*. Ithaca: Cornell University Press.

Hegel, F. 1807. *Phänomenologie des Geistes*. Frankfurt am Main: Suhrkamp, 1970.

_____. 1830. *Enzyklopädie der philosophischen Wissenschaften im Grundrisse*. I. Frankfurt am Main: Suhrkamp, 1970.

Heidegger, M. 1938. "Die Zeit des Weltbildes". Heidegger 1950에 재수록.

_____. 1950. *Holzwege*. Frankfurt: Klostermann, 1977.

Hermine Wittgenstein. 1981. "My Brother Ludwig". Rhees 1984에 재수록.

Hertz, H. 1894. *The Principles of Mechanics*. Trans. D. E. Jones and J. T. Walley. New York: Macmillan, 1899.

Hertzberg, L. 1994a. "Language, Philosophy and Natural History". Hertzberg 1994b에 수록.

_____. 1994b. *The Limits of Experience*. Helsinki: Societas Philosophia Fennica.

Hintikka, J.(ed.) 1991. *Wittgenstein in Florida*. Dordrecht: Kluwer.

_____. 1995. *From Dedekind to Gödel*. Dordrecht: Kluwer.

Hintikka, M., and J. Hintikka. 1986. *Investigating Wittgenstein*. Oxford: Basil Blackwell.

Hopkins, J. 1999. "Wittgenstein, Davidson, and Radical Interpretation". Hahn 1999에 수록.

Hughes, G. E., and M. J. Cresswell. 1996. *A New Introduction to Modal Logic*. London: Routledge.

Hume, D. 1748. *An Enquiry Concerning Human Understanding*. Oxford: Clarendon Press, 1975.

Hunter, J. 1968. ""Forms of Life" in Wittgenstein's *Philosophical Investigations*". Shanker 1986, vol. 2에 재수록.

Hutto, D., and G. Satne. 2018. "Naturalism in the Goldilocks Zone". Cahill and Raleigh 2018에 수록.

Janik, A., and S. Toulmin. 1973. *Wittgenstein's Vienna*. New York: Simon and Schuster.

Kahane, G., E. Kanterian, and O. Kuusela.(eds.) 2007. *Wittgenstein and His Interpreters*. Oxford: Blackwell.

Kant, I. 1787. *Kritik der reinen Vernunft*. Kant 1911에 재수록.

_____. 1911. *Kants Werke*. Vol. 3. Berlin: Walter de Gruyter.

Kenny, A. 1973. *Wittgenstein*. London: Penguin Press.

_____. 1981. "Wittgenstein's Early Philosophy of Mind". Kenny 1984에 재수록.

_____. 1984. *The Legacy of Wittgenstein*. Oxford: Basil Blackwell.

Khan, I. 2014. "Wittgenstein's Characterisation of the Inconsistency within Mathematics". https://www.jbs.cam.ac.uk/wp-content/uploads/2020/08/2014-khan-wittgensteininconsistencymathematics.pdf

Kienzler, W., and S. Grève. 2016. "Wittgenstein on Gödelian 'Incompleteness,' Proofs and Mathematical Practice". Grève and Mácha 2016에 수록.

Kierkegaard, S. 1846. *Concluding Unscientific Postscript to the Philosophical Crumbs*. Trans. A. Hannay. Cambridge: Cambridge University Press, 2009.

Klagge, J. 2019. "The Wittgenstein Lectures, Revisited". *Nordic Wittgenstein Review*, vol. 8.

Klemke, E.(ed.) 1971. *Essays on Wittgenstein*. Chicago: University of Illinois University Press.

Klenk, V. 1976. *Wittgenstein's Philosophy of Mathematics*. Hague: Martinus Nijhoff.

Knott, H. 2017. "On Reinstating "Part I" and "Part II" to Wittgenstein's *Philosophical Investigations*". *Philosophical Investigations*, vol. 40.

Kreisel, G. 1958. "Wittgenstein's Remarks on the Foundations of Mathematics". *British Journal for the Philosophy of Science*, vol. 9.

Kripke, S. 1982. *Wittgenstein on Rules and Private Language*. Cambridge, Mass.: Harvard University Press.

Kusch, M. 1989. *Language as Calculus vs. Language as Universal Medium*. Dordrecht: Kluwer.

LePore, E.(ed.) 1986. *Truth and Interpretation: Perspectives on the Philosophy of Donald Davidson*. Oxford: Basil Blackwell.

Lucas, J. 1961. "Minds, Machines and Gödel". *Philosophy*, vol. 36.

Luckhardt, C. (ed.) 1979. *Wittgenstein: Sources and Perspectives*. Ithaca: Cornell University Press.

Łukasiewicz, J. 1951. *Aristotle's Syllogistic from the Standpoint of Modern Formal Logic*. 2nd enlarged edition. Oxford: Clarendon Press, 1957.

Lütterfelds, W., and A. Roser. (eds.) 1999. *Der Konflikt der Lebensformen in Wittgensteins Philosophie der Sprache*. Frankfurt: Suhrkamp.

Macarthur, D. 2018. "Wittgenstein's Liberal Naturalism of Human Nature". Cahill and Raleigh 2018에 수록.

Majetschak, S. 2010. "Forms and Patterns of Life". Marques and Venturinha 2010에 수록.

Malcolm, N. 1954. "Wittgenstein's *Philosophical Investigations*". Pitcher 1966에 재수록.

_____. 1958. *Ludwig Wittgenstein: A Memoir*. 2nd edition. Oxford: Clarendon Press, 2001.

Marques, A., and N. Venturinha. (eds.) 2010. *Wittgenstein on Forms of Life and the Nature of Experience*. Bern: Peter Lang.

Martin, R. (ed.) 1970. *The Paradox of the Liar*. New Haven: Yale University Press.

McGinn, C. 1984. *Wittgenstein on Meaning*. Oxford: Basil Blackwell.

McGinn, M. 1997. *Routledge Guidebook to Wittgenstein and the Philosophical Investigations*. London: Routledge.

Monk, R. 1990. *Ludwig Wittgenstein: The Duty of Genius*. London: Vintage, 1991.

Moore, G. E. 1925. "A Defense of Common Sense". Moore 1959에 재수록.

_____. 1939. "Proof of the External World". Moore 1959에 재수록.

_____. 1959. *Philosophical Papers*. London: George Allen and Unwin.

Morris, K. 2004. "Introduction". Baker 2004에 수록.

Moyal-Sharrock, D. 2015. "Wittgenstein on Forms of Life, Patterns of Life and Ways of Living". *Nordic Wittgenstein Review*, vol. 4.

Mulhall, S. 1990. *On Being in the World: Wittgenstein and Heidegger on Seeing Aspects*. London: Routledge.

_____. 2000. "Wittgenstein and Deconstruction". *Ratio*, vol. 13.

Nielsen, K. 1967. "Wittgensteinian Fideism". Nielsen and Phillips 2005에 재수록.

Nielsen, K., and D. Z. Phillips. 2005. *Wittgensteinian Fideism?* London: SCM Press.

Park, B.-C. 1998. *Phenomenological Aspects of Wittgenstein's Philosophy*. Dordrecht: Kluwer.

Pears, D. 1995. "Wittgenstein's Naturalism". *The Monist*, vol. 84.

Peirce, C. 1893. "An Outline Sketch of Synechistic Philosophy". MS., n.p., n.d., 7 pp.; RC MS #946.

Penelhum, T. 1983. *God and Skepticism*. Dordrecht: Reidel.

Penrose, R. 1986. *The Emperor's New Mind*. Oxford: Oxford University Press.

Phillips, D. L. 1977. *Wittgenstein and Scientific Knowledge*. London: Macmillan.

Phillips, D. Z. 1965. *The Concept of Prayer*. London: Routledge and Kegan Paul.

_____. 1970. *Death and Immortality*. London: Macmillan.

_____. 1981. "Belief, Change, and Forms of Life". Crosson 1981에 수록.

_____. 1992. "On Really Believing". Phillips 1993에 재수록.

_____. 1993. *Wittgenstein and Religion*. New York: St. Martin's Press.

Pitcher, G. 1964. *The Philosophy of Wittgenstein*. Englewood Cliffs, N. J.: Prentice-Hall.

_____.(ed.) 1966. *Wittgenstein: The Philosophical Investigations*. New York: Doubleday.

Pollock, J. 1989. *How to Build a Person*. Cambridge, Mass.: MIT Press.

Pollock, J., and J. Cruz. 1999. *Contemporary Theories of Knowledge*. 2nd edition. Lanham: Rowman and Littlefield.

Popper, K. 1966. *The Open Society and Its Enemies*. Vol. 2. 5th revised edition. London: Routledge.

Putnam, H. 1968. "The Logic of Quantum Mechanics". Putnam 1975에 재수록.

_____. 1975. *Mathematics, Matter and Method*. 2nd edition. Cambridge: Cambridge University Press, 1979.

_____. 1979. "Analyticity and Apriority". Putnam 1983b에 재수록.

_____. 1980. "Models and Reality". Putnam 1983b에 재수록.

_____. 1981. *Reason, Truth and History*. Cambridge: Cambridge University Press.

_____. 1983a. "Beyond Historicism". Putnam 1983b에 수록.

_____. 1983b. *Realism and Reason*. Cambridge: Cambridge University Press.

_____. 2012. *Philosophy in an Age of Science*. Cambridge, Mass.: Harvard University Press.

Quine, W. V. 1951. "Two Dogmas of Empiricism". Quine 1953에 재수록.

_____. 1953. *From a Logical Point of View*. 3rd edition. Cambridge, Mass.: Harvard University Press, 1980.

_____. 1960. *Word and Object*. Cambridge, Mass.: MIT Press.

_____. 1961. "The Ways of Paradox". Quine 1966에 재수록.

_____. 1966. *The Ways of Paradox and Other Essays*. Revised and enlarged edition. Cambridge, Mass.: Harvard University Press, 1976.

_____. 1968. "Ontological Relativity". Quine 1969b에 재수록.

_____. 1969a. "Epistemology Naturalized". Quine 1969b에 수록.

_____. 1969b. *Ontological Relativity and Other Essays*. New York: Columbia University Press.

_____. 1981a. "Five Milestones of Empiricism". Quine 1981b에 수록.

_____. 1981b. *Theories and Things*. Cambridge, Mass.: Belknap Press of

Harvard University Press.

_____. 1986. "Reply to Putnam". Hahn and Schilpp 1986에 수록.

Quinton, A. 1964. "Excerpt from "Contemporary British Philosophy"". Pitcher 1966에 재수록.

Redpath, T. 1990. *Ludwig Wittgenstein*. London: Duckworth.

Restivo, S. 1983. *The Social Relations of Physics, Mysticism, and Mathematics*. Dordrecht: Reidel.

Rhees, R. 1965. "Some Developments in Wittgenstein's View of Ethics". *Philosophical Review*, vol. 74.

_____.(ed.) 1984. *Recollections of Wittgenstein*. Oxford: Oxford University Press.

Rodych, V. 1999. "Wittgenstein's Inversion of Gödel's Theorem". *Erkenntnis*, vol. 51.

Rorty, R. 1996. "Relativism: Finding and Making". Rorty 1999에 재수록.

_____. 1999. *Philosophy and Social Hope*. London: Penguin Books.

Russell, B. 1907. "The Study of Mathematics". Russell 1917에 재수록.

_____. 1917. *Mysticism and Logic and Other Essays*. London: George Allen and Unwin, 1949.

_____. 1957. *Why I am Not a Christian, and Other Essays on Religion and Related Essays*. Ed. P. Edwards. New York: Simon and Schuster.

Sarkar, S.(ed.) 1996. *Logical Empiricism at its Peak*. New York: Garland Publishing.

Savigny, E. v. 1999. "Wittgensteins 'Lebensformen' und die Grenzen der Verständigung". Lütterfelds and Roser 1999에 수록.

Schroeder, S. 2021. *Wittgenstein on Mathematics*. London: Routledge.

Schulte, J. 1988. "World-picture and Mythology". *Inquiry*, vol. 31.

_____. 1989. *Wittgenstein*. Stuttgart: Reclam.

_____. 1999. "Die Hinnahme von Sprachspielen und Lebensformen". Lütterfelds and Roser 1999에 수록.

_____. 2004. "Readings of "Natural History" and Ways of Making Sense of Other People". Demeter 2004에 수록.

Scott, M. 2017. "Religious Language". *Stanford Encyclopedia of Philosophy*. https://plato.stanford.edu/entries/religious-language/

Shain, R. 2007. "Derrida and Wittgenstein: Points of Opposition". *Journal of French Philosophy*, vol. 17,

Shanker, S. 1987. *Wittgenstein and the Turning-Point in the Philosophy of Mathematics*. London: Croom Helm.

_____. 1988a. "Wittgenstein's Remarks on the Significance of Gödel's Theorem". Shanker 1988b에 수록.

_____.(ed.) 1986. *Ludwig Wittgenstein: Critical Assessments*. 4 vols. London: Croom Helm.

_____.(ed.) 1988. *Gödel's Theorem in Focus*. London: Croom Helm.

Sherry, P. 1972. "Is Religion a Form of Life?" *American Philosophical Quarterly*, vol. 9.

Sievert, D. 1989. "Another Look at Wittgenstein on Color Exclusion". *Analysis*, vol. 78.

Smiley, T. 1974. "What is a Syllogism?" *Journal of Philosophical Logic*, vol. 2.

Snowdon, P. 2018. "Wittgenstein and Naturalism". Cahill and Raleigh 2018 에 수록.

Strawson, P. F. 1954. "Review of Wittgenstein's *Philosophical Investigations*". Pitcher 1966에 재수록.

_____.(ed.) 1967. *Philosophical Logic*. Oxford: Oxford University Press.

Stroud, B. 1965. "Wittgenstein and Logical Necessity". Klemke 1971에 재수록.

Swinburne, R. 1979. *The Existence of God*. Oxford: Clarendon Press.

Tarski, A. 1933. "The Concept of Truth in Formalized Languages". Tarski 1956에 재수록.

_____. 1936. "On the Concept of Logical Consequence". Tarski 1956에 재수록; "On the Concept of Following Logically". Trans. M. Stroińska and D. Hitchcock. *History and Philosophy of Logic*, vol. 23, 2002.

_____. 1956. *Logic, Semantics, Metamathematics*. 2nd edition. Ed. J. Corcoran. Trans. J. H. Woodger. Indianapolis: Hackett, 1983.

Teghrarian, S.(ed.) 1994. *Wittgenstein and Contemporary Philosophy*. Bristol: Thoemmes Press.

van Fraassen, B. 1980. *The Scientific Image*. Oxford: Clarendon Press.

van Heijenoort, J. 1967. "Logic as Calculus and Logic as Language". Cohen and Wartofsky 1967에 재수록.

von Wright, G. H. 1982. *Wittgenstein*. Oxford: Basil Blackwell.

Waismann, F. 1965. "Notes on Talks with Wittgenstein". *Philosophical Review*, vol. 74.

Wang, H. 1996. *A Logical Journey*. Cambridge, Mass.: MIT Press.

Whitehead, A., and B. Russell. 1927. *Principia Mathematica*. 2 Vols. 2nd edition. Cambridge: Cambridge University Press.

Wilson, N. 1959. "Substances without Substrata". *Review of Metaphysics*, vol. 12.

_____. 1970. "Grice on Meaning: The Ultimate Counterexample". *Noûs*, vol. 4.

Winch, P. 1964. "Understanding a Primitive Society". *American Philosophical Quarterly*, vol. 1.

Wright, C. 1980. *Wittgenstein on the Foundation of Mathematics*. Cambridge, Mass.: Harvard University Press.

찾아보기

주제

■ 저자 소개

이승종

연세대 철학과와 같은 과 대학원을 졸업했고, 뉴욕주립대(버팔로) 철학과에서 철학박사 학위를 받았다. 캘리포니아 어바인대 철학과 풀브라이트 방문교수와 카니시우스대 철학과 겸임교수를 역임하였다. 현재 연세대 철학과 교수로 있으며 같은 대학의 언더우드 국제대 비교문학과 문화 트랙에서도 강의해왔다.

저서로 『비트겐슈타인이 살아 있다면: 논리철학적 탐구』(문학과지성사, 2002, 문화관광부 선정 우수학술도서), 『크로스오버 하이데거: 분석적 해석학을 향하여』(생각의나무, 2010; 수정증보판 동연, 2021, 연세학술상 수상작), 『동아시아 사유로부터: 시공을 관통하는 철학자들의 대화』(동녘, 2018), 『우리와의 철학적 대화』(김영사, 2020), 『우리 역사의 철학적 쟁점』(소명출판, 2021), 뉴턴 가버 교수와 같이 쓴 *Derrida and Wittgenstein*(Temple University Press, 1994)과 이를 우리말로 옮긴 『데리다와 비트겐슈타인』(민음사, 1998; 수정증보판 동연, 2010)이 있으며, 연구번역서로 비트겐슈타인의 『철학적 탐구』(아카넷, 2016)가 있다. 페리 논문상, 우수업적 교수상, 우수강의 교수상, 공헌 교수상, 우수연구실적 표창, 최우수논문상(2022 대한국제학술문화제)을 수상하였다.

비트겐슈타인 새로 읽기

자연주의적 해석

대우학술총서 638

1판 1쇄 펴냄 | 2022년 9월 30일
1판 3쇄 펴냄 | 2023년 10월 20일

지은이 | 이승종
펴낸이 | 김정호

책임편집 | 박수용
디자인 | 이대응

펴낸곳 | 아카넷
출판등록 | 2000년 1월 24일(제406-2000-000012호)
주소 | 10881 경기도 파주시 회동길 445-3
전화 | 031-955-9511 (편집)·031-955-9514 (주문)
팩시밀리 | 031-955-9519
www.acanet.co.kr

Printed in Paju, Korea.

ISBN 978-89-5733-813-1 94160
ISBN 978-89-89103-00-4 (세트)

이 책은 대우재단의 지원을 받아 연구 및 출간되었습니다.